जगद्गुरु
कमीनिस्टाचार्य
प्रयागपीठाधीश्वर

जगद्‌गुरु कमीनिस्टाचार्य प्रयागपीठाधीश्वर

कीर्तिकुमार सिंह

वाणी प्रकाशन

वाणी प्रकाशन
4695, 21-ए, दरियागंज, नयी दिल्ली 110 002
फ़ोन : +91 11 23273167 फ़ैक्स : +91 11 23275710
शाखाएँ
अशोक राजपथ, पटना 800 004, बिहार
कॉफ़ी हाउस कैम्पस, महात्मा गांधी मार्ग, इलाहाबाद 211 001, उत्तर प्रदेश
महात्मा गांधी अन्तरराष्ट्रीय हिन्दी विश्वविद्यालय, वर्धा 442 001, महाराष्ट्र
सुल्तानिया रोड, मोतिया पार्क, भोपाल 462 001, मध्य प्रदेश
www.vaniprakashan.in
marketing@vaniprakashan.in
sales@vaniprakashan.in

JAGATGURU KAMINISTACHARYA PRAYAGPEETHADHEESHWAR
by Kirtikumar Singh

ISBN : 978-93-88434-71-3
Novel

प्रथम संस्करण 2020

मूल्य : ₹ 495

सिटी प्रेस, दिल्ली-110 095 में मुद्रित

वाणी प्रकाशन का लोगो मक़बूल फ़िदा हुसेन की कूची से

त्वदीयं वस्तु
श्रीदुर्गे
तुभ्यमेव समर्पये

भूमिका

एक नामचीन प्रकाशन (वाणी प्रकाशन नहीं) के यहाँ से मेरे कुछ कहानी संग्रह और लघुकथा संग्रह प्रकाशित हुए। प्रकाशन का मालिक मुझे लगातार ताव दिला रहा था। वह बार-बार मुझसे कहता कि किसी भी कथाकार को तब तक पूर्ण कथाकार नहीं माना जाता, जब तक कि वह उपन्यास न लिख दे। मैंने सोचा कि उपन्यास लिख ही डालूँ। यह उल्लू का पट्ठा प्रकाशन कहीं मुझे इतना ताव न दिला दे कि मैं इसके ऊपर पटककर चढ़ बैठूँ।

मैंने सोचा कि ऐसा उपन्यास लिखूँ जो अन्य उपन्यासों से थोड़ा अलग हटकर रहे। मन में विचार आया कि क्यों न मैं हिन्दी साहित्य का सबसे हाहाकारी उपन्यास लिखूँ। मैंने लिखना शुरू कर दिया, परन्तु इस उपन्यास को पूरा होने में बड़ा समय लगा। 18.06.2014 से मैंने इस उपन्यास को लिखना शुरू किया और यह 15.07.2018 को जाकर पूरा हुआ। मैंने इसे जल्दी पूरा करने के लिए सोचा था, परन्तु ऐसा सम्भव नहीं हो पाया। अपनी सोची होत नहिं, हरि सोची तत्काल। तो लीजिए भइया अपने हिसाब से मैंने हिन्दी का सबसे हाहाकारी उपन्यास लिख दिया। यह उपन्यास मेरे कई पापी मित्रों के सुझावों और अनुभवों से काफी समृद्ध हुआ है। मैं अपने उन सारे पापी मित्रों का आभारी हूँ।

जिस प्रकाशन ने मुझे यह उपन्यास लिखने के लिए चढ़ाया, उसने मुझे मेरी किसी भी पुस्तक की कभी कोई रॉयल्टी नहीं दी। लोकभारती प्रकाशन, इलाहाबाद के पूर्व प्रबन्धक स्व. दिनेश ग्रोवर ने मेरे और प्रकाशन के बीच सारी बातें तय करायी थीं, जिसमें पुस्तक के छपे हुए मूल्य का दस प्रतिशत रॉयल्टी देने की बात तय हुई थी। दिनेश ग्रोवर जी का निधन हो जाने से हम दोनों के बीच हुई बातचीत का कोई गवाह नहीं रह गया। सरकार कहती है कि देश में सब कुछ सही चल रहा है। अरे एक गरीब लेखक की रॉयल्टी मारी जा रही है और तुम कह रहे हो

कि देश में सब कुछ सही चल रहा है। अब बैलों से खेत नहीं जोता जाता, अतः प्रकाशन अगले जन्म में ट्रैक्टर बनकर मेरा खेत जोतेगा और मेरा कर्ज उतारेगा।

हमारी भारतीय संस्कृति में चार पुरुषार्थ माने गये हैं—धर्म, अर्थ, काम और मोक्ष। मोक्ष इस जीवन से परे का पुरुषार्थ है। यह उपन्यास धर्म, अर्थ और काम पुरुषार्थ से पूरी तरह भरा हुआ है। सामाजिक-राजनीतिक दर्शन का भी छौंका लगा हुआ है। इस हिसाब से यह पूरी तरह से दार्शनिक उपन्यास है। समझो तो देव नहीं पत्थर। पहले मैं इस उपन्यास का नाम 'श्री श्री 1008 जगद्‌गुरु कमीनिस्टाचार्य प्रयागपीठाधीश्वर' रखना चाहता था, परन्तु मैंने सोचा कि यह कुछ ज्यादा ही लम्बा हो जाएगा। लिखने को तो हाहाकारी उपन्यास लिख दिया, लेकिन अब मन में धुकधुकी हो रही है। कोई प्रकाशन इस उपन्यास को छापने के लिए तैयार होगा या नहीं? भूमिका लिखने तक तो किसी प्रकाशन से बात नहीं हुई है। कोई नहीं छापेगा तो खुद ही छापकर मित्रों में बाँट दूँगा। जिस दुर्गा माई ने इस उपन्यास को मुझसे लिखवाया है, वही इसके छपने की भी व्यवस्था करेंगी।

वासंतीय नवरात्र
7.4.2019

कीर्तिकुमार सिंह
15/6, स्टैनली रोड, सिविल लाइन्स
इलाहाबाद-211001
चलभाष : 09415094253

जगद्गुरु कमीनिस्टाचार्य प्रयागपीठाधीश्वर

भारत और पश्चिमी देशों की दार्शनिक परम्पराओं में भिन्नता है। पश्चिम में डेकार्ट ने एक नयी दार्शनिक परम्परा की शुरुआत की। उस परम्परा को बुद्धिवाद नाम दिया गया। डेकार्ट के बाद उस परम्परा में दो और दार्शनिक हुए—स्पिनोजा और लाइबनित्ज। उसके बाद वह परम्परा समाप्त हो गयी। लॉक ने एक नयी दार्शनिक परम्परा शुरू की, जिसे अनुभववाद का नाम दिया गया। अनुभववाद के शुरू होने से डेकार्ट, स्पिनोजा और लाइबनित्ज के सिद्धान्त किताबी अध्ययन की वस्तु रह गये। ऐसा नहीं हुआ कि बुद्धिवादियों ने एक मठ बना लिया, जिसमें डेकार्ट, स्पिनोजा और लाइबनित्ज के दर्शन का निरंतर विवेचन-विश्लेषण होता था और वह मठ आज तक जिन्दा है। इसी तरह लॉक का अनुभववाद लॉक, बर्कले और ह्यूम पर समाप्त हो गया। उसके बाद शुरू हुआ कांट का समीक्षावाद। कांट के समीक्षावाद के आने पर लॉक, बर्कले और ह्यूम का दर्शन किताबी अध्ययन की वस्तु हो गया। उसका कोई मठ या स्कूल नहीं बना जो आज भी जीवित है।

हमारे देश की परम्परा भिन्न है। हमारे देश में जब किसी नयी दार्शनिक परम्परा की शुरुआत होती है तो पुरानी दार्शनिक परम्परा भी समानान्तर भाव से चलती रहती है। बौद्ध, जैन, सांख्य-योग, न्याय-वैशेषिक आदि सबके अपने-अपने अध्ययन केन्द्र हैं। वेदान्त दर्शन के आने के बाद मठ बनने की परम्परा शुरू हो गयी। शंकराचार्य ने अद्वैत वेदान्त की शुरुआत की। शंकराचार्य के बाद आये रामानुज, जिन्होंने विशिष्टाद्वैत वेदान्त का सिद्धान्त स्थापित किया। विशिष्टाद्वैत वेदान्त की स्थापना से ऐसा नहीं हुआ कि अद्वैत वेदान्त समाप्त हो गया। देश भर में अद्वैत वेदान्त के मठ बन गये जो आज भी फल-फूल रहे हैं। इसी तरह विशिष्टाद्वैत वेदान्त के बाद द्वैताद्वैत, शुद्धाद्वैत आदि वेदान्त दर्शन आये। किसी के आने से पहले वाला समाप्त नहीं हुआ। देश भर में विशिष्टाद्वैत वेदान्त, शुद्धाद्वैत वेदान्त, द्वैताद्वैत वेदान्त आदि

सबके अपने-अपने मठ हैं, अपने-अपने साधु-सन्त हैं और सब समान भाव से फल-फूल रहे हैं।

उन्नीसवीं शताब्दी में पश्चिमी देशों में एक नया दर्शन चला-कमीनिज्म। देखते-देखते कमीनिज्म दुनिया के बहुत सारे देशों में फैल गया। कमीनिज्म दर्शन मानने वालों को कमीनिस्ट कहा जाता था। दुनिया के बहुत सारे देशों की शासन व्यवस्था पर कमीनिस्टों का कब्जा हो गया। वे अपने-अपने देशों को कमीनिज्म के सिद्धान्तों के हिसाब से हाँकने लगे। कमीनिज्म के बड़े लम्बे-चौड़े सिद्धान्त थे, जो मोटी-मोटी किताबों में लिखे हुए थे। उनमें बड़े-बड़े आदर्श की बातें थीं। शासन-व्यवस्था पर कब्जा कर लेने के बाद कमीनिस्ट बहुत बदल गये। वे जो भी उल्टा-सीधा करते, कहते यही कमीनिज्म का सिद्धान्त है। वे बड़े क्रूर और तानाशाह हो गये और अपनी हर ऊट-पटाँग हरकत को कमीनिज्म का सिद्धान्त बताने लगे।

कूदते-फाँदते कमीनिज्म भारत में भी आ गया। अंग्रेजों के शासनकाल में लम्बे समय से रहते-रहते भारतीयों में हीनभावना घर कर गयी थी। वे हर विदेशी वस्तु और सिद्धान्त को बड़े श्रद्धाभाव से देखते थे तथा हर भारतीय वस्तु और सिद्धान्त को हेय दृष्टि से देखते थे। कमीनिज्म के सिद्धान्त को भी बहुत सारे भारतीयों ने बड़े श्रद्धाभाव से अपने मस्तक से लगाया और उसी चरणरज ली। कमीनिज्म ने भारत में एक फैशन का रूप ले लिया। अपने को पढ़ालिखा और प्रगतिशील दिखाने के लिए लोग बड़े गर्व से कहने लगे कि मैं कमीनिस्ट हूँ। अपनी जमीन से कटे हुए फैशनफरस्त बुद्धिजीवी और पढ़े लिखे लोग बड़ी संख्या में कमीनिज्म से जुड़े।

कमीनिज्म सौ साल से ज्यादा समय तक दुनिया के बहुत सारे देशों में छाया रहा। धीरे-धीरे जिन देशों में कमीनिज्म शासन व्यवस्था थी, वहाँ असन्तोष पैदा होने लगा। कमीनिस्टों की तानाशाही से लोग आज़िज़ आ गये। फल यह हुआ कि कमीनिज्म धीरे-धीरे पूरी दुनिया से गायब होने लगा।

भारत के कमीनिस्ट बुद्धिजीवियों, खासकर साहित्यकारों की इलाहाबाद में एक सभा बुलायी गयी। उसमें इस बात पर चिन्ता व्यक्त की गयी कि कमीनिज्म पूरे संसार से समाप्त होता जा रहा है। एक प्रचण्ड कमीनिस्ट ने कहा, "अभी तक हम वैश्विक स्तर पर कमीनिस्ट के रूप में जाने जाते थे। हमारी एक वैश्विक पहचान थी। क्या हम सिर्फ भारतीय होकर हर जाएँगे? हम कमीनिस्ट ही ओढ़ते थे, बिछाते थे, उसी का खाते थे। कमीनिज्म समाप्त हो जाएगा तो हम अनाथ हो जाएँगे। भले ही कमीनिज्म पूरी दुनिया से समाप्त हो जाय, भारत में हमें उसे ज़िन्दा रखना है। देश के हर बड़े शहर में हम कमीनिज्म का मठ बनायेंगे, क्योंकि भारत में हर दार्शनिक सिद्धान्त का अपना मठ होता है। कमीनिज्म हमारे रक्त में पीढ़ियों

से रच बस चुका है। हमारा यह भारतीय कमीनिज्म हमें वैश्विक पहचान दिलायेगा। इन मठों के अतिरिक्त कमीनिज्म के देश में चार बड़े पीठ होंगे। इनमें से एक पीठ इलाहाबाद में होगा। इलाहाबाद में पीठ का होना इसलिए आवश्यक है, क्योंकि यहाँ पर संगम के तट पर कुंभ और अर्धकुंभ के मेले लगते हैं। इन मेलों में देश के तमाम दार्शनिक सिद्धान्तों के अपने-अपने शिविर लगते हैं। हम भी कुंभ और अर्धकुंभ मेलों में अपने शिविर लगायेंगे। हम विभिन्न मतों से शास्त्रार्थ करके उनके ऊपर अपनी श्रेष्ठता सिद्ध करेंगे और हमारा ध्वज पूरे मेले में सबसे ऊँचाई पर फहरेगा। इलाहाबाद के पीठ के अध्यक्ष को 'प्रयाग पीठाधीश्वर' कहेंगे। इन चारों पीठों के अध्यक्षों की पदवी होगा—'श्री श्री 1008 जगद्गुरु कमीनिस्टाचार्य'।...इधर कमीनिस्टों में एक बुराई दिखायी देने लगी है। हम कमीनिस्ट ईश्वर के अस्तित्व को नहीं स्वीकार करते और धर्म की सत्ता को नहीं मानते। आजकल के कई कमीनिस्ट हम लोगों से लाभ लेने के लिए और कमीनिस्ट होने से मिलनेवाले अन्य फायदों को उठाने के लिए कमीनिस्ट भी बने रहते हैं और चुपके से हनुमान जी का दर्शन भी कर आते हैं। कुछ तो छुप-छुपाकर हनुमान जी को प्रसाद भी चढ़ाते हैं। यह सब किसी भी स्थिति में स्वीकार्य नहीं है। एक बार मैंने एक कमीनिस्ट को पकड़ा वह तो मुझसे जबान लड़ाने लगा। एकदम धृष्टता पर उतर आया। कहने लगा कि हमारा ध्वज लाल है। हम एक-दूसरे से आपस में लाल प्रमाण कहते हैं। हनुमान जी भी लाल लँगोटी वाले हैं। इस तरह हमारा हनुमान जी से घनिष्ठ सम्बन्ध है। यह सब तर्क नहीं चलेंगे। 'लाल लँगोटी जय बजरंगी' मानवता के घोर शत्रु राष्ट्रीय स्वयं सेवक संघ का नारा है। इसी तरह एक बार मैंने एक कमीनिस्ट को देवी मंदिर में पकड़ा तो वह कहने लगा कि लाल चुनरिया वाली माता को प्रणाम! कुछ लोग मुझ पर ही यह आरोप लगाते हैं कि कमीनिस्टों की जाँच के नाम पर मैं खुद मन्दिरों में जाकर देवी-देवताओं के दर्शन करता हूँ। यह घोर असत्य है। विरोधी लोग मेरे खिलाफ साजिश के तहत ऐसा आरोप लगाते हैं। आरोप लगाने को तो लोग कमीनिस्टाधीश दामवर जी पर भी आरोप लगाते हैं कि वे छुपकर विन्ध्याचल देवी के दर्शन करने जाते हैं और घर में देवी का प्रसाद लाकर बाँटते हैं। आपको इन सब दुष्प्रचारों पर बिलकुल भी ध्यान नहीं देना चाहिए क्योंकि एक तो वैसे ही हमारे कमीनिस्ट आंदोलन का भट्ठा बैठ रहा है, दूसरे हमारे विरोधी हमारे खिलाफ दुष्प्रचार करके हमें गड्ढे में धकेल देना चाह रहे हैं।''

प्रचंड कमीनिस्ट जी का भाषण बहुत देर तक चला। भारतीय कमीनिस्टों की एक अतिरिक्त विशेषता होती थी। वे बहुत उम्दा किस्म के लफ्फाज होते थे। आदर्शपरक भाषण झाड़ने में उनका देश में कोई सानी नहीं था। बहरहाल प्रचंड

कमीनिस्ट जी के भाषण से सारा विचारमंथन निम्नलिखित बिन्दुओं के इर्द गिर्द केन्द्रित हो गया—भारत के हर बड़े शहर में कमीनिज्म का एक मठ होगा। देश के चार स्थानों पर कमीनिज्म के चार बड़े पीठ स्थापित किये जाएँगे। इन्हीं चारों पीठों से कमीनिज्म को नियंत्रित और अनुशासित किया जाएगा। इन चारों पीठों के पीठाधीश्वरों की पदवी होगी—'श्री श्री 1008 जगद्गुरु कमीनिस्टाचार्य'। एक पीठ इलाहाबाद में स्थापति करना इसलिए आवश्यक है, क्योंकि यहाँ कुंभ और अर्धकुंभ लगता है। कुंभ और अर्धकुंभ में अन्य सम्प्रदाय के धर्मगुरुओं की आलोचनाओं का उत्तर दिया जाना और उनसे शास्त्रार्थ किया जाना आवश्यक है। इलाहाबाद के पीठ के आचार्य को प्रयागपीठाधीश्वर कहा जाएगा। बाकी तीन पीठ कहाँ स्थापित होंगे, इसका निर्णय बाद में होगा।

कई दिन के विचार मंथन में पश्चात् ये प्रस्ताव स्वीकार हो गये। अब प्रश्न उठा कि प्रयागपीठाधीश्वर बनाया किसे जाय? कुछ नामों पर चर्चा हुई, लेकिन अन्तिम सहमति नहीं बन पायी। अन्त में तय हुआ कि दिल्ली में बैठे आलाकमान दामवर जी पर इस विषय को छोड़ दिया जाय। वही तय करेंगे कि प्रयागपीठाधीश्वर कौन होगा!

यह प्रस्ताव पास होने पर परम कमीनिस्ट घृतनाथ जी प्रसन्न हो उठे। वे समझ गये कि अब उन्हें प्रयागपीठाधीश्वर बनने से कोई रोक नहीं सकता। बहुत उच्च कोटि का कमीनिस्ट होने के लिए आवश्यक था कि व्यक्ति की बुद्धिजीवी के रूप में अच्छी ख्याति हो, साथ ही वह बुद्धिजीवी थोड़ा-थोड़ा नीच और थोड़ा-थोड़ा पातकी भी हो। घृतनाथ जी में एक महान् कमीनिस्ट के समस्त गुण मौजूद थे। एक बात और थी। दामवर जी तक उनकी बड़ी तगड़ी पहुँच थी। बड़ा तगड़ा याराना था दोनों में। घृतनाथ जी का जीवन इतनी अद्भुत विविधताओं से भरा था, जो कमीनिज्म के परिप्रक्ष्य में अद्वितीय था। उनमें चयन पर कोई अँगुली नहीं उठा सकता था।

● कहते हैं—होनहार बिरवान के होत चीकने पात। या कि—पूत के पाँव पालने में ही दिखने लगते हैं। घृतनाथ जी बचपन से ही पढ़ने में बड़े मेधावी थे। जन्म गाँव में हुआ था, सो पढ़ाई उन्होंने गाँव की प्राइमरी पाठशाला में शुरू की। पहली कक्षा से ही वे अपनी कक्षा में प्रथम आने लगे। पढ़ने में सबसे तेज बच्चा अध्यापकों का प्रिय बन जाता है, सो घृतनाथ जी को भी उनके अध्यापक बहुत मानने लगे। वे जब तीसरी कक्षा में पहुँचे, उन्हें अपनी कक्षा की एक लड़की से प्यार हो गया। लड़की सुंदर थी। पाठशाला में बैठने के लिए टाटपट्टी नहीं थी, इसलिए बैठने के लिए बहुत से बच्चे अपने घर से बोरी लाते थे। बाकी बच्चे अपना जमीन पर ही बैठते थे। घृतनात जी भी अपने घर से बोरी लाते थे। वे अपनी प्रेमिका से आग्रह करके अपनी बोरी पर उसे बैठाने लगे। एक बोरी पर दो लोग बैठ सकते थे। उनकी प्रेमिका का

नाम विजया था। घृतनाथ चूँकि कक्षा में पढ़ने में सबसे तेज थे, अतः उनका आग्रह नहीं ठुकरा सकती थी। विजया मासूम और भोली थी। इस उम्र में वह प्यार-मुहब्बत के बारे में कुछ नहीं समझती थी। घृतनाथ जहीन थे। प्यार-मुहब्बत के बारे में वे काफी कुछ जानते थे और वे लड़कियों की ओर आकर्षित होने लगे थे।

घृतनाथ छुट्टी होने पर आधे रास्ते तक विजया को अपने साथ लिवा जाने लगे। आधे रास्ते तक इसलिए क्योंकि उसके बाद दोनों के रास्ते अलग-अलग हो जाते। घृतनाथ के पास बोरी ही एक अतिरिक्त चीज रहती। बाकी दोनों में बहुत समानता थी। दोनों बनियान और कपड़े की सिली हुई जाँघिया पहनकर आते, दोनों के पैर में चप्पल नहीं रहती थी। दोनों के एक हाथ में लकड़ी की तख्ती और दूसरे हाथ में किताबों का झोला रहता। झोले में एक दावात रहती थी, जिसमें पानी में घुली हुई खड़िया मिट्टी होती साथ में होती थी सरकंडे की एक कलम। घृतनाथ विजया को बहुत प्यार दिखाते थे। विजया प्यार का मतलब नहीं समझती थी, लेकिन घृतनाथ का इतना प्यार दिखाना उसे अच्छा लगता था।

एक दिन घृतनाथ की कक्षा के मास्टर जी दूसरे मास्टर जी के पास जाकर गपशप कर रहे थे। कक्षा में सारे बच्चे आपस में बातें कर रहे थे। घृतनाथ ने ध्यान से देखा। कोई नहीं देख रहा था। घृतनाथ ने अपना हाथ धीरे से विजया के पीछे किया और हाथ को पीछे से विजया की जाँघिया में अन्दर डालने लगे। विजया ने उनकी ओर देखा, "ये क्या कर रहे हो?" "तुम्हें छूकर देख रहा हूँ। तुम्हें छूने में कितना अच्छा लगता है।" घृतनाथ ने कहा। विजया को महसूस हो रहा था कि शायद कुछ गलत हो रहा है, "मेरी जाँघिया के अन्दर से अपना हाथ निकालो। मुझे अच्छा नहीं लग रहा है।" घृतनाथ रिरियाये, "जरा सा छूकर देख लेने दो। मुझे बहुत अच्छा लग रहा है।" "ठीक है! जल्दी करो। जल्दी-जल्दी छूकर अपना हाथ मेरी जाँघिया से बाहर निकालो।" विजया बोली। घृतनाथ ने जल्दी-जल्दी आगे-पीछे उसकी जाँघिया के अन्दर सब कुछ टोटल डाला। विजया बोली, "अब फिर कभी ऐसा मत करना। मुझे अच्छी नहीं लगता।" घृतनाथ उसकी चापलूसी करने लगे, "तुम कितनी सुंदर हो! ऐसा लगता है, जैसे कोई राजकुमारी।" विजया खुश हो गयी, "सच?"

अब कक्षा में जब भी मौका मिलता, घृतनाथ विजया की जाँघिया के अन्दर हाथ डालकर आगे-पीछे टटोलने लगते। विजया को अच्छा नहीं लगता था लेकिन संकोच में वह कुछ नहीं बोलती थी। धीरे-धीरे घृतनाथ की हरकत ज्यादा बढ़ने लगी। विजया को गुस्सा आने लगा। वह घृतनाथ से कटने लगी। घृतनाथ जबर्दस्ती विजया के पीछे-पीछे लगे रहते। एक दिन विद्यालय से घर लौटते समय विजया बोली, "तुम मेरी जाँघिया के अन्दर मत हाथ डाला करो, नहीं तो मैं मास्टर जी से

किसी दिन बता दूँगी।'' घृतनाथ ने उसे फुसलाया, ''इसमें इतना बुरा मानने की क्या बात है? तुम भी मेरी जाँघिया के अन्दर हाथ डालकर सब कुछ सहलाया करो।''
''नहीं! मुझे तुम्हारी जाँघिया के अन्दर नहीं डालना है हाथ।'' विजया गुस्सा हो गयी।

एक दिन घृतनाथ कक्षा में फिर वही कर रहे थे। विजया ने जोर से मास्टर जी को आवाज़ लगायी, ''मास्टर जी!'' घृतनाथ सब कुछ समझ गये। उन्होंने फुर्ती से अपना हाथ विजया की जाँघिया से बाहर निकाल लिया। ''क्या बात है?'' मास्टर जी ने विजया से पूछा। विजया खड़ी होकर बताने लगी, ''मास्टर जी! घृतनाथ अपना हाथ मेरी जाँघिया के अन्दर डालकर टटोल रहा था।'' मास्टर जी ने विजया को बैठा दिया और घृतनाथ को खड़ा किया, ''घृतनाथ! आज से तुम किसी लड़की के पास नहीं बैठोगे। अच्छे लड़के लड़कियों से दूर रहते हैं। तुम पढ़ने में तेज और शरीफ़ लड़के हो। तुम्हें नहीं पता है, लड़कियाँ कितनी मायावी होती हैं। कोई लड़की तुम्हें उल्टा-सीधा फँसा देगी तो बदनाम हो जाओगे। तुम इतने अच्छे घर के लड़के हो। तुम्हारे ऊपर कीचड़ उछलेगा तो तुम्हारे घर के ऊपर भी कीचड़ उछलेगा। इन चुड़ैलों से दूर रहा करो।'' विजया रोने लगी। मास्टर जी ने उसे जोर से डाँटा, ''चोप्प !''

इसी तरह की हरकतें करते और पढ़ाई में अव्वल रहते घृतनाथ सातवीं कक्षा में पहुँच गये। सातवीं कक्षा की सालाना परीक्षाएँ हो चुकी थीं। गर्मी का मौसम था। घृतनाथ जाँघिया-बनियान पहने, नंगे पैर अपने आम के बागों की ओर निकल लिये। अपने एक आम के बाग में पहुँचे तो बाग के रखवाले की बारह साल की लड़की एक पेड़ के नीचे छोटी सी चारपाई डाले बैठी हुई थी। उसके पास एक बड़ी सी लग्गी थी। घृतनाथ उससे लग्गी लेकर पेड़ों से खोज-खोजकर पके आम तोड़ने लगे। दस-बारह पके आम इकट्ठा हो गये। उन्होंने लग्गी वापस कर दी। प्रचंड धूप थी। दोपहर का सन्नाटा चारों तरफ फैला हुआ था। हल्की-हल्की लू भी चल रही थी। दूर-दूर तक कहीं कोई नहीं दिखाई पड़ रहा था। घृतनाथ ने लड़की से पूछा, ''देगी?'' ''क्या?'' लड़की की समझ में कुछ नहीं आया। घृतनाथ ने फिर अपना प्रश्न दुहराया। लड़की बोली, ''साफ-साफ बताओ क्या माँग रहे हो?'' घृतनाथ संकोच के मारे साफ-साफ नहीं बता पा रहे थे। उन्होंने फिर अपना प्रश्न दुहराया, ''देगी?'' लड़की झल्ला गयी, ''पता नहीं तुम्हें क्या चाहिए?'' घृतनाथ ने अपनी जाँघिया उतार दी। उसके बाद लगे लड़की की भी जाँघिया उतारने। लड़की संकोच में कुछ नहीं बोली। घृतनाथ ने उसकी जाँघिया उतारकर उसे चारपाई पर लिटा दिया। वे लगे उसके साथ कामक्रीड़ा का प्रयास करने। वे कुछ नहीं कर पा रहे थे। उन्होंने लड़की से कहा, ''चारपाई पर नहीं हो पा रहा है। नीचे जमीन पर लेट।''

लड़की जमीन पर लेट गयी। उन्होंने फिर से करने का प्रयास आरम्भ कर दिया। वे अपने लिंग को उसकी योनि में ऊपर से नीचे तक डालने की कोशिश कर रहे थे। उनका सामान ऊपर से नीचे तक कहीं भी नहीं घुस पा रहा था। वे प्रयास करते-करते परेशान हो गये। वे लड़की के ऊपर झल्ला उठे, "तेरे तो छेद ही नहीं है। तू पेशाब कैसे करती है?" लड़की नाराज़ हो उठी। वह उठकर खड़ी हो गयी। उसने जल्दी से अपनी जाँघिया पहन ली। बोली, "तुरंत भाग जाओ यहाँ से, नहीं तो मैं चिल्ला दूँगी।" घृतनाथ भी घबराकर जल्दी-जल्दी अपनी जाँघिया पहनने लगे। जाँघिया पहनकर वे आराम से बैठकर पके आम चूसने लगे। जैसे कुछ हुआ ही न हो। लड़की ने कहा, "तुम यहाँ से जा रहे हो कि मैं चिल्लाऊँ?" घृतनाथ ने कहा, "अब तो मैं कुछ नहीं कर रहा हूँ न! चुपचाप बैठा आम चूस रहा हूँ।... तू चिल्लाकर लोगों को बुला लेगी तो उन्हें क्या बतायेगी? मैं तो कह दूँगा कि मैंने कुछ किया ही नहीं। मैं चुपचाप बैठा पके आम चूस रहा हूँ। तेरी ही बेइज़्ज़ती होगी। मेरा कुछ नहीं बिगड़ेगा।" लड़की खिसियाकर रह गयी। वह गुस्से से घृतनाथ को घूरने लगी। कुछ देर बाद घृतनाथ फिर बोले, "एक बात मेरी समझ में नहीं आयी। तेरे तो छेद ही नहीं है। तेरा काम कैसे चलता होगा?" लड़की खिसियाकर घृतनाथ को गाली देने लगी, "दाढ़ीजार! तेरी माँ के छेद नहीं होगा। तेरी बहन के छेद नहीं होगा। हरामी के पिल्ले! भाग जा यहाँ से नहीं तो खींचकर एक लग्गी मारूँगी तेरा मुँह कट जाएगा। कमीना कहीं का। आकर यहाँ मुझे परेशान कर रहा है। जाकर अपनी माँ के साथ कर वहाँ तुझे छेद मिल जाएगा। फिर खूब मजे ले-लेकर अपनी माँ के साथ किया करना। रोज अपनी माँ के साथ किया करना।" घृतनाथ वहाँ से उठकर चल दिये। समझ गये कि यहाँ और रुकने में भलाई नहीं है।

घृतनाथ बड़ी उधेड़बुन में पड़े हुए थे। उनकी समझ में नहीं आ रहा था कि उस लड़की के छेद क्यों नहीं है? लड़की कैसे पेशाब करती होगी? अगर पेशाब नहीं करती तो वह इतने दिनों तक जिन्दा कैसे है? इसके माँ-बाप किसी लड़के को धोखा देकर उससे इसकी शादी कर देंगे। शादी के बाद जब लड़के को पता चलेगा कि इसके छेद ही नहीं है तो उस पर क्या गुजरेगी?

यही सब चिन्तन-मनन करते दो दिन बाद दोपहर में वे फिर बागों की ओर चल दिये। उन्हें एक पेड़ के नीचे दस साल की एक लड़की बकरियाँ चराते हुए दिख गयी। लड़की एक पेड़ के नीचे मेड़ पर डंडा लेकर बैठी हुई थी। उसकी दोनों बकरियाँ थोड़ी दूर पर घास चर रही थीं। लड़की को देखकर घृतनाथ ने कुछ सोचा और वहीं उसके पास मेंड़ पर बैठ गये। लड़की ने पूछा, "यहाँ किसलिए बैठ गये?" "ऐसे ही! मैंने सोचा तुझसे कुछ बातें करूँ।" "मुझसे क्या बात करनी

है? तुम तो पढ़ने-लिखने वाले हो। मैं तो अनपढ़ हूँ। स्कूल नहीं जाती।'' लड़की बड़े पशोपेश में पड़ गयी। घृतनाथ सीधे मतलब की बात पर आ गये, ''तू मुझसे करवायेगी?'' लड़की ने घूर कर उन्हें देखा, ''तुम्हारे बाबूजी से बता दूँगी, समझे कि नहीं। स्कूल में पढ़ते हो और गन्दी-गन्दी बातें करते हो? लड़कियों से इस तरह की बात की जाती है भला?'' घृतनाथ उसे पुचकारने लगे, ''इसमें गन्दी बात क्या है? तुमको ठीक से खाना मिलता है? नहीं मिलता न? किताब में लिखा है कि जो लड़की लड़कों से करवाती है, उसे बहुत ताकत मिलती है। ठीक से खाना न मिलने से जो कमजोरी आती है, सब दूर हो जाती है।'' ''सच में किताब में ऐसा लिखा है?'' लड़की ने आश्चर्य से पूछा। ''और क्या!'' घृतनाथ ने बड़े आत्मविश्वास के साथ जवाब दिया। लड़की कुछ देर तक सोचती रही। ऐसा लग रहा था, जैसे वह बड़े धर्मसंकट में हो। कुछ देर में वह बोली, ''ठीक है! कर लो! लेकिन गाँव में किसी को बताना मत, नहीं तो मेरी भी बदनामी होगी और तुम्हारी भी।'' ''तुमने मुझको बेवकूफ समझ रखा है?'' घृतनाथ बोले, ''गाँव में किसी को भनक तक नहीं लगने पायेगी।''

घृतनाथ लड़की को एक मोटे पेड़ की ओट में ले गये। वहाँ उन्होंने उससे जाँघिया उतारने को कहा! लड़की ने जाँघिया उतार दिया। उन्होंने लड़की को पीठ के बल लेट जाने को कहा। लड़की लेट गयी। घृतनाथ ने अपना भी जाँघिया उतारा। वे भी लड़की के ऊपर लेटकर अपने लिंग को उसकी योनि में डालने की कोशिश करने लगे। योनि में ऊपर से नीचे तक उन्होंने प्रयाग किया। लिंग कहीं घुस ही नहीं पा रहा था। घृतनाथ बहुत परेशान हुए। वे यूँ ही उसकी योनि में अपने लिंग को रगड़ते लेटे रहे। उन्होंने मन ही मन सोचा, 'इसके भी छेद नहीं है क्या? कुछ बोलना ठीक नहीं रहेगा, नहीं तो यह भी भड़क जाएगी। इसी तरह करते हुए पड़े रहो।' कुछ देर बीत गये तो घृतनाथ ने लड़की को उठकर बैठ जाने के लिए कहा। वह उठकर बैठ गयी। घृतनाथ ने अपना लिंग उसके मुँह में डालते हुए कहा, ''अब तुम इसको अपने मुँह में डालकर ठीक से चूसो। इससे तुम्हारे शरीर के अन्दर खूब ताकत चली जाएगी।'' लड़की मुँह में डालकर चूसने लगी। उसने सोचा कि सचमुच इससे मेरे शरीर के अन्दर बहुत ताकत चली जाएगी। वह बेचारी अनपढ़ लड़की। वह जानती थी कि घृतनाथ पढ़ने में बहुत तेज है। वह मुझे जो बातें बता रहा है, वे बहुत ज्ञान की बातें हैं। वह मेरा भला चाह रहा है, तभी अपने शरीर की ताकत मुझे दे रहा है। वह चुपचाप चूसती बैठी रही। घृतनाथ को बहुत अच्छा लग रहा था। पर्याप्त समय हो गया। घृतनाथ ने अपना सामान उसके मुँह से निकाल लिया। उन्होंने लड़की को जाँघिया पहन लेने को कहा। वह अपना जाँघिया जमीन से उठाकर पहनने लगी। घृतनाथ भी अपना जाँघिया पहनने लगे।

उन्होंने लड़की से पूछा, "ताकत महसूस हो रही है न?" लड़की ने हाँ में सिर हिलाया। उन्होंने फिर पूछा, "बहुत ताकत महसूस हो रही है न?" लड़की ने फिर हाँ में सिर हिला दिया।

तीन दिन बात वे फिर बाग की तरफ चल दिये। उनका प्रयोजन कुछ विशेष रहता था। अतः अपने साथ वे किसी को लेकर नहीं जाते थे। छुट्टियाँ चल रही थीं। कुछ पढ़ना-लिखना नहीं था। इसलिए आम खाने के बहाने वे बागों की तरफ ही निकल जाते थे।

वे अपने बाग में पहुँचे। वही लड़की आज भी बैठी थी। एक पेड़ के नीचे अपनी छोटी सी खटिया डाले। पास में आम तोड़ने के लिए लग्गी रखे। घृतनाथ ने बिना पूछे लग्गी उठा ली। लड़की ने उनको देखा तो गुस्से से मुँह फुलाकर चेहरा दूसरी तरफ कर लिया। घृतनाथ खोज-खोजकर पेड़ों से पके आम तोड़ने लगे। कुछ देर में उन्होंने पचासों आम तोड़ लिये। उन्होंने लग्गी यथास्थान रख दी। एक जगह बैठकर वे पके आम चूसने लगे। वे लड़की से कुछ बोलना चाह रहे थे। उनकी हिम्मत नहीं पड़ रही थी। डर लग रहा था कि लड़की गाली देने लगेगी। अन्ततः उनका धैर्य जवाब दे गया, "ऐ लड़की सुन!" लड़की ने कोई जवाब नहीं दिया। "आज भी देगी?" उन्होंने पूछा। लड़की फट पड़ी, "दाढ़ीजार के नाती! अभी एक पत्थर उठाकर मारूँगी खोपड़ी रंग उठेगी। जाकर अपनी माँ-बहन से क्यों नहीं माँगते?" घृतनाथ सहम गये। वे समझ गये कि आगे एक भी शब्द बोलना खतरे से खाली नहीं है। वे चुपचाप आम चूसने लगे।

थोड़ी देर बाद लड़की ने पलटकर उनकी ओर देखा, "खुद अपने कुछ करने का शऊर नहीं है और दूसरों को कहेंगे कि तेरे छेद ही नहीं है।" घृतनाथ ने भाँप लिया कि मामला पटरी पर आ रहा है। उन्होंने उसको पुचकारा, "तू सच कहती है। मुझे कुछ करने का शऊर नहीं है, लेकिन जब तक तू सिखायेगी नहीं, कहाँ से आयेगा शऊर?" लड़की हँस पड़ी, "बहुत चतुर हो! चाह रहे हो कि मैं देने के लिए तैयार हो जाऊँ।" लड़की अपने ऊपर लगे इस कलंक से आहत थी कि उसके छेद ही नहीं है। वह भी मन ही मन इस कलंक को दूर करने के लिए छटपटा रही थी। लड़की बोली, "ठीक है! आओ आज फिर करके देख लो। देख लो मेरे छेद है कि नहीं। घृतनाथ उसके पास चले आये। वह अपनी जाँघिया उतार कर जीमन पर पीठ के बल लेट गयी। घृतनाथ भी अपनी जाँघिया उतार कर उसके ऊपर लेट गये। लड़की ने घृतनाथ का लिंग पकड़कर अपनी योनि में डाल लिया। उसकी योनि से खून निकल गया। वह कराह उठी। "क्या हो गया?" खून देखकर घृतनाथ घबरा उठे। "कुछ नहीं हुआ। तुम अपना करते रहो।" लड़की कराहते हुए बोली। घृतनाथ कुछ देर तक

तो चुपचाप वैसे ही पड़े रहे, फिर शुरू हो गये। लड़की उत्तेजित हो उठी थी। उसने दाँत किटकिटाते हुए घृतनाथ को कसकर अपनी बाँहों में जकड़ लिया, "ठीक से करो! तुम तो एकदम अनाड़ी हो। करने का शऊर नहीं है और चल दिये करने।" घृतनाथ भी उत्तेजित होकर जुट गये। लड़की ने मुस्कराकर पूछा, "क्यों? मेरे छेद है कि नहीं?" घृतनाथ ने शरमाने का नाटक किया, "हाँ रे! तेरे तो छेद है। बड़ा अच्छा छेद है। बहुत मजा आ रहा है। तू सच कहती है। मुझे ही शऊर नहीं है। करने में तो बड़ा मजा आता है। मुझे पता ही नहीं था।" घृतनाथ ने झुककर लड़की के होठों को चूम लिया। लड़की शरमा कर मुस्कराने लगी, "अब चले हो चुम्मा लेने? अभी तक कह रहे थे कि मेरे छेद ही नहीं है!" "मैं तुमसे माफी माँगता हूँ। मुझे माफ कर दो। तू कहे तो मैं तेरे पैर छूकर तुझसे माफी माँग लूँ।" घृतनाथ ने कहा। लड़की ने बड़े प्यार से उनको अपनी बाँहों में भर लिया और मुस्कराने लगी।

दिन डूबने लगा तो घृतनाथ और उनके तीन-चार दोस्त फारिग होने के लिए अपने-अपने घरों से लोटे में पानी लेकर निकले और खेतों की ओर चल दिये। यह लगभग रोज का नियम था। शाम को दिन डूबने के समय घृतनाथ अपने तीन-चार दोस्तों के साथ फारिग होने के लिए निकलते थे। सारे दोस्त गप्पें लड़ाते हुए खेतों की तरफ बहुत दूर तक निकल जाते थे। फारिग होने के बाद सब फिर साथ-साथ बातें करते और गपियाते हुए वापस लौटते थे। घृतनाथ के पेट में बात नहीं पची। वे अपने सारे दोस्तों को डींग हाँक-हाँककर दोपहर वाली घटना बताने लगे। सारे दोस्त उनकी बहादुरी की गाथा ध्यानपूर्वक सुनने लगे। एक दोस्त, जो सब में वरिष्ठ था, ने पूछा, "काम करते समय लड़की की योनि से खून भी निकला?" "हाँ!" घृतनाथ ने उत्तर दिया। उसने लोटा वहीं जमीन पर रख दिया और घृतनाथ को गोद में उठा लिया, "बधाई हो! बधाई हो! खून निकलने का मतलब होता है, लड़की के साथ पहली बार सम्भोग किया जा रहा है। तुमने एक लड़की की सील तोड़ी, उसका उद्घाटन किया, तुमको बहुत-बहुत बधाई! इस खुशी में तुम हम सारे लोगों को कुछ खिलाओ-पिलाओ!" सारे लड़कों ने अपना-अपना लोटा जमीन पर रख दिया। सब घृतनाथ को गोद में उठाकर कूदने लगे, "बधाई हो! बधाई हो! तुमने बहुत बहादुरी वाला काम किया है। सारे दोस्तों की नाक ऊँची हो गयी। सब को खिलाओ-पिलाओ।"

घृतनाथ खिलाने-पिलाने को तैयार हो गये। तय हुआ कि अगले दिन दुकान पर चलकर घृतनाथ सबको गुड़वाली लाई और गुड़वाला खाजा खिलायेंगे। फिर तो सारे दोस्त जाने और आने में घृतनाथ से वही बात खोद-खोदकर विस्तार में, और विस्तार में पूछते रहे। उस दिन का फारिग होना एक उत्सव सरीखा रहा।

घृतनाथ नौवीं कक्षा में पहुँच गये। सब कुछ छोड़-छाड़कर वे पढ़ाई में जुट

गये। अगले साल, यानी दसवीं में बोर्ड परीक्षा थी। उन्हें अपनी इज़्ज़त का भूत सताने लगा। बोर्ड की परीक्षा में अच्छे अंक न आये तो नाक कट जाएगी। अभी एक अच्छे छात्र के रूप में उन्होंने अपनी जो छवि बना रखी थी, उसे बचाये रखना था। वे भले ही इधर-उधर मुँह मार ले रहे थे, अर्थात् थोड़ा-थोड़ा नीच और थोड़ा-थोड़ा पातकी बन रहे थे, लेकिन इधर भी कालर टाइट था। हर कक्षा में अव्वल ही रहते थे।

घृतनाथ के सुकर्मों की भनक उनके पिता जी के कानों तक पहुँचने लगी थी। खैर खून खाँसी खुशी बैर प्रीत मधुपान, रहिमन दाबे ना दबै जाने सकल जहान। वे चिन्तित हो उठे थे। सोच रहे थे कि हाईस्कूल अर्थात् दसवीं में ढंग से यह पारा हो जाता तो मैं कोई ठीक लड़की देखकर इसकी शादी कर देता। ऐसा न हो कि किसी की बेटी को गर्भवती कर दे और मैं गाँव-जवार में मुँह दिखाने लायक न बचूँ। उन्हें क्या पता था कि घृतनाथ आगे चलकर अपने कमीनिस्ट बनने का मार्ग प्रशस्त कर रहे हैं। घृतनाथ इधर ज्यादातर घर पर ही रहते थे और पढ़ने में ही लगे रहते थे। यह देखकर पिता जी को संतोष था। एक तो यह कि यदि मन लगाकर पढ़ रहा है तो दसवीं की परीक्षा में खूब अच्छे से पास होगा। दूसरा यह कि यदि घर में है और पढ़ रहा है तो कहीं इधर-उधर मुँह नहीं मार रहा है। कभी-कभी घृतनाथ की माँ दिन भर घृतनाथ को घर में पड़ा देखतीं तो उन्हें गुस्सा आ जाता था, "क्या यहीं घर में दिनभर मग्गह की तरह मकौंधता रहता है। थोड़ा बहुत खेलना-कूदना भी चाहिए।" घृतनाथ पर कोई असर नहीं होता था। यह देखकर घृतनाथ के पिता जी बहुत खुश होते।

घृतनाथ हाईस्कूल की परीक्षा अच्छे ढंग से पास हो गये। परिवार में खुशी की लहर दौड़ गयी। पूरे गाँव में पिता जी की नाक ऊँची हो गयी। पट्टीदार जल-भुन उठे। गोपिकाएँ, जिनके साथ घृतनाथ ने रास रचाया था, फूलकर कुप्पा हो गयीं। मैं भाग्यशालिनी हूँ, जिसके साथ घृतनाथ ने रास रचाया।

घृतनाथ के पिता जी सतर्क थे। वे घृतनाथ के लिए लड़की खोजने लगे। घृतनाथ तुरंत-तुरंत हाईस्कूल की परीक्षा बहुत अच्छे ढंग से उत्तीर्ण हुए थे। क्षेत्र में उनका भाव काफी ऊँचा था। अपने पिता जी को अपनी शादी का प्रयास करते देख वे परेशान हो उठे। वे इतनी जल्दी बन्धन में नहीं फँसना चाहते थे। उन्होंने अपने पिता जी से विरोध किया। अभी नहीं करनी मुझे शादी। मुझे अभी पढ़ाई-लिखाई करनी है। पिता जी ने कसकर डाँटा, "तू करता रह पढ़ाई-लिखाई न! पत्नी आ जाएगी तो क्या वह तुझे पढ़ने-लिखने से मना कर देगी? पत्नी आ जाएगी तो उल्टे तू और ढंग से पढ़ाई कर पायेगा। घर में खूँटे से बँध जाएगा। घर में ही रहेगा और पढ़ेगा। कोई आदमी चौबीसों घंटे मेहरिया का मुँह देखते नहीं बैठा रहता।

सरऊ तुम गाँव भर में जो कर्म करते घूम रहे हो, मुझे मालूम नहीं है क्या? चल भाग यहाँ से। तेरी शादी तो होकर रहेगी।'' उन्होंने घृतनाथ की ऐसी नस पर हाथ रख दिया कि घृतनाथ से जवाब देते नहीं बना। पिता जी शादी तय करके ही माने।

घृतनाथ की शादी खूब धूमधाम से हुई। भले घृतनाथ ने बुझे मन से शादी की, लेकिन घर में बाकी सब बहुत प्रसन्न थे। घृतनाथ की माँ के तो पैर ही जमीन पर नहीं पड़ रहे थे। घृतनाथ के पिता जी ने इस तरह राहत की साँस ली, जैसे उन्होंने बेटी की शादी की हो।

घृतनाथ अब चुपचाप पढ़ाई करने लगे। पत्नी को इस बात का गर्व था कि उसका पति पढ़ने-लिखने में बहुत अच्छा है। वह इस बात का बड़ा ध्यान रखती थी कि पति की पढ़ाई में कोई बाधा न आने पाये। घृतनाथ यह जानकर सहम गये थे पिता जी उनकी हर गतिविधि पर नज़र रखते हैं। अब वे बहुत कायदे से रहते थे। वे इंटरमीडिएट यानी बारहवीं में पहुँच गये। फिर बोर्ड की परीक्षा। उनका सपना था कि बारहवीं की परीक्षा उत्तीर्ण कर लेने बाद वे इलाहाबाद जायँ। इलाहाबाद विश्वविद्यालय में पढ़ाई करें। उन्हें पता था कि इलाहाबाद विश्वविद्यालय में आसानी से प्रवेश नहीं मिलता। वे जी-तोड़ मेहनत कर रहे थे। उन्हें किसी भी तरह इलाहाबाद विश्वविद्यालय पहुँचना था।

उन्होंने बारहवीं की परीक्षा दे दी। परीक्षाफल की प्रतीक्षा थी। तब तक घर में एक ऐसी खुशखबरी आ गयी कि पूरे परिवार में प्रसन्नता की लहर दौड़ गयी। घृतनाथ की पत्नी ने पुत्र रत्न को जन्म दिया। घर में बधावा बजा। रोज सोहर गाया जाने लगा। घृतनाथ के पिता जी का कलेजा दुगुना हो गया। वे पूरे गाँव को भोज देने की तैयारी में जुट गये। घृतनाथ की माँ नाती पाकर निहाल हो गयीं। घृतनाथ को भले पुत्र-प्राप्ति से खास प्रसन्नता नहीं हुई। वे चिन्तित हो उठे, 'मैं पढ़ने के लिए इलाहाबाद जाना चाहता हूँ। अब ये एक बेटा पैदा हो गया। इसकी देखभाल और पढ़ाई-लिखाई की व्यवस्था कौन देखेगा? इलाहाबाद से रोज दौड़-दौड़कर मैं यहाँ नहीं आऊँगा।' उन्होंने अपनी चिन्ता अपने पिता जी को बतायी। पिता जी डाँटने लगे, "मेरे नाती पैदा हुआ है और तू मुँह लटकाये हुए है? तुझे किसने पढ़ाया-लिखाया? मैंने न? मैं ही अपने नाती को पढ़ाऊँगा-लिखाऊँगा। तू यहाँ की बिल्कुल चिन्ता न कर! यहाँ मैं सब सम्हाल लूँगा। तू इलाहाबाद जाकर ठीक से पढ़ाई-लिखाई कर! परिवार का नाम रोशन कर! खानदान में कोई पैदा हुआ जो इलाहाबाद ईनवरसीटी पहुँचा। चिन्ता मत कर, खुश रह!''

बारहवीं की परीक्षा भी घृतनाथ बहुत अच्छे ढंग से पास हो गये। इतने अच्छे अंक आये थे कि तय हो गया। इलाहाबाद विश्वविद्यालय में प्रवेश पाने से उन्हें

कोई रोक नहीं सकता। पिता जी ने पूरे गाँव-जवार में चर्चा कर दी कि बेटा अब आगे की पढ़ाई के लिए इलाहाबाद विश्वविद्यालय जाएगा। घृतनाथ की इज़्ज़त पूरे क्षेत्र में बहुत बढ़ गयी। एक तो इंटरमीडिएट की परीक्षा में इतने अच्छे अंक आये, दूसरे आगे की पढ़ाई के लिए इलाहाबाद विश्वविद्यालय जा रहे थे। एक तो इंद्र, दूसरे हाथ में वज्र। उनकी माँ यह सोचकर व्याकुल हो उठीं कि मेरा बेटा अब मुझसे दूर चला जाएगा। यद्यपि उन्हें सन्तोष था कि वह खानदान का नाम ऊँचा करने जा रहा है। पत्नी गर्व से भर उठी। ससुराल में उसकी इज़्ज़त दस गुनी हो गयी। एक तो उसने पुत्र के रूप में खानदान को कुल दीपक दिया। अब पति इलाहाबाद विश्वविद्यालय में पढ़ने जा रहा है। उसे पति के बाहर जाने का जरा भी दुःख नहीं था। उसे पता था कि बीच बीच में वे आते रहेंगे।

● अन्ततः सबसे विदा लेकर वे इलाहाबाद चले गये। बी.ए. में उनका प्रवेश हो गया। उन्हें हिन्दी साहित्य में विशेष रुचि थी। कुछ कविताएँ वगैरह भी वे लिखा करते थे। बी.ए. में एक विषय उन्होंने हिन्दी साहित्य रखा। उस समय इलाहाबाद में सुमित्रानन्दन पंत, सूर्यकांत त्रिपाठी 'निराला', महादेवी वर्मा, उपेन्द्रनाथ अश्क, रामकुमार वर्मा जैसे प्रख्यात और धुरंधर साहित्यकार रहा करते थे। अगली पीढ़ी के साहित्यकारों की संख्या तो असंख्य थी। इलाहाबाद का पूरा परिवेश ही बड़ा साहित्यिक था और साहित्यकारों की समाज में बहुत इज़्ज़त थी। ऐसे माहौल में घृतनाथ का मन भी साहित्य में रमने लगा। उन्होंने कटरा में किराये का एक कमरा लिया और वहीं रहने लगे।

तमाम नये लिखनेवालों से उनकी दोस्ती हो गयी। इन नये दोस्तों के साथ उनकी खूब अड्डेबाजी होने लगी। धुरंधर रचनाकारों के यहाँ वे अपने साहित्यिक दोस्तों के साथ अक्सर जाते और उनकी सोहबत में कुछ सीखने की कोशिश करते। बीच-बीच में वे घर भी चले जाते थे। धीरे-धीरे उनका घर जाना कम होने लगा। बी.ए. पास होते-होते उनका घर जाना एकदम बन्द हो गया। अपने गाँव और घर का वातावरण उन्हें नितान्त असाहित्यिक लगता था। घर और परिवार से सम्बन्ध उन्होंने एकदम समाप्त कर लिया।

वे एम.ए. में पहुँच गये। स्वाभाविक था कि वे हिन्दी साहित्य से एम.ए. करते। एक लेखक रूप में भी वे अपनी पहचान बनाने की कोशिश करने लगे। कविता और कहानी, दोनों में गंभीरता से हाथ आजमा रहे थे। घर से कोई मतलब नहीं रह गया था तो घर से खर्चा-पानी भी बन्द हो गया था। इलाहाबाद की साहित्यिक पत्र-पत्रिकाओं में वे छोटे-मोटे काम भी करने लगे थे। छात्रवृत्ति भी उन्हें मिल जाती थी। वरिष्ठ साहित्यिक सहयोगियों की कृपा से उनकी फीस भी माफ हो गयी थी।

अपनी आवश्यकता से अधिक पैसों के लिए वे परेशान नहीं रहते थे। साहित्य में उन्हें आनन्द मिलने लगा था और अपनी फक्कड़ी में वे मस्त थे।

उनके एक मित्र थे, योगेश्वर। योगेश्वर का घर इलाहाबाद के ही एक गाँव में था। वे भी इलाहाबाद शहर में ही रहकर इलाहाबाद विश्वविद्यालय से पढ़ाई कर रहे थे। वे अभी बी.ए. में ही थे। उनके गाँव के तमाम लोग इलाहाबाद शहर में ही सपरिवार रहते थे, जो कि पर्याप्त सम्पन्न थे। घृतनाथ और योगश्वर एक ही बिरादरी के थे।

शहर में रहने वाले योगेश्वर के गाँव के एक व्यक्ति, त्रिविक्रम को घृतनाथ के बारे में पता चला। उनकी शादी योग्य एक कन्या थी। घृतनाथ किसी से अपनी शादी की चर्चा नहीं करते थे। सबको यही मालूम था कि वे अविवाहित हैं। दरअसल वे खुद ही अपने को अविवाहित बताते थे। एक दिन योगेश्वर त्रिविक्रम के घर गये। त्रिविक्रम ने उनसे पूछा, "मैंने सुना है, तुम्हारा एक मित्र है—घृतनाथ। पढ़ने में बड़ा अच्छा है। मैं उससे अपनी बेटी की शादी की बात करना चाहता हूँ। कैसा रहेगा?" "बहुत अच्छा रहेगा।" योगेश्वर ने उत्तर दिया, "जाना-समझा लड़का है। पढ़ने में अच्छा है। पढ़ने के बाद उसे नौकरी मिल जाएगी। हो सकता है, इलाहाबाद में ही विश्वविद्यालय या किसी महाविद्यालय में प्राध्यापक की नौकरी मिल जाय। आप आँख मूँदकर शादी कर दीजिए।" त्रिविक्रम ने कहा, "ठीक है! पहले तुम्हीं उससे इस शादी की बात करो। अगर वह आगे बात करने के लिए तैयार हो तो मैं चलूँ उसके पास।" योगेश्वर तैयार हो गये। घर में बेटी की एक छोटी सी फोटो मिल गयी। त्रिविक्रम ने उसे योगेश्वर को दे दिया। घृतनाथ को दिखाने के लिए। योगेश्वर ने फोटो अपनी जेब में डाल ली। त्रिविक्रम ने उन्हें समझाया, "उससे मेरी बेटी की खूब बड़ाई करना। जिससे वह प्रभावित हो जाय। उसे यह भी समझा देना कि मैं दहेज देने में कोई कोर-कसर नहीं छोड़ूँगा।"

योगेश्वर वहाँ से सीधे घृतनाथ के कमरे पर चले गये। घृतनाथ अपने कमरे में ही थे। "और योगेश्वर? क्या हाल चाल है?" घृतनाथ ने पूछा। घृतनाथ योगेश्वर के सीनियर थे। योगेश्वर ने कहा, "आपकी शादी का एक प्रस्ताव लेकर आया हूँ। लड़की सुन्दर और सुशील है। इस साल इंटरमीडिएट में है। लड़की के पिताजी मेरे गाँव के रहने वाले हैं और सपरिवार यहीं शहर में ही रहते हैं। मेरा अच्छी तरह जाना-सुना परिवार है। मैं लड़की की फोटो भी ले आया हूँ।" उन्होंने लड़की की फोटो अपनी जेब से निकालकर दे दी। किसी फॉर्म से बड़ी सावधानी से नोची गयी, श्वेत-श्याम फोटो थी। फिर भी पता चल जा रहा था कि फोटो किसी फॉर्म से नोचकर निकाली गयी है। घृतनाथ फोटो को ध्यान से देखने लगे। कुछ देर में

वे बोले, "ठीक है! मैं शादी के लिए तैयार हूँ। लड़की के पिता जी से जाकर बता दो। मैं भी पढ़ी-लिखी लड़की चाहता हूँ।...तुम तो मेरी स्थिति देख ही रहे हो। बड़ा आर्थिक संकट है। शादी में जितना ज्यादा दहेज मिल जाय, उतना अच्छा। तुम अपनी तरफ से पूरा प्रयास करना।" उन्होंने योगेश्वर को आँख मारी, "हाँ, एक बात और! सारा दहेज मैं नकद लूँगा। मुझे सामान-वामान नहीं चाहिए। सारा पैसा लेकर बैंक में फिक्स डिपाजिट कर दूँगा। उसके ब्याज से गाड़ी कुछ सरकती रहेगी।" योगेश्वर ने आश्वस्त किया, "आप चिन्ता मत करिए। भरपूर दहेज दिलवाऊँगा आपको। लड़की के पिता जी इंजीनियर हैं। अपनी नाक समाज में ऊँची रखने के लिए वे खुद ही उड़ेलकर रख देंगे। बहुत कमाया है उन्होंने। सब कुछ पैसे के रूप में देने वाली बात पर वे जरूर थोड़ा सा कसमसायेंगे। समाज में अपना रुतबा दिखाने के लिए वे जरूर बड़े-बड़े सामान देना चाहेंगे। कोई बात नहीं। उन्हें किसी तरह समझाया-बुझाया जाएगा। कह दूँगा कि लड़का इसी शर्त पर शादी करेगा।" "सो तो ठीक है!" घृतनाथ ने समझाया, "लेकिन बात को इतना मत तान देना कि शादी ही बिगड़ जाय। यह शादी करने का मैं खुद भी इच्छुक हूँ।"

अगले दिन योगेश्वर त्रिविक्रम के घर पहुँच गये शाम को। उन्होंने परिवार को खुशखबरी सुनायी, "मैंने लड़की और परिवार की इतनी तारीफ़ की कि घृतनाथ शादी के लिए मान गये। मैंने लड़की की फोटो भी उन्हें दे दी। फोटो उन्होंने रख ली है। अब जब आप लोग उचित समझिए, लड़के से मैं बात करा दूँ।" त्रिविक्रम ने कहा, "रविवार को शाम चार बजे मैं चलूँगा बात करने। तुम लड़के से बात कर लो। उस दिन वह कहीं जाए नहीं।"

योगेश्वर ने दोनों तरफ से बात को व्यवस्थित कर लिया। वे रविवार के दिन चार बजे त्रिविक्रम के साथ पहुँच गये घृतनाथ के कमरे पर। बातचीत बड़े सद्‌भावपूर्ण माहौल में शुरू हुई। भले गरीबी में आटा गीला हो रहा था, लेकिन घृतनाथ ने बड़े ढंग से त्रिविक्रम का स्वागत किया। त्रिविक्रम को लड़का बड़ा ही बुद्धिमान और समझदार लगा। वे सोचेने लगे कि लड़का किसी तरह हाथ से निकलने न पावे। घृतनाथ भी यही सोच रहे थे। लड़की वाला किसी तरह छटकने न पाये। त्रिविक्रम ने पूछा, "आपके माता-पिता जीवित हैं?" "हाँ!" घृतनाथ ने उत्तर दिया, "लेकिन शादी मेरे गाँव से नहीं होगी। यहीं से होगी। मेरे माँ-बाप और सारे रिश्तेदार यहीं आ जाएँगे। मैं सारी व्यवस्था कर लूँगा।" त्रिविक्रम ने कहा, "शादी तय करने से पहले एक बार आपके माँ-बाप से भी बात करना मेरा फर्ज है। अन्यथा वे लोग अपने को अपमानित महसूस करेंगे।" "इन सब औपचारिकताओं की कोई जरूरत नहीं है। मैं शादी के लिए हाँ कह रहा हूँ तो मतलब हाँ।" घृतनाथ बोले, "अपने माता-पिता

और परिवार को मैं सूचित कर दूँगा। घर में मेरे बारे में मेरी ही राय अन्तिम होती है। चूँकि आपकी लड़की पढ़ी-लिखी है और आपका परिवार भी सम्भ्रान्त है, इसलिए मैं शादी के लिए तैयार हूँ। इन सब बातों को मेरे अनपढ़ माता-पिता क्या समझेंगे?'' त्रिविक्रम ने लम्बी साँस छोड़ी, ''जैसी आपकी मर्जी। अब आगे का क्या कार्यक्रम होगा?'' घृतनाथ ने कहा, ''हफ्ते, दस दिन में कोई शुभ दिन देखकर, वरीक्षा के रूप में मुझे पाँच हजार रुपये लाकर दे दीजिए। समझ लीजिए शादी पक्की हो गयी।''

पाँच हजार रुपये काफी बड़ी रकम थी। त्रिविक्रम ने सोचा, 'दे देता हूँ पाँच हजार रुपये। इससे यह होगा कि लड़का मेरे चंगुल में आ जाएगा। लड़का बहुत आधुनिक विचारों वाला लग रहा है। न कोई पंडित बुलाने की जरूरत है और न ही कोई कर्मकांड करने की जरूरत है। पाँच हजार रुपये लाकर सीधे-सीधे लड़के के हाथ में दे देता हूँ। योगेश्वर गवाह रहेगा।' त्रिविक्रम ने घृतनाथ से कहा, ''जब तुम इतने आधुनिक विचारों के हो तो मुहूर्त देखने की क्या जरूरत है? वृहस्पतिवार के दिन, इतने ही बजे, मैं पाँच हजार रुपये लेकर आऊँगा और योगेश्वर के सामने तुम्हें दे दूँगा। समझ लो शादी तय हो गयी। आगे के कार्यक्रम के बारे में अपने घरवालों से बात कर लेना।''

वृहस्पतिवार के दिन घृतनाथ खूब सजधज कर बैठे थे। त्रिविक्रम भी खूब सजधज कर आये। उनके साथ योगेश्वर भी थे। त्रिविक्रम फल और मिठाई भी लाये थे। उन्होने फल और मिठाई के साथ पाँच हजार रुपये घृतनाथ को सौंप दिये। घृतनाथ का आटा उस दिन भी गीला हुआ, लेकिन वे बहुत प्रसन्न थे। त्रिविक्रम ने कहा, ''अब तो एक ढंग से वरीक्षा हो गयी। समाज के दस्तूर के मुताबिक मुझे कम से कम एक बार आपके पिता जी से मिल लेना चाहिए। अन्यथा लोग क्या कहेंगे? ऐसे में उनका भी सम्मान बना रह जाएगा। मैं अब भी अगर उन लोगों से नहीं मिलूँगा तो लोग मुझ पर भी थूकेंगे और आप पर भी।'' घृतनाथ ने बड़ी बेरुखी से कहा, ''आप अनावश्यक मेरे पिता जी से मिलने के लिए परेशान हैं। मालिक तो पूरी तरह मैं हूँ। उन अनपढ़ लोगों से आप क्या बात करेंगे? वे बौद्धिक रूप से आपके स्तर के नहीं हैं। शादी में उनसे मिलिएगा। उसके पहले उनसे मिलने की कोई जरूरत नहीं है।'' त्रिविक्रम कुछ नहीं बोले। कुछ देर बाद वे चले गये।

घृतनाथ ने योगेश्वर से कहा, ''यार, यह आदमी बहुत पाजी है। फल और मिठाई किसलिए लेता आया? हमें उसका पैसा नहीं दे सकता था? फल और मिठाई का मैं क्या करूँगा? तुम इनको कहीं बेच सकते हो?'' योगेश्वर ने मना कर दिया। उनको क्रोध आ गया कि एक भी मिठाई देने के बजाय, यह साला उनको बेचने के लिए कह रहा है।

दूसरे ही दिन त्रिविक्रम योगेश्वर के कमरे पर पहुँच गये। योगेश्वर भौंचक्के रह गये। उन्होंने उनको सम्मानपूर्वक बैठाया और आने का कारण पूछा। त्रिविक्रम ने कहा, "अभी तुम लोग लड़के हो। दुनियादारी नहीं समझते। घृतनाथ बहुत आधुनिक हैं, लेकिन इतना भी आधुनिक होना ठीक नहीं। माँ-बाप का अपना एक स्थान होता है। भले ही वे अनपढ़ हों। उनके माँ-बाप से एक बार मिलना बहुत आवश्यक है। मैं चाहता हूँ कि घृतनाथ को खबर न लगे और मैं उनके माँ-बाप से मिल आऊँ। तुमको घृतनाथ का गाँव पता है? मैं खोजते-खोजते उनके घर पहुँच जाऊँगा। तुम घृतनाथ से इसकी बिलकुल चर्चा मत करना।" योगेश्वर बोले, "मैं कभी घृतनाथ के घर तो नहीं गया हूँ, लेकिन उन्होंने मुझे अपने घर का पता बता रखा है। उसके सहारे आप उनके घर पहुँच जाएँगे।" योगेश्वर ने घृतनाथ के घर का पता-ठिकाना बता दिया।

एक दिन त्रिविक्रम घृतनाथ के घर चल दिये। खोजते-खोजते अन्ततः वे उनके घर पहुँच गये। घृतनाथ के पिता जी एक अधिकारीनुमा आदमी को अपने दरवाजे पर देखकर सकुचा गये। त्रिविक्रम ने उन्हें बताया, "मैं इलाहाबाद से आया हूँ। इंजीनियर हूँ। इलाहाबाद में मैं आपके बेटे घृतनाथ से मिला। बड़ा विनम्र और होनहार लड़का है। उसी की शादी के बारे में आपसे बात करने आया हूँ। उससे मैंने बात कर ली है। वह शादी के लिए तैयार है। मेरी बेटी बारहवीं कक्षा में पढ़ रही है। आपके बेटे ने तो वरीक्षा के रूप में पाँच हजार रुपये भी ले लिये। मैंने कहा चलकर आपकी भी आज्ञा ले लूँ। बिना आपकी आज्ञा के कैसे कोई काम आगे बढ़ेगा?" घृतनाथ के पिता जी ने उन्हें बड़े सम्मानपूर्वक बैठाया।

त्रिविक्रम पानी वगैरह पी चुके। थोड़ी देर विश्राम भी कर लिया। अचानक घृतनाथ के पिता जी घर के अन्दर गये और एक औरत तथा एक लड़के को लिवाकर बाहर आये। उन्होंने दोनों को त्रिविक्रम के सामने खड़ा कर दिया। दोनों ने हाथ जोड़कर त्रिविक्रम को प्रणाम किया। त्रिविक्रम ने पिता जी से पूछा, "ये दोनों कौन हैं?" पिता जी ने बताया, "औरत घृतनाथ की पत्नी और लड़का घृतनाथ को बेटा है। इन दोनों को देख लीजिए। उसके बाद आप जो भी फैसला करेंगे, मुझे मंजूर होगा।" त्रिविक्रम भड़ककर चारपाई से उठ खड़े हुए, "साला बदमाश, चार सौ बीस! उसकी शादी हो चुकी है और इलाहाबाद में सबसे कहता फिरता है कि मैं कुँवारा हूँ। इतना धोखेबाज है साला? चलकर मैं उसकी खबर लेता हूँ। साले ने वरीक्षा के नाम पर मुझसे पाँच हजार रुपये भी ऐंठ लिये। जूते से मार-मारकर मैं अपना पैसा वसूलूँगा। उसने मुझे समझ क्या रखा है? मुझे धोखा देकर बचकर निकल जाएगा? बेशर्मी की हद तो देखो। एक बार भी नहीं मना किया कि मैं शादी

नहीं करूँगा। तभी माँ-बाप के नाम पर कन्नी काट रहा था। माँ-बाप से पूछने की कोई जरूरत नहीं है। मैं ही मालिक हूँ। मैं आकर बताता हूँ साले कि माँ-बाप से पूछने की जरूरत है या नहीं...। '' त्रिविक्रम उसी समय वहाँ से उठकर चल दिये और इलाहाबाद की ओर चल पड़े।

योगेश्वर ने घृतनाथ को यूँ ही बता दिया कि त्रिविक्रम तुम्हारे घर गये हैं। तुम्हारे पिताजी से मिलने। घृतनाथ के चेहरे से हवाइयाँ उड़ने लगीं, ''यह क्या किया तुमने? मेरे पिता जी पागल आदमी हैं। वे उन्हें कुछ उल्टा-सीधा कह देंगे। मेरे पिता जी मुझे पसन्द नहीं करते। देख लेना! वे कुछ ऐसा कर देंगे कि मेरी शादी बिगड़ जाएगी।'' ''मुझसे गलती हो गयी।'' योगेश्वर ने कहा, ''मुझसे आपने पहले यह बात नहीं बतायी थी, अन्यथा मैं उनको आपके घर का पता ही न बताता।'' ''मैं उनको बार-बार मना कर रहा था कि मेरे पिता जी से मिलने की कोई जरूरत नहीं, लेकिन वे माने नहीं। क्या बताऊँ?'' घृतनाथ एकदम नर्वस थे। उन्हें इतना परेशान और घबराया हुआ देखकर योगेश्वर भी घबरा गये।

अगले दिन त्रिविक्रम योगेश्वर के कमरे पर आ धमके। आते ही उन्होंने कहा, ''तुरंत मेरे साथ चलो उस साले चार सौ बीस घृतनाथ के यहाँ!'' योगेश्वर बोले, ''आप पहले थोड़ा शांत हो जाइए। लगता है घृतनाथ के घर जाने पर, आपको कुछ गलफहमी हो गयी वहाँ।'' त्रिविक्रम आग-बबूला हो गये, ''गलतफहमी हो गयी थी। अब मेरी गलतफहमी दूर हो गयी। चलो साले घृतनाथ के यहाँ। जूते से मारते-मारते साले की खाल खींच लूँगा।'' ''हो क्या गया?'' योगेश्वर ने बड़े आश्चर्य से पूछा। त्रिविक्रम गरजे, ''ये पूछो कि क्या नहीं हुआ? इस साले घृतनाथ की शादी हो चुकी है। इसके एक बेटा भी है। इसके बीवी-बच्चे से मैं मिलकर आया हूँ। इस साले ने अपने पूरे परिवार की क्या दशा बना दी है। वहाँ जाकर देखो।'' योगेश्वर को एकदम विश्वास नहीं हुआ, ''आपको जरूर कोई गलतफहमी हुई है। चलिए घृतनाथ से ही चलकर पूछते हैं।'' ''चलो!'' त्रिविक्रम ने गुस्से से कहा।

दोनों घृतनाथ के कमरे पर पहुँचे। कमरे पर ताला लटक रहा था। दोनों लोग मकान मालिक के पास पता करने पहुँचे। मकान मालिक ने कहा, ''वे तो कल रात में ही कमरा खाली करके चले गये।'' ''क्या? कहाँ गये, ये आपको मालूम है?'' योगेश्वर एकदम आश्चर्यचकित रह गये। वे कल शाम को घृतनाथ के साथ थे। घृतनाथ ने कमरा खाली करने कोई जिक्र नहीं किया था। ''वे कहाँ गये, इसके बारे में तो उन्होंने कुछ नहीं बताया।'' मकान मालिक ने उत्तर दिया। ''देखा! देखा तुमने!'' त्रिविक्रम गरजे, ''वह साला एक नम्बर का फ्राड और चार सौ बीस है। तुमने शर्तिया उसको बता दिया था कि मैं उसके घर गया हूँ। पोल खुलने के डर

से वह कमरा छोड़कर भाग गया। भाग कर वह जाएगा कहाँ? पढ़ेगा तो वह यहीं इलाहाबाद में रहकर ही। तुमसे मिलेगा तो उससे कह देना कि वह मेरे पाँच हजार रुपये वापस कर दे। नहीं तो मैं उसका इलाहाबाद में रहना मुश्किल कर दूँगा। पेड़ पर उल्टा लटकवा दूँगा।...यह तो कहो शादी के पहले सारी पोल खुल गयी। शादी हो गयी होती तो मेरी बेटी की जिन्दगी बर्बाद हो जाती। मैं तो कहीं मुँह दिखाने लायक न बचता। हरामजादा कहीं का। बस एक बार किसी तरह मेरे हत्थे चढ़ जाय।'' योगेश्वर एकदम सन्न रह गये। अब उनकी समझ में आया कि कल घृतनाथ इतना परेशान क्यों हो रहे थे। उन्होंने त्रिविक्रम को सान्त्वना दी, ''आप चिन्ता न करिए। मैं पूरे शहर में खोज डालूँगा। देखता हूँ भागकर कहाँ जाता है। उसके दोस्तों से पता चल जाएगा कि वह कहाँ छुपकर रह रहा है। उसको आपके पाँच हजार रुपये देने पड़ेंगे। उसने मेरे सामने पैसा लिया था।'' त्रिविक्रम इतने गुस्से में थे कि अगर घृतनाथ उनके सामने पड़ जाते तो नृसिंह की तरह उन्हें फाड़ डालते।

घृतनाथ पाँच-छः महीने भूमिगत रहे। योगेश्वर पता लगाते-लगाते परेशान हो गये। कुछ नहीं पता चला कि घृतनाथ कहाँ हैं। त्रिविक्रम ने भी संतोष कर लिया। भले पाँच हजार रुपये बर्बाद हो गये, लेकिन बेटी की जिन्दगी तो बर्बाद होने से बच गयी।

घृतनाथ एक दिन विश्वविद्यालय में योगेश्वर को दिख गये। योगेश्वर दौड़कर उनके पास पहुँचे। घृतनाथ ने उनकी ओर देखा ही नहीं। वे इस तरह चले जा रहे थे, जैसे वे योगेश्वर को जानते ही नहीं। योगेश्वर ने कहा, ''घृतनाथ जी रुकिए। मुझे आपसे कुछ जरूरी बात करनी है।'' ''भाग जाओ यहाँ से। मैं तुम्हें नहीं जानता।'' कहते हुए घृतनाथ चले गये। योगेश्वर वहीं हक्के-बक्के खड़े उन्हें जाता हुआ देखते रह गये।

घृतनाथ ने एम.ए. कर लिया। वे पीएच.डी. करने के चक्कर में थे। विभाग के तमाम गुरुओं का स्नेह उन्हें प्राप्त था। वे पीएच.डी. में प्रवेश के लिए प्रयास करने लगे। इस बीच एम.ए. प्रथम वर्ष का नया बैच शुरू हो गया। इस वर्ष एम.ए. प्रथम वर्ष में महिमा नाम की एक लड़की ने प्रवेश लिया। महिमा काफी सुंदर थी। साहित्य सृजन में भी उसकी रुचि थी। घृतनाथ का नाम साहित्य में थोड़ा-थोड़ा लोकप्रिय होने लगा था। साहित्य प्रेमी उन्हें जानने लगे थे। महिमा ने भी घृतनाथ का नाम सुन रखा था। वह घृतनाथ से मिलने को उत्सुक थी।

एक दिन घृतनाथ की निगाह महिमा पर पड़ गयी। महिमा उन्हें देखने में बड़ी अच्छी लगी। वे उससे दोस्ती करने को उतावले हो उठे। कुछ देर तक तो वे धर्मसंकट में पड़े रहे। मैं जबर्दस्ती जाकर उससे बोलने लगूँगा तो हो सकता है वह बुरा माने। उन्होंने अपनी जेब से अपनी कलम निकाली। पहुँच गये महिमा के

पास, "जी, यह कलम आपकी तो नहीं है? यहीं जमीन पर गिरी हुई थी।" महिमा ने कलम को ध्यान से देखा, "नहीं, यह मेरी कलम नहीं है।"

"जी, मेरा नाम घृतनाथ है। मैं हिन्दी से एम.ए. कर चुका हूँ। अब पीएच.डी. में प्रवेश के लिए प्रयासरत हूँ। आपने भी हिन्दी में प्रवेश लिया है क्या? आज पहली बार दिख रही हैं।"

"अच्छा तो आप ही घृतनाथ जी हैं? आपका तो मैंने बहुत नाम सुना है।" महिमा खुश हो गयी, "आपसे मिलकर बड़ी प्रसन्नता हुई। आपसे मिलने की मेरी बड़ी इच्छा थी। मैं भी कविताएँ लिखती हूँ।'

"ओह! यह तो बड़ी अच्छी बात है। सच्चा मनुष्य तो वही होता है, जिसकी साहित्य में रुचि होती है। आप हृदय से भी कवि हैं और चेहरे से भी कवि हैं। आपका चेहरा ऐसा है, जैसे एकदम कविता।"

महिमा शरमा गयी, "अरे सर, अब इतनी भी तारीफ़ मत कीजिए। थोड़ा-बहुत लिख लेती हूँ। कोई महादेवी वर्मा नहीं हूँ। आप लोगों से सीखते-सीखते मैं भी धीरे-धीरे अच्छा लिखने लगूँगी।"

"सीखने की प्रक्रिया दो-तरफा होती है। कुछ मैं आपको सिखाऊँगा। कुछ आप मुझे सिखायेंगी।"

"अरे सर, मैं आपको क्या सिखाने लायक हूँ? आप तो मेरा मजाक उड़ा रहे हैं। आप लोग बड़े साहित्यकार हैं। आप लोगों को जो सीखना था, सीख चुके। अब तो आप लोगों को हम जैसों का मार्गदर्शन करना चाहिए।"

घृतनाथ सोचने लगे, "घबराओ मत! ऐसा सिखाऊँगा कि सीखती ही रहोगी। मेरी मुरली की धुन पर बस एक बार नाचना तो शुरू करो। उसके बाद तो मैं तुमको हमेशा नचाता रहूँगा।

"अच्छा सर, मैं चल रही हूँ। यह मेरी खुशकिस्मती है कि आपके दर्शन आज हो गये। अब तो आपसे बराबर मुलाकात होती रहेगी। किसी दिन अपनी कुछ कविताएँ दूँगी। पढ़कर देखियेगा, कैसा लिखती हूँ।" "हाँ-हाँ जरूर! मुझे भी तुमसे मिलकर बड़ी खुशी हुई। कोई अपनी रुचि का व्यक्ति मिलता है तो बहुत खुशी होती है। विभाग में तो रोज ही आना-जाना लगा रहता है। रोज ही मुलाकात होती रहेगी।"

अब महिमा से घृतनाथ की अक्सर मुलाकात होने लगी। इस बीच उनका डी.फ़िल. में प्रवेश भी हो गया। फिलहाल शोधकार्य नाम मात्र को हो रहा था। शोधकार्य के बहाने वे रोज विश्वविद्यालय आते थे और महिमा को खोजते थे। महिमा मिल जाती तो जितनी देर तक वह समय देती, उतनी देर तक उससे बातें करते बैठे रहते। वह कभी अपनी कोई कविता दिखाती तो कहने की क्या?

वे कविता में खूब प्रेमरस की व्यंजना करते। वे महिमा को समझाते कि कवि वह होता है जिसके हृदय में अगाध प्रेम भरा हो। हृदय का वही प्रेम कागज पर छलक जाता है। वे प्रेम का इतना महीन विश्लेषण करते थे कि धीरे-धीरे महिमा पर भी प्रेम-रंग चढ़ने लगा। उसे भी घृतनाथ का साथ अच्छा लगने लगा।

महिमा घृतनाथ से प्यार करने लगी। घृतनाथ तो पहले से ही इस चक्कर में परेशान थे कि लौंडिया किसी तरह फँस जाय। कवयित्री थी महिमा। दिल की गहराई से चाहने लगी घृतनाथ को। काम वासना में उसकी रुचि नहीं थी। वह प्यार करती थी और सिर्फ प्यार चाहती थी। वह घृतनाथ से देर तक प्यार भरी बातें करती और उन्हें निहारती बैठी रहती थी। अब कविता वगैरह लिखने में उनका मन नहीं लगता था। उनका मन लगता था घृतनाथ में। घृतनाथ भी उसे प्यार करने लगे थे, साथ ही साथ वे अपनी काम-वासना की तृप्ति भी चाहते थे। घृतनाथ की दाल यहीं नहीं गल पा रही थी। महिमा उन्हें भरपूर प्यार तो देती थी, लेकिन कामक्रीड़ा का नाम लेते ही वह बिदक जाती। घृतनाथ अन्दर से दुःखी हो गये। उनके लिए प्यार का अर्थ ही काम था। घृतनाथ ने कई बार महिमा से इस बात की शिकायत की। दोनों के सम्बन्धों में थोड़ी सी कड़वाहट भी आने लगी। महिमा घृतनाथ को खोना नहीं चाहती थी। उनसे बहुत प्यार करती थी। अन्ततः उसने घृतनाथ को इतनी छूट दी कि वे उसे बाँहों में भरकर चूम सकते हैं। घृतनाथ तैयार हो गये। उन्होंने मानिसक रूप से स्वीकार कर लिया कि महिमा कोई ऐसी-वैसी लड़की नहीं है और वह शारीरिक सम्बन्ध बनाने के लिए तैयार नहीं होगी।

महिमा एम.ए. द्वितीय वर्ष में पहुँच गयी। एक दिन उसने घृतनाथ का बताया, "मेरे घरवाले मेरी शादी की बात कर रहे हैं। उन्होंने लड़का भी देख लिया है। लड़का पी.सी.एस. अधिकारी है। मैं शादी नहीं करना चाहती। बताइए क्या करूँ?" घृतनाथ ने समझाया, "तुम्हारे घरवाले जहाँ तुम्हारी शादी कर रहे हैं, तुम वहाँ शादी कर लो। मेरा-तुम्हारा प्यार कोई शारीरिक प्यार तो है नहीं! मैं और तुम तो एक दूसरे की आत्माओं से बँधे हैं। हमारा प्यार आत्मिक प्यार है। भले ही तुम्हारी शादी कहीं पर भी हो जाय, मेरी शादी कहीं पर भी हो जाय, हम दोनों जीवन भर एक दूसरे से प्यार करते रहेंगे। तुम जहाँ भी रहोगी, मैं तुम्हें देखने पहुँचूँगा। तुम भी पढ़ने में अच्छी हो। क्या पता हम दोनों की नियुक्ति यहीं इलाहाबाद विश्वविद्यालय में ही हो जाय। फिर तो हम दोनों, आजीवन एक दूसरे के पास भी रहेंगे। मेरे दिल में तुम्हारे सिवा अब और कोई लड़की नहीं बसेगी। तुम्हारी शादी भले चाहे जिससे हो, अपने दिल में हमेशा मुझे ही बसा कर रखना। हम दोनों हमेशा एक दूसरे के रहेंगे, विश्वास रखो।" महिमा घृतनाथ को छोड़कर और किसी से शादी नहीं करना

चाहती थी, लेकिन घृतनाथ ने उसे इतना समझाया कि वह अपने घरवालों द्वारा तय शादी करने के लिए तैयार हो गयी। उसने यह बात अपने मन में गाँठ बाँधकर रख ली कि वह मन से घृतनाथ के अलावा किसी की नहीं बनेगी। शरीर अपने बस में नहीं है। घरवाले कन्यादान के रूप में उसे चाहे जिसे सौंप दें।

महिमा की शादी हो गयी। अब वह विश्वविद्यालय में नहीं दिखती थी। घृतनाथ बड़े मायूस हुए। उन्हें पता भी नहीं चला कि कब महिमा उनका भावनात्मक संबल बन चुकी थी। अपने चक्कर में फँसाते-फँसाते कब वे उससे घनिष्ठ रूप में भावनात्मक ढंग से बँध गये, वे नहीं जान पाये। महिमा के बिना अब उन्हें पूरा संसार सूना लगता था। वे अपने को बहुत ही एकाकी महसूस कर रहे थे।

उस दिन एम.ए. अंतिम वर्ष की प्रथम प्रश्न पत्र की परीक्षा थी। घृतनाथ को पूरा विश्वास था कि महिमा परीक्षा देने जरूर आयेगी। वे परीक्षा के समय विश्वविद्यालय में जाकर इधर-उधर टहलने लगे। परीक्षा समाप्त होने के थोड़ी देरे पूर्व वे विभाग के पास पहुँच गये। जैसे ही परीक्षा समाप्त हुई वे महिमा को खोजने लगे। महिमा भी उन्हें ही खोज रही थी। उसे पूरा विश्वास था कि घृतनाथ उससे मिलने जरूर आयेंगे। दोनों एक दूसरे को मिल गये। घृतनाथ उसे एकदम एकांत जगह में ले गये। वहाँ पर वे उसका हाथ पकड़कर फूट-फूटकर रोने लगे। उन्हें रोता देखकर महिमा भी अपने को नहीं रोक पायी। वह भी रोने लगी। घृतनाथ ने अपने को थोड़ा सा सँभाला, "महिमा यह क्या हो गया? तुम्हारे बिना मैं जिन्दा नहीं रह पा रहा हूँ। मैं क्या करूँ? " महिमा बोली, "मुझे आपने जो आदेश दिया, मैंने वही किया। आपने ही मुझे शादी कर लेने के लिए समझाया। अगर आप मुझसे शादी करने के लिए तैयार हो गये होते, तो भले ही मुझे पूरे संसार से लड़ना पड़ता, मैं आपसे ही शादी करती। मैंने आपसे वादा किया था कि मैं कहीं भी रहूँ, रहूँगी आपकी ही। अब मैं भी डी.फिल. में प्रवेश ले लेती हूँ। उससे मेरा और आपका मिलना आसान हो जाएगा।" घृतनाथ ने महिमा को कसकर अपनी बाँहों में जकड़ लिया और उसे चूमने लगे। अभी चार प्रश्नपत्र और बाकी थे। चार दिन और मुलाकात की उम्मीद थी।

● एक दिन घृतनाथ विभाग में यूँ ही टहल रहे थे। अचानक विभाग का एक चपरासी उन्हें खोजते-खोजते आ पहुँचा। उसने कहा, "विभागाध्यक्ष जी ने आपको बुलाया है। वे अपने कमरे में बैठे हुए हैं। आप तुरंत जाकर उनसे मिल लीजिए।" चपरासी चला गया। घृतनाथ की समझ में नहीं आया कि विभागाध्यक्ष ने उन्हें क्यों बुलांया है! वे उनसे मिलने के लिए चल दिये। उनके कमरे के पास पहुँचकर घृतनाथ ने पर्दा हटाया, "सर, क्या मैं अन्दर आ सकता हूँ?" विभागाध्यक्ष ने अधीरता से कहा, "हाँ-हाँ घृतनाथ, आओ-आओ।" वे बहुत बेचैन लग रहे थे। कुछ देर तक

कमरे में चुप्पी छायी रही। घृतनाथ ने ही शुरुआत की, "क्या बात है सर? आप बहुत परेशान लग रहे हैं।" "हाँ, घृतनाथ!" विभागाध्यक्ष ने कहा, "मुझे एक बात बताओ। क्या तुम विभाग में अध्यापक बनना चाहोगे?" घृतनाथ को अपने कानों पर विश्वास नहीं हुआ, "क्या सर आप भी मज़ाक कर रहे हैं। अचानक ऐसा क्या हो गया कि मैं विभाग में आध्यापक बन जाऊँगा?" विभागाध्यक्ष ने फिर कहा, "मैं पूरी गंभीरता से पूछ रहा हूँ। क्या तुम विभाग में अध्यापक बनना चाहोगे?" घृतनाथ बोले, "क्यों नहीं सर! ऐसा कौन बेवकूफ़ है जो मिल रहे इतने अच्छे अवसर को हाथ से जाने देगा?" विभागाध्यक्ष ने बड़ा रहस्यपूर्ण वातावरण बनाया, "ठीक है! मैं तुम्हें विभाग में नियुक्त करने के लिए तैयार हूँ, लेकिन बदले में तुम्हें भी मेरा एक काम करना होगा।" घृतनाथ कुछ समझ नहीं पाये, "क्या काम है सर? बताइए।" विभागाध्यक्ष बोले, "इस साल एक छात्रा, साधना ने मेरे अधीन डी.फ़िल. में प्रवेश लिया है। वह मुझसे गर्भवती हो गयी है। तुम्हें उससे शादी करनी पड़ेगी। तुम चाहो तो सुरक्षित तरीके से उसका गर्भपात करवा सकते हो।"

घृतनाथ बड़े धर्मसंकट में पड़ गये। अब उनकी समझ में आया कि विभागाध्यक्ष क्यों उनको नौकरी दे रहे हैं। उन्होंने सिर झुका लिया और गहन सोच में पड़ गये। विभागाध्यक्ष बोले, "क्या कह रहे हो घृतनाथ?" घृतनाथ ने उत्तर दिया, "सर मुझे थोड़ा सा सोचने का समय दीजिए।" "मेरे पास इतना समय नहीं है।" विभागाध्यक्ष ने कहा, "तुम्हारा जो भी उत्तर हो, मुझे अभी बताओ। अन्यथा मैं किसी दूसरे लड़के से बात करूँ।" घृतनाथ सोचने लगे, 'ऐसा मौका फिर हाथ आये न आये। मैं विभाग में अध्यापक हो जाऊँगा। महिमा यहाँ डी.फ़िल. करती रहेगी। हम दोनों का साथ रहेगा। मेरी असली प्रेयसी तो महिमा है। साधना के बहाने नौकरी मिल जा रही है। उसका गर्भपात करवा दूँगा। आगे अगर ढंग से मौका मिल गया तो उसे अपनी जिन्दगी से निकाल दूँगा।' खूब सोच-समझ लेने के बाद घृतनाथ ने उत्तर दिया, "सर, मैं तैयार हूँ। बस, मेरी एक प्रार्थना है आपसे। मैं साधना का गर्भपात करा दूँगा। मैं उसके बच्चे को अपनाने के लिए तैयार नहीं हूँ।" विभागाध्यक्ष खुश होकर उछल पड़े, "जैसी तुम्हारी मर्जी! किसी भी तरह से मुझे इस विपत्ति से बचाओ यार। अगर मेरी पत्नी को यह बात पता चल गयी तो मेरी जिन्दगी नर्क हो जाएगी। अगर तुम्हें उसका गर्भपात करवाना है, तो पहले उसी की व्यवस्था करो। उसका ठीक ढंग से गर्भपात हो जाएगा तो मैं तुमको विभाग में तदर्थ प्रवक्ता के रूप में रख दूँगा। तुम दोनों की शादी हो जाएगी तो मैं तुम्हें स्थायी भी करवा दूँगा।"

घृतनाथ साधना के गर्भपात के लिए दौड़धूप करने लगे। एक विशेषज्ञ नर्स पैसे लेकर चुपचाप गर्भपात कराने के लिए तैयार हो गयी। घृतनाथ साधना को लेकर

निश्चित दिन उस नर्स के घर पहुँच गये। नर्स ने अपनी एक और मित्र नर्स को बुला लिया था। दोनों ने मिलकर साधना का गर्भपात करा दिया। न तो किसी तरह की कोई जटिलता पैदा हुई और न ही कोई अन्य समस्या आयी। गर्भपात के बाद नर्स ने तीन घंटे तक साधना को एक अच्छी चारपाई पर लिटाये रखा। दो-चार दिन के लिए कुछ दवाएँ दीं, फिर घर जाने के लिए मुक्त कर दिया। घृतनाथ ने नर्स को पूरा पैसा अदा किया। साधना को एक रिक्शे पर बैठाकर खुद साइकिल से पीछे-पीछे चल दिये।

घृतनाथ की विभाग में तदर्थ प्रवक्ता के रूप में नियुक्ति हो गयी। फिलहाल तो उनकी नियुक्ति का रहस्य कोई नहीं जान पाया। घृतनाथ एक योग्य व्यक्ति थे, इसमें किसी को कोई शक नहीं था। लोगों को बस एक ही बात खटक रही थी। घृतनाथ विभागाध्यक्ष के कभी इतने करीबी नहीं रहे थे कि विभागाध्यक्ष उनके ऊपर इस तरह की अनुकम्पा करते। लोगों ने यही सोचा कि घृतनाथ के शोध गुरु ने विभागाध्यक्ष से सिफारिश करके उनकी नियुक्ति करायी होगी। घृतनाथ का शोधकार्य में मन नहीं लग रहा था। विभाग में नौकरी मिल गयी तो उन्होंने अपने शोधकार्य को तिलांजलि दे दी। अब उन्हें डी.फ़िल. की डिग्री की कोई आवश्यकता नहीं थी।

साधना के गर्भपात के चार महीने बीत गये। विभागाध्यक्ष ने घृतनाथ पर शादी के लिए दबाव डाला। घृतनाथ तैयार हो गये। विभागाध्यक्ष ने पहले घृतनाथ को दो कमरे का एक फ्लैट किराये पर दिलवाया। फिर दोनों को मंदिर में लिवा गये और एक पंडित को बुलाकर दोनों की शादी करवा दी। अपने एक परिचित फोटोग्राफ को बुलाकर उन्होंने फोटोग्राफी भी करवा दी, ताकि सबूत रहे और वक्त पर काम आये। शादी के बाद दोनों अपने नये फ्लैट में शिफ्ट हो गये। साधना के घरवाले भी इलाहाबाद के रहने वाले थे। उनको साधना की शादी की कानोंकान खबर नहीं हुई।

साधना काफी रात तक घर नहीं पहुँची तो घरवाले परेशान हो उठे। वे चारों तरफ उसकी खोजबीन करने लगे। पूरी रात सब दौड़भाग करते रहे। साधना का कहीं कोई सुराग नहीं मिला। अगले दिन घरवालों ने थाने में गुमशुदगी की रिपोर्ट लिखा दी। उस दिन दोनों ने कोर्ट में भी शादी कर ली। सब कुछ विभागाध्यक्ष जी के नेतृत्व में हो रहा था। आखिर तीन दिन बाद पुलिस घृतनाथ और साधना तक पहुँच गयी। दोनों ने अपनी शादी का प्रमाण पत्र दिखा दिया। पुलिस बैरंग लौट गयी। उसने साधना के घर जाकर घरवालों को शादी की बात बता दी और साधना का पता-ठिकाना दे दिया।

अगले दिन साधना के घरवाले साधना के नये घर में पहुँच गये और हंगामा करने लगे। वे साधना के ऊपर वापस घर लौट चलने का दबाव बनाने लगे।

साधना ने वापस अपने पिता के घर जाने से इनकार कर दिया। उसने कहा कि मेरी शादी हो चुकी है और अब मैं अपने पति के घर में ही रहूँगी। मेरे पास शादी का प्रमाण पत्र है, जो कोर्ट ने दिया है। ज्यादा हंगामा होगा तो मैं पुलिस बुला लूँगी। घरवाले और क्रुद्ध हो गये। साधना के पिता ने कहा, "ठीक है! हम लोग वापस जा रहे हैं। आज से तू हम लोगों के लिए मर गयी और हम लोग तेरे लिए मर गये। आज से हम लोगों के साथ तेरे सारे रिश्ते समाप्त। अब कभी अपना काला मुँह हम लोगों को दिखाने मत आना।"

विभागाध्यक्ष सर्तक थे। घृतनाथ को जल्दी स्थायी प्राध्यापक नहीं होने देना है। उसकी गृहस्थी व्यवस्थित हो जाय, एकाध बच्चा हो जाय, तब स्थायीकरण की प्रक्रिया शुरू करवानी है। घृतनाथ चालाक है। अभी स्थायी हो जाएगा तो किसी बहाने साधना से तलाक ले लेगा। फिर साधना न घर की रहेगी, न घाट की। अब भी वे साधना के पास जाते थे, लेकिन बहुत होशियारी से। जैसे ही घृतनाथ विभाग में आते वे चुपके से घृतनाथ के घर निकल जाते। साधना के साथ इश्क फरमाकर वे विभाग में वापस लौट आते। हाँ, रोज ही नहीं पहुँचे रहते थे। कभी-कभार जाते। वैसे अभी साधना का शोधकार्य चल ही रहा था। धृतनाथ ने अब स्कूटर खरीद ली थी। साधना को शोधकार्य के सिलसिले में अगर विभागाध्यक्ष से मिलने की जरूरत होती तो वह घृतनाथ के साथ स्कूटर से विश्वविद्यालय चली आती। जब तक विभागाध्यक्ष और साधना बात करते रहते, घृतनाथ वहीं बैठे रहते थे। उन्हें विभागाध्यक्ष पर जरा भी विश्वास नहीं था। क्या पता, वहाँ से हटने पर वे साधना को फिर गर्भवती कर दें। घृतनाथ अब साधना को अपनी पत्नी समझते थे। विभागाध्यक्ष उस पर हाथ साफ करें, यह उन्हें कतई स्वीकार्य नहीं था। वे जल्दी से जल्दी स्थायी होना चाह रहे थे, लेकिन वे यह भी देख रहे कि हेडवा साला टरका रहा है।

एक दिन विभाग में महिमा आयी थी। डी.फ़िल. में अपने प्रवेश के सिलसिले में उसे जानकारी हासिल करनी थी। उसे पता चला कि घृतनाथ विभाग में प्राध्यापक हो गये हैं। वह बहुत प्रसन्न हुई। घृतनाथ को विभाग में एक अलग कमरा मिल चुका था। वह उनके कमरे में गयी। घृतनाथ बैठे हुए थे। वे उठकर खड़े हो गये। उन्होंने महिमा को अपनी बाँहों में भर लिया। उनकी आँखों में आँसू आ गये, "तुम इतने दिनों तक कहाँ थी महिमा? तुम्हारी अनुपस्थिति में यहाँ कितना बवाल हो चुका है।" "क्या हो गया?" उसने पूछा। घृतनाथ उसको बैठाकर विभाग में अपनी नियुक्ति और अपनी शादी की सारी कहानी बताने लगे। महिमा ही उनकी सबसे अंतरंग थी। उससे कुछ क्या छुपाना। सब कुछ जान लेने के बाद महिमा बोली, "आपकी विभाग मे नियुक्ति हो गयी। यह बहुत खुशी की बात है। आगे-पीछे स्थायी

तो हो ही जाएँगे। लेकिन जिस ढंग से आपको फँसाया गया, उससे मैं बहुत आहत हूँ।...खैर, आप परेशान मत होइए। जैसे पति के रूप में मैं एक आदमी को झेल रही हूँ, वैसे ही पत्नी के रूप में आप भी एक औरत को झेलिए। मेरा मन और मेरे प्राण तो हमेशा आपके ही पास रहते हैं। मेहनत करके मेरा डी.फ़िल. में प्रवेश करा दीजिए। आप अभी स्थायी नहीं हैं, अतः आप के अधीन मैं शोधकार्य नहीं कर सकती। लेकिन डी.फ़िल. में प्रवेश मिल जाएगा तो मुझे इलाहाबाद में रहने का बहाना मिल जाएगा। फिर तो आप होंगे और मैं हूँगी। अभी तो मेरे पति की नौकरी बरेली में है। मुझे भी वहीं उनके साथ रहना पड़ता है। डी.फ़िल. करने मैं मायके चली आऊँगी। मेरे एक बेटा भी हो गया है। साल भर का है।'' ''अच्छा? तुम माँ बन गयी? बेटे के लिए बहुत-बहुत बधाई!'' घृतनाथ ने कहा। महिमा ने लम्बी साँस छोड़ी, ''मुझे बधाई लेने में कोई दिलचस्पी नहीं है। वह बेटा आप से पैदा हुआ होता। आपका होता, तब मैं अपने को सौभाग्यशाली समझती। जो आदमी मरे शरीर को रौंद रहा है और उससे बच्चा पैदा कर रहा है, उसमें मेरी कोई दिलचस्पी नहीं है।''

महिमा को डी.फ़िल. में प्रवेश दिलाने के लिए घृतनाथ प्राणपण से जुट गये। महिमा बरेली लौट गयी। वे यहाँ उसकी पैरवी में जुटे रहे। प्रवेश एम.ए. के अंकों के आधार पर होना था। महिमा के एम.ए. में अच्छे अंक थे। अतः उसे डी.फ़िल. में प्रवेश मिल गया। विभाग से बरेली महिमा के पते पर इस आशय का एक पत्र गया। महिमा ने आकर प्रवेश ले लिया। हंसों का जोड़ा फिर एक हो गया।

डी.फ़िल. की प्रवेश-प्रक्रिया विभागाध्यक्ष के माध्यम से सम्पन्न हुई। घृतनाथ जिस तरह से महिमा के प्रवेश के लिए दौड़ रहे थे, उससे विभागाध्यक्ष चौकन्ने हो गये। महिमा के फॉर्म में यह देखकर उन्हें संतोष हुआ कि महिमा शादीशुदा है, लेकिन साक्षात्कार में उसका सुंदर चेहरा देखकर उन्हें यह भाँपने में देर नहीं लगी कि मामला कुछ न कुछ गड़बड़ है। इस क्षेत्र में वे माहिर विशेषज्ञ थे और उड़ती चिड़िया देखकर पहचानने की सामर्थ्य उनमें थी। उन्होंने सोचा कि किसी भी तरह से साधना की नौकरी लगवानी आवश्यक है, अन्यथा घृतनाथ कब क्या दाँव मार देगा पता नहीं।

विभागाध्यक्ष उच्च शिक्षा निदेशालय के निदेशक से जाकर मिले। उन्होंने उनसे अनुरोध किया कि अपने यहाँ साधना को कोई नौकरी दे दीजिए। निदेशक ने विचार करने का आश्वासन दिया। विभागाध्यक्ष ने कहा, ''मैं चाहता हूँ कि आप अपने यहाँ उसे कोई अधिकारी बना दीजिए। लड़की बहुत योग्य है।'' निदेशक ने उत्तर दिया, ''यह तो सम्भव नहीं है। हमारे यहाँ अधिकारियों की नियुक्ति इस तरह

नहीं होती है। मैं उसे अधिकतम क्लर्क बना सकता हूँ।'' विभागाध्यक्ष ने सोचा कि काम इस तरह नहीं बनेगा। उन्होंने ब्रह्मास्त्र फेंक दिया, ''ऐसा है लड़की मेरे अंडर में शोधकार्य कर रही है। बहुत सुंदर लड़की है। उसे अधिकारी बना देंगे तो हमेशा आपके पास रहेगी। फिर आप जब चाहे उसका भोग कर सकेंगे। बिस्तर पर आपको बहुत आनन्द देगी।'' निदेशक पहले तो अचकचाये, फिर बोले, ''ठीक है! परसों उसे आप मेरे ऑफिस में लेकर आइए। एक बार मैं उसका इंटरव्यू ले लूँ।''

अगले दिन घृतनाथ की अनुपस्थिति में विभागाध्यक्ष साधना के पास पहुँच गये। उन्होंने उच्च शिक्षा निदेशक से हुई सारी बात साधना को बतायी और बोले, ''उनके कहने पर तुम बिना हिचक उनके साथ हमबिस्तर हो जाना। तभी तुम्हें अच्छी नौकरी मिल पायेगी। तुम्हारा नौकरी करना बहुत आवश्यक है। घृतनाथ विभाग की एक सुंदर लड़की के चक्कर में पड़ा है। यद्यपि वह लड़की विवाहित है, लेकिन कब क्या ऊँच-नीच हो जाय, कहा नहीं जा सकता। इसलिए यह बहुत आवश्यक है कि तुम अपने पैरों पर खड़ी रहो। कल बारह बजे उच्च शिक्षा निदेशालय पहुँच जाना और निदेशक से मिल लेना। उन्हें बता देना कि तुम्हें मैंने भेजा है तो वे समझ जाएँगे। तुम्हारे साथ मेरा जाना ठीक नहीं रहेगा, अतः मैं नहीं आऊँगा। लोग कुछ भी सोच सकते हैं। कुछ भी बातें बना सकते हैं।''

अगले दिन साधना बारह बजे उच्च शिक्षा निदेशालय पहुँच गयी। उसने एक कागज पर अपना नाम लिखकर निदेशक के पास भिजवा दिया। निदेशक ने तुरंत उसे अंदर बुलवाया। वह अंदर चली गयी। निदेशक ने बड़ी गर्मजोशी से उसका स्वागत किया, ''आइए-आइए! मैं आपका ही इंतज़ार कर रहा था। आइए बैठिए!'' ''सर, मुझे इलाहाबाद विश्वविद्यालय के हिन्दी विभागाध्यक्ष ने आपके पास भेजा है।'' साधना ने कहा। निदेशक बोले, ''अरे भाई, मैं समझ गया। बताइए आपके लिए क्या मँगवाऊँ? चाय या काफी?'' साधना सकुचा गयी, ''सर, आप तो मुझे शर्मिन्दा कर रहे हैं। चाय या कॉफी की क्या आवश्यकता है? आप जैसे अधिकारी के साथ बैठना ही मेरा सौभाग्य है!'' ''नहीं, ऐसा कुछ नहीं है!'' कहकर निदेशक ने घंटी बजायी। एक चपरासी अन्दर आया। निदेशक ने उसे आदेश दिया, ''जाओ दो कप कॉफी ले आओ।'' चपरासी चला गया। निदेशक ने साधना को ध्यान से देखा। चीज तो सही है। उन्होंने मन में सोचा।

निदेशक साधना से बातें करने लगे। वे उससे उसके बारे में एक-एक चीज पूछने लगे। साधना एक-एक प्रश्न का होशियारी से जवाब देने लगी। जहाँ उसे लगता कि यहाँ झूठ बोल देना चाहिए, वहाँ वह झूठ बोल दे रही थी। जहाँ उसे लगता कि बात को थोड़ा बढ़ा-चढ़ाकर बताना चाहिए, वहाँ वह हाँकने से परहेज

नहीं कर रही थी। अपने हिसाब से वह निदेशक को नचा रही थी। निदेशक भी एकदम खुर्राट थे। ऐसे बुद्धिमानों से उनका अक्सर पाला पड़ता रहता था। निदेशक ने कहा, "कल आपके विभागाध्यक्ष जिस ढंग से बात कर रहे थे, उससे लग रहा था कि आपके उनके साथ शारीरिक सम्बन्ध हैं। आप उनको शारीरिक रूप से भरपूर संतुष्ट करती हैं।" साधना ने कोई जवाब नहीं दिया। उसने अपना सिर झुका लिया।" निदेशक बोले, "इसमे घबराने या परेशान होने की आवश्यकता नहीं है। मुझे आप अपना ही समझिए। मैं तो केवल इसलिए पूछ रहा था कि क्या आपके पति को इस बात की जानकारी है? अगर हाँ, तो क्या वे इस बात का विरोध नहीं करते?" साधना ने उनके प्रश्न का उत्तर थोड़ा सा घुमाकर दिया, "मुझे नहीं पता कि उन्हें जानकारी है या नहीं। वैसे मैं और मेरे पति खुल विचारों के हैं। उनकी किन लड़कियों से दोस्ती है और किनसे सम्बन्ध है, यह जानने में मुझे कोई दिलचस्पी नहीं है। इसी तरह किन पुरुषों के साथ मेरे सम्बन्ध हैं, यह जानने में उनकी कोई दिलचस्पी नहीं होनी चाहिए। उनकी दुनिया स्वतंत्र है और मेरी दुनिया स्वतंत्र। हमने अंतर्जातीय विवाह किया है, लेकिन आप यह नहीं कह सकते कि हमने प्रेम विवाह किया है। हम दोनों मे नाममात्र को सम्बन्ध है। कह लीजिए हमारे सम्बन्धों में कोई मधुरता नहीं है।" साधना के उत्तर से निदेशक मन ही मन बहुत प्रसन्न हुए। उन्होंने आगे पूछा, "मेरी एक और जिज्ञासा है। अपने विभागाध्यक्ष के अलावा, आपके और कितने लोगों के साथ शारीरिक सम्बन्ध हैं?" साधना बोली, "सर, मैं भगवान की सौगन्ध खाकर कह रही हूँ। अपने विभागाध्यक्ष जी के अलावा किसी के साथ मेरे शारीरिक सम्बन्ध नहीं हैं। आप जिसकी कहें, उसकी सौगन्ध खाकर मैं यह बात कह सकती हूँ।" "किसी की सौगन्ध खाने की क्या आवश्यकता है?" निदेशक ने कहा, "मैं तो बस ऐसे ही पूछ रहा था।...यह बताइए आप मुझे कुछ देंगी या नहीं?" साधना ने थोड़ी सी अदा दिखायी, "सर मुझे आप अपने यहाँ अधिकारी बना लीजिए। उसके बाद मुझ पर आपका पूरा हक होगा। आपके जो जी में आये, वह मुझसे लीजिए।" "अरे भाई, अब तो मुझे आपको अधिकारी बनाना ही पड़ेगा।" निदेशक हें-हें करने लगे, "उसके पहले शगुन के रूप में कुछ हो जाय।" साधना हँसने लगी, "जैसी आपकी मर्जी सर! आपको मैं कहाँ मना कर रही हूँ।" निदेशक ने अपने सचिव को बुलाया। उनसे बोले, "जहाँ तक है, पाँच बजे तक सब चले जाएँगे। पाँच बजे मैडम के साथ मेरी एक जरूरी मीटिंग हैं। पाँच बजे के बाद कोई आ जाय तो उससे साफ कह देना कि साहब जरूरी मीटिंग में व्यस्त हैं। वे किसी से नहीं मिलेंगे।" "ठीक है साहब!" कहकर सचिव ने सिर झुकाया। वे साहब का इशारा समझ गये। साहब को जब भी किसी सुंदरी की सेवा

लेनी होती, वे इसी तरह करते थे। तब तक चपरासी कॉफी लेकर आ गया। साधना के साथ निदेशक कॉफी पीने लगे।

पाँच बजे तक निदेशालय में सन्नाटा हो गया। निदेशक ने बाहर निकल कर अपने सचिव को इशारा किया और अन्दर घुसकर दरवाजा बन्द कर लिया। उन्होंने पहले साधना को अपनी बाँहों में भरकर खूब [illegible]। उसके बाद उन्होंने अपने हाथों से साधना के कपड़े उतारे। अपने कमरे में बिछी कालीन पर वे साधना को लिटाकर शगुन का भोग लगाने लगे। उधर बाहर दरवाजे पर सचिव सख्ती के साथ तैनात थे।

घृतनाथ चार बजे ही विश्वविद्यालय से घर आ गये थे। वे वापस लौटे तो घर में बाहर से ताला लटक रहा था। घर के उस ताले की दो चाभी थी। एक साधना के पास रहती थी, एक घृतनाथ के पास। घृतनाथ ताला खोलकर अन्दर घुसे। उन्होंने बिस्कुट खाकर पानी पिया। उसके बाद अपने लिए चाय बनाने लगे। उन्होंने सोचा कि साधना कुछ सामान वगैरह खरीदने शायद बाजार गयी होगी। चाय पीकर उन्होंने कुछ देर तक आराम किया फिर भी नहीं आयी साधना। वे एक किताब लेकर उसे पढ़ने लगे। काफी देर तक पढ़ते रहे वे। छः बज गये। उन्होंने किताब उठाकर रख दी। उनके दिमाग में तरह-तरह की शंकाएँ उठने लगीं। मकान मालकिन से पूछने में उन्हें संकोच लग रहा था। वे बेचैन होकर कमरे में टहलने लगे, 'पता नहीं कब से घर से गयी है? पता नहीं कहाँ गयी है? हेडवा के साथ कहीं गुलछर्रे तो उड़ाने नहीं गयी है साली? पता नहीं उसके कितने यार हैं। केवल हेडवा को ही पकड़कर थोड़ी न बैठी होगी! हेडवा तो बूढ़ा हो रहा है। हो सकता है किसी नौजवान को पटायी हो और उसके साथ रँगरेलियाँ मनाने गयी हो! कोई भरोसा है ऐसी औरतों का? क्या पता किसी के साथ भाग ही गयी हो? लेकिन मेरी किस्मत इतनी अच्छी नहीं है। किसी के साथ भाग नहीं सकती तो! ऐसी औरतें बहुत चालाक होता हैं। आर्थिक सुरक्षा को वे सबसे ज्यादा महत्त्व देती हैं। अगर वह भागेगी तो किसी पैसेवाले के साथ और कोई पैसेवाला उसे भगायेगा नहीं। पैसेवाले ऐसी औरतों का सिर्फ इस्तेमाल करते हैं। स्थायी रूप से झेलने के चक्कर में नहीं पड़ते।...इंतज़ार करता हूँ रात तक। रात तक नहीं आयेगी तो कल सुबह देखा जाएगा। वैसे अपने मायके तो शर्तिया नहीं गयी होगी। पिछवाड़े दो लात जमाकर भगा देंगे वे लोग...।'

साधना रात के आठ बजे आयी। मानसिक रूप से वह घृतनाथ को झेलने के लिए तैयार थी। उसे पता था कि घृतनाथ के दिमाग में तरह-तरह की शंकाएँ उठ रही होंगी। घर में घुसते ही उसने कहा, "बाप रे! इंटरव्यू देने में बड़ी देर हो गयी। कितनी भीड़ थी।" "कैसा इंटरव्यू?" घृतनाथ ने पूछा। साधना बताने लगी, "एक दिन अखबार में उच्च शिक्षा निदेशालय उत्तर प्रदेश, इलाहाबाद में लेखाधिकारी के

पद का विज्ञापन निकला था। एक सादे कागज पर प्रार्थना पत्र लिखकर आवेदन करना था। मैंने भी आवेदन कर दिया था। मैंने सोचा, घर में फालतू बैठी रहती हूँ। अगर चयन हो जाएगा तो चार पैसे कमाने लगूँगी। घर की आमदनी बढ़ जाएगी। आवेदन तो कर दिया था, लेकिन बहुत उम्मीद नहीं थी। आज उसका इंटरव्यू था। मैंने सोचा, जाकर इंटरव्यू दे ही दूँ...।'' घृतनाथ ने बीच में ही बात काट दी, ''तुमने मुझसे इस बात की कोई चर्चा नहीं की कि आज तुम्हें इंटरव्यू देने जाना है।'' ''क्या चर्चा करती?'' साधना बोली, ''मैंने यूँ ही आवेदन कर दिया था। मुझे एक पैसे उम्मीद नहीं थी कि मेरा चयन होगा। मैंने सोचा कि अगर मैं तुमसे चर्चा कर दूँगी तो तुम मेरा मज़ाक उड़ाओगे। मुझे बहुत शर्म आ रही थी बताने में। लेकिन आज मेरा इतना अच्छा इंटरव्यू हुआ कि क्या बताऊँ? औपचारिक रूप से तो परिणाम घोषित नहीं हुआ, लेकिन लगता है कि मेरा ही चयन होगा।'' घृतनाथ एक साथ उत्सुक और उत्साहित हो उठे, ''तुम्हें कैसे पता?'' साधना बताने लगी, ''जब मेरा इंटरव्यू हो गया तो उच्च शिक्षा निदेशक ने मुझसे कहा, ''बधाई हो साधना जी! संभवतः आप ही हमारे यहाँ अगली लेखाधिकारी होने जा रही हैं। उन्होंने मुझे परसों फिर बुलाया है।'' घृतनाथ खुशी से उछल पड़े। उन्होंने साधना को गोद में उठा लिया, ''तुमने तो कमाल कर दिया मेरी जान! मुझे इतनी बड़ी खुशखबरी की बिलकुल भी उम्मीद नहीं थी। अगर तुम्हारा चयन हो गया तो हमारी आर्थिक स्थिति बहुत मजबूत हो जाएगी। इस खुशी के अवसर पर खाना आज मैं बनाऊँगा। उच्च शिक्षा निदेशालय में आज तुम्हें बहुत देर तक परेशान होना पड़ा। तुम थक गयी होगी।''

घृतनाथ ने साधना को बिस्तर पर लिटा दिया और खुद भी बगल में लेट गये। ''यह क्या है?'' साधना ने अदा दिखाते हुए पूछा। ''पहले मैं अपनी जान को प्यार करूँगा, उसके बाद खाना बनाऊँगा।'' कहते हुए घृतनाथ ने साधना के होठों को चूम लिया। साधना हँसते हुए उनके ऊपर लेट गयी और उनके होठों पर अपने होंठ गड़ा दिये। साधना निदेशक के साथ काफी देर तक कामक्रीड़ा करने के बाद वापस आयी थी। उसकी फिलहाल कामक्रीड़ा में कोई दिलचस्पी नहीं थी। वह प्रेम से घृतनाथ को टरकाना चाह रही थी। घृतनाथ उसे अपने ऊपर से नीचे गिराना चाह रहे थे। उसने हँसते हुए कसकर बिस्तर को पकड़ रखा था। घृतनाथ को वह साफ-साफ नहीं मना करना चाह रही थी। अन्ततः घृतनाथ ने उसे नीचे गिरा दिया और उसके कपड़े उतारने लगे। उसने कसकर अपने कपड़े को पकड़ लिया। घृतनाथ ने धमकी दी, ''छोड़ दो नहीं तो मैं तुम्हारे कपड़े फाड़ डालूँगा।'' वे सचमुच उसके कपड़े खींचने लगे। उसने हार मान ली और अपने को बिस्तर पर निढाल छोड़ दिया। घृतनाथ ने उसके कपड़े उतार डाले। उन्हें बड़ा आनन्द आ रहा

था, इस प्रेम क्रीड़ा में। उतना ही साधना पर प्यार भी आ रहा था। उनकी समझ में बिलकुल भी नहीं आया कि साधना उनसे पिण्ड छुड़ा रही है।

दो दिन बार साधना फिर उच्च शिक्षा निदेशालय गयी। उसे देखकर निदेशक प्रसन्न हो उठे। साधना चाह रही थी कि नियुक्ति पत्र जल्दी से जल्दी हाथ में आ जाय। निदेशक चाह रहे थे कि पर्याप्त शगुन का भोग लगा लूँ, तब नियुक्ति पत्र दूँ। दोनों अपने-अपने दाँव से थे। साधना बोली, "सर, आज आप मुझे नियुक्ति पत्र दे दीजिए। यह मत सोचिए कि नियुक्ति पत्र मिल जाने के बाद मेरे व्यवहार में कोई बदलाव आ जाएगा। मैं उसी तरह हमेशा आपकी बनी रहूँगी। आपको खुश रखने में कोई कोर-कसर नहीं छोड़ूँगी। आपका हॉल बहुत बड़ा है। इसमें किनारे की तरफ पर्दा लगवाकर उसके पीछे एक बिस्तर डलवा लीजिए। लोगों को यही बताइएगा कि कभी-कभार विश्राम करने के लिए बिस्तर रखवा रहा हूँ।...मैं हमेशा आपके ऑफिस में ही रहूँगी। जितने भी बज मन किया करे, मुझे बुलवा लिया करियेगा। फिर हम दोनों उसी बिस्तर पर चलकर प्यार किया करेंगे।" निदेशक मुस्कराये, "बहुत समझदार हो!...लेकिन नियुक्ति पत्र एकाध महीने बाद मिलेगा। तब तक तुम मेरी सेवा करती रहो। परेशान होने की कोई आवश्यकता नहीं है। तुम्हें नियुक्ति पत्र तो मिलना ही है।" साधना उदास चेहरा बनाकर आँखों से आँसू ढरकाने लगी, "इसका मतलब यह हुआ सर कि आपको मेरे ऊपर विश्वास नहीं है। इसलिए आप मुझे नियुक्ति पत्र देने के पहले मेरा भरपूर भोग कर लेना चाहते हैं।" उसकी आँखों में आँसू देखकर निदेशक पसीज गये। वे उसके पास आये और उसे बाँहों में भरकर चूम लिया, "मन छोटा मत करो मेरी जान। अपनी आँखों से ये आँसू पोंछ लो। मैं तुम्हें आज ही नियुक्ति पत्र देता हूँ। फिलहाल अस्थायी रहोगी। उसके बाद शासन से जल्दी से जल्दी अनुमोदन करवाकर तुम्हें स्थायी कर दूँगा। तुम्हें तो मैंने अपनी प्रेमिका मान लिया है। तुम्हारी जवानी में बहुत नशा है। पहली बार में ही तुमने मुझको मदहोश कर दिया था।"

निदेशक फिर से अपनी कुर्सी पर बैठ गये। साधना ने अपने आँसू पोछ लिये। निदेशक ने अपने सचिव को बुलाया। सचिव तुरंत हाजिर हुए। निदेशक बोले, "मैं आपको एक नियुक्ति पत्र बोलकर लिखवा रहा हूँ। इसे लिख लीजिए और जाइए दस प्रतियों में टाइप करके ले आइए।" "जैसी आज्ञा सर!" कहकर सचिव बैठ गये। उन्होंने एक दृष्टि साधना पर डाली। वे मन ही मन मुस्कराये, 'साहब ने अपने लिए बड़ी जोरदार चीज खोजी है।' निदेशक बोलकर लिखाने लगे। सचिव एक कागज पर लिखने लगे। साधना के दिल की धड़कन बढ़ गयी। उसका नियुक्ति पत्र लिखा जा रहा था। उसके मन में खुशी और उत्तेजना, दोनों के भाव भर उठे। वह सोच

रही थी कि नियुक्ति पत्र जल्दी से जल्दी उसके हाथ में आ जाय। इस ओर ध्यान जाने लगा कि नियुक्ति पत्र मिल जाने के बाद किसको-किसको मिठाई खिलानी है। तीन लोग तो सीधे-सीधे मेरा ही भोग लगायेंगे। नियुक्ति पत्र देने के बाद निदेशक यूँ नहीं छोड़ेंगे। ठीक से भोग लगा लेंगे, तब घर जाने देंगे। घर पहुँचने पर नियुक्ति पत्र मिलने की खुशी में घृतनाथ भोग लगायेंगे। यह नियुक्ति पत्र विभागाध्यक्ष की मेहनत का फल है, सो एक दिन वे भी घर पर आकर भोग लगायेंगे। गनीमत यही है कि वे आज भोग नहीं लगायेंगे। कोई बात नहीं। जिसको-जिसको भोग लगाना है, सब भोग लगा ले। मुझे अधिकारी की एक अच्छी नौकरी मिल जा रही है। अब मैं आर्थिक रूप से किसी पर निर्भर नहीं रहूँगी। अब मैं अपनी जिन्दगी अपनी तरह से जीने के लिए स्वतंत्र हूँ। मुझे न तो किसी से दबकर रहना पड़ेगा और न ही किसी की धौंस बर्दाश्त करनी पड़ेगी।

सचिव ने लिख लिया नियुक्ति पत्र। उसे टाइप करने के लिए वे कमरे से बाहर चले गये। निदेशक ने साधना से कहा, "मैंने तुम्हारी बात रख ली! तुम्हें आज नियुक्ति पत्र मिल जाएगा। नियुक्ति पत्र मिलने पर तुम सबसे पहले क्या काम करोगी?" साधना लाड़ दिखाते हुए बोली, "नियुक्ति पत्र मिलने के बाद सबसे पहले तो मैं अपने सर का मुँह मीठा कराऊँगी। मैं मिठाई खिलाकर मुँह नहीं मीठा कराऊँगी। मैं सर के सारे कपड़े उतारूँगी। फिर अपने सारे कपड़े उतारूँगी। उसे बाद सर को अपनी बाँहों में भरकर लेट जाऊँगी।" निदेश मुस्कराने लगे, "तुम्हारी जैसी प्रेमिका पाकर मैं धन्य हो गया। तुम कितनी प्यारी हो। तुम्हारा चेहरा भी प्यारा है, तुम्हारा शरीर भी प्यारा है और तुम्हारी बातें भी प्यारी हैं। तुम इसी तरह मुझे प्यार करती रहना, कभी मुझे धोखा मत देना।" "धोखे के बारे में कभी सोचिएगा भी मत सर!" साधना उसी तरह लाड़ दिखा रही थी, "आपने मुझे रोजी-रोटी दी है। अपने पैरों पर खड़ा होने का अवसर दिया है। अगर मैं आपको धोखा दूँगी तो सीधे नर्क में जाऊँगी।" साधना मन ही मन बुदबुदायी, 'तुम मेरा इस्तेमाल कर रहे हो और मैं तुम्हारा इस्तेमाल कर रही हूँ। इसमें कैसा एहसान? तुम रिटायर तो हो जाओ। उसके बाद मैं ऐसा लात जमाऊँगी कि याद रखोगे।'

सचिव नियुक्ति पत्र को दस प्रतियों में टाइप करके लेकर आ गये। निदेशक ने सभी प्रतियों पर अपना हस्ताक्षर किया। उन्होंने एक प्रति अपने पास रख ली। बाकी प्रतियाँ सचिव को वापस कर दीं। उन प्रतियों को विभिन्न जगहों पर भेजा जाना था। सचिव को पता था कि कहाँ-कहाँ भेजना है। निदेशक ने उनसे कहा, "मैं अब दरवाजा अन्दर से बन्द करने जा रहा हूँ। किसी को अन्दर मत आने देना। सचिव ने जवाब दिया, "ठीक है सर! अगर कोई आ गया तो मैं कह दूँगा कि

सर बहुत ही जरूरी मीटिंग में व्यस्त हैं।'' सचिव ने साधना पर एक भरपूर दृष्टि डाली और चले गये। निदेशक ने कहा, ''तुमने देखा? तुमको देखकर सचिव को भी लालच आ रहा है। यहाँ पूरे निदेशालय में किसी के झाँसे में मत आना। लोग तुमसे सम्बन्ध बनाने के लिए तरह-तरह के प्रलोभन दे सकते हैं, तरह-तरह की धमकियाँ दे सकते हैं। तुम बिलकुल किसी से मत दबना और न ही किसी के साथ शारीरिक सम्बन्ध बनाना। तुम मेरी प्रेमिका हो। सिर्फ और सिर्फ मेरी प्रेमिका। मैं यह बर्दाश्त नहीं करूँगा कि निदेशालय के किसी और के साथ भी तुम्हारे शारीरिक सम्बन्ध बनें।'' साधना बोली, ''सर आपने सूरदास का वह पद नहीं सुना है—'जिहिं मधुकर अम्बुज रस चाख्यो क्यों करील फल भावे?' जिस भौंरे ने कमल का रस चख लिया है, उसे भला करील का फल कैसे अच्छा लग सकता है? मैं इस पूरे उच्च शिक्षा निदेशालय के मालिक निदेशक जी की प्रेमिका हूँ। मुझे कितने ऊँचे पद पर नियुक्ति मिली है—निदेशक की प्रेमिका। मैं भला किसी ऐरे-गैरे नत्थू खैरे को क्यों मुँह लगाऊँगी। यहाँ तो सिर्फ आप मेरे हैं।'' निदेशक मुस्करा पड़े, ''साधना तुम कितनी प्यारी बातें करती हो? मेरा बस चले तो मैं हमेशा तुम्हें अपने साथ रखूँ।'' साधना भी मुस्करायी, ''मैं तो आपके साथ हमेशा रहने के लिए तैयार हूँ। आप मुझे ले चलिए अपने घर। मैं अपने पति को छोड़ दूँगी और आपकी बनकर रहूँगी। आप इतना साहस तो कीजिए।'' निदेशक हँसने लगे। अभी तक जो नियुक्ति पत्र वे अपने हाथ में लिए हुए थे उसे साधना को दे दिया। साधना नियुक्ति पत्र लिये-लिये ही निदेशक के पास गयी। उसने निदेशक को उनकी कुर्सी से खड़ा कर दिया और उन्हें अपनी बाँहों में भर लिया। उसने अपने होंठों को उनके होठों पर रख दिया थोड़ी देरे में दोनों एक दूसरे में समा गये।

आज घृतनाथ तीन बजे ही विश्वविद्यालय से लौट आये थे। आज फिर से ताला लटक रहा था। उन्होंने ताला खोला। पत्नी से उन्हें कोई बहुत लगाव तो था नहीं। विश्वविद्यालय से आने पर कभी पत्नी पानी दे देती थी कभी खुद ही लेकर पी लेते थे। पानी पीकर वे चाय बनाने लगे। चाय बन गयी। उन्होंने एक प्लेट में लाई और दालमोट लिया। लाई-दालमोट और चाय लेकर वे बिस्तर पर बैठ गये। पत्नी घर में नहीं थी तो उन्हें सुकून था। पत्नी घर में नहीं रहती थी तो एक ही शंका उन्हें परेशान करती थी। कहीं जाकर साली किसी के साथ गुलछर्रे तो नहीं उड़ा रही है? अपने हेडवा से वे विशेष सशंकित रहते थे। हेडवा उन्हें स्थायी भी नहीं करवा रहा था। वे उसकी सारी चालाकी समझ रहे थे। वह जानता था कि स्थायी हो जाने पर यह मुझे साधना से बात भी नहीं करने देगा।

आज भी साधना को घर आने में देर हो रही थी। घृतनाथ के दिल से आज

गालियाँ नहीं निकल रही थीं। उन्हें उम्मीद की एक किरण दिखायी दे रही थी, 'लगता है साधना आज भी उच्च शिक्षा निदेशालय गयी है। कहीं ऐसा तो नहीं है कि उसका नियुक्ति पत्र बन रहा है? नियुक्ति पत्र बनने की औपचारिकता में बहुत समय लगता है। मैं तीन बजे से आया हूँ। उसके पहले से ही वह गयी होगी। इस समय सात बज रहे हैं। बाजार से कुछ सामान खरीदने गयी होती तो अब तक आ गयी होती। हेडवा से मिलने कहीं गयी होती तो अब तक उसने भी छोड़ दिया होता। जरूर वह निदेशालय ही गयी है और कोई अच्छी खबर है, तभी इतनी देर हो रही है। वह भी कमाने लगेगी तो मेरी दसों अँगुलियाँ घी में और सिर कड़ाही में होगा। दो लोगों की कमाई हो जाएगी तो मेरी आर्थिक स्थिति बहुत मजबूत हो जाएगी। तब साधना को मैं खूब पुचकार कर रखूँगा और उसकी सारी तनख्वाह हड़प लूँगा। जल्दी से एक बच्चा हो जाय तो साधना पर मेरी पकड़ बहुत मजबूत हो जाएगी। वैसे पैसे का एक अच्छा स्रोत तो मेरे लिए महिमा भी हो सकती है। उसका पति बहुत भ्रष्ट है और खूब पैसे कमाता है। मैं जितने पैसे कहूँ महिमा मुझे लाकर दे सकती है। वैसे मैं महिमा से बिना जरूरत के पैसे नहीं माँगूँगा। वह सच्चे दिल से मुझे प्यार करती है। मैं भी उसे सच्चे दिल से प्यार करता हूँ। इतनी बड़ी दुनिया में सिर्फ वही तो है, जो मेरी है और मेरे दुःख-दर्द को समझती है। सिर्फ उसी से मैं अपने दिल की बातें साझा कर सकता हूँ। मैं उसका शोषण नहीं करूँगा। कोई आवश्यकता पड़ जाएगी तो जरूर उससे पैसे ले लूँगा। बिना मतलब उससे पैसे नहीं माँगूँगा। मेरे दिल की रानी प्यारी-प्यारी महिमा...।'

घृतनाथ उठकर सब्जी वगैरह काटने लगे। साधना की नौकरी की सम्भावना उनके मन में उत्तेजना पैदा कर रही थी। उन्हें लगा कि साधना के आने तक खाना बनाने की पूरी तैयारी कर लेनी चाहिए। खाना बनाने की सारी तैयारी पूरी हो गयी तो घृतनाथ अधीर होने लगे। उनका मन नहीं माना तो वे खाना बनाने में जुट गये। उधर से अगर साधना नियुक्ति पत्र लेकर आये और यहाँ घर में उसे खाना बना हुआ मिले तो मज़ा दुगुना हो जाएगा। घृतनाथ ने खाना बनाने की अपनी सारी कलाकारी आज खाना बनाने में झोंक दी।

घृतनाथ खाना वगैरह बना चुके थे और इस समय अधीर होकर गेट पर खड़े थे। दस बजे के लगभग साधना रिक्शे से गेट पर उतरी। उसके एक हाथ में पर्स और दूसरे हाथ में मिठाई का डिब्बा था। मिठाई का डिब्बा देखकर घृतनाथ का दिल बल्लियों उछल पड़ा। वे समझ गये कि कोई खुशखबरी है। साधना ने मुस्कराकर उनकी ओर देखा, "दरअसल मैं चली गयी थी मन्दिर प्रसाद चढ़ाने। इसीलिए देर हो गयी।" "कोई बात नहीं, कोई बात नहीं! देर-सवेर तो लगी रहती है।"

घृतनाथ बोले, "मैं समझ रहा था कि तुम्हें कहीं देर हो रही है, इसीलिए मैंने खाना वगैरह बना लिया है।" साधना फिर मुस्करायी, "ओह, तुम कितने अच्छे हो। कितना ध्यान रखते हो मेरा!"

साधना ने रिक्शेवाले को किराया दिया। रिक्शावाला चला गया। साधना ने अपने पर्स से अपना नियुक्ति पत्र निकाला और घृतनाथ को दे दिया। घृतनाथ जल्दी-जल्दी पूरा नियुक्ति पत्र पढ़ गये। वे खुशी से चिल्लाये, "बहुत-बहुत बधाई हो साधना! बहुत-बहुत बधाई हो। तुम अधिकारी बन गयी। मैं भी अधिकारी का पति बन गया। मज़ा आ गया। तुमने समाज में मेरा सीना गज भर चौड़ा कर दिया।" साधना का गर्भपात कराना माफ! विभागाध्यक्ष के साथ गुलछर्रे उड़ाना माफ! अब वह घृतनाथ की सम्मानित पत्नी थी। सिर्फ घृतनाथ की पत्नी! साधना पहले मकान मालकिन के पास गयी। मकान मालिक भी थे। उन लोगों को खुशखबरी सुनाकर प्रसाद दिया। दोनों ने बधाई की झड़ी लगा दी। उनकी निगाहों में साधना का कद बहुत बढ़ गया। उसके बाद साधना अपने फ्लैट में चली गयी।

साधना के घुसते ही घृतनाथ ने उसे गोद में उठा लिया। उनकी खुशी सम्हाले नहीं सम्हल रही थी। उन्होंने साधना को बिस्तर पर लिटा दिया और खुद भी उसके बगल में लेटकर उसे चूमने लगे। साधना हँसने लगी। "इस तरह क्यों हँस रही हो?" घृतनाथ ने पूछा। साधना हँसते हुए बताने लगी, "मैं आ रही थी, तो रास्ते में यही सोच रही थी कि आज तुम मुझे किसी कीमत पर नहीं छोड़ोगे। पहुँचते ही मेरे ऊपर टूट पड़ोगे। हुआ वही।" "तुम मेरा मजाक उड़ा रही हो?" कहते हुए घृतनाथ ने जोर से उसके गाल पर दाँतों से काट लिया। साधना चीख पड़ी, "अरे बाप रे! मुझे मार डालने का इरादा है क्या?" "आज मैं तुम्हें सजा दूँगा। तुमने मेरा मजाक उड़ाया है।...सजा झेलने के लिए तैयार हो जाओ।" घृतनाथ साधना के कपड़े उतारने लगे। "हे भगवान!" साधना बोली, "नौकरी मिलने पर मुझे सजा मिलेगी?" घृतनाथ ने उसके सारे कपड़े उतार दिये, "हाँ! तुम्हारी सजा यह है कि तुम मेरे सारे कपड़े उतारो। उसके बाद मैं चुपचाप नीचे लेट जाऊँगा। आज मेरे ऊपर लेटकर तुम मेरे साथ कामक्रीड़ा करो।" साधना घृतनाथ को बाँहों में भरकर उनसे लिपट गयी और अपना चेहरा उनके सीने में छुपा लिया। घृतनाथ बोले, "यह सब करने से काम नहीं चलेगा। मैंने तुमको जो सजा दी है, उसको पूरा करो।" साधना ने घृतनाथ के दोनों गालों को अपनी हथेलियों में ले लिया, "मेरी जान! आज की रात तुम मुझे जो भी सजा दोगे, सब मंजूर है।" वह घृतनाथ के कपड़े उतारने लगी। कपड़े उतार लेने के बाद उसने घृतनाथ को बिस्तर पर लिटा दिया। उसने वही किया जो घृतनाथ चाहते थे। सब कुछ हो गया तो घृतनाथ ने उसे अपनी बाँहों में भरकर अपने ऊपर लिटा

लिया। कुछ देर बाद साधना ने पूछा, "और काई सजा?" घृतनाथ हँसने लगे, "मैं चाहता हूँ कि तुम मेरे लिंग को अपने मुँह में डालकर चूसो।" साधना वैसा ही करने लगी। घृतनाथ को भी अच्छा लग रहा था और साधना को भी। कुछ देरे बाद घृतनाथ ने कहा, "चलो खाना खा लेते हैं। उसके बाद फिर हम लोग आनन्द लेंगे।" साधना उठ गयी। दोनों ने हाथ-पैर धोकर कपड़े पहने लिये। खाना घृतनाथ ने परोसा। दोनों खाना खान लगे। कुछ देर में घृतनाथ ने कहा, "मैंने आज तक कभी गुदा-मैथुन नहीं किया है। मैं सोच रहा हूँ, आज तुम्हारे साथ वह भी करूँ। तुम्हें कोई आपत्ति तो नहीं है?" साधना मुस्करायी, "मैंने कहा न आपसे। आज आपके जो जी में आये, सब कुछ कर सकत हैं मेरे साथ। आज मैं बहुत खुश हूँ। आपको किसी भी चीज के लिए मना नहीं करूँगी।"

अगले दिन साधना ने एक डिब्बा मिठाई खरीदी और लेकर चल दी हिन्दी विभाग की ओर। विभागाध्यक्ष जी अपने कमरे में मिल गये। साधना उन्हें प्रणाम करके बोली, "आपको बहुत-बहुत धन्यवाद सर! आपके प्रयास और आपकी कृपा से मुझे उच्च शिक्षा निदेशालय में लेखाधिकारी की नौकरी मिल गयी। मैं आपका एहसान जीवन भर नहीं भूलूँगी सर!" "ओहो! अच्छा-अच्छा!" विभागाध्यक्ष बहुत प्रसन्न हुए, "तुमको बहुत-बहुत बधाई हो! मेरी सारी चिन्ता दूर हो गयी है। अब घृतनाथ चाहे जिस लड़की के साथ टहले, मुझे कोई परवाह नहीं। अपनी साधना को लेकर मैं निश्चिन्त हो गया। मेरी प्राणप्यारी साधना।" उन्होंने उठकर साधना को अपने सीने से लगा लिया। साधना बोली, "मेरी नौकरी मिल जाने के बाद घृतनाथ बहुत बदल गये हैं। ऐसा लगता है जैसे इस धरती पर मुझे उनसे ज्यादा कोई प्यार नहीं करता। वे ऐसा प्रदर्शित कर रहे हैं जैसे धरती पर उनसे बड़ा पत्नी का भक्त कोई है ही नहीं!" विभागाध्यक्ष को साधना की बात कुछ अच्छी नहीं लगी, "कैसी पत्नी और कैसा पति? मैंने तो तुम्हारी सामाजिक सुरक्षा के लिए घृतनाथ से तुम्हारी शादी करवा दी है। हो तो तुम मेरी प्रमिका ही न? मैं तुम्हें अपने प्राणों से भी ज्यादा प्यार करता हूँ। तुम सचमुच घृतनाथ के जाल में फँस गयी क्या? तुम उसे अपना सचमुच का पति मानने लगी? मुझे डर लग रहा था। वह साला घृतनाथ बहुत मायावी है। तुम्हारी नौकरी लग गयी तो तुम्हें अपनी सचमुच ही पत्नी बनाने पर उतर आया है।"

साधना घबरा गयी और एकदम असहज हो उठी, "अरे सर, वो तो मैं सिर्फ घृतनाथ की बात और उसकी चालाकी की चर्चा कर रही थी। वह कैसे मेरा पति हो सकता है? मेरे सर्वस्व तो आप हैं। आप मेरे जीवन का पहला प्यार हैं। कोई लड़की भला अपने पहले प्यार को भूल सकती है? मैं अच्छी तरह जानती हूँ कि

किसी महिला की सामाजिक सुरक्षा इस बात में निहित होती है कि उसकी माँग में किसी पुरुष के नाम का सिन्दूर पड़ा रहे। इसीलिए आपने भी मेरी माँग में घृतनाथ के नाम का सिन्दूर डलवा दिया है। यह बात तो मैं और आप जानते हैं कि हम दोनों सिर्फ एक दूसरे के हैं। आपके अलावा मेरे ऊपर और किसी पुरुष का हक नहीं है। मैं सिर्फ आपकी प्रिया हूँ, आपकी!'' विभागाध्यक्ष के मन को शांति मिली। उन्होंने साधना से पूछा, ''उच्च शिक्षा निदेशक ने तुम्हें ज्यादा तो नहीं परेशान किया?'' साधना ने कहा, ''अरे सर! उन्हें पागल कुत्ते ने काटा था क्या जो वे किसी को ऐसे ही नौकरी दे देते। उन्होंने मेरा भरपूर भोग किया, तब जाकर नौकरी दी।'' ''कहाँ ले गये थे वे तुम्हें?'' विभागाध्यक्ष ने फिर पूछा। साधना बताने लगी, ''कहीं नहीं ले गये थे सर! वहीं अपने कमरे में ही सब कुछ करते थे। पाँच बजे अपने सचिव से कहते थे कि अब किसी को अन्दर मत आने देना। अगर कोई मिलने आये तो उससे कह देना कि साहब बहुत जरूरी मीटिंग में व्यस्त हैं। उसके बाद वे दरवाजा अन्दर से बन्द कर लेते थे और दो-तीन घंटे के पहले मुझे नहीं छोड़ते थे। मेरे शरीर को नोचते-खसोटते अन्दर पड़े रहते थे।'' विभागाध्यक्ष ने सान्त्वना दी, ''कोई बात नहीं। किसी भी बड़े काम के लिए कष्ट तो उठाना ही पड़ता है। बड़ी बात है कि तुम्हारा काम हो गया।'' साधना मन ही मन हँसी, 'ये समझ रहे हैं कि मैंने कष्ट उठाया। मैंने तो सिर्फ एक पुरुष के साथ कामक्रीड़ा का आनन्द उठाया। उसके बाद तो मेरी नियुक्ति के सम्बन्ध में सारा कष्ट उसने उठाया। मर्द भी कितना अजीब प्राणी होता है। खुद चाहे जितनी औरतों के साथ शारीरिक सम्बन्ध बनाये, लेकिन औरत से वह यही अपेक्षा करता है कि वह एक निष्ठ भाव से उसकी बनी रहे। विभागाध्यक्ष, घृतनाथ और निदेशक तीनों का यही हाल है। खुद पता नहीं कहाँ-कहाँ मुँह मारते फिर रहे हैं। तीनों हमेशा नयी-नयी लड़कियों की खोज में लगे रहते हैं। मुझसे तीनों में से हर एक यही चाहता है कि मैं सिर्फ उसकी बनकर रहूँ। तीनों को ऐसी औरत की तलाश है, जो सिर्फ उनके प्रति वफादार रहे।...ठीक है! तुम तीनों अपने हिसाब से मुझे बेवकूफ बना रहे हो। मैं भी अपने हिसाब से तुम तीनों को बेवकूफ बना रही हूँ।'

''कब से कार्यभार ग्रहण कर रही हो?'' विभागाध्यक्ष ने पूछा। साधना ने कहा, ''कल करने की सोच रही हूँ। मैंने आज ही कार्यभार ग्रहण कर लिया होता, लेकिन मैंने सोचा कि आज चलूँ आप से मिल लूँ। कार्यभार ग्रहण कर लेने के बाद, रोज ऑफिस जाना पड़ेगा। तब आपसे मिलना कठिन हो जायेगा, क्योंकि जो आपके विभाग में रहने का समय होगा वही मेरा भी ऑफिस में रहने का समय होगा। ''विभागाध्यक्ष ने रहस्यपूर्ण मुस्कराहट के साथ पूछा, ''तुम्हें नौकरी मिलने

की खुशी में किस दिन हमारी-तुम्हारी पार्टी होगी?'' साधना फुसफुसाते हुये बोली, ''ठीक आज से सातवें दिन। मैं ऑफिस से एक दिन के लिए छुट्टी ले लूँगी। घृतनाथ को मैं बिलकुल भनक नहीं लगने दूँगी कि मैं छुट्टी पर हूँ। वे विश्वविद्यालय चले आयेंगे। आप जब उन्हें विभाग में देख लीजिएगा तो चुपचाप मेरे घर चले आइएगा। फिर मैं आपको पार्टी दूँगी।'' विभागाध्यक्ष शरारत से मुस्कराये, ''पार्टी में क्या-क्या खिलाओगी?'' साधना भी उसी तरह शरारत से मुस्करायी, आप जो-जो चीज खाना चाहेंगे, सब कुछ खिलाऊँगी।'' विभागाध्यक्ष ने कहा, ''तुम सचमुच कुछ खाना मत बनाने लगना। मुझे खाना नहीं खाना है। तुम तो समझ रही हो कि मैं किसलिए आ रहा हूँ?'' साधना हँसी, ''आप चिन्ता मत करिए। मुझे पता है कि आपके पास कुछ खाने-पीने के लिए समय नहीं रहेगा। आप जितनी देर रहेंगे, शयनकक्ष मे ही विराजमान रहेंगे। आपको मैं नहीं समझूँगी तो और कौन समझेगा? यह बात मैं कभी नहीं भूलूँगी कि जिन्दगी में मुझे पहली बार आपने ही गर्भवती किया था। दोबारा गर्भवती होने की अभी नौबत ही नहीं आयी।'' विभागाध्यक्ष ठहाका लगाकर हँस पड़े। उन्होंने साधना का गाल नोच लिया।

सातवें दिन विभागाध्यक्ष साधना से मिलने पहुँच गये। उन्होंने साधना को देखा तो देखते ही रह गये। साधना खूब सजी-सँवरी हुई थी। खूबसूरत साड़ी, चेहरे पर मेकप, होठों पर चमचमाती हुई लिपिस्टिक, शरीर पर सोने के आभूषण। असाधारण रूप से आकर्षक लग रही थी वह। उन्होंने साधना को अपनी बाँहों में भर लिया, ''तुम्हारे होठों को कैसे चूमूँ? मेरे होठों पर भी लिपिस्टिक लग जाएगी।'' साधना मुस्करायी, ''लग जाने दीजिए। जाने के पहले सब साफ कर दूँगी।'' साधना के शरीर से इत्र की भीनी-भीनी खुशबू उठ रही थी। विभागाध्यक्ष ने उसके होठों पर अपने होंठ रख दिये। कुछ देर में वे संयत होकर बोले, ''साधना, आज तुम सबसे ज्यादा सुंदर लग रही हो। एकदम से अद्‌भुत! तुमने मेरे लिए इतना बनाव-शृंगार किया? आज तुमने मुझे महसूस करा दिया कि तुम मुझे सच्चे दिल से प्यार करती हो।'' साधना मुस्करायी, ''आज मुझे अपने पहले प्यार को नौकरी मिलने की खुशी में पार्टी देनी है। नौकरी भी मुझे अपने उसी पहले प्यार की वजह से मिली है।'' वह उन्हें लिवाकर बिस्तर तक गयी। उसने बिस्तर को भी हल्के-फुल्के लेकिन बड़े सुव्यवस्थित तरीके से सजा रखा था।'' अरे वाह मेरी प्राणप्रिये! तुमने तो पार्टी देने के लिए बड़ी विधिवत तैयारी कर रखी है।'' कहते हुए विभागाध्यक्ष ने साधना को अपनी बाँहों में भर लिया और बिस्तर पर उसको लिये-लिये लेट गये।

● महिमा शोधकार्य करने लगी। पति ने पीएच.डी. के लिए उसे इलाहाबाद में रहने की अनुमति दे दी। महिमा ने अपने पति को खूब समझाया। डी.फ़िल.

करना बहुत ही कठिन और बहुत ही मेहनत का काम होता है। पत्नी इतना कठिन और इतनी मेहनत का काम करने जा रही है, यह सोचकर पति की निगाह में पत्नी की इज़्ज़त बढ़ गयी। शोधकार्य के बहाने महिमा अक्सर विश्वविद्यालय में आकर घृतनाथ के कमरे में बैठी रहती। दोनों एक दूसरे से अपना सुख-दुःख साझा करते। एक दूसरे को चूमते-चाटते, वे प्यार भरी बातों में लीन रहते थे। अगर कुछ लिखना होता तो साधना मेज पर कॉपी रखकर नहीं लिखती थी। कॉपी को वह घृतनाथ की जाँघ पर रख लेती और जो कुछ लिखना होता, एकदम झुककर लिखती थी। वह लिखने लगती तो घृतनाथ प्रायः उसकी पीठ पर हाथ रख लेते और पीठ के खुले हुए हिस्से को सहलाने लगते। महिमा जानबूझकर इस ढंग से साड़ी पहनती थी, जिससे पीठ का पर्याप्त हिस्सा खुला रहे। घृतनाथ को जब लगता कि विभाग में इस समय एकदम सन्नाटा है, वे महिमा के ब्लाउज में हाथ डालकर उसके स्तनों का सहलाने या मसलने लगते। महिमा भी कभी-कभार पैण्ट के ऊपर से घृतनाथ के सामान को सहलाने लगती।

महिमा का शोधकार्य भी चल रहा था। घृतनाथ जब खुद डी.फ़िल. कर रहे थे तो अपने शोधकार्य में उनका मन नहीं लगता था। अन्ततः उनका शोधकार्य अधूरा रह गया और उन्हें डी.फ़िल. की उपाधि नहीं मिली। महिमा के शोधकार्य में वे बड़ी लगन से लगे हुए थे। शहर के सारे बड़े पुस्तकालयों से महिमा के लिए खोज-खोजकर किताबें इकट्ठी करना, विषय के विद्वानों से बात करना, महिमा को बोल-बोलकर लिखाना, सारे काम वे कर रहे थे। महिमा भी पढ़ने में अच्छी थी और वह भी मेहनत कर रही थी, लेकिन घृतनाथ ने उसका बोझ बहुत हल्का कर दिया था। पुरुष का यह स्वभाव होता है कि अगर वह अपनी प्रेमिका के लिए खटता है, तो जान लड़ाकर रख देता है। भले ही व्यक्ति राजा का बेटा हो, वह भी अगर प्रेमिका के लिए काम करता है तो इसी तरह करता है। उसके सारे काम नौकर-चाकर करते हैं और अपनी प्रेमिका का काम वह खुद करता है।

विभाग के एक चपरासी मसुरियादीन को विभागाध्यक्ष ने अपना जासूस नियुक्त कर रखा था और उसे जासूसी करने के लिए पैसे देते थे। मसुरियादीन का काम था, घृतनाथ और महिमा पर नजर रखना और दोनों की सारी गतिविधियों की सूचना विभागाध्यक्ष तक पहुँचाना। वह हमेशा घृतनाथ के कमरे के बाहर मँडराता रहता था और किसी न किसी बहाने अचानक उनके कमरे में घुस जाता था। धीरे-धीरे घृतनाथ ने भाँप लिया कि मसुरियादीन हमेशा उनके कमरे के आस-पास मँडराता रहता है। वे कारण तो नहीं समझ पाये, लेकिन उन्हें लगा कि यह आदमी मेरे काम का है। एक दिन वे मसुरियादीन को एक तरफ ले गये, "मसुरियादीन, तुम मेरा

एक काम करोगे? उस काम के लिए मैं तुम्हें अच्छे पैसे दूँगा।'' ''आदेश करिये साहब!'' मसुरियादीन ने कहा। घृतनाथ बोले, ''यार, अब तुमसे क्या छुपाना! मैं महिमा से बहुत प्यार करता हूँ। तुम जरा पहरा देने का काम कर दिया करो। जब मैं महिमा के साथ अपने कमरे में रहा करूँ तो ध्यान रखा करो। अगर कोई विशिष्ट व्यक्ति मेरे कमरे की तरफ आने लगे, तो तुरंत मेरे कमरे में घुसकर बता दिया करो।'' मसुरियादीन ने कहा, ''आपका काम हो जाएगा साहब। आप ही लोगों का नमक खाता हूँ। आपका काम नहीं करूँगा तो किसका काम करूँगा?'' घृतनाथ ने मसुरियादीन की पीठ ठोंकी, ''शाबास मसुरियादीन!'' अब मसुरियादीन का मज़ा हो गया। वह विभागाध्यक्ष से भी पैसे लेने लगा और घृतनाथ से भी। विभागाध्यक्ष को अब वह सब कुछ नहीं बताता था। जितना उचित समझता उतना ही बताता।

उस दिन विश्वविद्यालय में अफरा-तफरी का माहौल था। पूरे परिसर में छात्र नेताओं की अगुवाई में छात्र उत्पात मच रहे थे। दरअसल विश्वविद्यालय का केन्द्रीय पुस्तकालय छः महीने से बन्द था। मरम्मत के नाम पर। न जाने कैसी मरम्मत हो रही थी कि छः महीने से पूरी ही नहीं हो पा रही थी। पुस्तकालय की सुविधा से छात्र छः महीने से वंचित थे। छात्रों का धैर्य जवाब दे गया और उन्होंने छात्र नेताओं से मिलकर अपना आक्रोश व्यक्त किया। आज छात्र नेताओं की अगुवाई में करीब दो सौ छात्र चारों तरफ तोड़-फोड़ मचा रहे थे और सारे विभाग बन्द करवा रहे थे। उन्होंने कुलसचिव कार्यालय, लेखा-विभाग, सब बन्द करवा दिया था। छात्र हिन्दी विभाग की तरफ बढ़ रहे थे। विभागाध्यक्ष ने मसुरियादीन को बुलाया, ''मसुरियादीन, विभाग से सबको निकालकर अन्दर से बन्द कर लो। मैं विभाग के मुख्य दरवाजे पर बाहर से ताला लगाकर चला जा रहा हूँ। पीछे के दरवाजे से सबको बाहर निकाल दो और खुद पीछे का दरवाजा अन्दर से बन्द करके अन्दर ही रहो। विभाग को देखे रहो। लड़के विभाग को नुकसान न पहुँचाने पायें।'' ''जैसी आज्ञा साहब!'' मसुरियादीन ने कहा और चारों तरफ दौड़-दौड़कर सबको बाहर करने लगा। विभागाध्यक्ष मुख्यद्वारा के बाहर ताला लगाकर घर चले गये। इत्तफाक से इस समय घृतनाथ और महिमा घृतनाथ के कमरे में मौजूद थे। मसुरियादीन ने जाकर घृतनाथ को भी विभागाध्यक्ष का आदेश सुनाया। घृतनाथ ने मसुरियादीन को आँख मारी, ''मसुरियादीन तुम तो सब जानते और समझते ही हो। सब को निकालकर विभाग अन्दर से बन्द कर लो। हम दोनों को अन्दर ही रहने दो। हम लोगों को प्यार करने का समय मिल जाएगा।'' ''आपकी जैसी इच्छा साहब!'' कहकर मसुरियादीन चला गया।

घृतनाथ ने महिमा से कहा, ''हम दोनों जन्म-जन्म के प्यासे पंछी हैं। मैं केवल तुम्हारा हूँ और तुम सिर्फ मेरी हो। फिर भी विडंबना देखो कि आज तक हम दोनों

एक नहीं हो पाये। मेरी सम्पत्ति का उपभोग कोई दूसरा कर रहा है और तुम्हारी सम्पत्ति पर भी कोई और औरत कब्जा जमाये हुए है। संयोग से आज बहुत अच्छा मौका हाथ लगा है। चलो आज हम दोनों एक हो जायँ।'' महिमा बोली, ''मेरे मन में भी बड़ी टीस है। मैं चाहती थी कि जीवन में पहली बार मेरा सम्बन्ध मेरे प्रियतम और मेरे सच्चे पति के साथ बने। मेरी चाहत मन की मन में ही रह गयी। फिर भी मेरी एक चाहत ऐसी है, जिसे आप पूरी कर सकते हैं। अपनी इस चाहत को मैं किसी भी तरह पूरी करूँगी। मेरी दिली इच्छा है कि मैं आपकी एक सन्तान की मां बनूँ। मेरी यह इच्छा आप किसी भी तरह पूरी करिए।'' ''मैं आश्चर्यचकित हूँ!'' घृतनाथ ने कहा, ''मेरे मन की बात तुम कैसे जाने गयी! ठीक यही इच्छा मेरे मन में भी थी, लेकिन संकोच में मैं कभी तुमसे कह नहीं पाया। अब जब तुमने खुद ही अपने मुँह से यह बात कह दी तो मेरी इच्छा पूरी होकर रहेगी।'' महिमा मुस्करायी, ''मेरा और आपका मन दो हैं ही कहाँ? हम दोनों का दिल हम दोनों का मन कब का एक हो चुका है। इसीलिए जो बात मेरे मन में चलती रहती है, वही बात आपके मन में चलती रहती है। इसी तरह आप जिस दिशा में सोचते रहते हैं, उसी दिशा में मेरा भी मन सोचने लगता है।''

घृतनाथ मुस्कराये और महिमा को कुर्सी से खड़ा करके उसे अपनी बाँहों में भर लिया। महिमा ने भी कसकर घृतनाथ को अपनी बाँहों में भर लिया। कुछ देर बाद घृतनाथ महिमा के कपड़े उतारने लगे। फर्श पर झाड़ू नहीं लगी थी। थोड़ी गन्दी थी। घृतनाथ और महिमा को इसकी कोई परवाह नहीं थी। उनके लिए वह फर्श ही इस समय मखमली बिस्तर थी। दोनों निर्वस्त्र होकर उसी फर्श पर लेट गये और एक दूसरे में खो गये। महिमा को आज पहली बार ऐसा लगा जैसे वास्तविक काम सुख प्राप्त हुआ। अपने पति को वह उनके कहने पर यूँ ही शरीर सौंप देती थी। कामसुख प्राप्त करने के लिए नहीं, बल्कि फर्ज निभाने के लिए वह बिस्तर पर पति का साथ देती थी। आज सचमुच काम सुख प्राप्त करने के लिए वह घृतनाथ की बाँहों में सिमटी पड़ी थी। घृतनाथ के शरीर को वह पूरी तरह अपने में समा लेना चाहती थी। आज उसे लग रहा था कि वह दुनिया की सबसे भाग्यशाली औरत है।

बाहर मसुरियादीन फड़फड़ा रहा था। दरवाजा अन्दर से बन्द था। वह समझ रहा था कि अन्दर क्या हो रहा है। वह दरवाजे के पास खड़ा होकर दरवाजे में छेद खोज रहा था, जिससे वह अन्दर का तमाशा देख सके। बड़ी मुश्किल से एक छेद मिला। पंजों के बल खड़ा होने पर वह छेद तक पहुँच पा रहा था। पंजों के बल खड़ा होकर वह छेद से अन्दर झाँकने लगा। दोनों एक बार चरमसुख प्राप्त कर चुके थे और इस समय एक दूसरे को बाँहों में भरकर फर्श पर लेटे हुए थे।

फर्श की धूल भी दोनों के शरीर पर लगी हुई थी। मसुरियादीन ललचायी नजरों से महिमा के निर्वस्त्र शरीर को देखने लगा। उसने अपनी पत्नी के अलावा किसी और औरत का निर्वस्त्र शरीर नहीं देखा था। उसकी पत्नी बहुत साधारण सी थी। इतना सुंदर निर्वस्त्र शरीर देख पाने की उसने कल्पना नहीं की थी। उससे बर्दाश्त नहीं हो रहा था। काफी देर तक पंजों के बल खड़े-खड़े वह थक गया और अचानक वह दरवाजे पर गिरते हुए जमीन तक पहुँच गया। दरवाजा भड़भड़ा उठा। अन्दर दोनों प्रेमी युगल घबरा गये। घृतनाथ ने आवाज़ दी, "मसुरियादीन ?" मसुरियादीन हड़बड़ा कर बोला, "हाँ, साहब...दरअसल मैं इधर यह देखने आया था कि आप लोगों को कोई समस्या तो नहीं है...।" घृतनाथ ने कहा, "तुम्हारी कृपा से यहाँ कोई समस्या नहीं है। अब जाओ यहाँ से।" "अच्छा साहब!" कहकर मसुरियादीन चुप हो गया। वह किसी कीमत पर वहाँ से जाने के लिए तैयार नहीं था। अपने महीने भर का वेतन खर्च करके भी वह ऐसा जोरदार दृश्य नहीं देख सकता था। कुछ देर सुस्ताकर वह फिर पंजों के बल खड़ा हो गया।

घृतनाथ और महिमा फिर से कामक्रीड़ा में निमग्न हो गये। मसुरियादीन दत्तचित्त होकर देख रहा था। इस समय उसको अपनी दो आँखों से सन्तोष नहीं हो पा रहा था। वह सोच रहा था कि काश, भगवान दो आँखें और दे देते। महिमा के उछलते हुए दोनों स्तन, निर्वस्त्र शरीर का स्पन्दन उसे पागल बनाये दे रहे थे।

दोनों तीन बार चरमसुख प्राप्त कर चुके थे, फिर भी दोनों एक दूसरे की बाँहों में पड़े हुए फर्श पर निर्वस्त्र लेटे हुए थे। घृतनाथ पूरी तरह से थक चुके थे और अब उनमें कुछ कर पाने की सामर्थ्य नहीं बची थी। चूँकि महिमा उन्हें छोड़ नहीं रही थी, अतः वे भी उसे अपनी बाँहों में समेटे पड़े हुए थे। अब वे उठना चाह रहे थे, "महिमा, अब बस करो। हम लोग इतनी देर से दरवाजा अन्दर से बन्द करके लेटे हुए हैं। मसुरियादीन क्या सोच रहा होगा? चलो अब घर चलते हैं।" घृतनाथ के सीने में अपना गाल रगड़ते हुए महिमा बड़े लाड़ से बोली, "इतनी देर से वह जो सोच रहा है, वही आगे भी सोचता रहेगा। बड़ी मुश्किल से तो आज इतना सुनहरा मौका हाथ लगा है। आज मैं कोई कोर-कसर नहीं उठा रखूँगी। बहुत दिनों की प्यासी हूँ। आप भी आज कोई कोर-कसर बाकी मत रहने दीजिए। फिर मौका मिले न मिले।" "सो तो ठी है!" घृतनाथ ने कहा, "मन एकदम से तृप्त हो गया है। अब फिर कभी ऐसा मौका ढूँढ़ा जाएगा। मसुरियादीन तो हमारी सहायता करनके लिए है ही।" महिमा थोड़ी सी रूठने की अदा दिखाती हुई बोली, "आपको मुझसे बस इतना ही प्यार है? इतनी ही देर में आपका मन मुझसे भर गया? आपका मन तृप्त हुआ होगा। मेरा मन तो अभी बिलकुल भी तृप्त नहीं हुआ है। मैं अभी आपको

बिलकुल नहीं छोड़ूँगी। मुझे आज ही गर्भवती कर दीजिए न!'' घृतनाथ हँसने लगे, ''तुम्हें गर्भवती बनाना मेरे हाथ में है क्या? क्या पता तुम गर्भवती हो गयी हो? गर्भवती होना होता है तो औरत एक बार में ही गर्भवती हो जाती है। ठीक है! मैं भी तुमको छोड़कर आज नहीं जाऊँगा।'' घृतनाथ महिमा से हँसी-मजाक करते हुए उसे अपनी बाँहों में भरकर लेटे हुए थे। वे किसी तरह समय बिता रहे थे। अब एक बार और करने का दमखम उनमें नहीं बचा हुआ था।

एकाध घंटे बाद बड़ी मुश्किल से घृतनाथ ने अपने तो तैयार किया। महिमा उन्हें काफी देर से उकसा रही थी। बड़ा मन मारकर उन्होंने चौथी बार महिमा को संतुष्ट किया। महिमा उनसे लिपटी चली जा रही थी। वह उन्हें छोड़ ही नहीं रही थी। घृतनाथ को पसीना छूटने लगा। वे महिमा के सामने अपनी किरकिरी भी नहीं होने देना चाहते थे, दूसरी ओर अब उनमें बिलकुल सामर्थ्य नहीं बची थी। वे मन ही मन महिमा से जान छुड़ाने का कोई ठोस उपाय सोचने लगे। अचानक मसुरियादीन बाहर से दरवाजा पीटने लगा, ''साहब अब मुझे भी घर जाना है। विभाग बन्द करने का समय हो चुका है।'' घृतनाथ की जान में जान आयी, ''बस एक मिनट रुको! मैं दरवाजा खोल रहा हूँ।'' उन्होंने महिमा को इशारा किया। दोनों उठकर खड़े हो गये और जल्दी-जल्दी अपने कपड़े पहनने लगे।

दोनों बाहर निकल आये। घृतनाथ ने जेब से सौ रुपये का नोट निकाला और मसुरियादीन के हाथ पर रख दिया, ''मसुरियादीन आज तुमने दिल खुश कर दिया। मेरा और तुम्हारा याराना ऐसे ही बना रहना चाहिए।'' मसुरियादीन सौ की नोट जेब में रखते हुए बोला, ''साहब, मैं तो आप लोगों का नौकर हूँ। आपके किसी काम आना मेरे लिए सौभाग्य की बात है।'' तीनों पीछे के दरवाजे से बाहर निकले। पीछे के दरवाजे में मसुरियादीन ने बाहर से ताला लगा दिया। महिमा को लेकर घृतनाथ साइकिल स्टैण्ड की ओर चल दिये। उन्होंने महिमा से कहा, ''चलो, मैं तुम्हें अपनी स्कूटर से तुम्हारे घर तक छोड़ देता हूँ। काफी देर हो गयी है।'' महिमा तैयार हो गयी।

विश्वविद्यालय में छात्रों की हड़ताल एक सप्ताह चली। कुलपति टस से मस नहीं हो रहे थे। उनका कहना था कि पुस्तकालय की मरम्मत हो रही है, तो ठीक से हो जाय। काम अगर बीच मे ही आधा-अधूरा छोड़ दिया गया तो फिर न जाने कब मरम्मत की नौबत आयेगी। छात्र नेताओं का आरोप था कि मरम्मत के नाम पर कुलपति खूब अनाप-शनाप पैसा खर्चा कर रहे हैं। आधा पैसा उनकी जेब में जा रहा है और आधे में काम हो रहा है। कुलपति ने विश्वविद्यालय में लूट-खसोट मचा रखी है। वे चाह रहे हैं कि ज्यादा से ज्यादा समय तक काम लगा रहे और

उन्हें विश्वविद्यालय को लूटने का मौका मिलता रहे। दोनों तरफ का आरोप-प्रत्यारोप रोज समाचार पत्रों में छप रहा था। लड़के रोज विश्वविद्यालय में जिन्दाबाद-मुर्दाबाद मचाये हुए थे। कोई विभाग नहीं खुलने पा रहा था। अन्ततः कार्य-परिषद के सदस्यों ने हस्तक्षेप किया। उन्होंने कुलपति और छात्र-नेताओं के बीच वार्ता करायी। इस बात पर समझौता हुआ कि तीन गुना आदमी लगा दिये जायँ और पुस्तकालय की सारी मरम्मत एक महीने के अन्दर पूरी कर ली जाय। पुस्तकालय डेढ़ महीने बाद पूरी तरह से छात्रों और अध्यापकों के लिए खोल दिया जाय।

एक सप्ताह से विश्वविद्यालय पूरी तरह से बन्द था। घृतनाथ के खूब मज़े थे। उन्होंने मसुरियादीन को साध रखा था। घृतनाथ और महिमा रिक्शे से सड़क तक आते। इसके बाद दोनों सड़क से पैदल विभाग तक आते। मसुरियादीन विभाग का पीछे का दरवाजा खोलकर विभाग में मौजूद रहता। मुख्यद्वार पर बाहर से ताला लटकता रहता। दोनों पिछले दरवाजे पर पहुँचकर दरवाजा खटखटाते। मसुरियादीन दरवाजा खोल देता। दोनों के अन्दर हो जाने के बाद मसुरियादीन दरवाजा बन्द कर लेता। फिर क्या...! घृतनाथ और महिमा घृतनाथ के कमरे में पहुँचकर दरवाजा अन्दर से बन्द कर लेते। ऐसा लग रहा था जैसे दोनों की नयी-नयी शादी हुई है और दोनों प्रेम रस में डूबे हुए हैं। महिमा तो यही महसूस कर रही थी। उसे लग रहा था कि उसकी अब जाकर शादी हुई है और वह भी अपने प्राणप्रिय के साथ। वह सर से पैर तक घृतनाथ के प्यार में डूबी हुई थी और रोज सुहागरात मना रही थी। उसे लग रहा था कि जिन्दगी अब जाकर सार्थक हुई। वह मन ही मन भगवान से प्रार्थना कर रही थी कि हड़ताल ऐसे ही चलती रहे। आजकल वह हमेशा नयी-नवेली विवाहिता की तरह इठलाती रहती। घृतनाथ को देखकर ही वह आधा मदहोश हो जाती। उसे सड़क से हिन्दी विभाग तक का रास्ता बहुत लम्बा महसूस होता। सड़क से ही वह घृतनाथ की बाँहों में लोटने के लए व्याकुल होने लगती। मसुरियादीन अपना अलग तरह का सुख उठा रहा था। वह भी मन ही मन बेचैन रहता था कि दोनों जल्दी से आकर कमरा बन्द करें और वह पंजों के बल खड़ा होकर दरवाजे के छेद से झाँके। सबकी चाँदी थी। सब मस्ती में डूबे हुए थे। मसुरियादीन का तो पंजों के बल खड़ा रहने का भरपूर अभ्यास होता जा रहा था। अफसोस! छात्रों और कुलपति में समझौता हो गया। हड़ताल समाप्त हो गयी। विश्वविद्यालय फिर से खुल गया और सारे विभागों में फिर से चहल-पहल और रौनक लौट आयी। घृतनाथ और महिमा बहुत मायूस हुए। मसुरियादीन की काफी कमाई हो गयी। किसी दिन घृतनाथ पैसा देते थे तो किसी दिन महिमा। रसास्वादन हो रहा था सो अलग।

विश्वविद्यालय में फिर से पढ़ाई-लिखाई चालू हो गयी। घृतनाथ रोज विश्वविद्यालय आ रहे थे, लेकिन महिमा नहीं आ रही थी। घृतनाथ एक हफ्ते तक खूब तृप्त हुए थे, सो महिमा का न आना उन्हें एक ढंग से अच्छा ही लग रहा था। महिमा ने उन्हें चूस डाला था। उन्हें लग रहा था, जैसे शरीर में ताकत ही नही बची है। दिमाग फिलहाल सारी खुराफात से मुक्त चल रहा था। एक दिन उन्होंने कमरे में बैठे-बैठे एक लड़के से मसुरियादीन को बुलवाया। मसुरियादीन आ गया। घृतनाथ बोले, ''मसुरियादीन, बड़ी तेज तलब लगी है। जरा सुर्ती बनाओ।'' ''अच्छा साहब!'' मसुरियादीन ने कहा। साल भर से घृतनाथ को कच्ची सुर्ती अर्थात् खैनी की लत लग गयी थी। मसुरियादीन ने अपनी डिबिया निकाली। थोड़ी सी कच्ची सुर्ती और जरा सा चूना लेकर वह वहीं खड़े-खड़े सुर्ती बनाने लगा। गदोरी पर दूसरे हाथ के अँगूठे से वह सुर्ती रगड़ रहा था। घृतनाथ बोले, ''यार मसुरियादीन, एक सप्ताह तक बड़ा आनन्द रहा। तुमने मदद न की होती तो कुछ हाथ न आता। वैसे मैं शादी तो इसी से करना चाह रहा था, लेकिन हेडवा साले ने खेल बिगाड़ दिया।'' ''वो कैसे साहब?'' मसुरियादीन को बड़ी जिज्ञासा हुई। ''मसुरियादीन तुम मेरे यार हो! तुम से क्या छिपाना।...साधना उसके अधीन शोधकार्य कर रही थी। साधना को एक ओर वह शोधकार्य करा रहा था, दूसरी ओर उसके साथ काम भी लगाता था।'' मसुरियादीन ने बीच में टोका, ''यह बात तो मैं जानता हूँ साहब। हेड साहब की मदद तो मैं ही करता था। जिस दिन विश्वविद्यालय बन्द रहता, उस दिन साहब साधना मैडम के साथ आते। मैं पीछे का दरवाजा खोल कर दोनों को अन्दर करता। फिर मैं पीछे का दरवाजा अन्दर से बन्द करके किसी कमरे में चला जाता। साधना मैडम को लेकर साहब अपने कमरे में चले जाते और दरवाजा अन्दर से बन्द कर लेते। एकदम वही बात समझिए साहब, जैसे आप का काम होता था।...लेकिन एक बात है साहब! हेड साहब महा किरपिन (कृपण) आदमी हैं। आप लोग मुझे रोज पैसा देते थे। क्या मजाल कि उन्होंने कभी हाथ पर एक पैसा रखा हो।...आपको एक बात नहीं मालूम है। आजकल उसने अपनी एक दूसरी शोधछात्रा को फँसा रखा है। महीने-दो महीने में कभी-कभार उसे लेकर आते हैं। वैसे ही छुट्टी के दिन। अभी भी सारी व्यवस्था मैं ही बनाता हूँ। क्या है न साहब कि हेड साहब अब बूढ़े हो रहे हैं। शरीर में हर हफ्ते किसी औरत को संतुष्ट कर पाने की ताकत तो अब रही नहीं। सो महीने-दो महीने में एकाध बार लेकर आते हैं। राम जाने कुछ कर पाते हैं या नहीं। हो सकता है ऐसे ही सहला-वहलाकर छोड़ देते हों। लेकिन अभी भी वह एक पैसा नहीं देते।'' घृतनाथ ने लम्बी साँस छोड़ी, ''उसके साथ भी वही करेगा जो साधना के साथ किया।'' ''साधना मैडम के साथ

क्या किया था साहब?'' मसुरियादीन ने बड़ी उत्सुकता से पूछा। ''अरे किया क्या था! साधना के साथ अक्सर काम लगाता था। साधना गर्भवती हो गयी। इसने मुझको बुलाकर कहा कि तुम साधना के साथ शादी कर लो मैं विभाग में तुम्हें रख लूँगा...तुम क्या समझते हो? नौकरी मुझे अपनी काबिलियत के बूते मिली है? मैंने हेडवा का उठाकर फेंका गया कूड़ा अपने घर में सजाकर रखा है। तब मिली है मुझे नौकरी।...मैंने साधना का गर्भपात करवाया। उसके बाद उससे शादी की। सालों मुझे तदर्थ प्रवक्ता के पद पर घसीटता रहा। मैं विश्वविद्यालय में रहता हूँ तो अभी भी कभी-कभार साला मेरे घर जाकर साधना का भोग लगाता है। यह समझता है कि मुझे पता नहीं। मुझे सब पता है। साधना भी मुझे कभी भनक नहीं लगने देती कि हेडवा घर पर आया था। मेरे सामने इस तरह नाटक करती है जैसे अब वह पूरी तरह सती-सावित्री हो गयी है और मेरे सिवा वह किसी की ओर आँख उठाकर नहीं देखती, जबकि उच्च शिक्षा निदेशालय में निदेशक सहित और न जाने कितने लोगों के साथ मौज-मस्ती करती है। उच्च शिक्षा निदेशालय में मेरे एक-दो बहुत खास लोग हैं। वे लोग मुझे इसकी सारी करतूत बताते रहते हैं। वहाँ पर साधना बहुत लोकप्रिय है। अधिकारी हो या क्लर्क-चपरासी, जो भी इसे पसंद आ जाय, उसको सब कुछ देने में यह कोई संकोच नहीं करती। मैं यहाँ विश्वविद्यालय में रहता हूँ। वहाँ लंच टाइम में यह अपने यार-दोस्तों को घर पर लाती है और उनके साथ रँगरेलियाँ मनाती है। मकान मालिक के बार-बार शिकायत करने पर शर्मिन्दा होकर मैंने अपना एक घर खरीद लिया। अपना घर हो जाने से उसको और आजादी मिल गयी। भले ही मुहल्ले में नाक कट रही है। उसे कोई परवाह नहीं है। मुझे भी उससे कोई मतलब नहीं है। मैं केवल उसका पैसा ऐंठन में यकीन करता हूँ। मन किया तो कभी-कभार उसके साथ भी हम बिस्तर हो लेता हूँ। अच्छा हुआ जो अभी तक उसके कोई बच्चा नहीं हुआ। कोई बच्चा न होता तभी अच्छा था। न जाने किसका बच्चा लाकर मेरे सर पर मढ़ देगी और मजबूर होकर जीवन भर मुझे उस बच्चे को ढोना पड़ेगा। उसे अपना नाम देना पड़ेगा।...अपनी प्रमिका और पत्नी सब मैं महिमा को मानता हूँ। आगे-पीछे महिमा मेरे बच्चे की माँ भी बन जाएगी। उस बच्चे को मैं हमेशा अपना समझूँगा।...और यह हेडवा साला। अब दो साल और रियाटरमेन्ट बचा है तो साले ने मुझे स्थायी कर दिया। अच्छा हुआ। अब मैं हर तरह से इसके साले के चंगुल से मुक्त हो गया।''

मसुरियादीन की सुर्ती बन गयी। घृतनाथ की बातें सुनने में मसुरियादीन इतना तल्लीन हो गया था कि सुर्ती बनने की रफ्तार बहुत सुस्त हो गयी थी। उसने अपनी गदोरी आगे बढ़ा दी। घृतनाथ ने उसमें से एक चुटकी सुर्ती उठाई और अपने निचले

होंठ के नीचे दाब ली। मसुरियादीन बोला, "साहब, आज तो आपने मुझे ऐसा रहस्य बताया! मैं तो सपने में भी नहीं सोच सकता था कि यह सब हुआ होगा। हेड साहब बड़े गिरे हुए और गंदे आदमी हैं। तभी तो मैं सोच रहा था कि साधना को तो हेड साहब रखे हुए हैं। आपकी शादी कैसे उससे हो रही है? भीतर की बात आज पता चली। घृतनाथ ने कहा, "मसुरियादीन मैं तुम्हें अपना दोस्त मानता हूँ। ये सब बातें सिर्फ और सिर्फ मेरे और तुम्हारे बीच रहनी चाहिए।" मसुरियादीन अपने दोनों कानों को हाथ से पकड़ता हुआ बोला, "राम राम साहब! यह भी आपके कोई कहने की बात है। जब आपने मुझ पर इतना विश्वास जताया है तो भला आपके विश्वास को तोड़ने के बारे में मैं कभी सोच सकता हूँ?"

अब मसुरियादीन की हालत 'राजा के दो सींग' वाली हो गयी। एक लोककथा है कि एक राजा के दो सींगें थीं। वह हमेशा काफी बड़ी पगड़ी बाँधे रहता, जिससे किसी को सींग का पता न चल पाये। एक बार राजा के बाल बहुत बड़े-बड़े हो गये। उसने अपने राज्य के एक नाई बब्बन हज्जाम को बुलवाया। राजा ने बब्बन हज्जाम को और अपने को एक कमरे में बन्द कर लिया। उसने अपनी पगड़ी उतार दी। राजा के सिर पर दो सींगें देखकर बब्बन हज्जाम भौंचक्का रह गया। राजा ने उसे धमकाया, "मेरे बाल काट दो। खबरदार, राज्य में किसी को मेरी सींगों के बारे में बताया तो! सिर धड़ से अलग कर दूँगा।" बब्बन हज्जाम राजा के बाल काटकर चला गया। बात उसके पेट में पच नहीं रही थी। वह एक पेड़ के पास गया। पेड़ के तने में एक छेद देखकर वह अपना मुँह छेद के पास ले गया और बोला, "राजा के दो सींग"। यह सुनकर पेड़ कुछ दिनों में सूख गया। इत्तफाक से राजसभा के लिए वाद्ययन्त्र बनाने के लिए राज कर्मचारियों ने उस पेड़ को काट डाला। सारे वाद्ययन्त्र बन गये। राजा राजसभा में बैठे थे। उसी पेड़ के बने वाद्ययन्त्र बजाये जाने लगे। सब से पहले हारमोनियम बजाया जाने लगा। हारमोनियम राजा को दो सींग....राजा के दो सींग...राजा के दो सींग...के अलावा कुछ गा नहीं रहा था। अब पीतल का बना मजीरा बजाया जाने लगा। मजीरा पूछने लगा, "किन्न कहा किन्न कहा किन्न कहा किन्न कहा?" पेड़ की लकड़ी का बना तबला बजाया गया। वह सिर्फ एक आवाज निकाल रहा था—बब्बन हज्जाम कहा, बब्बन हज्जाम कहा, बब्बन हज्जाम कहा, बब्बन हज्जाम कहा...।

मसुरियादीन को घृतनाथ ने बहुत बड़ा रहस्य बता दिया। इतना बड़ा रहस्य मसुरियादीन अपने पेट में सम्हाल नहीं पा रहा था। सुर्ती खाने वाले शोधछात्रों की एक मंडली मसुरियादीन की बहुत करीबी थी। एक दिन उसी मंडली के साथ बैठकर मसुरियादीन सुर्ती मल रहा था। मसुरियादीन फुसफसाती आवाज़ में बोला, "तुम लोगों

को एक बहुत गहरे राज की बात बताऊँ? तुम लोग किसी से कहोगे तो नहीं?'' सभी छात्रों ने इस बात की हामी भर ली कि वे किसी से नहीं कहेंगे। मसुरियादीन बताने लगा, ''जानते हो घृतनाथ सर को विभाग में नौकरी कैसे मिली? इनकी पत्नी साधना हेड साहब के साथ शोध कर रही थीं। हेड साहब ने साधना को रख लिया था। छुट्टी के दिन वे साधना को लेकर विभाग में आते थे और उनके साथ मस्ती करते थे। दरवाजा खोलने से लेकर उनके मस्ती करने की व्यवस्था मैं ही करता था। उन दोनों के चले जाने के बाद विभाग मैं ही बन्द करता था। दोनों की मौज-मस्ती में साधना पेट से हो गयी। यह बात पता चलते ही हेड साहब की नाड़ी सुन्न हो गयी। उनको लगा कि मैं तो लफड़े में फँस गया। उन्होंने घृतनाथ सर को बुलाया और उनको सारी बात बतायी। वे घृतनाथ सर से गिड़गिड़ाने लगे कि तुम साधना से शादी कर लो तो मैं तुम्हें विभाग में मास्टरी दे दूँगा। बहुत दूर तक सोचने-समझने के बाद घृतनाथ सर तैयार हो गये। घृतनाथ सर ने साधना का पेट साफ करवाने की व्यवस्था की। पेट साफ हो गया तो कुछ दिनों बाद हेड साहब ने घृतनाथ और साधना की मंदिर में शादी करवा दी और घृतनाथ सर को विभाग में मास्टर बना दिया। यही सब कारण है कि साधना मैडम के घरवाले उनसे कोई सम्बन्ध नहीं रखते।...हेड साहब को मामूली खिलाड़ी समझते हो? आजकल एक दूसरी लड़की को पटाये हुए हैं और उसके साथ काम लगाते हैं। यहीं विभाग में ही। छुट्टी के दिन काम होता है और सारी व्यवस्था मुझको ही करनी पड़ती है। देखना...एक दिन वह भी पेट से हो जाएगी और विभाग में एक और मास्टर आ जाएगा।''

इतनी बड़ी बात! बड़ी तेजी से विभाग में फैलने लगा। किसी को बताना मत, कहकर सब एक दूसरे को बताये जा रहे थे। अध्यापकों तक भी बात पहुँच गयी। विभाग के सभी महिला और पुरुष अध्यापक आपस में खुसुर-फुसुर करने लगे। कोई विभागाध्यक्ष या घृतनाथ से इस बात की चर्चा नहीं कर रहा था। हिन्दी विभाग से होते हुए बात दूसरे विभागों तक पहुँचने लगी। विभागाध्यक्ष और घृतनाथ दोनों की छीछालेदर हो रही थी, लेकिन दोनों को इसकी भनक नहीं थी।

करीब दो सप्ताह बाद महिमा विभाग में आयी। एक झोले में छुपाकर वह एक डिब्बा मिठाई ले आयी थी। वह सीधे घृतनाथ के कमरे में गयी। वे अपने कमरे में ही थे। महिमा ने झोले से मिठाई का डिब्बा निकाला और उनकी मेज पर रख दिया। घृतनाथ ने खुश होकर पूछा, ''यह मिठाई किसलिए भाई?'' महिमा ने मुस्कराकर उत्तर दिया, ''आपका मुँह मीठा कराने के लिए लायी हूँ।'' ''वह तो मैं भी समझ रहा हूँ। पर कारण भी तो बताओ!'' घृतनाथ ने कहा। महिमा बड़े रहस्यपूर्ण ढंग से मुस्करायी, ''आप अनुमान लगाइए!'' ''मैं अनुमान लगाऊँ?...लगता है तुमने

अपना शोधग्रंथ पूरा लिया।" घृतनाथ ने अपना अनुमान व्यक्त किया। महिमा उसी तरह मुस्कराती रही, हाँ आपकी यह बात तो सच है। मेरा शोधग्रंथ पूरा हो गया। उसे अब मैं टाइप करनें के लिए देने वाली हूँ। लेकिन मुँह मीठा कराने का कारण यह नहीं है। आप फिर से अनुमान लगाइए।" घृतनाथ बड़े चक्कर में पड़े। वे गाल पर हाथ रखकर सोचने लगे। उनकी कुछ समझ में नहीं आ रहा था। उन्होंने हथियार डाल दिया, "मैं एकदम अनुमान नहीं लगा पा रहा हूँ। तुम्हीं बताओ कि कारण क्या है? मुझे नहीं लगता कि तुम्हें कहीं नौकरी मिल गयी है। अगर यह कारण होता तो तुम इतनी पहेलियाँ न बुझाती और आकर सीधे-सीधे नौकरी लगने की बात बता देती।" महिमा घृतनाथ को देखती हुई मुस्करा रही थी। उसने कोई उत्तर नहीं दिया। घृतनाथ बोले, "मेरी जिज्ञासा बहुत बढ़ गयी है। अब जल्दी से बताओ भी कि क्या है?" महिमा ने मुस्कराते हुए कहा, "आप पिता बनने वाले हैं और मैं माँ बनने वाली हूँ। मेरी दिली इच्छा पूरी होने वाली है। मैं गर्भवती हो गयी हूँ। कल मैं इलाहाबाद से अपने पति के पास चली जाऊँगी। कुछ रातें उनके साथ बिता लूँ, जिससे उन्हें शक न हो कि यह बच्चा उनका नहीं है।" घृतनाथ उठकर खड़े हो गये और उन्होंने महिमा को गोद में उठा लिया, "ओह महिमा! तुमने मुझे जिन्दगी की सबसे बड़ी खुशी दी है। आज मैं सोच भी नहीं सकता था कि तुम इतनी बड़ी खुशखबरी लेकर आयी हो।" उन्होंने महिमा को नीचे उतारा और उसे बाँहों में भर लिया।

घृतनाथ कमरे के बाहर निकलकर मसुरियादीन को खोजने लगे। मसुरियादीन एक जगह उन्हें मिल गया। उन्होंने मसुरियादीन को अपने साथ आने का इशारा किया। मसुरियादीन उनके पीछे-पीछे चल दिया। अपने कमरे में आकर वे बोले, "मसुरियादीन, तीन गिलास पानी लाओ और हम दोनों के साथ तुम भी मिठाई खाओ। तुम्हारे सहयोग से इतना बड़ा काम हुआ है कि तुम सोच भी नहीं सकते।" मसुरियादीन बहुत खुश हुआ, "क्या काम हुआ साहब? तनी हमको भी बताइए।" घृतनाथ की खुशी इस समय कोई पारावार नहीं था, "जानते हो मसुरियादीन? महिमा मेरे बच्चे की माँ बनने वाली है। मैं बाप बनने वाला हूँ। मेरी खुशी की कोई सीमा नहीं है। यह सब तुम्हारे सहयोग से सम्भव हुआ मसुरियादीन। सबसे पहले तुम्हीं मिठाई खाओ।" मसुरियादीन ने देखा कि महिमा एक कुर्सी पर सकुचाती-शरमाती बैठी हुई है। वह बोला, "यह तो बहुत बड़ी खुशी की बात है साहब। आज तो मैं जरूर मिठाई खाऊँगा।...लेकिन एक सावधानी बरतिए साहब! मैडम को जल्दी से जल्दी इनके पति के पास भेज दीजिए। जिससे उन्हें यह शंका न होने पाये कि यह बच्चा उनका नहीं है।" "इसकी चिन्ता मत करो मसुरियादीन। मैडम कल ही अपने

पति के पास जा रही हैं।'' घृतनाथ ने आश्वस्त किया। ''तब ठीक है साहब!'' कहकर मसुरियादीन तीन गिलास पानी की व्यवस्था करने लगा। कुल एक किलो मिठाई थी। घृतनाथ और महिमा ने दो-दो मिठाइयाँ खायीं। घृतनाथ के कहने पर मसुरियादीन बाकी सारी मिठाइयाँ खा गया।

मसुरियादीन के पेट में फिर 'राजा के दो सींग' वाली शिकायत होने लगी। वह बहुत अपने ऊपर नियंत्रण रखने की कोशिश कर रहा था, लेकिन सफल नहीं हो पा रहा था। एक दिन उसकी 'खैनी मंडली' के छात्र इकट्ठा हो गये तो वह अपने को रोक नहीं पाया। गदोरी में सुर्ती मलते हुए वह अपने से ही बात करने लगा, ''क्या समय आ गया है? घोर कलियुग चल रहा है। बीवी किसी दूसरे का बच्चा पेट में लेकर आ रही है और पति खुशी-खुशी उसे अपना बच्चा समझकर पाल रहा है। औरतें भी पगला गयी हैं और आदमी भी पगला गये हैं। औरतें कुछ नहीं देख रही हैं कि किसका है, बस उन्हें हथियार से मतलब है। आदमी भी नहीं देख रहे हैं किसका है? बस उन्हें एक छेद चाहिए।'' एक लड़का बोला, ''क्या बात है मसुरियादीन? हम लोगों से क्या छुपा रहे हो? अरे जो भी बात हो, हम लोगों को साफ-साफ बात दो। मन हल्का हो जाएगा। नहीं तो बात इसी तरह पेट में खदबदाती रहेगी और तुम परेशान रहोगे।'' ''क्या बताऊँ पंचों!'' मसुरियादीन ने कहा, ''मैंने एक बात किसी को नहीं बतायी थी। सोचा कि किसी की बदनामी करने से क्या फायदा? मैं अभी भी नहीं चाहता कि किसी की बदनामी हो, इसलिए केवल तुम लोगों को बता रहा हूँ। बात कहीं बाहर नहीं पहुँचनी चाहिए।...विभाग में एक लड़की रिसर्च कर रही है न! बड़ी सुंदर है! सब जानते हैं उसे। अरे वही महिमा। उसका घृतनाथ सर से बहुत दिनों से चक्कर चल रहा है।...तुम लोगों को याद है, उधर जब एक हफ्ते की हड़ताल हुई थी? पुस्तकालय के चक्कर में लड़के कुलपति को बाँस किये हुए थे। उस समय जितने दिन तक हड़ताल रही, घृतनाथ सर महिमा पर रोज चढ़ रहे थे। एक बार नहीं कई-कई चक्कर। मैं इन सब चक्करों में तो नहीं पड़ना चाहता था, लेकिन घृतनाथ सर मेरे पैर पड़ने लगे और बहुत विनती करने लगे। बोले, मसुरियादीन जिन्दगी भर तुम्हारा एहसान मानूँगा। मुझे पैसा भी देने लगे, लेकिन मैंने लेने से मन कर दिया। बहुत चिरौरी करने लगे तो मैं पीछे का दरवाजा खोल देता था। वे महिमा को लेकर कमरे में जाकर, अन्दर बन्द हो जाते और दरवाजा चार-पाँच घंटे बाद खुलता। जितने दिनों तक हड़ताल रही, एक दिन भी नागा नहीं हुआ। मैं तो महिमा ससुरी को देखता था। घृतनाथ सर से खुलेआम कहती थी कि मैं आपके बच्चे की माँ बनना चाहती हूँ। उसी गन्दी फर्श पर दोनों नंगे होकर लोटते रहते थे। दोनों के शरीर में धूल लग जाती थी,

लेकिन दोनों को कोई फरक नहीं पड़ता था।'' एक लड़के ने बीच में टोक दिया, ''इसका मतलब है कि तुम जरूर कहीं न कहीं से देखते रहते थे। आखिर ये सब तुम्हें कैसे पता चला। वाह रे मसुरियादीन! बहुत गुरू आदमी हो। नंगे होकर दोनों की पटकी-पटका तुमने खूब देखा।'' मसुरियादीन हड़बड़ा गया, ''तुम्हारी कसम! मैंने अन्दर का कुछ नहीं देखा। दरवाजा अन्दर से बन्द रहता था। मैं कैसे देख सकता था। वो तो दोनों जब कपड़ा पहनकर बाहर निकलते थे, तो उनके शरीर पर धूल लगी रहती थी। इससे मैंने अनुमान लगाया कि अन्दर क्या होता होगा।...तुम लोग सुनना चाहते हो कि मैं बन्द करूँ?'' एक दूसरा लड़का मसुरियादीन के कन्धे दबाने लगा, ''अरे नही मसुरियादीन! आगे बताओ क्या हुआ?''

मसुरियादीन फिर शुरू हो गया, ''घृतनाथ सर महिमा को इतना पटके, इतना पटके कि वह सचमुच गर्भवती हो गयी। महिमा कल मिठाई लेकर आयी थी। बहुत प्रसन्न थी वह। घृतनाथ सर ने मिठाई खाने के लिए मुझको भी बुला लिया। कहने लगे कि मसुरियादीन तुम्हारे सहयोग से मैं पिता बनने वाला हूँ। तुम्हारा एहसान मैं ज़िन्दगी भर नहीं भूलूँगा। दोनों इतने प्रसन्न थे कि खुद तो दोनों ने केवल दो-दो मिठाई खायी और बाकी एक किलो मिठाई मुझे खिला दी। महिमा अब अपने पति के पास चली गयी है। कुछ दिनों तक अपने पति से करवायेगी। जिससे वह समझे कि बच्चा मेरा ही है।...मिठाई का वह डिब्बा मैंने अभी तक सम्हालकर रखा है। तुम लोगों को लाकर दिखाता हूँ।'' मसुरियादीन मिठाई का डिब्बा लेने चला गया। सारे लड़के उतसुकता से उसका इन्तज़ार करने लगे।

मसुरियादीन मिठाई का डिब्बा लेकर आ गया। सारे लड़के डिब्बे को लेकर देखने लगे। एक लड़का बोला, ''मसुरियादीन तुम्हारा खूब मज़ा है। देख रहे हो नेतराम की दुकान का डिब्बा है। नेतराम की एक-एक किलो मिठाई चाँप रहे हो।'' मसुरियादीन बोला, ''अब, कोई जबर्दस्ती मुझे मिठाई खिलायेगा तो मैं खाऊँगा नहीं? भगवान जाने बेटा होगा या बेटी! अगर बेटा हुआ तो मुझे अभी एक किलो मिठाई और खानी पड़ेगी।'' एक दूसरा लड़का बोला, ''बेवकूफी मत करो मसुरियादीन! महिमा बच्चा लेकर विश्वविद्यालय आये तो घृतनाथ सर को धमकी दे देना। कह देना कि महिमा से मुझको भी दिलवाइए नहीं तो मैं आपकी पोल खोल दूँगा। तुम्हारी औरत बहुत पुरानी हो गयी है। खरबूजे जैसी मस्त-मस्त छातियों पर चार बार कूदोगे तो जिन्दगी सफल हो जाएगी।...मर कर जब भगवान के यहाँ जाओग तो भगवान तुमसे पूछेंगे। कहेंगे कि अपनी बीवी के अलावा और किसी औरत का सामान देखे हो, तो क्या जवाब दोगे? काठ के उल्लू की तरह मुँह बनाकर खड़े हो जाओगे।'' सारे लड़के ठहाका मारकर हँसने लगे। मसुरियादीन भी हँसने लगा। उसने 'राजा

के दो सींग' कह दिया। उसका मन हल्का हो गया। सारे लड़कों ने मसुरियादीन की हथेली से एक-एक चुटकी सुर्ती उठाई और अपने मुँह के हवाले किया। एक लड़का बोला, "मसुरियादीन, जब महिमा के ऊपर चढ़ना तो सुर्ती खाकर चढ़ना। बहुत देर तक धक्का मारोगे। महिमा घृतनाथ को छोड़कर तुम्हारे चक्कर में पड़ जाएगी।" मसुरियादीन हँसने लगा, "घृतनाथ को कम समझते हैं क्या? वे भी सुर्ती खाते हैं। उनको भी मैं ही बनाकर देता हूँ। जहाँ तलब लगी, मुझे खोजने लगेंगे। कहाँ है मसुरियादीन?"सब फिर हँसने लगे।

घृतनाथ अक्सर महिमा के साथ घूमते रहते थे। लोगों को दोनों के सम्बन्धों के बारे में पहले से ही शक था। घृतनाथ ने शक को पुख्ताकर दिया। ऐसे सबूत के साथ जो अभी नहीं था, लेकिन भविष्य में होने वाला था। अर्थात् शक की कोई गुंजाइश ही नहीं बची। किसी को मत बताना के तर्ज पर यह बात भी फैलने लगी। विभाग के सारे अध्यापक घृतनाथ की किस्मत पर मुस्करा रहे थे। उनकी पत्नी को कोई दूसरा गर्भवती बना रहा था और वे किसी दूसरे की पत्नी को गर्भवती बना रहे थे। बात की सत्यता को परखने के लिए लोगों को महिमा के बच्चे का इंतज़ार था। अबकी बार भी घृतनाथ और विभागाध्यक्ष तक यह खुसुर-फुसुर नहीं पहुँची। अफवाहों की प्रकृति ही ऐसी होती है। खासकर के इस तरह के अफवाहों की। चिराग तले अँधेरा वाली स्थिति रहती है। जिसके बारे में अफवाह रहती है, उसको छोड़कर उसके आस-पास चारों तरफ सबको यह बात पता रहती है।

जिसके निर्देशन में महिमा शोधकार्य कर रही थी, वे जलभुन कर राख हो रहे थे। वे सोच रहे थे, 'ससुरी शोधकार्य कर रही है मेरे निर्देशन में। जाकर अंगदान कहीं और कर रही है। गैरों के घर में बरसात हो रही है और जहाँ बरसात होनी चाहिए, वहाँ सूखा पड़ा हुआ है। मेरे सामने तो ऐसा नाटक करती है जैसे संसार की सबसे सती-सावित्री लड़की यही है। दूसरों के पास जाकर प्रार्थना कर रही है कि मुझे गर्भवती कर दीजिए।...जमा करे शोधग्रंथ। मैं तब तक अग्रसारित नहीं करूँगा।' जब तक मुझे भी दे नहीं देती। डी.फ़िल. की उपाधि प्राप्त होने के पहले तीन-चार बार हाथ साफ कर लूँगा। एक बार जहाँ प्रमाणपत्र मिला, तहाँ हाथ से फिसली। फिर चंगुल में नहीं आयेगी। इसलिए उसके पहले जितनी बार हो सकेगा, हाथ साफ कर लूँगा।'

महिमा का बच्चा होने में तीन महीने का समय बाकी था। महिमा अपने मायके इलाहाबाद वापस आ गयी थी। महिमा अब विश्वविद्यालय में नहीं आती थी। महिमा का बच्चा होने का समय आया तो उसे कमला नेहरू अस्पताल में भर्ती करवा दिया गया। घृतनाथ भी खबर ले रहे थे। रविवार के दिन महिमा ने एक पुत्र-रत्न को जन्म दिया। एकदम सवेरे-सवेरे। मायके में खुशियाँ छा गयीं।

पता करने के चक्कर में शाम को घृतनाथ भी अस्पताल पहुँचे। पुत्र जन्म की बात सुनकर उनकी खुशी का ठिकाना न रहा। जिस कमरे में महिमा भर्ती थी, उसमें जाकर उन्होंने बच्चे को देखा। उसे गोद में उठाया। यह सोचकर कि यह मेरा बेटा है, उनक हृदय भावुक हो उठा और दिल में वात्सल्य की लहरें हिलोरे मारने लगीं। उन्होंने बड़े प्यार से महिमा की ओर देखा। महिमा ने भी बड़े लाड़ से उनकी ओर देखा। कुछ देर तक वे यूँ ही भावनाओं की नदी में गोते लगाते रहे। उन्होंने बच्चे को महिमा के पास लिटा दिया। जेब से सौ रुपये का नोट निकलकर उन्होंने महिमा की माँ को पकड़ाया, "यह आपके धेवते के लिए नेग है। आपका धेवता है तो मेरा भी बेटा है। मना मत करिएगा।" महिमा की माँ ने खुशी-खुशी सौ का नोट रख लिया। कुछ देर तक वहाँ रुकने के बाद घृतनाथ घर चले गये।

बच्चा पाँच-छः महीने का हो गया। पूरे विभाग में शोर हो गया कि महिमा ने घृतनाथ के बेटे को जन्म दिया है। विभाग में हर तरफ इसी बात पर चर्चा होती रहती। क्या छात्र, क्या छात्राएँ! क्या अध्यापक-क्या कर्मचारी! सिर्फ एक बात! महिमा ने घृतनाथ के बेटे को जन्म दिया। घृतनाथ अब तक कवि-कथाकार के रूप में पर्याप्त ख्याति अर्जित कर चुके थे। विभाग के छात्र-छात्राओं के बीच उनकी छवि कुछ-कुछ स्टारनुमा हो चुकी थी। यह जानकर कि सर लँगोट के ढीले हैं, तमाम छात्राएँ उनका चक्कर लगाने लगी थीं। उनके निर्देशन में शोधकार्य करने के लिए लड़कियों में होड़ लगी हुई थी। घृतनाथ अब अगर अपने कमरे में बैठे रहते तो उनका कमरा लड़कियों से ही गुलजार रहता। लड़कियाँ ज्यादा से ज्यादा घृतनाथ से सटने का प्रयास करती थीं।

महिमा एक दिन विश्वविद्यालय आयी। उसका शोधग्रंथ टाइप हो चुका था। पहले वह घृतनाथ के पास गयी। उनसे मिलकर अपने शोध निर्देशक के कमरे में गयी। उसके शोध निर्देशक ने उसके हाथ में शोधग्रंथ देखा तो आग-बबूला हो गये, "अच्छा! तो तुम अब महारानी हो गयी हो! तुर्रम खाँ हो गयी हो! मुझसे बिना पूछे शोधग्रंथ टाइप करा लिया और उसे बाइंड भी करवा लिया।...इसे ले जाकर कूड़े में फेक दो। तुमने बिना मुझसे पूछे शोधग्रंथ टाइप करा लिया है, अतः मैं तुम्हारा शोधग्रंथ नहीं स्वीकार करूँगा। मेरे कमरे से निकल जाओ! जाओ जहन्नुम में।... लाट साहब की तरह सीधे शोधग्रंथ टाइप करवा कर जमा करने पहुँच गयी। एक बार शोध निर्देशक से पूछने की जहमत नहीं उठाई। मैं भी देखता हूँ। कैसे तुम इलाहाबाद विश्वविद्यालय से डी.फ़िल. की डिग्री प्राप्त कर लेती हो?"

महिमा की आँखों में आँसू आ गये, "गलती हो गयी सर! मैं एक-एक अध्याय लिखकर आपको दिखा ले रही थी। आप जो संशोधन कहते थे, वह संशोधन भी

करती थी। हर अध्याय को जब आप अंतिम रूप से स्वीकृति दे देते थे, तब मैं उसे टाइप कराने लिए रखती थी। हर अध्याय आपका स्वीकृत किया हुआ है। इस शोधग्रंथ में ऐसा कुछ भी नहीं है, जो आपका स्वीकृत किया हुआ न हो...दरअसल सर मेरा बच्चा होने वाला था। मेरी जिन्दगी मत बर्बाद करिए सर!'' ''बच्चा होने वाला था तो मुझे मिल नहीं सकती थी। विभाग के दूसरे अध्यापकों से मिलने के लिए तुम्हारे पास समय था? मुझसे मिलने के लिए समय नहीं था?'' निर्देशक भूमिका बनाने लगे। ''मैं विश्वविद्यालय आ ही नहीं रही थी सर! किसी से मिलने का सवाल ही कहाँ उठता है।'' महिमा ने कहा। शोध निर्देशक धीरे से बोले, ''विभाग में सब जानते हैं कि घृतनाथ के साथ तुम्हारा लफड़ा चल रहा है। उनके साथ तुम खूब गुलछर्रे उड़ाती हो। शोध मेरे साथ कर रही हो और प्रसाद बाँटती फिर रही हो दूसरों को। मुझे भी दो, तब तुम्हारा काम आगे बढ़ेगा। मुफ्त में कुछ नहीं होगा।''

महिमा बिफर पड़ी, ''सर जबान सम्हालकर बात करिए। घृतनाथ सर और मैं एक-दूसरे से प्यार करते हैं। घृतनाथ सर जब विभाग में पढ़ रहे थे, तब से मेरा और उनका प्यार चल रहा है। हम दोनों शादी करना चाहते थे, लेकिन नियति को नहीं मंजूर था। हम दोनों अब भी एक दूसरे को प्यार करते हैं। हमारे प्यार की इस तरह तौहीन मत करिए।...आप कितना भी प्रयास कर लीजिए, मैं आपके साथ हमबिस्तर नहीं होने वाली। मुझे डी.फ़िल. की डिग्री मिले चाहे न मिले।'' ''तब फिर यहाँ क्यों खड़ी हो? अपना शोधग्रंथ लेकर जाओ। तुम्हें डी.फ़िल. की डिग्री नहीं मिलेगी।'' शोध निर्देशक ने बड़ी अदा के साथ कहा। महिमा तमतमाती हुई वहाँ से चली गयी।

वह सीधे घृतनाथ के कमरे में गयी। वहाँ कई लड़कियाँ और लड़के बैठे थे। उसने घृतनाथ से कहा, ''सर, मैं आपसे अकेले में बात करना चाहती हूँ।'' घृतनाथ ने सबको बाहर जाने का इशारा किया। सब चले गये तो महिमा बोली, ''मेरे शोध निर्देशक भृगुनाथ जी बहुत परेशान कर रहे हैं।'' ''क्या हुआ?'' घृतनाथ ने पूछा। महिमा ने अपने और भृगनाथ के बीच हुई सारी बातचीत उन्हें बता दी। घृतनाथ का पारा एकदम से चढ़ गया, ''उस साले की इतनी हिम्मत? साला मेरे ऊपर लांछन लगा रहा है? ऐसा है, शोधग्रन्थ की जितनी प्रतियाँ जमा होती हैं; उतनी प्रतियाँ लेकर जाकर शोध विभाग में जमा कर दो। तुम्हारे पक्ष में रिपोर्ट लिखकर देगा भृगनाथ का बाप। अब तुम जाओ। मैं सब कुछ देख लूँगा।'' महिमा चली गयी।

घृतनाथ ने विश्वविद्यालय के दस-बारह मुश्टंडे छात्र नेताओं को अपना शागिर्द बना रखा था। वे घृतनाथ के बड़े वफादार चेले थे। इस तरह की परिस्थितियाँ पैदा होने पर वे चेले बहुत काम आते थे। अध्यापकों या कर्मचारियों को धमकाना और जरूरत पड़ने पर उन्हें पीट देना उन चेलों के बाँए हाथ का काम था। छात्र नेताओं

का मसला होने के कारण पुलिस भी उनके लफड़े में नहीं पड़ती थी, अन्यथा विश्वविद्यालय में छात्रों का आन्दोलन शुरू हो जाता था।

घृतनाथ ने अपने एक शागिर्द से संदेशा भिजवा दिया। अगले दिन उनके सारे-शागिर्द एक साथ उनके कमरे में पहुँच गये। शागिर्दों का नेता बोला, "क्या बात हो गयी सर? किसी को सुधारना है क्या?" घृतनाथ ने कहा, "हाँ यार! डॉ. भृगुनाथ महिमा के साथ बदतमीजी कर रहे हैं। तुम लोग तो जानते हो! महिमा मेरी प्रेमिका है। वह भृगुनाथ के निर्देशन में शोधकार्य कर रही है। महिमा का शोधकार्य पूरा हो गया। वह अपना शोधग्रंथ टाइप कराकर भृगुनाथ के पास गयी तो वह से उल्टा-सीधा कहने लगा। कहने लगा कि किसी भी कीमत पर मैं तुम्हें इलाहाबाद विश्वविद्यालय से डी.फ़िल. की डिग्री नहीं मिलने दूँगा। हद हो गयी यार! वह महिमा से सीधे-सीधे हमबिस्तर होने की माँग करने लगा। जरा सुधारो साले को। महिमा को डी.फ़िल. की डिग्री मिलने में कोई अड़ंगा न आने पाये।" शागिर्दों का नेता बोला, "भृगुनाथ साले की इतनी हिम्मत? आप चिन्ता मत करिए सर! हम लोग साले को अभी सुधारते हैं।"

सभी भृगुनाथ के कमरे की ओर चल दिये। भृगुनाथ अपने कमरे में मिल गये। विभाग के दो और अध्यापक उनके साथ बैठे हुए थे। तीनों गपशप में लीन थे। घृतनाथ के शागिर्दों का झुण्ड उनके कमरे में घुस गया। उनका नेता दोनों अध्यापकों से बोला, "गुरु जी लोग, आप यहाँ से फूट लीजिए। हम लोगों को सर से अकेले में कुछ बात करनी है।" उन सबों का हाव-भाव देखकर तीनों भयभीत हो गये। दोनों अन्य अध्यापक वहाँ से खिसक लिए। सारे शागिर्दों ने भृगुनाथ को चारों तरफ से घेर लिया। भृगुनाथ बीच में हो गये। नेता ने कसकर एक चपत भृगुनाथ के सिर पर जड़ दिया। फिर क्या था, सारे शागिर्दों ने इसका अनुकरण किया। भृगुनाथ रुँआसे हो गये। वे इस तरह बीच में घिरे थे कि उठकर भाग भी नहीं सकते थे। नेता बोला, "क्यों गुरु जी, आपको महिमा मैडम के साथ मस्ती करनी है? उनके साथ हमबिस्तर होना है? तब आप उन्हें डॉक्टर बनने देंगे? नहीं तो उन्हें बीच में लटका देंगे?" भृगुनाथ रिरियाने लगे, "यह सरासर झूठ है। मैंने ऐसा कभी नहीं कहा। तुम लोग मुझ पर मनगढ़ंत आरोप लगा रहे हो। क्यों मेरी इज़्ज़त का जनाजा उठाने पर तुले हो। महिमा तो बहुत मेधावी लड़की है। उसने बहुत ही अच्छा शोधग्रंथ लिखा है। उसको डी.फ़िल. होने से कौन रोक सकता है? मेरे अधीन आज तक जितने भी लोगों ने शोधकार्य किया, उनमें महिमा का शोधग्रंथ सबसे अच्छा है। तुम लोगों को कोई गलतफहमी हुई है। किसी ने तुम लोगों को मेरे खिलाफ भड़का दिया है। विभाग की राजनीति मैं सब समझता हूँ।...

तुम लोग खुद देख लेना। महिमा के डी.फ़िल. बनने में कोई रुकावट आयी, तब मुझसे शिकायत करना। महिमा मेरी सबसे अच्छी छात्रा है। उसके विरुद्ध मैं ऐसी गन्दी-सन्दी बातें क्यों करुँगा?'' नेता बोला, ''गुरु जी, अब आप आये सही लाइन पर। अब यह आपकी जिम्मेदारी है कि महिमा मैडम को जल्दी डी.फ़िल. की उपाधि मिल जाय। अगर आपने कोई होशियारी करने की कोशिश की तो हम लोग सिर्फ एक-एक थप्पड़ मारकर नहीं छोड़ देंगे। पहले तो आपके हाथ-पैर तोड़ेंगे, उसके बाद पाँच मन लकड़ी और कफन की व्यवस्था करेंगे।'' सारे लड़के उनके कमरे से निकलकर चल दिये। भृगुनाथ की सिट्टी-पिट्टी गुम हो चुकी थी। वे तुरंत पता करने चल दिये कि महिमा ने शोधग्रंथ जमा कर दिये या नहीं।

घृतनाथ के शागिर्दों ने घृतनाथ के पास जाकर सारा किस्सा सुना दिया। घृतनाथ बड़े प्रसन्न हुए, ''अब मुझे चिन्ता करने की कोई जरूरत नहीं। सब कुछ अब भृगुनाथ ही करेगा।...तुम लोगों को मैं मिठाई खिलाता हूँ। तुम लोगों में से कोई एक जाकर नेतराम की दुकान से एक किलो बालूशाही ले आओ।'' उन्होंने तुरंत जेब से पैसा निकाला। घृतनाथ के लिए एक और अच्छी बात हुई। विभागाध्यक्ष अर्थात् हेड साहब सेवानिवृत्त हो गये। नये विभागाध्यक्ष डॉ. अनिरुद्ध बने। घृतनाथ की अनिरुद्ध से खूब पटती थी। घृतनाथ को लगा कि अनिरुद्ध को मिला-पटाकर महिमा को विभाग में रखवाया जा सकता है।

● जिस दिन डॉ. अनिरुद्ध विभागाध्यक्ष बने, उसके एक सप्ताह बाद घृतनाथ उनके घर मिठाई खाने पहुँच गये। विभागाध्यक्ष बनने की बधाई तो वे डॉ. अनिरुद्ध को विभाग में ही दे चुके थे। रोज घंटे-दो घंटे उनके साथ कमरे में बैठते भी थे। विभाग में ही एक दिन घर पर मिठाई खाने का कार्यक्रम तय हुआ था। घृतनाथ को अपने घर पर देखकर अनिरुद्ध बहुत प्रसन्न हुए। मिठाई उन्होंने पहले से ही मँगवा ली थी। दोनों मिठाई खाने लगे और चाय-पानी करने लगे। दोनों में गपशप भी होने लगी। अनिरुद्ध घृतनाथ को छेड़ते हुए बोले, ''आजकल तुम्हारी प्रेमिका महिमा कैसी है? देख रहा हूँ तुम दोनों के सम्बन्धों की मिठास कम ही नहीं हो रही है। अच्छा किया, तुमने उससे शादी नहीं की। शादी कर लिया होता तो कुछ दिन बाद उससे ऊब गये होते। अब तो वह भी डॉक्टर हो गयी।'' घृतनाथ भी उसी तरंग में बोले, ''डॉक्टर साहब, आपसे क्या छुपा है? महिमा ही मेरी असली जीवन संगिनी है। वह ही मेरी सर्वस्व है। साधना को तो पूर्व-विभागाध्यक्ष ने मेरे सिर पर मढ़ दिया था। साधना उनकी प्रेमिका थी। उन्होंने मुझसे कहा कि साधना से शादी कर लो तो मैं तुम्हें विभाग में रख लूँगा। मैंने साधना से शादी कर ली और उन्होंने मुझे विभाग में प्राध्यापक बना दिया।''

उन्होंने साधना के गर्भवती होने और गर्भपात की बात छुपा ली। उन्होंने सोचा कि अनिरुद्ध को यह सब पता नहीं है। अनिरुद्ध को सब पता था। उनको ही क्या, सारे विभाग को पता था। घृतनाथ समझते थे कि यह बात किसी को नहीं पता है। अनिरुद्ध ने भी अनजान बने रहना ही उचित समझा। उन्हें लगा कि घृतनाथ को यह बात बताने पर उनकी भावनाओं को ठेस पहुँच सकती है।

"अच्छा, एक बात बताओ!" अनिरुद्ध ने कहा, "बिस्तर पर महिमा ज्यादा मजा देती है या साधना? कौन ज्यादा स्वादिष्ट है?" "स्वादिष्ट तो ज्यादा महिमा ही है।" घृतनाथ बताने लगे, स्वादिष्ट क्या बहुत स्वादिष्ट है। दरअसल उसकी त्वचा बहुत सेक्सी है। फिर हम दोनों जब एक दूसरे से मिलते हैं तो दिलोजान से मिलते हैं। हर बार नयी ताजगी के साथ। उसकी त्वचा में इतना करंट है न, कि उससे कभी दिल नहीं भरता। साधना तो टाइमपास के लिए है। मूड बदलने के लिए कभी-कभी उसका भी उपभोग कर लेता हूँ। वैसे भी वह ससुरी न जाने कहाँ-कहाँ मुँह मारती रहती है।" अनिरुद्ध ने कहा, "वैसे भी लड़कियाँ तुम्हें घेरे रहती हैं। कवि-कथाकारों को लड़कियाँ ज्यादा भाव देती हैं। एक मैं किस्मत का मारा आलोचक बन गया। लड़कियाँ हम लोगों को घास ही नहीं डालतीं।" "आपसे एक प्रार्थना मुझे करनी है!" घृतनाथ बड़े संकोच के साथ बोले, "महिमा का शैक्षिक रेकार्ड बहुत अच्छा है। अब तो उसे डी.फ़िल. की उपाधि भी मिल गयी। अगर आप उसे विभाग में रख लेते तो बड़ी कृपा होती। आपका यह एहसान मैं ज़िन्दगी भर नहीं भूलूँगा। वह विभाग में आ जाएगी तो मुझे बड़ा सुकून मिलेगा। आप तो जानते ही हैं मेरा उसके साथ क्या रिश्ता है। हम दोनों साथ हो जाएँगे।" "मैं समझता हूँ घृतनाथ जी!" अनिरुद्ध ने कहा, "आपके दिल का मामला है। मेरी आप के साथ पूरी सहानुभूति है। मैं कुलपति से इस विषय में बात करता हूँ। उनसे कहूँगा कि विभाग में एक अध्यापक की सख्त जरूरत है। उनसे सहमति लेकर मैं महिमा को विभाग में तदर्थ प्रवक्ता के रूप में रख लूँगा। साल भर बाद महिमा को स्थायी कर दूँगा। याद करोगे कि कोई दोस्त मिला था जिन्दगी में।" घृतनाथ गद्‌गद हो गये, "आपके इतना कहने से ही मेरा मन आपके प्रति कृतज्ञ हो गया। मुझे पूरा विश्वास था और है कि आप मेरा काम कर देंगे।"

● महिमा आजकल अपने पति के पास गयी हुई थी। डॉ. अनिरुद्ध ने उसकी नियुक्ति के लिए प्रयास शुरू कर दिया। एक दिन घृतनाथ अपने कमरे में बैठे थे। संयोग से अकेले थे। अचानक एक लड़की उनके कमरे में घुस आयी। उसने घृतनाथ को नमस्ते किया और बिना कुछ पूछे शुरू हो गयी, "सर, मैं साइंस की छात्रा हूँ। इस समय रिसर्च कर रही हूँ। मेरा नाम रेनू है। मैं आपकी कहानियों की बहुत बड़ी फैन हूँ। आई लव यू सर!" घृतनाथ मुस्कराये, "यह तो बड़ी अच्छी

बात है। मुझसे क्या चाहती हो?'' लड़की बोली, ''सर मैं आपका प्यार चाहती हूँ। आप मेरे साथ प्यार करना पसंद करेंगे?'' घृतनाथ ने देखा कि लड़की सुंदर है। नया फल चखने के लिए उनका मन लालायित हो उठा। वे अपनी कुर्सी पर से उठकर उसके पास गये और उसे अपनी बाँहों में भर लिया। उन्होंने उसके होठों को चूम लिया। जवाब में लड़की ने उनके चेहरे पर चुंबनों की बौछार कर दी। घृतनाथ ने पूछा, ''कभी काम सुख प्राप्त किया है?'' ''नहीं सर!'' लड़की ने उत्तर दिया। ''ठीक है!'' घृतनाथ ने कहा, ''कक्षाएँ समाप्त हो जाने के बाद तुम मेरे पास यहीं आना। मैं अपने कमरे में ही व्यवस्था करता हूँ। आज मैं तुम्हें संसार के सबसे बड़े भौतिक सुख से परिचित कराता हूँ।'' ''मैं भी यही चाहती हूँ सर! एकदम पक्की व्यवस्था करिएगा। कुछ गड़बड़ न होने पाये। आज मैं एकदम मूड में हूँ। आपको सब कुछ दे दूँगी।'' ''अच्छा अब तुम जाओ। समय पर आ जाना। तब तक मैं व्यवस्था बना लूँ।'' लड़की चली गयी। घृतनाथ मसुरियादीन को खोजने लगे। बड़ी मुश्किल से मिला मसुरियादीन। घृतनाथ ने उससे कहा, ''मैं तुमको कब से खोज रहा हूँ। कहाँ गायब हो गये हो?'' ''क्या हुआ साहब? कोई खास बात है क्या?'' मसुरियादीन ने पूछा। ''खास बात है, तभी मैं तुमको खोज रहा हूँ।'' घृतनाथ बोले, ''मेरे साथ मेरे कमरे में चलो, तब पूरी बात बताता हूँ।'' घृतनाथ अपने कमरे की ओर चल दिये। उनके पीछे-पीछे मसुरियादीन लग गया।

अपने कमरे में आकर घृतनाथ अपनी कुर्सी पर बैठ गये। मसुरियादीन सामने खड़ा था। घृतनाथ कहने लगे, ''यार मसुरियादीन! आज तो ऐसी बात हो गयी कि मैं सोच भी नहीं सकता था। मैं कमरे में अकेला बैठा था। अचानक रेनू नाम की एक लड़की अन्दर घुस आयी। उसने बताया कि वह साइंस में रिसर्च कर रही है। घुसते ही उसने मुझसे कहा कि मैं आपको प्यार करती हूँ और चाहती हूँ कि आप भी मुझे प्यार करें। चीज जोरदार थी यार! मैं मना नहीं कर पाया। मैंने उससे कह दिया है कि कक्षाएँ समाप्त हो जाने के बाद मेरे कमरे में आना। तुम्हारे ही भरोसे मैंने उसे बुला लिया है। अब तुम्हीं सारी व्यवस्था करो।'' मसुरियादीन बोला, ''इसमें परेशान होने की क्या बात है साहब? महिमा मैडम रहती हैं तो मैं व्यवस्था करता नहीं क्या? एकदम निश्चिन्त रहिए साहब! सारी व्यवस्था हो जाएगी।'' घृतनाथ ने जेब से सौ रुपये का एक नोट निकाला और मसुरियादीन की तरफ बढ़ा दिया। मसुरियादीन ने नोट जेब में रख लिया।

सारी कक्षाएँ समाप्त हो गयीं। सारे लड़के-लड़कियाँ विभाग से जा चुके थे। अधिकांश प्राध्यापक भी घर जा चुके थे। रेनू आ गयी। घृतनाथ के कमरे में बैठ गयी। घृतनाथ के कमरे में अब पर्दा लग चुका था। अपने पैसे से घृतनाथ ने पर्दा

लगवाया था। इसलिए जिससे बाहर से आता-जाता व्यक्ति कमरे की गतिविधियों को न देख सके। मसुरियादीन का भी नयन-सुख बाधित हो गया था। अब बाहर पंजे के बल खड़े होने पर छेद से सिर्फ पर्दा दिखता था। पर्दा लगने से मसुरियादीन का मन बहुत मायूस हो गया। घृतनाथ का यह काम करने में उसे विशेष रुचि नहीं रह गयी थी, अन्यथा पहले पूरे उत्साह से व्यवस्था करता था। अब तो सिर्फ पैसे के लालच में काम करता था। सब चले गये तो मसुरियादीन ने बाहर का दरवाजा बन्द करके उसमें बाहर से ताला लगा दिया और घूमकर पिछले दरवाजे से अन्दर आ गया। बहुत वर्षों से ताला बन्द करने की जिम्मेदारी मसुरियादीन के ऊपर ही थी। पिछले विभागाध्यक्ष ने यह व्यवस्था बनायी थी। मसुरियादीन की सहायता से ही वे अपने कमरे में लड़कियों, विशेषकर अपनी शोधछात्राओं का भोग लगाते थे।

मसुरियादीन ने घृतनाथ के कमरे में जाकर उन्हें इशारा किया और खुद कमरे के बाहर निकल आया। घृतनाथ ने दरवाजा बन्द कर लिया। रेनू बहुत कामातुर थी। उसने जल्दी-जल्दी अपने सारे कपड़े उतार दिये। घृतनाथ बहुत जल्दी में नहीं थे। वे धीरे-धीरे कदम बढ़ा रहे थे। इस क्षेत्र में मँजे हुए खिलाड़ी थे वे। रेनू परेशान हो रही थी। उन्होंने उसे तृप्त किया, लेकिर धीरे-धीरे।

अब तो रेनू को चस्का लग गया। वह अक्सर घृतनाथ के आसपास मँडराती रहती। कक्षाएँ चलने तक तो प्रायः उनके कमरे में चहल-पहल बनी रहती। लड़कियाँ कुछ न कुछ पूछने के बहाने उन्हें घेरे रहतीं। चार बजे के बाद ही उनका कमरा खाली हो पाता। रेनू ने जब समझ लिया कि चार बजे के पहले आने का कोई मतलब नहीं, वह प्रायः चार के आसपास ही टपकती। मसुरियादीन के सहयोग से घृतनाथ अक्सर उसे तृप्त करते रहते थे। जिस दिन कुछ न करना रहता, घंटों उससे बैठकर बातें ही करते रहते थे। दोनों को एक दूसरे से बात करने में भी बहुत आनन्द आता था। दोनों आपस में खोये हुए बतियाते रहते।

एक दिन रेनू दोपहर में बारह बजे ही आ धमकी। वह रो रही थी। कमरे में पाँच-छः लड़कियाँ पहले से ही थी। "क्या हो गया रेनू?" घृतनाथ ने घबराबर पूछा। रेनू काफी तेज-तर्रार लड़की थी। उसने कहा, "सर, मैं आपसे अकेले में कुछ बात करना चाहती हूँ।" "कोई बात नहीं! यहाँ पर जितने लोग हैं, सब अपने ही हैं। निःसंकोच बताओ क्या बात है?" घृतनाथ ने उसे पुचकारते हुए कहा। रेनू खिन्न स्वर में बोली, "नहीं सर! ऐसी बात है, जिसे मैं आपको सिर्फ अकेले में ही बता सकती हूँ।" वहाँ पर उपस्थित लड़कियाँ स्वतः एक-एक खिसकने लगीं। जब सब चली गयीं तो रेनू बोली, "मैं गर्भवती हो गयी हूँ। मेरी इज़्ज़त आप ही बचाइए।" घृतनाथ का एकदम से मूड ऑफ हो गया, "पता नहीं किसका बच्चा

पेट में लेकर घूम रही हो। पता नहीं किससे-किससे तुम्हारा सम्बन्ध है? मैं तुमको नहीं जानता। भाग जाओ यहाँ से। आज के बाद मेरे सामने दिखायी मत पड़ना।'' रेनू भड़क गयी, ''मजा मारते समय नहीं सोचा। अब विपत्ति आ पड़ी है तो मुझसे जान छुड़ा रहे हैं? चाहते हैं कि सब कुछ अकेले झेलूँ मैं? मैं ऐसे नहीं छोड़ूँगी आपको।'' घृतनाथ गुस्से में उठे और ठेलकर उसे अपने कमरे के बाहर कर दिया।

रेनू को पता था कि भृगुनाथ से घृतनाथ की नहीं पटती। वह वहाँ से भृगुनाथ के कमरे में गयी। भृगुनाथ कमरे में मौजूद थे। विभाग के तीन प्राध्यापक और वहाँ बैठे हुए थे। सब गपशप कर रहे थे। रेनू भृगुनाथ के सामने पहुँचकर रोने लगी। सारे प्राध्यापके असहज हो उठे। उनमें से कोई रेनू को नहीं जानता था। भृगुनाथ ने पूछा, ''तुम कौन हो? रो क्यों रही हो?'' रेनू बताने लगी, ''सर मेरा नाम रेनू है। मैं साइंस में डी.फ़िल. कर रही हूँ। यहाँ हिन्दी विभाग में घृतनाथ जी मेरे बहुत अच्छी तरह परिचित हैं। वे अक्सर मेरे साथ शारीरिक सम्बन्ध बनाते थे। अब मैं गर्भवती हो गयी हूँ। उनके अलावा आज तक मेरा किसी से शारीरिक सम्बन्ध नहीं रहा। अब मैं उनसे मदद माँग रही हूँ तो वे मुझे भगा रहे हैं और कह रहे हैं कि मैं तुम्हें नहीं जानता । अगर वे मेरी मदद नहीं करेंगे तो मैं विभाग के सारे लड़के-लड़कियों को यह बात बता दूँगी। मैं बदनाम होऊँगी तो वे भी बदनाम होंगे। वे सोच रहे हैं कि मुफ्त में मुझसे पिंड छुड़ा लेंगे। मैं उन्हें ऐसे नहीं छोड़ूँगी।'' भृगुनाथ का मन प्रसन्न हो गया। वे समझ गये कि घृतनाथ के खिलाफ़ जोरदार मसाला मिल गया है। उन्होंने साथी प्राध्यापकों की ओर देखा। उनमें से कोई घृतनाथ को नहीं पसंद करता था। सब मज़ा लेने के मूड में आ गये। एक प्राध्यापक ने पूछा, ''तुम लोग करते कहाँ थे?'' रेनू बताने लगी, ''यहीं विभाग में ही सर! घृतनाथ जी के कमरे में। शाम को जब सब चले जाते थे तो मैं घृतनाथ जी के कमरे में रुकी रहती थी। घृतनाथ जी भी साथ में रहते थे। विभाग का चपरासी मसुरियादीन सामने के बड़े दरवाजे में बाहर से ताला बन्द कर देता था और घूमकर पीछे के दरवाजे से अंदर आ जाता था। पीछे का दरवाजा वह अन्दर से बन्द कर लेता था। उसके बाद घृतनाथ जी के कमरे में आकर वह इशारा का देता था। घृतनाथ जी अपने कमरे का दरवाजा अन्दर से बन्द कर लेते थे और वहीं अपने कमरे में मेरे साथ सब कुछ करते थे।'' ''ओह! तो यह सब काम मसुरियादीन के सहयोग से होता था।... मसुरियादीन ने तुम्हारे साथ कभी कुछ नहीं किया?'' भृगुनाथ ने पूछा। ''मैं कसम खाकर कह रही हूँ!'' रेनू बोली, ''मसुरियादीन ने मरे साथ कभी कुछ नहीं किया। घृतनाथ जी के अलावा आज तक मेरे साथ किसी ने कुछ नहीं किया। मसुरियादीन को घृतनाथ सर हर बार पैसा देते थे।'' ''ओह! तो मसुरियादीन पैसे के लिए घृतनाथ

की मदद कर रहा था।'' भृगुनाथ ने कहा। वे कुछ देर तक सोचते रहे। अन्त में अपने साथी प्राध्यापकों से कहा, ''इसे लेकर विभागाध्यक्ष जी के पास चलते हैं। वहीं इस समस्या का समाधान निकलेगा। वे घृतनाथ के बहुत हमदर्द हैं। वे भी तो देखें कि उनके प्रियवर विभाग में क्या गुल खिला रहे हैं?'' सभी ने भृगुनाथ का समर्थ किया। सब चाह रहे थे कि घृतनाथ की ज्यादा से ज्यादा छीछालेदर हो।

रेनू को लिवाकर सब विभागाध्यक्ष के कमरे की ओर चल दिये। रेनू ने कमरे में पहुँचकर विभागाध्यक्ष को प्रणाम किया। बाकी लोग कुर्सियों पर बैठ गये। भृगुनाथ ने रेनू से कहा, ''सारी बात सर को बताओ!'' रेनू रोते हुए सारी गाथा विभागाध्यक्ष को सुनाने लगी। विभागाध्यक्ष पहले तो चौंक पड़े, फिर संयत होकर धैर्य से रेनू की बात सुनने लगे। रेनू सारा किस्सा सुना चुकी। भृगुनाथ बोले, ''रार, यह सारा काम मसुरियादीन के सहयोग से घृतनाथ के ही कमरे में होता था। वे नमक-मिर्च लगाकर ब्यौरा विभागाध्यक्ष को बताने लगे। सब कुछ बता लेने के बाद बोले, ''सर, यह विश्वविद्यालय का एक विभाग न होकर मीरगंज का कोठा हो गया है।'' सब कुछ सुन लेने के बाद विभागाध्यक्ष कुछ सोचते हुए चुपचाप बैठे रहे।

काफी देर बाद विभागाध्यक्ष का मुँह खुला। उन्होंने रेनू से पूछा, ''इस मामले में क्या किया जाय? तुम क्या चाहती हो?'' रेनू बोली, ''सर, मुझे बच्चा गिरवाना होगा। दवाएँ खानी होंगी। काफी दिनों तक आराम करते हुए फल-फूल खाना पड़ेगा। मुझे घृतनाथ जी से पचीस हजार रुपये दिलवा दीजिए।'' विभागाध्यक्ष ने कहा, ''पचीस हजार जानती हो कितना होता है? हम लोगों का पाँच महीने का वेतन हुआ पचीस हजार। इतना बहुत ज्यादा है। पाँच हजार रुपये में तुम्हारा सारा काम हो जाएगा। मैं तुमको पाँच हजार रुपये दिलवा देता हूँ, लेकर चुपचाप घर चली जाओ।'' रेनू बिफर गयी, ''सर, मैं पाँच हजार किसी कीमत पर नहीं लूँगी। मैं बाहर जाकर सारे लड़के-लड़कियों को यह बात बता दूँगी। मैं हॉस्टल में रहती हूँ। वहाँ भी सबको यह बात बता दूँगी। सबके साथ मिलकर घृतनाथ के विरुद्ध आंदोलन करूँगी। घृतनाथ पचीस हजार तो क्या पचास हजार देंगे।'' विभागाध्यक्ष समझाने लगे, ''हंगामा खड़ा करने से किसी समस्या का हल नहीं निकलता। समझदारी से काम लो। अच्छा एक बात बताओ। तुम दोनों की मुलाकात कैसे हुई और पहल किसने की?'' रेनू चुप। वह यह बात नहीं बताना चाह रही थी। वह थोड़ा हड़बड़ा भी गयी। उसे लगा, सारी पोल खुलने पर सब उसे ही न दोषी ठहरा दें। वह उलझन में पड़ गयी, क्या करूँ क्या न करूँ। वह थोड़ा नरम हो गयी, ''सर, अच्छा मुझे दस हजार दिलवा दीजिए। हाथ तंग न होता तो मैं पैसा माँगती ही न। प्लीज, दस हजार दिलवा दीजिए। मैं कोई हंगामा नहीं खड़ा करूँगी।''

विभागाध्यक्ष ने कहा, "यह हुई न समझदारी वाली बात। मैं तुम्हारी बात मान लेता हूँ। तुमको दस हजार रुपये दिलवा देते हूँ। विपत्ति पड़ने पर धैर्य नहीं खोना चाहिए। तुम एक शोधछात्रा हो। समझदार हो।"

विभागाध्यक्ष ने घंटी बजाई। एक चपरासी हाजिर हो गया। उन्होंने उसको आदेश दिया कि घृतनाथ जहाँ भी हों, जाकर फौरन बुला लाओ। घृतनाथ थोड़ा सहमे-सहमे से अपने कमरे में ही बैठे थे। उनका दिल धक-धक कर रहा था। बाहर निकलने की उनकी हिम्मत नहीं हो रही थी। चपरासी पहुँच गया। उसने उनको विभागाध्यक्ष का आदेश सुना दिया। घृतनाथ का दिल और जोर-जोर से धड़कने लगा। किसी अनहोनी की आशंका से वे अन्दर ही अन्दर काँपने लगे। उन्होंने उठने में समय लिया। भारी कदमों से विभागाध्यक्ष के कमरे की ओर चल दिये।

विभागाध्यक्ष के कमरे में विभागध्यक्ष के अलावा इस समय छः प्राध्यापक और बैठे थे। रेनू भी खड़ी हुई थी। वे समझ गये कि माजरा कुछ न कुछ गड़बड़ है। उन्होंने जल्दी से जी कड़ा किया। उनको देखकर विभागाध्यक्ष ने कहा, "घृतनाथ जी आइए बैठिए।" घृतनाथ एक कुर्सी पर बैठ गये। उन्होंने फिर कहा, "ऐसा है घृतनाथ जी इस लड़की को आप दस हजार रुपये दे दीजिए। "किस बात के लिए सर? कौन है यह लड़की?" घृतनाथ थोड़ा ढिठाई से बोले। "ऐसा है घृतनाथ जी, इसको चुपचाप दस हजार रुपये दे दीजिए। कोई सवाल मत पूछिए।" विभागाध्यक्ष ने बड़े शांत भाव से कहा। घृतनाथ ने ढिठाई नहीं छोड़ी, "मैं इस लड़की को जानता तक नहीं। क्यों दे दूँ मैं इसे दस हजार? पैसे मेरे घर पेड़ पर थोड़ी लगते हैं।"

विभागाध्यक्ष ने चपरासी से कहा, "जाओ देखो, मसुरियादीन जहाँ भी हो उसे तुरन्त बुला लाओ। उससे कह देना कि सारा काम छोड़कर मेरे पास आये।" चपरासी तुरंत मसुरियादीन को खोजने चल दिया। कमरे में एकदम सन्नाटा छाया हुआ था। ज्यादा समय नहीं लगा। चपरासी मसुरियादीन को लेकर आ गया। विभागाध्यक्ष ने बहुत सख्ती से पूछा, "क्यों मसुरियादीन? इस लड़की को पहचानते हो?" मसुरियादीन कभी घृतनाथ को देखता, कभी विभागाध्यक्ष को। "मेरे सवाल का जवाब दो मसुरियादीन ?" विभागाध्यक्ष गरजे। मसुरियादीन दोनों हाथ जोड़कर बोला, "हाँ साहब! मैं इनको जानता हूँ। इसका नाम रेनू है।" विभागाध्यक्ष ने फिर पूछा, "इसके और घृतनाथ के बीच क्या सम्बन्ध है?" मुसरियादीन सिर झुकाकर बोला, "साहब, दोनों एक दूसरे से प्रेम करते हैं।" "दोनों के बीच शारीरिक सम्बन्ध भी है?" उन्होंने पूछा। "साहब, यह बात मैं अपने मुँह से कैसे कहूँ? वैसे बात तो सही है।" मसुरियादीन बोला। विभागाध्यक्ष ने कहा, "अच्छा, अब तुम जाओ यहाँ से।" मसुरियादीन चला गया। विभागाध्यक्ष अपनी जगह से उठे। जाकर अपनी

आलमारी का ताला खोला। गिनकर उसमें से दस हजार रुपये निकाले। आलमारी का ताला बन्द करके फिर आकर अपनी जगह बैठ गये। उन्होंने घृतनाथ से कहा, "घृतनाथ मैं इस लड़की को अपने पास से दस हजार रुपये दे दे रहा हूँ। मेरे पैसे वापस कर देना।" उन्होंने दस हजार रुपये रेनू को पकड़ाया, "ये लो अपने पैसे। अब दुबारा कभी घृतनाथ से मत मिलना। अगर कभी फिर इस तरह का लफड़ा खड़ा किया तो ठीक नहीं होगा। साइंस फैकेल्टी में पढ़ती हो तो आर्ट्स फैकेल्टी में क्या लेने आती हो?" रेनू ने पैसा पकड़ा और जल्दी से वहाँ से चल दी। वहाँ पर बैठे हुए सारे प्राध्यापक आँखों ही आँखों में मुस्कराते हुए एक दूसरे को देख रहे थे। घृतनाथ की भरपूर छीछालेदर हो रही थी। सबको बहुत मज़ा आ रहा था। विभागाध्यक्ष ऊपर से भले ही बहुत गम्भीर बने हुए थे, लेकिन मन ही मन उन्हें भी मज़ा आ रहा था। लड़कियों में घृतनाथ की इतनी लोकप्रियता मन ही मन उनके लिए भी ईर्ष्या का विषय थी।

धीरे-धीरे एक-एक करके सारे अध्यापक वहाँ से खिसक लिये। भृगुनाथ का ग्रुप भृगुनाथ के कमरे की आरे चल दिया। अन्त में वहाँ बचे सिर्फ विभागाध्यक्ष और घृतनाथ। विभागाध्यक्ष महोदय विभागाध्यक्ष से डॉ. अनिरुद्ध हो गये। उन्होंने घृतनाथ से कहा, "महा बेकार आदमी हो यार! जब तुम्हारे विभाग में तुमसे मिलने गयी थी, उसी समय तुम्हें उससे फुसलाकर बात करनी चाहिए थी। पैसे देने का वादा करके किसी तरह मामले को सुलटा देते। आखिर तुम्हें पैसे देने पड़े न? इतने लोगों के सामने छीछालेदर हुई सो अलग। जानते हो, यहाँ आने के पहले वह भृगुनाथ के पास गयी थी। उस समय चंडाल चौकड़ी भृगुनाथ के कमरे में मौजूद थी। सबके सामने वह खूब रोई-गायी। क्या पता वहाँ उसने सबके सामने गालियाँ भी दी हों? भृगुनाथ के नेतृत्व में चंडाल-चौकड़ी ही उसे मेरे पास लेकर आयी थी। कितने उत्साह में थे चारों। जैसे कोई जंग जीता ली हो। देखना! सब मिलकर इस बात को विभाग तो क्या, पूरे विश्वविद्यालय में फैला देंगे। जब विभाग के देवानन्द बने हो तो थोड़ा सम्हलकर रहा करो। दिमाग से काम लिया करो। बड़े दिमाग और धैर्य से मैंने मामले को सुलटाया। रेनू विभाग के सारे लड़कों और लड़कियों को यह बात बताने जा रही थी। मैंने बड़ी मुश्किल से उसे रोका। अगर उसने ऐसा कर दिया होता तो जानते हो क्या होता? लड़के तुम्हारे मुँह पर कालिख पोतकर पूरे विश्वविद्यालय में घुमाते। तुम्हारी मिट्टी पलीद हो जाती।" घृतनाथ सिर झुकाये बैठे थे। उनके मुँह से आवाज़ नहीं निकल रही थी। अब समझ में आ रहा था, बहुत बड़ी गलती हो गयी। उनका मूल उद्देश्य था, पैसा देने से बचना और वह भी नहीं हो पाया। वैसे भी वे अनिरुद्ध के किसी काम का न तो विरोध कर

सकते थे और न ही उन्हें कोई जवाब दे सकते थे। उनसे अभी महिमा की नियुक्ति करानी थी। वैसे अन्दर से धीरे-धीरे घृतनाथ संयत हो रहे थे। रेनू ने जितना हंगामा खड़ा किया, उससे उबर रहे थे। दरअसल औरतों और लड़कियों के मामले में वे चिकने घड़े हो गये थे। इस़ सम्बन्ध में होने वाली बदनामी को वे विशेष महत्व नहीं देते थे। इस समस्या से बचने के लिए वे एक उपाय सोच रहे थे। 'परिमल' संस्था बिखर सी गयी थी और धीरे-धीरे कमीनिस्ट साहित्य पर हावी हो रहे थे। कमीनिस्ट उसी का बड़ा साहित्यकार घोषित करते थे, जो कमीनिस्ट बन जाय। कमीनिस्ट बनने का एक बहुत बड़ा बिन्दु था कि व्यक्ति को औरतों और शराब के मामले में सीमा से अधिक उदार होना चाहिए। औरतों और शराब के मामले में जिसकी समाज में जितनी अधिक बदनामी हो, वह उतना ही बड़ा कमीनिस्ट। कमीनिस्ट समाज में इसे व्यक्ति की बदनामी नहीं बल्कि व्यक्ति का आभूषण समझा जाता था। घृतनाथ अभी शराब तो नहीं पीते थे, लेकिन पीने की सोच रहे थे। वे सोच रहे थे कि पहले कमीनिस्ट बन जाऊँ, उसके बाद शराब पीना शुरू करूँगा। बस एक व्यक्ति के संकोच में वे कमीनिस्ट नहीं बन पा रहे थे। विभाग के ही एक अध्यापक धर्मवीर भारती बंबई में जाक 'धर्मयुग' के सम्पादक बन गये थे। 'धर्मयुग' का सम्पादक बनने के पहले वे इलाहाबाद में 'परिमल' संस्था के सक्रिय सदस्य थे। 'धर्मयुग' के द्वारा वे कमीनिस्टों से अकेले ही मोर्चा ले रहे थे। सारे कमीनिस्ट मिलकर 'धर्मयुग' से मुकाबला नहीं कर पा रहे थे। घृतनाथ इसी धर्मसंकट में थे कि कहीं ऐसा न हो कि उधर से भी जाऊँ और इधर से भी जाऊँ। न तो खुदा ही मिला और न बिसाले सनम।

● जुलाई से नया सत्र शुरू होने वाला था। छः महीने बचे थे। घृतनाथ ने प्रो. अनिरुद्ध पर दबाव बढ़ा दिया। वे चाह रहे थे कि इस सत्र में महिमा की नियुक्ति विभाग में हो जाए। उन्हें पता था कि इसके लिए प्रो. अनिरुद्ध को लगना पड़ेंगी और बहुत सारी औपचारिकताएँ पूरी करनी पड़ेंगी। अनिरुद्ध घृतनाथ के परम मित्र थे। घृतनाथ की चिन्ता उनकी चिन्ता थी। कुलपति से मिलकर वे औपचारिकताओं को पूरा करने में लगे थे। हिन्दी के एक प्रख्यात आलोचक के रूप में प्रो. अनिरुद्ध की बहुत धाक थी। स्वभाव से भी वे अन्तर्मुखी और कम बोलने वाले थे। लड़कियों के लफड़ों से वे बहुत दूर रहते थे। अपने निर्देशन में वे बमुश्किल किसी लड़की को शोध कराते। हाँ, अगर पढ़ने में कोई बहुत तेज लड़की रहती और स्वभाव से शालीन रहती तो वे जरूर उसे अपने निर्देशन में शोधकार्य करा देते। सुरा-सुन्दरी इत्यादि से उन्हें बहुत परहेज था। इन सब कारणों से कुलपति भी उनकी बहुत इज़्ज़त करते और किसी काम के लिए उन्हें 'ना' नहीं कहते थे। हाँ, अनिरुद्ध

घृतनाथ के लफड़ों में बहुत रुचि लेते। यह उनके लिए मनोरंजन का साधन था। महिमा की नियुक्ति के लिए कार्य प्रगति पर था।

इस समय महिमा इलाहाबाद में ही थी। वह भी विश्वविद्यालय में अपनी नियुक्ति के लिए अधीर हो रही थी। उसे पता था घृतनाथ और अनिरुद्ध में बहुत यारी है। उसे पूरा विश्वास था कि घृतनाथ अनिरुद्ध को मेरे और अपने सम्बन्धों के बारे में सब कुछ बताते होंगे। उसे यह भी शक था कि घृतनाथ अनिरुद्ध को यह भी बताते होंगे कि वे मेरे साथ क्या-क्या करते हैं और कैसे-कैसे करते हैं। यह सब सोचकर शर्म के मारे उसके गाल लाल हो जाते। वह यह सोचकर डरती थी कि घृतनाथ अनिरुद्ध से कहीं मेरे एक-एक अंग-प्रत्यंग का भी वर्णन न करते हों। घृतनाथ महिमा से एक बात अक्सर कहा करते थे, "जब मैं तुम्हारे साथ सेक्स करता रहता हूँ तो तुम्हारी उछलती हुई छातियाँ बहुत उत्तेजक लगती हैं। वे मुझे उत्तेजना से पागल बना देती हैं।" उसे विश्वास था कि घृतनाथ अपने इस तरह के सारे उद्धरण अनिरुद्ध के सामने जरूर बकते होंगे। अनिरुद्ध सर भी मेरे शरीर के बारे में तरह-तरह की कल्पना करते होंगे। वैसे तो अनिरुद्ध सर बहुत गम्भीर बने रहते हैं, लेकिन मेरे बारे में घृतनाथ से खोद-खोदकर एक-एक चीज पूछते होंगे। क्या पता, उनका भी मन मेरे साथ कुछ करने को मचलता हो, लेकिन अपने मर्यादावादी स्वभाव के कारण कुछ कह नहीं पाते हों। वैसे अच्छा ही है कि वे मुझसे कुछ कह नहीं पाते, अन्यथा मेरे सामने तो बड़ा धर्मसंकट खड़ा हो जाता। मेरी नियुक्ति का मामला अभी फँसा ही हुआ है। क्या पता वे कभी कह ही दें कि नियुक्ति के पहले मुझे एक बार सब कुछ दे दो।

एक दिन महिमा विश्वविद्यालय विभाग में गयी। सबसे पहले वह घृतनाथ के कमरे के पास गयी। कमरे में बाहर से ताला बन्द था। वह विभागाध्यक्ष के कमरे में चली गयी। प्रो. अनिरुद्ध कमरे में अकेले बैठे थे। महिमा ने उन्हें प्रणाम किया। प्रो. अनिरुद्ध बोले, "आओ-आओ महिमा! आजकल तुम्हारे काम में लगा हूँ। अब तो यह तय हो गया है कि तुम विभाग में आ रही हो। कब आ रही हो, यही अभी नहीं तय हुआ है...खड़ी क्यों हों? बैठो!" महिमा अनिरुद्ध के सामने वाली कुर्सी पर बैठ गयी, "बस इसी तरह अपनी कृपा बनाये रखिए सर! मैं जीवन भर आपकी एहसानमंद रहूँगी। रोजी-रोटी देनेवाला भगवान के बराबर होता है।"

"मुझे इतना मत उठा दो कि वहाँ से गिरूँ तो हाथ-पैर टूट जायँ। भगवान भगवान होता है और आदमी आदमी। यहाँ तो घृतनाथ की बात है, इसलिए मैं जी-जान से लगा हूँ अन्यथ और किसी का मामला होता तो मैं लफड़े में ही न पड़ता...और बताओ? तुम्हारी और घृतनाथ की प्रणयगाथा कैसी चल रही है?

हीर-राँझा की तरह तुम दोनों की प्रेमकथा भी इतिहास में दर्ज होगी। जितना खुलकर और बिना किसी की परवाह किये तुम दोनों प्रेम में लिप्त हो, वैसा कभी-कभी ही देखने को मिलता है। विभाग में क्या अध्यापक और क्या छात्र-छात्राएँ, सब की जबान पर तुम दोनों की प्रेमकथा की ही चर्चा है।''

महिमा शरमा गयी, ''अब आपसे क्या छुपाना सर? आप तो घृतनाथ सर के बहुत अच्छे मित्र हैं। वे आपसे कुछ नहीं छुपाते होंगे। आपको सब कुछ बता देते होंगे।''

''सच कह रही हो। आदमी के पेट में रहस्यपूर्ण बातें नहीं पच पाती हैं। उसे एक मित्र चाहिए होता है, जिसके सामने वह सब कुछ उगल सके। व्यक्ति के पास ऐसा कोई परिचित न हो तो उसका हाजमा खराब हो जाता है। तुम्हारे पास भी ऐसी कोई सहेली होगी, जिसे तुम अपने मन की सारी बातें साझा करती होगी?''

''नहीं सर, मेरी ऐसी कोई सहेली नहीं है जिससे मैं अपने मन की सारी बातें बता सकूँ। अपनी सारी बातें मैं अपने तक ही सीमित रखती हूँ।...हम लोगों का प्यार तो सर विद्यार्थी जीवन से ही चल रहा है। उस समय मैं एम.ए. में थी और घृतनाथ सर शोधकार्य कर रहे थे। यह दूसरी बात है कि घृतनाथ सर का शोधकार्य पूरा नहीं हो पाया। हम दोनों एक दूसरे से शादी करना चाह रहे थे, लेकिन शायद भगवान को यह मंजूर नहीं था। न तो घृतनाथ जी की आय को कोई साधन था और न मेरी ही। घृतनाथ जी के कहने पर घरवालों ने मुझे जिस खूँटे से बाँध दिया, उसी खूँटे से बँध गयी। भले ही मेरी शादी दूसरी जगह हो गयी, लेकिन मन से मैं घृतनाथ जी की ही रही। मैंने हमेशा उन्हें ही अपना असली पति माना है। आपको उन्होंने बताया ही होगा, लेकिन मैं भी आज आपको बता दे रही हूँ कि मेरा जो दूसरा बेटा है, वह इन्हीं से पैदा हुआ है। इन्हीं का बेटा है वह।''

प्रो. अनिरुद्ध को यह बात पता थी, लेकिन घृतनाथ ने उन्हें यह नही बताया था। वे दिखावटी आश्चर्य प्रकट करने लगे, ''ऐसी बात है?'' घृतनाथ ने तो मुझे यह बात कभी नहीं बतायी। तब तो तुम दोनों का एक दूसरे के प्रति समर्पण महान् है और तुम दोनों का प्यार भी महान् है। तुम दोनों शरीर से ही नहीं, आत्मा से एक दूसरे के हो।''

महिमा घबरा गयी। उसने सोचा कि प्रो. अनिरुद्ध को मैंने यह रहस्य बताकर ठीक किया या नहीं? वह मान कर चल रही थी कि घृतनाथ ने यह रहस्य अनिरुद्ध को बता दिया होगा। वह सोचने लगी कि इस की जानकारी होने पर घृतनाथ कहीं मेरे ऊपर नाराज़ न हों।

''क्या सोचने लगी?''

''कुछ नहीं सर!''

''अच्छा मुझे एक बात बताओ! बिस्तर पर तुम्हें घृतनाथ के साथ ज्यादा मज़ा

आता है या अपने पति के साथ? तुम भाग्यशाली हो। दो-दो पुरुषों से तुम काम सुख प्राप्त कर रही हो।''

''देखिए सर, इसमें भावनाओं की बात है। अपने पति से मुझे कोई लगाव नहीं है, क्योंकि मैंने कभी उन्हें अपना पति माना ही नहीं। बिस्तर पर उनके सामने मैं सारे कपड़े उतारकर लेट जाती हूँ। वे मेरे साथ चाहे जो करें, मुझे चाहे जैसे रौंदे। मुझे कोई फर्क नहीं पड़ता। हाँ, कुछ भी हो, हूँ तो मैं एक औरत ही। भले ही मुझे अपने पति से कोई लगाव नहीं है, लेकिन जब मेरे साथ वे कामक्रीड़ा करते हैं। तो सुख मिलता ही है। जहाँ तक घृतनाथ सर की बात है, उनसे बुरी तरह मेरा भावनात्मक लगाव है। वे जब मेरे साथ कामक्रीड़ा करते हैं तो मैं एक-एक क्षण का आनन्द लेती हूँ। मैं पूरी तरह उनके शरीर में समा जाना चाहती हूँ। उनके साथ मेरा रोम-रोम तृप्त हो जाता है।'' ऐसी रस भरी बातें कर रही हो कि मैं भी उत्तेजित हो गया। मैं तो तुम्हारी नियुक्ति ऐसे ही कर दे रहा हूँ। अगर मुझसे पहले वाले विभागाध्यक्ष होते तो तुम्हें यूँ ही न छोड़ देते। पहले तुम्हारे शरीर का भरपूर आनन्द उठाते, उसके बाद कहीं जाकर तुम्हें नौकरी देते।''

महिमा शरारत से बोली, ''मुझे बहुत अच्छी तरह पता है सर! आपके पहले वाले विभागाध्यक्ष बहुत रसिक थे। आपका भी मन डोल रहा है क्या कुछ करने के लिए?''

''अरे नहीं भाई! मैं तो तुमसे मजाक कर रहा हूँ। मैं घृतनाथ के साथ विश्वासघात नहीं कर सकता। वे भी तुम्हारे बारे में बहुत सरस बातें बताते हैं। मैं बस सुनकर मज़ा ले लेता हूँ। घृतनाथ तुम्हारे स्तनों की बहुत तारीफ़ करते हैं। कहते हैं महिमा के स्तन बहुत सुंदर और कमनीय हैं। इतने सुंदर स्तन दुनिया में किसी भी औरत के नहीं होंगे। मैं तो सिर्फ सुनकर धन्य हो जाता हूँ।''

''सिर्फ सुनकर क्यों धन्य हो जाते हैं? देखने हैं? दिखा दूँ? कमरा बन्द कर लेती हूँ और जल्दी से आपको दिखा देती हूँ। देखकर मन ललचायेगा तो उन्हें छूकर भी देख लीजिएगा।''

अनिरुद्ध हँसने लगे, ''अरे भाई! मैं तो मजाक कर रहा हूँ और तुम उसे गम्भीरता से ले ले रही हो।''

''मैं गम्भीरता से कहाँ ले रही हूँ। मैं भी तो मजाक ही कर रही हूँ। ऐसा है सर, भाभी जी अब बूढ़ी हो गयी हैं। एकदम बेस्वाद हो गयी होंगी वो! किसी सुंदर लड़की को अपने निर्देशन में शोधकार्य हेतु ले लीजिए। फिर उसके साथ खूब कामक्रीड़ा कीजिए। देखिएगा! नयी लड़की के साथ कामक्रीड़ा करने में बहुत मज़ा आएगा।''

अनिरुद्ध का मन एकदम खिन्न हो गया। महिमा के मुँह से अपनी पत्नी के बारे में ऐसी असभ्यतापूर्ण बातें सुनकर उन्हें बहुत बुरा लगा। वे अपनी पत्नी की बहुत

इज़्ज़त करते थे। अपने मन के भाव उन्होंने अपने चेहरे पर नहीं आने दिये। उन्होंने महिमा से कहा, "ऐसा है, मुझे कुछ जरूरी काम करना है। अब तुम घर जाओ।" महिमा ने उन्हें प्रणाम किया और उठकर चल दी। उसके चले जाने के बाद अनिरुद्ध ने असभ्यतापूर्ण बात को फिर से याद किया और उनका चेहरा गुस्से से तमतमा उठा, "आवारा कुतिया! मुझे घृतनाथ समझ रखा है।" अनिरुद्ध अब प्रौढ़ हो चुके थे। युवावस्था में वे अपनी पत्नी को बहुत प्यार करते थे। वह प्यार इस उम्र में सम्मान का रूप ले चुका था। यही स्थिति उनकी पत्नी की भी थी। वे विनम्र और मृदुभाषिणी थीं, जिसके कारण पत्नी-पत्नी में शायद ही कभी विवाद या तकरार की स्थिति आती थी। विश्वविद्यालय और उसके बाहर, अनिरुद्ध हर जगह अपने धीर-गम्भीर स्वभाव के लिए जाने जाते थे। विश्वविद्यालय में छात्र-छात्राएँ उनसे बहुत अदब से पेश आते थे। हिन्दी का प्रतिष्ठि और प्रसिद्ध आलोचक होने के नाते विश्वविद्यालय के बाहर भी उन्हें बहुत सम्मान प्राप्त था। उनसे हँसी-मजाक करके बात करने वाले लोगों की संख्या बहुत सीमित थी। चूँकि वे एक आलोचक थे, अतः उनकी चापलूसी करने वाले छुटभैये साहित्यकारों की संख्या काफी थी। लेकिन चापलूसों को बातचीत में एक सीमा से ज्यादा अनौपचारिक होने की छूट वे नहीं देते थे।

अनिरुद्ध ने घंटी बजायी। उनका अर्दली अन्दर आ गया। उन्होंने उससे कहा, "तुम स्टूल लेकर मेरे कमरे के बाहर बैठे रहो। किसी को भी अन्दर मत आने देना। कोई भी आये तो कह देना कि साहब बहुत जरूरी काम में व्यस्त हैं।" "ठीक है साहब!" कहकर अर्दली बाहर चला गया। अनिरुद्ध कोई काम नहीं कर रहे थे। चुपचाप बैठे हुए थे। उनका मन बुरी तरह खिन्न था और वे किसी से बात नहीं करना चाह रहे थे। चापलूसी करने के चक्कर में महिमा कुछ ज्यादा ही चापलूसी कर गयी। उसे नहीं पता था कि वह क्या अनर्थ कर आयी है। अनिरुद्ध को इस समय महिमा और घृतनाथ, दोनों पर क्रोध आ रहा था। वे इस बात पर विचार कर रहे थे कि विभाग में महिमा की नियुक्ति करूँ या न करूँ? वह जो अभद्रतापूर्ण बात कहकर गयी थी और वह भी जिस अभद्रतापूर्ण तरीके से, उससे अनिरुद्ध का बिलकुल मन नहीं कर रहा था कि वे विभाग में उसकी नियुक्ति करें। मनबढ़ कुतिया मियाँ का मुँह चाटे। विभाग में हमेशा के लिए आ जाने पर अक्सर इसी तरह कुछ न कुछ ऊट-पटाँग बकती रहेगी। दूरी तरफ वे घृतनाथ के बारे में भी सोच रहे थे, 'वह भी निकृष्ट आदमी है। हमेशा लड़कियों के चक्कर में पड़ा रहता है। किसी न किसी लड़की से रोज नया लफड़ा सामने आता है। भगवान जाने किस-किस को अपने बच्चे की माँ बनाकर छोड़ रखा है। अपनी पत्नी से कोई बच्चा नहीं पैदा कर पा रहा है। हमेशा तो इधर-उधर ही मुँह मारता फिरता है। अपनी पत्नी के पास

पहुँचकर ताकत ही नहीं बचती होगी। परन्तु इतने दिनों से मेरा अभिन्न मित्र है। अगर महिमा को मैं विभाग में नहीं रखूँगा तो हमेशा के लिए दुश्मनी हो जाएगी। मुझे वादा ही नहीं करना चाहिए था। वादा कर लिया है तो अब निभाना भी पड़ेगा। क्या करूँ?...ठीक है! महिमा को मैं विभाग में रख लेता हूँ, लेकिन उसके पहले दोनों को ऐसा सबक सिखा देता हूँ कि दोनों जिन्दगी भर याद रखेंगे। महिमा को आसानी से नियुक्ति पत्र नहीं दूँगा। पहले दोनों को खूब दौड़ाऊँगा। दोनों को रुला दूँगा। दोनों को याद रहेगा कि किसी से पाला पड़ा था।

कुछ दिन बीत गये। उस दिन फिर प्रो. अनिरुद्ध विभाग में अकेले बैठे थे। अचानक घृतनाथ टपक पड़े। आजकल वे अनिरुद्ध से कुछ ज्यादा ही हें-हें-हें कर रहे थे। उनकी गरज फँसी हुई थी। घृतनाथ ने कुछ ज्यादा ही अदब से नमस्कार किया। वही पुरानी हें-हें-हें कर रहे थे। आज घृतनाथ के दाँत देखकर अनिरुद्ध को अच्छा नहीं लगा। फिर भी उन्होंने घृतनाथ का स्वागत किया, "आओ घृतनाथ! क्या हालचाल हैं?" "सब आपकी कृपा है। आगरा गया था। एक जगह हिन्दी कहानी पर भाषण देना था। बड़ा अच्छा कार्यक्रम था। मुझे बड़ा सम्मान मिला उस कार्यक्रम में। मैंने अपने भाषण में आचार्य रामचन्द्र शुक्ल की मान्यताओं की बखिया उधेड़कर रख दी। बड़ी तालियाँ बजीं।" अनिरुद्ध ने थोड़ा व्यंग्यपूर्वक कहा, "तुम सम्मान के लायक हो ही। और बखिया उधेड़ने में तो तुम्हारा कोई सानी ही नहीं है।" अनिरुद्ध के स्वर में छुपे व्यंग्य को भाँप नहीं पाये घृतनाथ। दरअसल उन्हें महिमा और अनिरुद्ध की मुलाकात के बारे में कुछ पता ही नहीं था। महिमा ने इस बारे में उन्हें कुछ नहीं बताया। अनिरुद्ध किंचित् रुष्ट चल रहे हैं, इसका घृतनाथ को कोई आभास नहीं था। हें-हें करते हुए अन्ततः वे मतलब की बात पर आ गये। आरत के चित रहइ न चेतू, पुनि पुनि कहइ आपकी हेतू। उन्होंने खँखारकर गला साफ किया, "सर, महिमा के प्रकरण में इस समय क्या प्रगति है? जरा जल्दी उसका उद्धार कर दीजिए। हम दोनों जीवन भर आपका एहसान मानेंगे।" "ऐसा है घृतनाथ, मैं तुमसे एक बात कहना चाहता हूँ।" अनिरुद्ध गम्भीर हो गये, "तुम्हारी तरह मैं भी एक इनसान हूँ। मेरे अन्दर भी भावनाएँ और वासनाएँ हैं। तुम क्या सोचते हो, मेरे अन्दर लड़कियों और औरतों को लेकर कोई उत्सुकता या इच्छा नहीं है क्या? यह दूसरी बात है कि जिस स्तर तक तुम चले जाते हो, उस स्तर तक मैं नहीं जा सकता। फिर भी मेरे अन्दर भी इच्छाएँ उठती हैं। महिमा तुम्हारी प्रेमिका है, इसलिए मैं यह काम तो नहीं करूँगा कि अपने सामने उसके सारे कपड़े उतरवाकर उसे निर्वस्त्र देखूँ; लेकिन मेरे अन्दर यह प्रबल इच्छा है कि एक बार उसका निर्वस्त्र चित्र देखूँ। ऐसा करो कि तुम उसका एक निर्वस्त्र चित्र बनाओ। वह

जरूर बहुत ज्यादा सुंदर होगी, तभी तुम उस पर इतनी जान छिड़कते हो। तुम यहीं बैठकर उसका निर्वस्त्र चित्र बनाओ। इससे बात केवल हमारे और तुम्हारे बीच रहेगी। इस बात की चर्चा किसी से मत करना।''

घृतनाथ एकदम से स्तब्ध रह गये। उन्हें अपने कानों पर विश्वास नहीं हो रहा था। उन्होंने सपने में भी कल्पना नहीं की थी कि अनिरुद्ध के मन में भी महिमा को लेकर कुछ हलचल होती होगी। उन्हें वे बहुत ब्रह्मचारी टाइप आदमी समझते थे। वे सोचते थे कि छिछोरापन करने के लिए भगवान ने केवल उन्हीं को पैदा कर रखा है। मन ही मन वे तिलमिला भी गये। अपनी पत्नी साधना के बारे में वे तमाम तरह की बातें सुनते थे, लेकिन उन्हें कोई फर्क नहीं पड़ता था। लेकिन महिमा? महिमा के बारे में किसी के मुँह से इधर-उधर सुनना उनके बर्दाश्त के बाहर था। फिर लगभग हिस्सा जैसा माँगने वाली बात? उन्होंने बहुत मुश्किल से अपने को संयत किया, ''क्या सर आप भी मजाक कर रहे हैं। आप तो भाभी जी के अलावा किसी महिला में दिलचस्पी नहीं रखते। मैं आपको जानता नहीं क्या? आज तक मजाक में भी कसी महिला के साथ आपका नाम नहीं जुड़ा। फिर आप मेरे ही अखाड़े में लड़ेंगे? ऐसा तो मैं सोच भी नहीं सकता। लगता है आज आप कुछ ज्यादा ही मजाक के मूड में हैं।'' ''अरे यार घृतनाथ मैं तुम्हें अपना समझता हूँ; इसलिए अपने दिल की बात तुमसे साझा कर रहा हूँ। किसी और से मैं इस तरह की बात कह सकता हूँ? मेरे दिल का दर्द समझने का प्रयास करो। महिमा क्या केवल तुम्हारी है? अपने पति के सामने नहीं निर्वस्त्र होती? फिर मैं कौन तुमसे यह कह रहा हूँ कि तुम उसे लिवाकर मेरे पास आओ और उसे निर्वस्त्र करवाओ? मैं तो सिर्फ तुमसे उसका निर्वस्त्र चित्र बनाने के लिए कह रहा हूँ। अब इतने सुख से मुझे वंचित न करो।''

घृतनाथ ने देखा कि अनिरुद्ध पूरी तरह गंभीर हैं। उनके चेहरे से हवाइयाँ उड़ने लगीं। उनका हाथ दबा हुआ था और वे बहुत मजबूर थे अन्यथा वे अनिरुद्ध का टेंटुआ दबा देते। वे मन ही मन गाली देने लगे, 'मुझे लगता है, साले की बहुत पहले से मेरी प्रेमिका पर बुरी नज़र है। तभी जब से विभागाध्यक्ष हुआ है, खोद-खोदकर महिमा में बारे में मुझसे पूछता रहता है। विभाग में उसकी नियुक्ति कराने की खुद ही मुझसे बार-बार चर्चा करता है। लगता है, सब कुछ अन्तिम चरण में है। यह इंतज़ार कर रहा था कि जब लोहा एकदम गरम हो जाय, तब चोट करूँ। उसकी नियुक्ति करने के पहले अपने दिल की कालिमा मेरे सामने प्रकट कर दी। किसी जवान औरत को संतुष्ट करने की सामर्थ्य ही नहीं बची है साले में, अन्यथा यह महिमा का भोग लगाये बिना न मानता। अभी नियुक्ति पत्र तो दिया नहीं, क्या पता

साला उसकी भी फरमाइश कर दे? कह दे कि महिमा के साथ एक बार हमबिस्तर होन के बाद ही मैं उसे नियुक्ति पत्र दूँगा। साल कुत्ता शरीफ होने का ढोंग करता है। ऐसी इमेज बनाये हुए है कि जैसे दुनिया में इससे अच्छा आदमी कोई है ही नहीं, लेकिन भीतर से? अभी भी यह चाह रहा है कि मेरे अलावा इसका हरामीपन किसी को न पता चले। किसी तरह एक बार मेरा काम निकल जाय, फिर मैं इसको बताता हूँ। पूरा रंगा सियार है साला। मेमने की खाल के अन्दर यह तो पूरा भेड़िया निकला। महिमा की नियुक्ति विभाग में करानी बहुत जरूरी है। समझ में नहीं आ रहा है कि इस परिस्थिति से कैसे निबटूँ?'

"ऐसा है सर, मुझे चित्र बनाना ढंग रो नहीं आता। कामचलाऊ चित्र ही बना पता हूँ। मैं कैसे महिमा का निर्वस्त्र चित्र बना पाऊँगा?" घृतनाथ बहुत मायूसी से बोले। अनिरुद्ध ने उन्हें उत्साहित करने का प्रयास किया, "आपने कोशिश नहीं की और हाथ खड़े कर दिये। अरे बनाने का प्रयास तो कीजिए। कुछ न कुछ तो बनेगा ही। अनिरुद्ध ने कई सादे कागज़ घृतनाथ की तरफ बढ़ा दिये। घृतनाथ ने मन मसोसकर उन कागज़ों को अपनी तरफ खींचा और चित्र बनाने का प्रयास करने लगे। बहुत कोशिश करने पर भी वे ढंग से औरत का ही चित्र नहीं बना पा रहे थे। अनिरुद्ध जो कह रहे, वह बनाना तो बहुत दूर की बात थी। घृतनाथ बड़ी तल्लीनता और मेहनत से चित्र बनाने का प्रयास कर रहे थे। एक कागज़ पर कुछ देर तक मेहनत करते, फिर उसे फाड़कर फेंक देते। दूसरा कागज़ उठाते। उस पर चित्र बनाने में तल्लीन हो जाते। उसे भी कुछ देर में फाड़कर फेंक देते। वे यही काफी देर तक करते रहे। उनके चेहरे पर पसीने की बूँदें झिलमिलाने लगीं। अनिरुद्ध सारा तमाशा बड़े ध्यान से देख रहे थे। उन्हें मन ही मन बहुत मज़ा आ रहा था। कुछ देर बाद घृतनाथ हताश होकर बोले, "सर, नहीं हो पा रहा है।" अनिरुद्ध ने फिर गम्भीरता धारण कर ली, "कोई बात नहीं! तुमसे चित्र नहीं बन पा रहा है तो जाने दो। मैं तुम्हें एक दूसरा विकल्प बताता हूँ। तुम महिमा को अपने किसी परिचित फोटो ग्राफर के यहाँ ले जाओ और वहाँ उसका सर से लेकर पैर तक एक निर्वस्त्र फोटो खिंचवा लो। वह फोटो ही लाकर मुझे दिखा दो।" घृतनाथ अनिरुद्ध का चेहरा देखने लगे। उस पर हँसी-दिल्लगी जैसा कोई भाव नहीं था। वे रुआँसे होकर बोले, "सर, मेरा कोई परिचित फोटोग्राफर शर्म के मारे फोटो खींचेगा नहीं। कोई अपरिचित फोटोग्राफर भी जल्दी नहीं तैयार होगा। वह सोचेगा कि पता नहीं क्या लफड़ा है।" "तुम्हें महिमा की नियुक्ति विभाग में करानी है या नहीं?" अनिरुद्ध ने कहा, "अगर अपनी इच्छा पूरी करनी है तो तुम्हें मेरी इच्छा पूरी करनी पड़ेगी।" घृतनाथ कुछ देर तक चुपचाप वहीं बैठे रहे। थोड़ी देर में उठकर वहाँ से चले दिये।

अगले दिन घृतनाथ ने एक चपरासी से महिमा को विभाग में बुलवाया। लगभग दो घंटे बाद महिमा विभाग में उनके पास आ गयी। उसने आते ही पूछा, "क्या बात है सर? आपने मुझे किसलिए बुलवाया है?" घृतनाथ बोले, "अब तुमसे क्या बताऊँ? हेडवा साला पागल हो गया है। वह तुम्हारा एक निर्वस्त्र चित्र देखना चाहता है।" घृतनाथ ने सारी बात, बिना कुछ छुपाये, महिमा को बता दी। महिमा ने ऊपर से ऐसा अभिनय किया जैसे उसे अनिरुद्ध की बात बहुत बुरी लगी, लेकिन मन ही मन अपने सौन्दर्य पर गर्वित हो उठी। उसे लगा जैसे पूरी कायनात उसके सौन्दर्य की दीवानी है।

घृतनाथ ने महिमा से कहा, "मेरी तो कुछ समझ में नहीं आ रहा है कि क्या किया जाय? क्या तुम अपनी फोटो खिंचवाने के लिए तैयार हो?" महिमा ने कुछ देर तक सोचने का अभिनय किया। फिर बोली, "किसी फोटो की दुकान पर चलकर कपड़ा उतरवाकर फोटो खिंचवाने में बड़ी बेइज़्ज़ती होगी। पहले तो जल्दी कोई फोटोग्राफर फोटो खींचने के लिए तैयार नहीं होगा। अगर किसी ने खींच ली तो वह घूम-घूमकर लोगों को दिखायेगा। घूमते-घूमते फोटो अगर मेरे घर पहुँच गयी तो बड़ा हंगामा होगा। मेरी तो सारी इज़्ज़त उतर जाएगी। दूसरी ओर विभाग में मेरी नियुक्ति भी जरूरी है। अगर विभाग में मेरी नियुक्ति न हो पायी तो मेरा सारा पढ़ना-लिखना व्यर्थ हो जाएगा। ऐसी स्थिति में केवल एक रास्ता बचता है। हम लोग विभागाध्यक्ष के पास चलते हैं और मैं अपने सारे कपड़े उतारकर सीधे उन्हें अपना शरीर ही दिखा देती हूँ। कहीं न कहीं तो समझौता करना ही पड़ेगा। फोटोग्राफर के सामने कपड़े उतारूँ, उससे अच्छा तो यही है कि मैं विभागाध्यक्ष के सामने कपड़े उतार दूँ। कम से कम बात फैलेगी तो नहीं।" घृतनाथ भड़क गये, "तुम्हारा दिमाग खराब हो गया है क्या? इस साले हरामजादे के सामने कपड़े उतारेगी? चाहे जो हो जाय, मैं ऐसा हर्गिज नहीं होने दूँगा। किसी फोटोग्राफर के यहाँ ही चलते हैं। इसको बस फोटो दिखा दिया जाय, यही बहुत है। इसी समय चलो मेरे साथ। मैं तुम्हें अपनी स्कूटर पर बिठाकर किसी फोटोग्राफर के यहाँ चलता हूँ।" महिमा बड़े संकोच में उनके साथ चल दी। उसे घृतनाथ का यह काम अच्छा नहीं लग रहा था। वह मन ही मन अपना शरीर अनिरुद्ध को दिखाने के लिए उतावली हो रही थी। उसके मन में अपने शरीर के प्रति गर्व का भाव भर गया था। विभागाध्यक्ष को अपना निर्वस्त्र शरीर दिखाकर वह उन्हें पागल कर देना चाह रही थी। किसी अनजान फोटोग्राफर के सामने कपड़े उतारने की बात सोचकर उसे लज्जा आ रही थी।

उस समय इलाहाबाद में केवल श्वेत-श्याम फोटो खिंचते थे। फोटोग्राफर की दुकान किसी-किसी मुहल्ले में एकाध दिखायी पड़ जाती थी। हाँ, विश्वविद्यालय

के बाहर जरूर दो-चार सड़क छाप फोटोग्राफर बोरा बिछाकर बैठे रहते थे। उनकी खींची गयी फोटो भी सड़कछाप ही होती। निहायत भद्दी और धुँधली-धुँधली सी। चूँकि ऐसी फोटो सस्ती पड़ती थी, अतः छात्र-छात्राएँ वहाँ पर फोटो खिंचवाते थे। फॉर्म वगैरह पर लगाने के लिए।

घृतनाथ अपने किसी परिचित फोटोग्राफर के यहाँ नहीं जाना चाह रहे थे। स्कूटर चलाते-चलाते वे कीडगंज मुहल्ले में पहुँच गये। स्कूटर से चलते हुए वे चारों तरफ फोटोग्राफर की दुकान खोज रहे थे। उन्हें एक दुकान दिख ही गयी। उन्होंने स्कूटर रोक दी। स्कूटर दुकान के बाहर खड़ी करके वे महिमा के साथ दुकान के अन्दर पहुँचे। दुकान के मालिक एक सरदार जी थे। पगड़ी लगाये, कुर्सी पर बैठे हुए थे। दोनों को देखकर सरदार जी खुश हो गये, "आइए-आइए! बताइए आप लोगों की क्या सेवा करूँ?" घृतनाथ थोड़ा सा नर्वस हो गये, "ऐसा है भाई साहब, हम लोगों को बहुत ही प्राइवेट काम है।" "बताइए क्या काम है?" सरदार जी ने पूछा। घृतनाथ फिर उसी तरह बोले, "दरअसल काम बहुत ही गोपनीय है। आप अपने तक ही सीमित रखिएगा। किसी को पता न चलने पाये।" "आखिर काम क्या है?" सरदार जी ने अपनी झल्लाहट दबाते हुए कहा। घृतनाथ रिरियाती आवाज़ में कहने लगे, "दरअसल ये मेरे साथ में जो हैं, मेरी पत्नी हैं। मुझे इनकी बिना किसी कपड़े में एक फोटो खिंचवानी है। फोटो सर से पैर तक की पूरी होनी चाहिए। जितनी बड़ी और साफ फोटो खिंच जाय, उतना ही अच्छा रहेगा।" सरदार जी ने घृतनाथ को सर से लेकर पैर तक देखा। उन्हें घूरते हुए बोले, "या तो तू इस औरत का पति नहीं है या तू नपुंसक है। कोई भी इज़्ज़तदार आदमी अपनी पत्नी को किसी दूसरे के सामने नंगी नहीं करता। जिसने लाज-शरम सब बेच खायी हो, वही ऐसा कर सकता है। तुझे ये काम करवाते हुए जरा सा भी शरम नहीं आ रही है?...ना...ना, यह तेरी बीवी नहीं हो सकती। इसे तू कहीं से फँसाकर लाया है। इसकी फोटो खिंचवाकर अपने घर में लगवायेगा क्या? लगता है, तेरे बीवी बच्चे नहीं हैं। तभी तू ये कमीनापन कर रहा है। इसकी नंगी फोटो खिंचवाकर तू मढ़ा लेगा और उसे अपने घर में लगायेगा। जिससे जब भी तेरा मन करे, तू इसे नंगी देख ले।" सरदार जी महिमा की ओर मुड़े, "क्यों रे? ये तुझको कहाँ से पकड़कर लाया है? तुझे अपने माँ-बाप की इज़्ज़त नीलाम करते हुए शरम नहीं आ रही है? देखने से तो तू पढ़ी-लिखी लग रही है। इसने तुझे फँसा रखा है क्या? इसने तुझे पट्टी पढ़ायी और तूने पढ़ ली? जानती है यह क्या करेगा? तेरी नंगी फोटो अपने यार दोस्तों को दिखाकर तुझे बदनाम करेगा।" घृतनाथ बोले, "तुम्हें आम खाने से मतलब है या पेड़ गिनने से? तुम्हें अपने काम के बदले पैसा चाहिए न?

तुम जितना पैसा कहोगे, मैं दे दूँगा।'' सरदार जी भड़क गये, ''अबे ओय, मैंने बहुत देखे हैं तेरे जैसे पैसेवाले। पैसे के लिए मैं इस तरह के गंदे-संदे काम नहीं करता। साले मीरगंज के कोठे से पतुरिया पकड़ लाया है और मुझसे उसकी नंगी फोटो खिंचवाना चाहता है?'' घृतनाथ को भी तैश आ गया, ''सरदार जी, जबान सम्हालकर! गाली दी तो अच्छी बात नहीं होगी।'' ''तू मेरा क्या कर लेगा बे? अभी मैं चिल्लाने लगूँगा तो बीसों दुकानदार इकट्ठे हो जाएँगे। सबको तेरी करतूत बताऊँगा तो सब जूते उतारकर तुझे मारेंगे। भाग साले मेरी दुकान से।'' घृतनाथ भी कुछ पलटकर बोलने जा रहे थे, लेकिन महिमा ने उन्हें पकड़ लिया, ''जाने दीजिए। चलिए चलते हैं यहाँ से। इस तरह के लोगों के मुँह नहीं लगना चाहिए।'' सरदार जी बोले, ''हाँ-हाँ, हम लोग तो बहुत गन्दे लोग हैं। तू बड़ी सती-सावित्री और सभ्य औरत है। तभी चली आयी थी मेरे पास मुझे अपनी छातियाँ और... दिखाने। हरामजादी कहीं की। माथे में जो बड़ा सा सिन्दूर लगा रखा है। अपने पति को छोड़कर पराये मर्दों के साथ गुलछर्रे उड़ा रही है। चली है शरीफ़ बनने।''

दोनों ने वहाँ से हट जाने में ही भलाई समझी। बाहर आकर घृतनाथ ने अपना स्कूटर स्टार्ट किया और महिमा को बैठाकर चल दिये। गुस्से के मारे उनका सिर फटा जा रहा था, ''देखा महिमा? हेडवा साले ने हमें क्या फँसा दिया है? खुद विभाग में बैठकर मौज कर रहा होगा और हम लोग गाली-गलौज करते फिर रहे हैं।'' ''मैं जान रही थी कि यही सब होगा। इसीलिए मैं आपसे मना कर रही थी कि फोटो खिंचवाने के चक्कर में मत पड़िए। मैं चलकर सीधे अनिरुद्ध सर को ही अपना निर्वस्त्र शरीर दिखा देती हूँ। आप ही नहीं माने।'' महिमा बोली। घृतनाथ गुस्से में तो थे ही। फट पड़े, ''लगता है हेडवा साले को अपना शरीर दिखाने का बहुत मन कर रहा है। बहुत उतावली हो उसके सामने निर्वस्त्र होने के लिए!'' ''आप मुझ पर शक कर रहे हैं?'' महिमा रोने लगी। घृतनाथ ने स्कूटर वहीं रोक दी। उन्होंने स्कूटर वहीं पर खड़ी कर दी और महिमा को मनाने लगे। गनीमत यह थी कि वहाँ पर एकदम सन्नाटा था। कोई आ-जा नहीं रहा था। घृतनाथ महिमा के आँसू पोंछने लगे, ''मुझे माफ कर दो! दरअसल इस समय दिमाग भन्नाया हुआ है, इसीलिए झल्लाहट में मेरे मुँह से ऊटपटाँग निकल गया। मैं तुम पर शक कर सकता हूँ भला? मैं तो सपने में भी तुम पर शक नहीं करता।'' ''आपके दिमाग में किसी न किसी कोने में यह बात थी, तभी गुस्से में आपके मुँह से ऐसा निकल गया।'' महिमा बोली। घृतनाथ ने बैठकर महिमा के पैर पकड़ लिये, ''मैं तुम्हारी कसम खाकर कहता हूँ महिमा। मुझे तुम्हारे ऊपर रत्ती भर भी शक नहीं है। मेरे मुँह से ऐसा निकल ही गया। इसके लिए तुम मुझे जो दण्ड देना हो दे लो।'' महिमा

बोली, "ठीक है! आप मुझे अपनी बाँहों में भरकर चूम लीजिए तो मैं आपकी बात पर विश्वास कर लूँगी।" घृतनाथ खड़े हो गये। दोनों हँसने लगे। उन्होंने महिमा को अपनी बाँहों में भरकर उसे चूम लिया। अचानक साइकिल से एक युवक उधर आ गया। वह साइकिल से उतरकर दोनों को देखने लगा। घृतनाथ ने उसे घूरा, "इस तरह क्या देख रहे हो?" वह युवक हँसने लगा, "कुछ नहीं! अभी जो रासलीला हो रही थी, उसे देखकर बहुत मज़ा आ रहा था।" घृतनाथ ने उससे उलझना ठीक नहीं समझा। अभी एक जगह उलझकर वे आ रहे थे। उन्होंने स्कूटर स्टार्ट की और महिमा को उस पर बैठाकर चल दिये।

अपना स्कूटर घृतनाथ ने लीडर रोड की ओर घुमा लिया। वे वहाँ पहुँचकर फोटोग्राफर की दुकान खोजने लगे। एक दुकान उन्होंने खोज ही ली। स्कूटर बाहर खड़ी करके दोनों दुकान के अन्दर गये। बहुत सहमते-सहमते। दुकान पर एक युवक बैठा था। घृतनाथ ने किसी चोर की तरह उससे धीरे से पूछा, "हम लोगों को एक फोटो खिंचवानी है। खींच दोगे?" युवक बोला, "हाँ-हाँ, क्यों नहीं! मैं दुकान ही इसीलिए खोलकर बैठा हूँ। आप दोनों की एक साथ फोटो खींचनी है?" घृतनाथ ने कहा, "नहीं, हम लोगों को एक साथ फोटो नहीं खिंचवानी है। एक बात मैं तुमको पहले ही बता दे रहा हूँ। अगर तुमको फोटो न खींचनी हो तो हमें साफ-साफ मना कर देना। किसी तरह का लफड़ा मत करना।" "आप कैसी बात कर रहे हैं। फोटो खींचना ही मेरी रोजी-रोटी है। मैं फोटो खींचने से मना क्यों करूँगा? आप बताइए तो सही कि आपको कैसी फोटो खिंचवानी है?" दुकानदार युवक बोला। घृतनाथ उससे फुसफुसाते हुए बोले, "मेरे साथ ये जो मैडम हैं न, इन्हीं की सर से लेकर पैर तक एक निर्वस्त्र फोटो चाहिए। गोपनीय मामला है। किसी और को यह बात नहीं पता चलनी चाहिए।" युवक महिमा को गन्दी और ललचायी हुई नज़रों से देखने लगा, "ठीक है! आपका काम हो जाएगा। ये यहीं इलाहाबाद की हैं या कहीं बाहर से फँसाकर लाये हैं?" घृतनाथ को बुरा लगा, "तुम अपने काम से काम रखो। फोटो खींचो और अपने पैसे लो। बाकी दुनिया भर की बातों से तुमको क्या पड़ी है?" "ठीक है साहब! आप तो बेकार में बुरा मान रहे हैं।अपनी जानकारी के लिए आपसे पूछ रहा था।...वैसे आप बुरा न मानें तो आपसे एक बात कहूँ। कई पैसे वाले लोग मेरे परिचित हैं। अगर मैडम से पैसे कमाने हों तो बताइए। मैं काफी पैसे कमवा दूँगा।" युवक हें-हें करता हुआ बोला। घृतनाथ भड़क गये, "तुम्हारा दिमाग खराब है क्या? ये मेरी पत्नी है। जरा तमीज से बात करो।" युवक बोला, "मैंने भी दुनिया देखी है साहब! ये आपकी बीवी तो बिलकुल नहीं हैं। कोई अपनी बीवी की नंगी फोटो नहीं खिंचवाता।" घृतनाथ झल्ला पड़े,

"मैंने जो काम कहा है वह करो। बेकार की बकवास क्यों कर रहे हो?" युवक हें-हें करने लगा, "साहब, जो भी वाजिब पैसा हो मुझसे ले लीजिए। मुझे मैडम के साथ एक बार यहीं मेरी दुकान में कर लेने दीजिए। आप यहीं बाहर बैठकर रखवाली करते रहिएगा।" घृतनाथ ने तैश में आकर महिमा से कहा, "मेरे साथ तुरंत चलो यहाँ से। हमें नहीं खिंचवानी है फोटो।" वे तुरंत दुकान से बाहर निकल गये। महिमा भी पीछे-पीछे चली आयी। युवक भी दौड़कर बाहर आ गया, "आप तो एकदम नाराज़ हो गये साहब! अच्छा आइए मैं फोटो खींच देता हूँ। अब मैं कुछ भी नहीं कहूँगा आपसे।" घृतनाथ ने कहा, "हमें तुम्हारे यहाँ फोटो खिंचवानी ही नहीं है।" युवक बोला, "साहब, कोई न कोई दुकानदार तो मैडम को नंगी देखेगा ही। उससे अच्छा तो यही है कि मैं ही देख लूँ।" घृतनाथ ने स्कूटर स्टार्ट की और उस पर बैठ गये। उन्होंने महिमा को पीछे बैठने का इशारा किया। महिमा बैठ गयी पीछे।

रास्ते में वे महिमा से बोले, "आज का दिन ही खराब है। हर जगह जलालत झेलनी पड़ रही है। अब आज फोटो नहीं खिंचवायेंगे। चलो मैं तुम्हें तुम्हारे घर छोड़ दे रहा हूँ। कल विभाग में आ जाना। आगे क्या करना है, वहीं सोचेंगे।" महिमा वैसे तो कुछ नहीं बोली, लेकिन मन ही मन भुनभुनायी, 'बहुत अच्छा काम करने निकले हो। जलालत नहीं झेलोगे तो और क्या होगा? कह रही थी विभागाध्यक्ष के पास सीधे चली चलती हूँ और उन्हीं को निर्वस्त्र होकर अपना शरीर दिखा देती हूँ तो नहीं समझ में आया।'

अगले दिन महिमा फिर विभाग में पहुँचकर घृतनाथ के कमरे में गयी। घृतनाथ मुँह लटकाये बैठे थे। महिमा ने उन्हें नमस्ते किया। घृतनाथ ने उसके नमस्कार का कोई जवाब नहीं दिया। महिमा एक कुर्सी पर बैठ गयी। घृतनाथ बोले, "कुछ समझ में नहीं आ रहा है कि क्या किया जाय?" महिमा से वे किसी उत्तर की प्रत्याशा में थे। महिमा कुछ नहीं बोली। एक बार वह सलाह दे चुकी थी, जिस पर घृतनाथ भड़क गये थे। वह नहीं चाहती थी कि कोई बखेड़ा खड़ा हो। वह चाह रही थी कि जो भी निर्णय लेना हो घृतनाथ ही लें। वैसे मन ही मन वह अभी भी विभागाध्यक्ष को अपना शरीर दिखाने के लिए उत्सुक थी। हारकर घृतनाथ ही बोले, "फोटो खिंचवा पाना लगभग असंभव सा काम है। विभागाध्यक्ष से नियुक्ति-पत्र भी लेना जरूरी है। तुम्हारी ही बात ठीक थी। चलो हम लोग विभागाध्यक्ष के पास चलते हैं और दोनों लोग हाथ जोड़कर प्रार्थना करते हैं कि वे सीधे तुमको ही निर्वस्त्र देख लें। बता देंगे कि हम लोगों ने फोटो खिंचवाने का बहुत प्रयास किया लेकिन सफल नहीं हो पाये।" महिमा नखरा दिखाते हुए बोली, "मैं नहीं जा रही हूँ विभागध्यक्ष के सामने निर्वस्त्र होने। आज भी चलते हैं फ़ोटो खिंचवाने। कहीं न कहीं तो सफलता

मिल ही जायेगी। घृतनाथ झल्ला पड़े, "अभी कल की जलालत से मन नहीं भरा है क्या? आज भी फोटो खिंचवाने चलना चाह रही हो?" महिमा आँसू ढरकाने लगी, "कल को आप ही मुझे बदचलन और आवारा कहेंगे। बात-बात पर ताना देंगे कि नौकरी पाने के लिए क्या विभागाध्यक्ष के सामने जाकर कपड़े उतार कर खड़ी हो गयी थी!" घृतनाथ फुसलाने लगे, "ऐसा कभी नहीं होगा। मैं तुम्हारी कसम खाकर कहता हूँ। यहाँ पर तुम्हारी नौकरी लग जाय, उसके लिए जितना तुम उत्सुक हो, उससे कही ज्यादा मैं उत्सुक हूँ। तुम हमेशा के लिए मेरे पास आ जाओगी। तुम तो जानती ही हो कि तुम्हीं मेरे लिए जीने का एक मात्र सहारा हो। तुम मेरी प्राणेश्वरी और जीवन का सर्वस्व हो। तुम्हारे अलावा इस दुनिया में मेरा और है ही कौन? एक पत्नी है, जिसे मुझसे कोई मतलब नहीं है। मुझे भी उससे कोई मतलब नहीं है। मैं समझ रहा हूँ। तुम मेरी बात के कारण मुझसे रुष्ट हो, लेकिन अब उन सब बातों को भूल जाओ और गुस्सा थूक दो।" "अब आप इतना कह रहे हैं तो मैं मान लेती हूँ।" महिमा ने कहा, "लेकिन इस बात का हमेशा ध्यान रखिएगा कि यह सब मैं आपके कहने से कर रही हूँ। मैं जो कुछ भी कर रही हूँ आपके आदेश और आपकी सहमति से। इसके लिए भविष्य में कभी भी आपने मुझे लांछित किया तो मुझसे बुरा कोई नहीं होगा। उसी दिन से मेरा और आपका सम्बन्ध खत्म हो जायेगा।" घृतनाथ ने महिमा के मुँह पर हाथ रख दिया, "ऐसा कहकर मुझे डराओ नहीं। तुमसे सम्बन्ध खत्म हो गया तो मैं जिन्दा नहीं रह पाऊँगा। तुम्हीं तो मेरी ज़िन्दगी हो। तुम देख लेना, इस तरह की ओछी बात कभी मेरी जबान पर नहीं आयेगी।...मुझे डर तो तुमसे लग रहा है। मैं तो कभी तुम्हें ताना नहीं मारूँगा, उल्टे तुम्हीं मुझे ताना मारोगी। कहोगी कि मुझे नौकरी दिलाने के नाम पर तुमने ले जाकर मुझे विभागाध्यक्ष के सामने निर्वस्त्र कर दिया था।" महिमा हँसने लगी। खिसियाई हँसी। खिसियाने का नाटक वह इसलिए कर रही थी क्योंकि वह नहीं चाहती थी कि घृतनाथ के मन में जरा सा भी शक पैदा हो कि विभागाध्यक्ष के सामने निर्वस्त्र होने की उसकी खुद की इच्छा है। घर से ही उसे पता था कि आज अन्ततः यही नौबत आयेगी, इसलिए शरीर के आन्तरिक अंगों को खूब सजा-सँवाकर आयी थी। वह चाह रही थी कि विभागाध्यक्ष उसके निर्वस्त्र शरीर को देखकर अभिभूत हो जायँ और उस दृश्य को वे जीवन भर न भुला सकें।

दोनों विभागाध्यक्ष के कमरे में पहुँच गये। विभागाध्यक्ष कमरे में अकेले बैठे हुए थे। दोनों व्यक्ति हाथ होड़कर उनके सामने खड़े हो गये। "कहो क्या बात है?" प्रो. अनिरुद्ध ने घृतनाथ से पूछा। घृतनाथ बड़े ही दयनीय स्वर में बोले, "सर, महिमा का निर्वस्त्र चित्र खिंचवाने के लिए हमने दर-दर की ठोकरें खायीं। बहुत

पापड़ बेले। हम लोगों को बहु जलालत झेलनी पड़ी। फिर भी महिमा का निर्वस्त्र चित्र खिंचवाने में हम लोग सफल नहीं हो पाये। एक फोटोग्राफर से तो हम लोगों को गाली भी सुननी पड़ी। सर, महिमा का निर्वस्त्र चित्र खिंचवा पाना सम्भव नहीं है। हम लोग आपके सामने एक प्रार्थना लेकर आये हैं। यही पर हम लोग दरवाजा बन्द कर लेते हैं और महिमा आपके सामने एक-एक कर अपने सारे कपड़े उतार देती है। आप चित्र के बजाय उसे सीधे निर्वस्त्र देख लीजिए। आपके जैसे जी में आये, वैसे देखिए। उसके शरीर को पूरी तरह से छूकर भी देख लीजिए। उसके नाजुक अंगों को जी भरकर टटोल लीजिए। इसके लिए हम लोग कभी किसी से कोई शिकायत नहीं करेंगे। आप भी अपने मन में इस बात के लिए किसी प्रकार का अपराध-बोध मत पालिएगा।''

अनिरुद्ध बोले, ''तुम दोनों सामने की कुर्सी पर बैठ जाओ। किसी को निर्वस्त्र होने की जरूरत नहीं है। मुझे न तो किसी का निर्वस्त्र चित्र देखने में कोई दिलचस्पी है और न ही किसी का निर्वस्त्र शरीर। मुझे बस क्रोध आ गया था, इसलिए मैं तुम दोनों को सबक सिखा रहा था।'' उन्होंने अपनी मेज की दराज से एक कागज़ निकाला और उसे महिमा की ओर बढ़ाते हुए कहा, ''यह लो, यह है तुम्हारा नियुक्ति पत्र। कल विश्वविद्यालय में आकर कार्यभार ग्रहण करो।'' महिमा जल्दी से उस पत्र को लेकर पढ़ने लगी। पढ़ चुकी तो उसे घृतनाथ की ओर बढ़ा दिया। पत्र को घृतनाथ पढ़ने लगे। महिमा को सहसा अपनी किस्मत पर विश्वास नहीं हुआ। वह अनिरुद्ध का पैर पकड़कर रोने लगी, ''सर, हम लोगों से क्या गलती हो गयी जो आप इतना नाराज़ हो गये थे। अनिरुद्ध ने कहा, ''पहले तुम उठकर कुर्सी पर बैठो, तब बताता हूँ। कुछ देर तक रो-धो लेने के बाद महिमा जाकर कुर्सी पर बैठ गयी।

अनिरुद्ध घृतनाथ से बोले, ''इसे समझा लो कि यह मेरी पत्नी के बारे में अभद्र शब्दों का प्रयोग न किया करे। मैं अपनी पत्नी की बहुत इज़्ज़त करता हूँ। मैं यह सहन नहीं कर सकता कि कोई मेरी पत्नी के बारे में अनाप-शनाप बकवास करे...एक दिन यह मेरी पत्नी को मुझसे 'बूढ़ी' और 'बेस्वाद' इत्यादि बता रही थी। यह मुझको सलाह दे रही थी कि मैं अपनी किसी सुंदर शोधछात्रा को फँसा लूँ और उसके साथ हमबिस्तर हुआ करूँ। इससे मुझे बहुत आनन्द मिलेगा। मेरी पत्नी 'बूढ़ी' और 'बेस्वाद' इत्यादि हो चुकी हैं और अब वे मज़ा नहीं देती होंगी।'' घृतनाथ ने अपने दोनों हाथों से अपना सिर पकड़ लिया, ''हे भगवान! यह सब कब हुआ? मुझे कुछ पता ही नहीं चला। महिमा! भगवान ने तुम्हें बोलने की तमीज़ दी है या नहीं? तुमने सर के सामने यह सब उल्टा-सीध बका?'' अनिरुद्ध ने तारीख और समय भी नोट कर रखा था। उन्होंने घृतनाथ को यह भी बता दिया

कि कब की घटना है। महिमा की साँप-छदूँरवाली स्थिति हो गयी। उसने सोचा भी नहीं था कि एक दिन विभागाध्यक्ष के साथ बैठकर मैंने जो रसदार गपशप की थी, उसकी खबर घृतनाथ को लग जाएगी। उसने सिर झुका लिया और उसका चेहरा एकदम फक् पड़ गया। वह डर रही थी कि अनिरुद्ध और पोल न खोल दें। वह अपने साथ उन्हें जो-जो करने का प्रस्ताव दे रही थी। उन्होंने घंटी बजायी। उनका चपरासी अन्दर आ गया। उन्होंने उससे कहा, "मैं तुम्हें पैसे दे रहा हूँ। जाओ नेतराम की दुकान से दो किलो बढ़िया मिठाई ले आओ। तुम्हें पता है कि नहीं? महिमा मैडम भी अपने विभाग में प्राध्यापक हो गयीं। इनके पैर छुओ।" चपरासी हें-हें करने लगा, "बधाई हो मैडम बधाई हो!" उसने लपककर उनके पैर छुए। महिमा ने अपने पर्स से दस रुपये का एक नोट निकाला और उसे चपरासी को दे दिया। चपरासी ने लपककर नोट लिया और उसे अपनी जेब के हवाले किया। विभागाध्यक्ष ने उसे मिठाई लाने के लिए पैसे दिये। पैसे लेकर चपरासी नेतराम की दुकान की तरफ चल दिया।

अनिरुद्ध घृतनाथ से कहने लगे, "तुम्हें और महिमा को मेरे कारण जो परेशानी उठानी पड़ी, उसके लिए मैं क्षमाप्रार्थी हूँ। लेकिन मेरे लिए यह जरूरी था। अगर मैं महिमा को यह दण्डन न देता तो शायद उसे नियुक्ति-पत्र भी न दे पाता। इस बात को तुम ज्यादा अच्छी तरह समझ सकते हो। महिमा की भी समझ में आ गया होगा कि मैं अपनी पत्नी की कितनी इज़्ज़त करता हूँ। भविष्य में वह उनके बारे में कुछ बोलने के पहले सौ बार सोचेगी।" महिमा का नियुक्ति-पत्र देख लेने के बाद उनके लिए झेली गयी जलालत इत्यादि का कोई मतलब नहीं रह गया। वैसे भी वे चिकने घड़े थे। सौ जूते खाकर तमाशा देखने वाले व्यक्ति। वे लगे अफसोस व्यक्त करने, "क्या बताऊँ सर! मुझे तो कुछ पता ही नहीं चला। महिमा ने मुझे कुछ बताया ही नहीं कि वह आपसे यह सब बककर आयी है अन्यथा मैं उसको सामने ले आता और कान पकड़वाता। मुझे तो आश्चर्य है महिमा के बारे में। इतने साल से वह विभाग में है। यहीं से एम.ए. किया, यहीं से डी.फ़िल. किया; फिर भी उसे आपके स्वभाव के बारे में पता नहीं है। मुझे नहीं पता था कि वह ऐसी नादानी कर बैठेगी। उसने तो मुझे यह भी नहीं बताया कि वह आपसे मिली थी। तभी तो मैं बड़े चक्कर में था कि आप मुझसे यह सब क्या करवा रहे हैं? इसके पहले मैंने कभी आपको इस तरह की हरकत करते नहीं देखा। इसीलिए जब पहली बार आपने मुझसे यह सब कहा तो मैंने सोचा कि आप मजाक कर रहे हैं। खैर, आपका दिल बहुत बड़ा है। इतनी बड़ी गलती करने पर भी आपने महिमा को विभाग में नियुक्त कर लिया। हम लोग आपका यह एहसान जीवन भर नहीं भूलेंगे। आप एकदम

नारियल की तरह हैं। ऊपर से कठोर लेकिन अन्दर से मुलायम। दण्ड देने के बाद खुद ही नियुक्ति भी दी और खुद ही मिठाई भी मँगवायी है।'' घृतनाथ अनिरुद्ध को तेल पर तेल लगाये जा रहे थे और भविष्य में भी उन्हें तेल लगाते रहना था। अभी उन्होंने महिमा को तदर्थ प्राध्यापक के रूप में नियुक्ति दी थी। स्थायी प्राध्यापक के रूप में नियुक्ति-पत्र दे पाना उनके हाथ में भी नहीं था। आगे चलकर तदर्थ नियुक्ति को स्थाई उन्हें की करना था। अभी महिमा को भी समझना था कि अनिद्ध को खूब तेल लगाते रहना है। घर जाकर उनकी पत्नी को भी तेल लगाते रहना है। भाभी जी सिफारिश कर देंगी तो काम आसानी से हो जाएगा। अनिरुद्ध भाभी जी की बात टालते नहीं। खैर, महिमा को नियुक्ति मिल गयी है। अब उसे विभाग से कोई निकाल नहीं सकता। स्थायीकरण तो आगे-पीछे होकर ही रहेगा।

कुछ देर में चपरासी मिठाई लेकर आ गया। अनिरुद्ध ने उससे कहा, ''विभाग में जितने प्राध्यापक हैं, सबको ले जाकर दे आओ। सब को बता देना कि महिमा इस विभाग में प्राध्यापक हो गयी हैं। इस खुशी में मिठाई अध्यक्ष जी की तरफ से।'' पूरे विभाग में मिठाई बँटने लगी। बँटते-बँटते मिठाई भृगुनाथ के कमरे में भी पहुँची। भृगुनाथ सहित कमरे में कुल छः लोग बैठे थे। विभाग में इन छः लोगों का अपना गुट था। विभागाध्यक्ष प्रो. अनिरुद्ध का लगभग विरोधी गुट। सबको मिठाई मिली। मिठाई बँटने का कारण सुनकर सबकी त्योरियाँ चढ़ गयीं। मिठाई बाँटकर चपरासी कमरे से बाहर चला गया तो भृगुनाथ ने कहा, ''विभागाध्यक्ष महोदय तो बहुत नीच निकले। एक बार जब घृतनाथ ने एक लड़की को गर्भवती कर दिया था, तब भी वे घृतनाथ को बचा ले गये। अब उनकी प्रेमिका को विभाग में प्राध्यापक बना दिया। प्रेमिका भी घृतनाथ का एक बेटा पैदा कर चुकी है। घृतनाथवा साला भी बड़ा बेहया है। उसकी बीवी अपने यारों के साथ मौजमस्ती कर रही है और यहाँ यह दूसरे की बीवी को साथ लेकर टहल रहा है। और सबको गर्भवती कर दे रहा है लेकिन अपनी बीवी को नहीं गर्भवती कर पा रहा है।'' ''इसकी बीवी अब गर्भवती हो भी नहीं सकती।'' डॉ महेन्द्र बोले, ''मैंने सुना है कि जो औरत बहुत सारे मर्दों से अति की सीमा तक सेक्स करती हैं, वे बाँझ हो जाती हैं। उनके बच्चा नहीं हो पाता। अपने गाँव में मैंने ऐसी कुछ औरतों को देखा है।'' भृगुनाथ ने कहा, ''चलिए इसकी बीवी ससुरी को हम लोग फँसा लेते हैं। उसने भी डी.फ़िल. कर ही रखा है। हम लोग विभागाध्यक्ष के ऊपर दबाव डालेंगे कि उसे भी विभाग में नियुक्त किया जाय। विभाग में जब छिनालों की नियुक्ति की प्रक्रिया ही चल पड़ी है तो एक छिनाल और सही। एक तरफ घृतनाथ की प्रमिका रहेगी तो दूसरी तरफ भृगुनाथ की प्रेमिका रहेगी।'' सब हँसने लगे।

कुछ देर बाद भृगुनाथ फिर बोले, "मैं तो सोच रहा हूँ कि महिमा की नियुक्ति के विरोध में उच्च न्यायालय में एक मुकदमा कर दूँ। विभागाध्यक्ष विभाग को मीरगंज का कोठा बनाने पर तुले हुए हैं। इसकी साख को ये लोग मिट्टी में मिलाने पर तुले हुए हैं। अब विश्वविद्यालय में विद्वानों की जगह सबकी प्रेमिकाएँ पढ़ाएँगी? यह तो पतन की पराकाष्ठा है।" डॉ. महेन्द्र ने कहा, "इसमें पतन की क्या बात है? साहित्य के विषयों में एकाध कामशास्त्र के भी तो विद्वान रहने चाहिए जो छात्रों को नख-शिख वर्णन पढ़ाते समय अपने शरीर के अंगों का उदाहरण दे-देकर समझा सकें। छात्र सारी बातें प्रैक्टिकल रूप में समझ सकें। अन्य विषयों में भी प्रैक्टिकल होता है या नहीं?" भृगुनाथ बोले, "सही कह रहे हैं आप। पूरे विश्वविद्यालय में हिन्दी विभाग यों ही 'पनघट' के नाम से मशहूर नहीं है। यहाँ महिमा जैसी सुंदरियाँ नहाने और पानी भरने आती हैं और भृगुनाथ जैसे लोग उनके वस्त्र लेकर पेड़ पर चढ़ जाते हैं।" फिर सब हँसने लगे। सब हँस तो रहे थे, लेकिन सबके कलेजे पर साँप भी लोट रहा था। विभाग में महिमा की नियुक्ति को सब पचा नहीं पा रहे थे। एक तो भृगुनाथ विभाग में अपनी प्रेमिका की नियुक्ति करा ले गये, दूसरे विभागाध्यक्ष के गुट में एक व्यक्ति और बढ़ गया।

महिमा ने विश्वविद्यालय के हिन्दी विभाग में कार्यभार ग्रहण कर लिया। उसे पढ़ाने के लिए कक्षाएँ भी दे दी गयीं। उसे एक कक्षा एम.ए. द्वितीय वर्ष की भी दी गयी। एम.ए. द्वितीय वर्ष में उसकी और घृतनाथ की कक्षाएँ साथ-साथ थीं। पहले महिमा का घंटा था, उसके ठीक बाद घृतनाथ का।

महिमा तीसरे दिन एम.ए. द्वितीय वर्ष की कक्षा में पढ़ाने गयी। छात्रों ने ब्लैक बोर्ड को साफ करके खूब चमका दिया था। उस पर खूब बड़े-बड़े अक्षरों में लिखा था—'छिनरा-छिनरी का क्लास'। महिमा कक्षा में घुसी। उसकी निगाहें ब्लैक बोर्ड पर गयीं। ब्लैक बोर्ड पर लिखे हुए शब्दों को देखकर वह आप से बाहर हो गयी, "यह किसकी शरारत है? वह तुरंत खड़ा हो जाय!" सारे छात्र-छात्राएँ चुप। कोई नहीं खड़ा हुआ। कुछ देर बाद महिमा फिर गर्जी, "मैं कह रही हूँ कि शैतानी करने वाला व्यक्ति तुरंत खड़ा हो जाय अन्यथा मुझसे बुरा कोई नहीं होगा।" फिर कोई नहीं खड़ा हुआ। लड़कियों की तरफ से उसने एक लड़की को खड़ा किया, "तुम बताओ किसने लिखा है यह!" लड़की बोली, "मैडम मुझे नहीं मालूम है कि यह किसने लिखा है! मैं जब कक्षा में आयी तो यह पहले से ही लिखा हुआ था।" महिमा ने दाँत पीसते हुए एक लड़के को खड़ा किया, "तुम बताओ किसने लिखा है!" लड़का बड़ी धीर-गम्भीर आवाज़ में बोला, "मैडम इतना नाराज़ क्यों हो रही हैं? लिखने वाला आपका कोई एक दास होगा।" सारे लड़के-लड़कियाँ बड़ी जोर-

जोर से हँसने लगे। लड़का इस तरह अभिनय कर रहा था, जैसे परशुराम के सामने राम खड़े हों। सब हँसते हुए लोट-पोट हुए जा रहे थे। महिमा लड़के के ऊपर बड़ी जोर से चिल्लायी, "तुम्हारे घर में माँ-बहन नहीं हैं क्या? दूसरों की बहन-बेटियों की इज़्ज़त करना नहीं जानते।" लड़का राम से लक्ष्मण के रूप में परिवर्तित हो गया, "मैडम जबान सम्हाल कर बोलिए। मेरे घर की बहन-बेटियाँ आपकी तरह नहीं हैं। मेरे घर की बहन-बेटियाँ अपने पति को बेवकूफ बनाकर दूसरों के साथ नहीं घूमतीं। मेरे घर की बहन-बेटियाँ सीता की तरह रहती हैं, शूर्पणखा की तरह नहीं।" महिमा चिल्लायी, "मैं शूर्पणखा हूँ?" लड़का बोला, "और क्या! आप चारों तरफ 'तो सम पुरुष न मो सम नारी, यह सँयोग विधि रचा बिचारी' करती हुई घुमती रहती हैं।" फिर सारे लड़के और लड़कियाँ ठहाका लगाकर हँसने लगे। सब लोटपोट हो रहे थे। एक दूसरा लड़का खड़ा होकर महिमा से कहने लगा, "क्यों मैडम आप छोटी सी बात को तूल दे रही हैं? ब्लैकबोर्ड पर जो लिखा है, उसे मिटा दीजिए और आप पढ़ाइए। इस तरह तो सारा समय बहस करने में ही निकल जाएगा।" महिमा ने उस लड़के से पूछा, "तुम्हारे लिए यह छोटी बात है? तुम्हारी माँ को कोई छिनरी कहे तो तुम्हें कैसा लगेगा?" लड़का चिल्लाया, "जबान सम्हालकर मैडम! छिनरी होंगी आप, आपकी माँ, आपकी बहन! यही लक्षण है, तभी ब्लैकबोर्ड पर लिखा हुआ है।" महिमा बोली, "क्यों? अपनी बारे में मिर्ची क्यों लग गयी? दूसरों को उपदेश देना बहुत आसान होता है।" एक तीसरा लड़का खड़ा हो गया, "मैडम, मेरी एक जिज्ञासा है। ब्लैकबोर्ड पर लिखा हुआ है—'छिनरा-छिनरी का क्लास'। छिनरी तो आप हो गयीं। छिनरा कौन है?" कक्षा में फिर जोर का ठहाका लगा। लड़के तो हँसते हुए एक दूसरे पर गिरे जा रहे थे। महिमा कुर्सी पर बैठ गयी और लगी फूट-फूटकर रोने। सारे लड़के और लड़कियाँ सहम गये। लड़के एक-एक कर धीरे-धीरे कक्षा से खिसकने लगे। सारी लड़कियाँ महिमा को घेरकर खड़ी हो गयीं और उन्हें सान्त्वना देने लगीं। एक लड़की उसका डस्टर लेकर ब्लैकबोर्ड पर लिखे शब्दों को मिटाने लगी। एक लड़की उसे समझाने लगी, "मैडम जाने दीजिए। लड़के होते ही हैं दुष्ट।"

महिमा इलाहाबाद विश्वविद्यालय में नौकरी करने लगी तो उसके पति भी इलाहाबाद में अपने स्थानान्तरण के लिए प्रयास करने लगे। महिमा काफी दिनों से अपने मायके में ही रह रही थी। बीच-बीच में वह अपने पति के पास हो आती थी। उसके पति भी कभी-कभार अपनी ससुराल आ जाया करते थे। उसके पति का नाम था, सावन। अब यह तय हो गया कि महिमा को स्थायी रूप से इलाहाबाद में ही रहना है। सावन ने सोचा कि मैं भी अब इलाहाबाद मे ही घूम फिर कर रहूँ, यही अच्छा है। कब तक

ससुरालवाले मेरे परिवार का बोझ उठायेंगे? उनका प्रयास रंग लाया। वे उच्च शिक्षा निदेशालय उत्तर प्रदेश, इलाहाबाद में वित्त नियंत्रक बनकर आ गये। एक विचित्र संयोग घटित हो गया। उनकी पत्नी घृतनाथ के साथ नौकरी कर रही थी तो घृतनाथ की पत्नी साधना उनके साथ नौकरी करने लगी। सावन ने उच्च शिक्षा निदेशालय में कार्यभार ग्रहण कर लिया। शुरुआत में वे अपनी ससुराल में ही रहने लगे। वे अपने परिवार के रहने के लिए एक बना-बनाया घर खोजने लगे। वे घर बनवाने के लफड़े में नहीं पड़ना चाहते थे। एक अधिकारी के रूप मे उन्होंने अकूत हराम की कमाई की थी और बना-बनाया घर खरीदना उनके बाएँ हाथ का खेल था।

टैगोर टाउन में उन्हें एक बना-बनाया घर मिल गया। घर दो-मंजिला था। महिमा को वह घर विशेष पसंद आया। और घरों से थोड़ा हटकर लगभग एकांत जैसी स्थिति में था वह घर। महिमा ने सोचा कि पति के न रहने पर अगर घृतनाथ मुझसे मिलने यहाँ पर आते-जाते रहेंगे तो किसी का ध्यान इस ओर नहीं जाएगा। सावन ने एक ठेकेदार को उस घर की रँगाई-पुताई और साफ-सफाई के लिए ठेका दे दिया। पैसा खर्च करने में उन्होंने कोई कोर-कसर नहीं छोड़ी। एक महीने में घर रहने के एकदम तैयार हो गया। सावन ने घर में कुछ तोड़-फोड़ करवाकर उसे थोड़े से अलग स्वरूप में परिवर्तित करा दिया। तय हुआ कि रहने के पहले एक दिन घर में सत्यनारायण भगवान की कथा करा दी जाय।

उस दिन नये घर में सत्यनारायण भगवान की कथा हो रही थी। विश्वविद्यालय के हिन्दी विभाग से सभी क्लर्क और चपरासी आये थे। विभागाध्यक्ष प्रो. अनिरुद्ध भी पधारे थे। विभाग में अनिरुद्ध के गुट के जितने महिला और पुरुष प्राध्यापक हुआ करते थे, सब मौजूद थे। सावन की पूरी ससुराल भी उपस्थित थी और मेजबान का दायित्व वे लोग ही सँभाल रहे थे। घृतनाथ के न रहने का कोई सवाल ही पैदा नहीं होता था। महिमा और सावन पूजा सुनने के लिए बैठे हुए थे। घृतनाथ वैसे तो नास्तिक टाइप के आदमी थे और पूजा-पाठ में उनकी कोई दिलचस्पी नहीं रहती थी, लेकिन मामला महिमा का था। महिमा का असली पति वे अपने को ही समझते थे। महिमा का नया घर, घर तक आने-जाने का रास्ता, घर के आसपास की परिस्थितियाँ; सब कुछ उन्हें ठीक से समझना था। सब कुछ देख-समझकर वे मन ही मन बहुत आश्वस्त हुए, 'बहुत सही जगह है घर! यहाँ मैं चाहे जितना आऊँ-जाऊँ कोई ध्यान देने वाला नहीं है।' अनिरुद्ध उनकी हरकतें बड़े ध्यान से देख रहे थे। उन्होंने घृतनाथ को अपने पास बुलाया। घृतनाथ आ गये तो वे बोले, "एक कुर्सी खींच लो और चुपचाप यहीं मेरे पास बैठो। परेशान होने की जरूरत नहीं है। रास्ता एकदम साफ है।" घृतनाथ हें-हें करते हुए अनिरुद्ध के बगल आकर

बैठ गये, "आप कभी मुझे छेड़ने का मौका नहीं चूकते। मैं तो बस यूँ ही टहल रहा था।" अनिरुद्ध हँसे, "तुम क्या कर रहे थे, मैं सब समझ रहा था।" पूजा के बाद भोजन की भी व्यवस्था थी, इसलिए सब और निश्चिन्त भाव से बैठे हुए थे और गपशप कर रहे थे।

● उस दिन सावन उच्च शिक्षा निदेशालय में अपने कमरे में बैठे फाइलें निबटा रहे थे। अचानक कुछ फाइलें लेकर साधना प्रकट हुई। उसने दरवाजे पर खड़े-खड़े ही पूछा, "सर, क्या मैं अन्दर आ सकती हूँ?" "हाँ-हाँ क्यों नहीं? आइए।" सावन ने उत्तर दिया। साधना कमरे में घुस गयी और सावन के सामने की ओर एक कुर्सी पर बैठ गयी। उसने फाइलें सावन की ओर बढ़ा दीं। कुल तीन फाइलें थीं। सावन एक-एक फाइल को खोलकर देखने लगे। अब तक सावन से साधना की जान पहचान हो चुकी थी, लेकिन वे उसे ज्यादा नहीं जानते थे। वैसे भी अपने से छोटे अधिकारियों के सामने ठसक से रहना उनकी आदत थी। इस समय वे पूरे प्रदेश के महाविद्यालयों के आर्थिक रूप से मालिक थे, इसलिए वे जल्दी किसी को घास नहीं डालते थे। एक-एक फाइल को उन्होंने ध्यान से देख लिया और उन पर हस्ताक्षर कर दिया। फाइलें उन्होंने साधना को वापस लौटा दीं। वे चाह रहे थे कि अपनी फाइलें लेकर साधना वापस चली जाय। साधना ने उनसे कहा, "सर, एक कप चाय नहीं पिलायेंगे?" साधना की बात उन्हें अच्छी नहीं लगी। वे बोले, "अभी मेरे पास समय नहीं है। बहुत सारा काम पड़ा हुआ है। बाद मे कभी आपको चाय पिला दूँगा।" साधना मुस्करायी, "सर, हम दोनों एक ही मुसीबत के मारे हुए हैं। मैं आपकी कितनी नज़दीक रिश्तेदार हूँ, आपको पता नहीं है!" "रिश्तेदार? क्या मतलब है आपका?" सावन ने चौंकते हुए पूछा। साधना उसी तरह मुस्कराती रही, "सर, मैं आपकी पत्नी के प्रेमी की पत्नी हूँ।" "पत्नी का प्रेमी?" सावन भड़क गये, "आपका दिमाग तो नहीं खराब है?" "मेरा दिमाग नहीं खराब है सर!" साधना बोली, "आपने अपने दिमाग के दरवाजे बन्द कर रखे हैं। आपने कभी इसके बारे में सोचने की जहमत उठायी कि आपकी पत्नी महिमा घूम-फिरकर इलाहाबाद में ही क्यों रहती है? आपको कभी ऐसा लगा कि वह आपको प्यार करती है? आपने कभी इस बारे में सोचा होता तो दिमाग में कुछ न कुछ तो घुसता। आपने उसको खूली छूट दे रखी है और वह भी इसका खूब फायदा उठा रही है।" "देखिए मैडम साधना, जरा जबान सम्हालकर बात करिए। मैं अपनी पत्नी के बारे में किसी की भी इधर-उधर की बकवास सुनना पसन्द नहीं करूँगा। मेरी पत्नी पढ़ने में शुरू से ही बहुत मेधावी रही। उसने एम.ए. में इलाहाबाद विश्वविद्यालय के हिन्दी विभाग में टॉप किया। उसने यहीं से डी.फ़िल.

किया। मुझे इस बात का बहुत गर्व है कि वह इस समय इलाहाबाद विश्वविद्यालय जैसे माने-जाने विश्वविद्यालय में प्राध्यापक है।''

''विश्वविद्यालय में आपकी पत्नी की नौकरी किसने लगवायी, यह आपको पता है?''

''मेरी पत्नी को अपनी योग्यता के बूते इलाहाबाद विश्वविद्यालय में नौकरी मिली। वह विश्वविद्यालय की टॉपर है टॉपर! उसे किसी की सिफारिश की जरूरत नहीं पड़ी और न ही उसे जरूरत थी।''

''आप बहुत बड़ी गलतफहमी में जी रहे हैं सर! वैसे मुझे यह देखकर बहुत खुशी हो रही है कि आपको अपनी पत्नी पर इतना विश्वास है। काश, वह इस विश्वास के काबिल होती। शादी के पहले भी वह अपने प्रेमी की थी और आज भी उसी शिद्दत से अपने प्रेमी की है। अफसोस कि जहाँ आपको उस पर इतना विश्वास है, वहीं उसने कभी आपको अपना पति माना ही नहीं। उसने तो आपसे सिर्फ इसलिए शादी कर ली क्योंकि जब उसकी शादी हुई, उसका प्रेमी बेरोज़गार था। उस समय वह नौकरी कर रहा होता तो महिमा उसी से शादी करती। जीवन का असली आनन्द तो उसी ने उठाया और अब भी उठा रही है। आप तो हमेशा पागलों की तरह पैसा कमाने में ही व्यस्त रहे। मेरी दो सहेलियाँ हिन्दी विभाग में प्राध्यापक हैं और वे मुझे विभाग की हर गतिविधि की जानकारी देती रहती हैं। मैंने भी इलाहाबाद विश्वविद्यालय के ही हिन्दी विभाग से एम.ए. और डी.फ़िल. किया है। खैर, सर जब आपको मेरी बात का विश्वास ही नहीं है तो मैं यहाँ से जा रही हूँ। मैंने तो सोचा था कि मैं अपना दुःख आपसे साझा करूँगी और आपको भी अपना दुःख साझा करने का मौका दूँगी। जब आपको अपनी पत्नी पर इतना विश्वास है तो मैं अपने पति के कुकर्मों को भोगती पड़ी रहूँगी। शायद मेरी किस्मत में यही लिखा है।''

''एक मिनट रुकिए साधना जी! आपके पति का क्या नाम है और वे क्या करते हैं?''

''मेरे पति का नाम घृतनाथ है और वे हिन्दी विभाग में ही प्राध्यापक हैं। जब वे विभाग में डी.फ़िल. कर रहे थे, उस समय महिमा विभाग में ही एम.ए. कर रही थी। मेरे पति कवि और कथाकार हैं तथा इस क्षेत्र में अब काफी नाम कमा चुके हैं। महिमा भी उस समय कविताएँ लिखा करती थी। इसी सिलसिले में दोनों में मुलाकात हुई, फिर मुलाकातों का सिलसिला चल पड़ा। धीरे-धीरे दोनों में प्यार हो गया। महिमा के प्यार के चक्कर में ही मेरे पति घृतनाथ अपनी डी.फ़िल. नहीं पूरी कर पाये और आज तक वे बिना डी.फ़िल. किये ही विभाग में पढ़ा रहे हैं। प्यार के चक्कर में ही महिमा का भी कविताएँ लिखना छूट गया। महिमा जब

डी.फ़िल. करने लगी तो उसका आधा शोधग्रंथ मेरे पति ने ही लिखा। इस समय जो विभागाध्यक्ष हैं, उनका नाम है प्रो. अनिरुद्ध। अनिरुद्ध घृतनाथ के परम मित्र हैं। अनिरुद्ध से कह-सुनकर ही मेरे पति ने महिमा की नौकरी विभाग में लगवायी। घृतनाथ और महिमा जी-जान से प्रयासरत थे कि महिमा विभाग में ही प्राध्यापक हो जाय। इससे दोनों हमेशा एक-दूसरे के साथ रहेंगे। महिमा आपको अपना पति मानती ही नहीं। वह अपना असली पति घृतनाथ को ही समझती है। मेरे पति का आपके ससुराल में भी बहुत आना-जाना है। उस परिवार के लिए मेरे पति परिवार के सदस्य जैसे ही हैं।''

सावन बड़े चक्कर में पड़ गये। उन्होंने चपरासी को बुलाया और उसे दो कप चाय लाने को कहा। वे अपना सिर पकड़कर बैठे हुए थे। उनका रुख कुछ-कुछ अनुकूल होता देख साधना रोने लगी। उसे लगा कि सावन को विश्वास में लेने का यही सही अवसर है। सावन साधना को चुप कराने लगे, ''चुप रहिए साधना जी, चुप रहिए। अभी भी मेरा मन आपकी बातों पर विश्वास नहीं कर पा रहा है, लेकिन यह बात भी सच है कि आप अकारण मेरे पास आकर अपने पति की बुराई क्यों करेंगी? मैं मशीन की तरह पैसा कमाने में व्यस्त रहा लेकिन कभी ढंग से उस पैसे का सुख नहीं उठा सका। मैंने कभी अपने बीवी-बच्चों की ओर भी खास ध्यान नहीं दिया। मैं सोच रहा था कि महिमा पढ़ी-लिखी और समझदार है। वह अपना और बच्चों का ध्यान रख लेगी। एक बात तो आप सच कह रही हैं कि महिमा को मेरी बिलकुल भी परवाह नहीं रहती। वह मुझे जल्दी चिट्ठी भी नहीं लिखती थी। मैं जहाँ नौकरी करता रहता था, वहाँ मैं मर रहा हूँ या जी रहा हूँ, महिमा को कोई मतलब नहीं रहता था। अब मुझे महिमा पर निगाह रखनी पड़ेगी और हकीकत का पता लगाना पड़ेगा। आपने मुझे सतर्क किया, इस बात के लिए मैं हमेशा आपका आभारी रहूँगा।'' ''आपको धीरे-धीरे मेरी पीड़ा समझ में आएगी सर!'' साधना बोली, ''सच्चाई का पता लगाने के लिए आपको ज्यादा मेहनत नहीं करनी पड़ेगी। हिन्दी विभाग के सारे प्राध्यापक और कर्मचारी, यहाँ तक कि छात्र-छात्राएँ भी, मेरे पति और महिमा की प्रेमकथा जानते हैं। दोनों बड़ी बेशर्मी से एक दूसरे के साथ रहते हैं। दोनों किसी की कोई परवाह नहीं करते। मेरे पतिदेव पूरे शहर में महिमा को अपनी स्कूटर के पीछे बैठाकर घुमाते रहते हैं। और तो और विश्वविद्यालय परिसर के अन्दर भी दोनों एक साथ स्कूटर पर बैठकर घूमते रहते हैं। सारी लाज-शर्म दोनों धोकर पी गये हैं। महिमा को लेकर विभाग के प्राध्यापक मेरे पति से खुलेआम मजाक करते रहते हैं। मजाक-मजाक में वे लोग मेरे पति से हिस्सा माँगते हैं। इसी तरह विभाग की महिला प्राध्यापक महिमा से मजाक करती हैं। दोनों बड़ी हेकड़ी से सबके सामने स्वीकार करते हैं कि वे दोनों एक दूसरे से

प्यार करते हैं और एक दूसरे के लिए अपनी जान भी दे सकते हैं। जिस दिन दोनों को कामक्रीड़ा करनी होती है, उस दिन दोनों विभाग में देर तक रुके रहते हैं। सब के चले जाने के बाद वे विभाग में ताला बन्द करने वाले चपरासी को पैसा देते हैं और विभाग में कामक्रीड़ा कर लेने के बाद घर पर लौटते हैं। दोनों इतने बेशर्म हैं कि जिस दिन कामक्रीड़ा करेंगे, उस दिन घृतनाथ महिमा को अपने स्कूटर पर बैठाकर महिमा को उसके घर तक छोड़ते हैं। महिमा के मायके वाले भी बड़े अजीब हैं। महिमा हमेशा घृतनाथ के साथ स्कूटर से घूमती रहती है। उसको कहीं जाना होगा तो उन्हीं के साथ स्कूटर से जाएगी और वापस घर तो अक्सर उन्हीं के साथ पहुँचती रहती है। मायके वाले न तो महिमा को रोकते-टोकते हैं और न ही उससे कोई सवाल पूछते हैं। उल्टे उन लोगों के परिवार का छोटा सा छोटा कार्यक्रम भी घृतनाथ के बिना सम्पन्न नहीं होता। घृतनाथ परिवार के हर कार्यक्रम में मेजबान बने रहते हैं। महिमा के चलते ही आज तक मैं किसी बच्चे की माँ नहीं बन पायी। मेरे पति महिमा के साथ इतने गुलछर्रे उड़ाते हैं कि बिस्तर पर मेरे लिए उनमें ताकत हीं नहीं बचती। जीवन में न तो आप अपनी बीवी के साथ भरपूर आनन्द उठा पाये और न मैं अपने पति के साथ। आपकी पत्नी तो जिन्दगी का भरपूर सुख ले रही है। मन बदलने के लिए कभी-कभी आपका भी इस्तेमाल कर लेती है। लेकिन मैं प्यासी की प्यासी हूँ। कहाँ जाऊँ, क्या करूँ, कुछ समझ में नहीं आता।''

चपरासी चाय लेकर आ गया। साधना चुप हो गयी। चपरासी ने आलमारी से दो कप निकाले और उनमें चाय डालने लगा। उसने चार समोसे भी लाये थे। वह सावन के कहने के स्टाइल से समझ जाता था कि केवल चाय लाना है या चाय और समोसा दोनों। एक प्लेट में उसने समोसे निकालकर रख दिये। दोनों के सामने सब कुछ रखकर वह चला गया।

दोनों चुपचाप चाय पीने लगे। साधना अपनी सारी भड़ास सावन के सामने निकाल चुकी थी। सावन जब से उच्च शिक्षा निदेशालय में आये थे, उन्हें सब कुछ बताने के लिए तब से उसकी पेट में खदबदाहट हो रही थी। वह कब से उचित मौके की तलाश में थी, लेकिन मौका मिल नहीं पा रहा था। आज उसे मौका मिल गया। उसने सब कुछ उगल दिया तो उसे बड़ी राहत महसूस हो रही थी। सावन के सामने खुद सती-सावित्री भी बन गयी। घृतनाथ जिस तरह महिमा के पीछे पागल बने रहते थे, उससे उसे बड़ी खुंदक आती थी। कुछ भी था, घृतनाथ थे तो उसके पति। अपने कर्मों के चलते वह घृतनाथ को कुछ बोल नहीं पाती थी।

सावन से अनुमति लेकर साधना चली गयी। सावन का मन अब काम करने में नहीं लग रहा था। एकदम से अकस्मात् साधना ने उनके सामने ऐसे रहस्य पर

से पर्दा उठा दिया था, जिसके बारे में वे सोच भी नहीं सकते थे। उनका बचपन बहुत अभाव में गुजरा था, अतः उनके लिए पैसा ही सब कुछ था। वे सोचते थे कि जिसके पास पैसा है, उसे और किसी चीज की जरूरत नहीं है। इसीलिए वे अन्धाधुन्ध पैसा कमाने में लगे थे। उनके लिए काम सुख गौण था। तुलसीदास ने कहा है—कामिहिं नारि पिआरि जिमि लोभिहि प्रिय जिमि दाम। घृतनाथ पहले वर्ग के अन्तर्गत आते थे तो सावन दूसरे। सावन का मन इस समय बहुत तिलमिला रहा था और उन्हें महिमा पर वहुत गुस्सा आ रहा था। मन के किसी कोने में यह बात भी तैर रही थी कि काश यह बात झूठी निकल जाती। वे सोच रहे थे कि महिमा अपने पैरों पर खड़ी है और मैं उसका कुछ बिगाड़ नहीं सकता। अगर मैं उसे तलाक दे दूँ तो वह और स्वतंत्र हो जाएगी। खुलेआम घृतनाथ के साथ गुलछर्रे उड़ायेगी और चारों तरफ मेरी नाक कटेगी। तलाक नहीं दूँगा तो मुझे घुट-घुटकर जीना होगा। वैसे भी सावन परिवार के मामले में थोड़ा दब्बू किस्म के इन्सान थे। महिमा के सामने उनकी बोलती नहीं निकलती थी। महिमा उन्हें अक्सर डाँट देती और उसके सामने वे कुनमुना कर रह जाते थे। दोनों बेटे भी महिमा से ज्यादा जुड़े हुए थे। दानों अभी छोटी कक्षाओं में पढ़ रहे थे, लेकिन स्कूल तो जाते थे। इधर सावन को ऑफिस में रात सात-आठ बजे तक काम करना पड़ता था। सवेरे दस बजे ही घर से वे निकल भी आते थे। इस तरह महिमा के पास भरपूर अवसर उपलब्ध था। उन्होंने महिमा को एक बढ़िया घर भी खरीदकर दे दिया। अब महिमा और घृतनाथ को गुलछर्रे उड़ाने के लिए भरपूर अवसर उपलब्ध था। सावन मन ही मन पछताने लगे। मुझे घर नहीं खरीदना चाहिए था। ससुराल में ही रहना चाहिए था। अनजाने में मैंने दोनों के लिए और सहूलियत उपलब्ध करा दी। मैं मर-मरकर पैसे कमाता फिर रहा हूँ। क्या पता, मेरे द्वारा कमाये गये पैसे से महिमा घृतनाथ की मदद भी करती हो? जब ससुरी का यही हाल है तो उसने घृतनाथ का लिंग सोने से मढ़वा दिया होगा। मेरे पैसे पर घृतनाथ खूब मज़े मार रहा होगा। मैं चूतिया की तरह घृतनाथ के लिए पैसे कमा रहा हूँ। हद हो गयी है!

सावन ने घंटी बजायी। चपरासी आ गया। उन्होंने उससे एक कप चाय मँगायी। चपरासी चाय लेने चला गया। वे फाइलें उठाकर देखने लगे। मन का रोष फाइलों पर उतरने लगा। साधारण से साधारण काम में वे अड़ँगा लगाने लगे। फाइलों पर अनावश्यक लम्बी-लम्बी टिप्पाणियाँ लिखने लगे। वही हालत थी, धोबी से न जीते तो गधे का कान उमेठे। सावन को अपनी ज़िन्दगी व्यर्थ लग रही थी। दिमाग में एक विचार आत्महत्या करने का भी आ रहा था। यह भी सोच रहे थे कि क्यों न मैं महिमा को ही मार डालूँ? वे अन्दर से इतने बहादुर नहीं थे कि आत्महत्या कर

लेते या महिमा को मार डालते। बस सोच रहे थे। उन्हें अब लग रहा था कि बच्चे मुझसे ज्यादा तो घृतनाथ से घुले मिले हैं। वह सामने आ जाता है तो अंकल-अंकल करके उसको घेरे रहते हैं, जैसे असली बाप वही साला हो। मेरे नये घर में घृतनाथ मेरे सामने मेरी पत्नी से मिलने अक्सर आता रहता है। कभी मेरा ध्यान ही नहीं गया कि मामला ये भी हो सकता है। अच्छा हुआ, साधना के सामने घृतनाथ के बारे में मैं लगभग अनजान बना रहा। अगर मैंने उससे बता दिया होता कि घृतनाथ मेरे घर अक्सर आते रहते हैं तो वह मुझे नपुंसक समझती।

उस दिन सावन घर देर से गये। रात लगभग नौ बजे। मूड उखड़ा हुआ था। घर पहुँचते ही महिमा ने टोक दिया, "आज इतनी देर कहाँ लगा दी? रोज तो पहले आ जाते थे।" सावन ने व्यंग्यपूर्वक उत्तर दिया, "मेरी नौकरी को कोई मास्टरी की नौकरी समझ रखी हो क्या कि एक-दो घंटे पढ़ाकर फुर्सत हो गये? पढ़ाने का मन नहीं किया तो नहीं पढ़ाया।" महिमा को सावन के बोलने का स्वर चुभ गया। उसने भी ताना मारते हुए कहा, "विश्वविद्याल में मास्टरी पाकर जरा दिखा दो। मास्टरी को मजाक समझ रखा है क्या?" "ज्यादा बकवास न करो। प्रदेश भर के महाविद्यालयों के मास्टर उच्च शिक्षा निदेशालय में आते रहते हैं। मेरे चेम्बर में घुसने की हिम्मत नहीं पड़ती उनकी। कुत्तों की तरह डाँटकर उन्हें भगाता हूँ। मैं एक वरिष्ठ अधिकारी हूँ, मास्टर नहीं। मास्टरी जोड़-तोड़ करके मिलती है, जबकि अधिकारी लोग अपनी काबिलियत के बूते बनते हैं। जोड़-तोड़ करके नौकरी पाने का ही परिणाम होता है कि हम लोगों के सामने पहुँचते ही मास्टर हकलाने लगते हैं। अधिकारियों की तो छोड़ो, निदेशालय के बाबुओं तक का वे पैर छूते हैं।"

"मेरी नौकरी लगवाने के लिए तुम्हीं जोड़-तोड़ करने गये थे न? तुम्हारी तरह एम.ए. नहीं पास हूँ। डी.फ़िल. कर रखी है मैंने डी.फ़िल.। विश्वविद्यालय के मास्टर तुमसे ज्यादा वेतन पाते हैं।"

डी.फ़िल. करने में क्या रखा है? कहो तो दर्जनों शोधग्रंथ लिख डालूँ। मास्टरों का वेतन तो घास-भूसे की तरह होता है। उसी के लिए बेचारे हमेशा मरते रहते हैं। हम लोगों के लिए वेतन का कोई मतलब नहीं होता। वेतन का दस से लेकर पचास गुना तक हम लोग महीने में कमाते हैं। विश्वविद्यालय के मास्टर से ज्यादा तो पुलिस का सिपाही महीने में कमा लेता है। मास्टर की औकत ही क्या होती है? एक पुलिस का सिपाही भी चार डंडे मारकर उसे जेल के अन्दर कर सकता है। मास्टर सबके सामने केवल रिरिया सकता है और कुछ नहीं कर सकता। ज्यादा से ज्यादा कॉपी जाँचने के लिए मास्टर आपस में कुत्ते की तरह लड़ते रहते हैं।" "अपने चोरी करने पर शर्म नहीं आती, बल्कि उस पर घमंड कर रहे हो? मास्टर

और चाहे जो हो, लेकिन ईमानदारी की कमाई खाता है। उसका परिवार भले एक वक्त भूखा रह जाय, लेकिन वह चोरी की कमाई नहीं खाता। तुम्हारे गणित के हिसाब से तो रावण और कंस जैसे हरामखोर बहुत अच्छे थे और वशिष्ठ और विश्वामित्र जैसे ईमानदार गुरु भिखारी थे। एक तो चोरी ऊपर से सीनाजोरी।''

''मास्टर ही कौन सी गाय की पूँछ पकड़े रहते हैं? वे चारों तरफ ईमानदारी का ढोल इसलिए बजाते फिरते हैं, क्योंकि ईमानदार बने रहने के अलावा और उनके पास कोई चारा नहीं है। वे ऊपरी कमाई करना चाहें तो भी नहीं कर सकते क्योंकि बेचारों को कहीं कोई मौका मिलता नहीं। किसी मास्टर को अगर कहीं कोई मौका मिल जाता है तो सारी ईमानदारी की पोल खुल जाती है। यही महाविद्यालय का मास्टर जब प्रिंसिपल बन जाता है तो उसकी सारी ईमानदारी गायब हो जाती है। महाविद्यालय का भवन बनवाने में प्रिंसिपल लोग रिकार्डतोड़ चोरी करते हैं। महाविद्यालय का चाक, डस्टर और रजिस्टर तक बेचकर खा जाते हैं। चली हो मास्टरों का पक्ष लेने। लड़के तक तो इज़्ज़त करते नहीं। मुँह पर गाली दे देते हैं।''

''ये बताओ! आज किसी से लड़कर आये हो या अपने किसी बड़े अधिकारी से डाँट खाकर। जब से आये हो, कटखनी कुतिया की तरह भौंके जा रहे हो। जाकर हाथ-पैर धो लो। नाश्ता करोगे कि सीधे खाना खाओगे। वैसे ये कोई नाश्ता करने का समय तो है नहीं। सीधे खाना ही निकाल रही हूँ। सावन ने भी अपने कपड़े उतारे और बाथरूम में जाकर हाथ-मुँह धोने लगे। मन ही मन गाली देने लगे, 'साली कुतिया। आते ही बहस करने लगी।'

सावन हाथ-पैर धोकर खाना खाने बैठ गये। महिमा ने खाना लाकर सावन के सामने रख दिया और बोली, ''खाना खाकर बर्तन किचन में रख देना। मैं जा रही हूँ सोने।'' उसने सावन के उत्तर की भी प्रतीक्षा नहीं की और चली गयी। सावन उसे जाता देखते रहे, ''दस मिनट बैठ भी नहीं सकती थीं महारानी।'' वे धीरे से भुनभुनाये। उन्हें अपने ऊपर बहुत दया आने लगी। वे अपने को दुनिया में एकदम अकेला महसूस कर रहे थे। माँ-बाप पहले ही दुनिया छोड़कर जा चुके थे। बचे थे एक भाई और एक बहन। भाई उनसे उम्र में बड़े थे और पंजाब नेशनल बैंक में मैनेजर थे। बहन की भी शादी हो चुकी थी और पति इंजीनियर थे। बहन दोनों भाइयों से छोटी थी। पैसे कमाने की धुन में उनका परिवार से सम्बन्ध लगभग समाप्त सा हो गया था। बहन और भाई उन्हें पैसेवाला और घमण्डी समझते थे तथा उनसे दूर ही रहते थे। सावन अपनी पत्नी और बच्चों को ही सब कुछ मानते थे। आज उन्हें लग रहा था कि संसार में उनका कोई नहीं है। वे अकेले हैं, निहायत ही अकेले। उन्हें अपने भाई और बहन की याद आ रही थी। उन्होंने तय किया कि वे धीरे-धीरे भाई और

बहन से फिर से सम्बन्ध जोड़ेंगे। भाई और बहन के बच्चे उनकी बहुत इज़्ज़त करते थे। उन्होंने ही धीरे-धीरे सबसे सम्बन्ध तोड़ लिया। उन्हें लगता था कि ज्यादा सम्बन्ध रखूँगा तो भाई और बहन पैसा माँगेंगे। आज उन्हें सम्बन्धों की अहमियत समझ में आ रही थी। उन्हें लग रहा था कि संसार में पैसा की सब कुछ नहीं होता। मैंने पत्नी को बहुत पैसा दिया, लेकिन उसके लिए मेरा कोई महत्त्व नहीं है। अपने भाई और बहन को आज तक मैंने एक पैसा नहीं दिया और न ही कभी मुझसे उन्होंने माँगा। मेरा पैसा महिमा अपने यार पर खर्च कर रही है। जल्दी ही अपने भाई और बहन के परिवारों के लिए ढेर सारे उपहार लेकर मैंने उनके घर उनसे मिलने जाऊँगा। लफंगी औरतों का कोई भरोसा नहीं होता। क्या पता महिमा किसी दिन खाने में मुझे जहर देकर मार दे और कुछ समय बीत जाने पर बच्चों को लेकर घृतनाथ के साथ रहने लगे। घृतनाथ भी अपनी पत्नी को छोड़ देगा और इसके साथ रहने लगेगा। साधना बाता रही थी कि घृतनाथ को उससे कोई लगाव नहीं है। घृतनाथ पत्नी के रूप में उसे जरा भी सम्मान नहीं देता और उससे दूर ही रहता है। जब दोनों एक दूसरे में ही मस्त हैं तो उन्हें बाकी दुनिया की क्या परवाह? महिमा के लिए अपने पति का और घृतनाथ के लिए अपनी पत्नी का कोई मतलब ही नहीं है।''

सावन ने खाना खा लिया। खाना खाकर उन्होंने बर्तन रसोई में ले जाकर रख दिया और रसोई में ही हाथ-मुँह भी धो लिया। रोज की तरह रसोई में उनके लिए एक गिलास दूध ढँककर रखा हुआ था। उन्होंने दूध लेकर पी लिया और गिलास रसोई के बेसिन में लुढ़का दिया। आज उनकी इच्छा अपने कमरे में जाकर सोने की नहीं हो रही थी। वे महिमा का मुँह भी देखना नहीं चाह रहे थे। उन्होंने सोचा कि चलकर अतिथि कक्ष में सो जाऊँ। इस घर के लिए तो एक ढंग से मैं अतिथि ही हूँ। बल्कि अतिथि जितनी इज़्ज़त भी इस घर में मेरी नहीं है। अनावश्यक बात का बतंगड़ न बने, इसलिए वे अपने कमरे में चले गये। उन्होंने देखा कि महिमा गहरी नींद में सो रही है। वे बिस्तर पर बैठ गये। उन्होंने महिमा के ऊपर थूक दिया। 'इसी लायक है यह कुतिया।' वे मन ही मन बुदबुदाये। वे भी बिस्तर पर लेट गये। आज नींद कहाँ आनी थी उन्हें। उन्होंने दूसरी तरफ अपना मुँह घुमा लिया। जिससे महिमा आँखों से न दिखे।

सावन महिमा के ऊपर निगाह रखने लगे। वे अपने स्तर पर इस बात का सबूत खोजने लगे कि महिमा और घृतनाथ में वाकई गलत सम्बन्ध है भी या नहीं? लोग किसी को यूँ ही बदनाम करने के लिए भी तमाम तरह की अफवाहें उड़ाते रहते हैं। साधना ने उन्हें जिस ढंग से समझाया था, उससे उन्हें लग रहा था कि बात गलत नहीं है, लेकिन दिल के किसी कोने में आशा की एक हल्की सी किरण चमक रही

थी कि काश, यह बात गलत निकल जाती। बात के महज अफवाह होने पर वे महिमा को पत्नी के रूप में पूरी इज़्ज़त देने को तैयार थे। वे बारह बजे के लगभग अक्सर अपनी स्कूटर उठाते और घर चल देते। एक ढंग से वे अपने घर पर छापा मर रहे थे। यही वह समय होता जब महिमा और घृतनाथ के रंगे हाथ पकड़े जाने की संभावना सबसे ज्यादा रहती। अफसोस, हमेशा घर के बाहर ताला ही लटकता हुआ मिलता। सावन की जान मे जान आती थी क्योंकि उनके दिमाग में इस बारे में कोई बात नहीं थी कि अगर वे दोनों रंगे हाथ पकड़ लेंगे तो क्या करेंगे।

उनका बड़ा बेटा छठीं कक्षा में और छोटा बेटा पाँचवीं कक्षा में थे। दोनों ब्वायज हाईस्कूल में पढ़ते थे और ट्राली से स्कूल आते-जाते थे। घर की एक चाभी उनके पास रहती थी। दोनों का स्कूल नौ बजे से तीन बजे तक रहता था। उनके स्कूल से आने के पहले महिमा कभी-कभी घर आ जाती थी। वैसे वह दोनों बच्चों के लिए खाना बनाकर रखकर जाती थी। महिमा अगर घर नहीं आयी होती तो दोनों बच्चे ताला खोलकर घर में घुस जाते थे। बस्ता यथास्थान रखकर, हाथ-पैर धोकर वे खाना-पीना खुद ही लेकर खा-पी लेते। माँ-बाप, दोनों के नौकरी करने के कारण दोनों बच्चे कम उम्र में ही समझदार और जिम्मेदार बन गये थे। बाहर के ताले की एक चाभी महिमा के पास रहती थी क्योंकि अगर वह बच्चों से पहले घर आ जाती तो वही ताला खोलकर घर में जाती और जल्दी-जल्दी बच्चों के लिए सब कुछ व्यवस्थित करती थी। सावन के पास बाहर के ताले की कोई चाभी नहीं थी। वे घर में बहुत देर में आते थे और पुरुष होने के नाते परिवार की सारी जिम्मेदारियों से अपने को मुक्त समझते थे। महिमा उनसे किसी काम के लिए कहती तो वे ऑफिस से कोई चपरासी भेज देते थे जो महिमा द्वारा कहे गये काम को कर देता था। धीरे-धीरे महिमा इस बात की अभ्यस्त हो गयी थी। उसे सावन से कोई काम कहना होता तो सीधे कह देती कि आज ऑफिस से कोई चपरासी भेज देना, कुछ काम है घर पर।

सब कुछ ठीक-ठाक और सही तरीके से चल रहा था कि ज़िन्दगी में यह भयंकर झंझावात आ गया। स्थिर जल में साधना ने इतना बढ़ा पत्थर उठाकर फेंक दिया कि पानी आन्दोलित हो उठा। अब वह स्थिर होने का नाम ही नहीं ले रहा था। सावन लगभग दस बार घर पर छापा मार चुके थे और हर बार उन्हें बाहर ताला ही लटकता मिला। हर छापे पर लटका ताला देखकर उनका सुकून थोड़ा सा बढ़ जाता था। उन्हें थोड़ा-थोड़ा विश्वास होने लगा कि लगता है ज़िन्दगी की गाड़ी धीरे-धीरे फिर से पटरी पर आ जाएगी। महिमा पर उनका विश्वास फिर से लौटने लगा। अब वे साधना से कटने लगे थे। उन्हें लगा कि सम्भवतः दुष्ट और मक्कार

किस्म की महिला है साधना और न जाने किस उद्देश्य से मेरी हँसती-खेलती गृहस्थी में आग लगाना चाह रही है। औरतों को समझ पाना बहुत कठिन काम होता है।

उस दिन सावन ने फिर अपने घर पर छापा मारा। उनका जी धक्क से हो गया। गेट में बाहर से ताला खुला था। उन्होंने स्कूटर गेट के बाहर खड़ी कर दी। कुछ देर तक सहमे हुए दिल से वे बाहर ही खड़े रहे। अन्ततः गेट खोलकर वे अन्दर घुसे। बाहरी दरवाजे का ताला भी बाहर से खुला हुआ था। दरवाजा अन्दर से बन्द लग रहा था। भावी अनर्थ की आशंका से उनका दिल काँप उठा। उन्होंने दरवाजा को धक्का दिया। दरवाजा सचमुच अन्दर से बन्द था। दरवाजा पीटकर उन्होंने आवाज़ लगायी, "महिमा...महिमा!" अन्दर सचमुच महिमा और घृतनाथ कामक्रीड़ा में निमग्न थे। सावन की आवाज़ सुनकर घृतनाथ घबरा गये और वे महिमा के ऊपर से उठने लगे। महिमा ने उन्हें कसकर पकड़ लिया। काम शुरू किये अभी ज्यादा देर नहीं हुई थी और दोनों अभी चरम सुख तक नहीं पहुँच पाये थे। महिमा बहुत उत्तेजित थी और पूरी संतुष्टि चाहती थी। वह खिसिया गयी, "आज पता नहीं कहाँ से नामुराद इतनी जल्दी टपक पड़ा। उसको दरवाजा पीटने दीजिए। मैं बहुत उत्तेजित हूँ और पहले मुझे शान्त कीजिए। इस कुत्ते को मैं सम्हाल लूँगी। आप बिलकुल भी चिन्ता मत करिए।" घृतनाथ फिर शुरू हो गये। हालाँकि उनके मन में घबराहट हो रही थी। उधर सावन दरवाजा रह-रहकर पीट दे रहे थे, "महिमा...महिमा...।"

न तो अन्दर से कोई उत्तर मिल रहा था और न ही दरवाजा खुल रहा था। सावन का शक पक्का हो गया। वे दरवाजे पर डटकर खड़े हो गये। उधर महिमा और घृतनाथ संतुष्ट हो गये तो जल्दी-जल्दी कपड़ा पहनने लगे। महिमा ने घृतनाथ को सोफे पर बैठा दिया। जाकर खुद दरवाजा खोला और सावन को डाँटने लगी, "इतनी जोर-जोर से चिल्ला क्यों रहे थे? खोल रही थी न दरवाजा! हम लोग कुछ जरूरी काम कर रहे थे।" सावन दनदनाते हुए घृतनाथ के पास जाकर खड़े हो गये, "यह आप ठीक नहीं कर रहे हैं! आपका अपना खुद का परिवार है। अपनी पत्नी के साथ जाकर मजा मारिए। दूसरों का परिवार क्यों उजाड़ने पर लगे हैं। यहाँ एकान्त पाकर महिमा के साथ गुलछर्रे उड़ा रहे हैं? आप विश्वविद्यालय के प्रोफेसर हैं। कुछ तो शर्म करिए। क्यों इलाहाबाद विश्वविद्यालय का नाम डुबोने पर तुले हुए हैं?" घृतनाथ ने सिर झुका लिया। उनकी बोलती बन्द हो गयी। महिमा आकर सावन के पास खड़ी हो गयी, "दिमाग खराब हो गया है क्या तुम्हारा? हम दोनों इस बात पर विचार विमर्श कर रहे थे कि कबीर विषयक आचार्य रामचन्दु शुक्ल जी की जो मान्यता है, वह सही है या नहीं? इसीलिए दरवाजा खोलने में थोड़ी सी देर हो गयी। तुम तो सीधे-सीधे हम दोनों के चरित्र पर ही लांछन लगा दे रहे

हो। जरा जबान सम्हाल कर बात करो। घर में आये किसी मेहमान से इसी तरह बात की जाती है?'' सावन ने एकदम से महिमा की साड़ी उठाकर उसकी योनि पर एक हाथ रगड़ दिया। हाथ में बहुत सारा वीर्य लिपट गया। सावन गुर्राये, ''यह कबीर का वीर्य है या आचार्य रामचन्द्र शुक्ल का? इतना बड़ा अधिकारी हूँ और रोज इतने सारे लोगों को डील करता हूँ। तुमने मुझे बेवकूफ समझ रखा है? अपने घर में अपने यार को लाकर उसके साथ गुलछर्रे उड़ा रही हो और सोच रही हो कि कबीर और आचार्य रामचन्द्र शुक्ल का नाम लेकर मुझे बेवकूफ बना दोगी? मैं थोड़ी न जानता कबीर और आचार्य रामचन्द्र शुक्ल के बारे में? दो-दो बच्चों की माँ हो गयी हो। इस तरह की हरकत करते हुए तुम्हें शर्म नहीं आती? विश्वविद्यालय के हिन्दी विभाग में यही सब पढ़ाई होती है क्या?'' महिमा रोने लगी, ''हे भगवान, मुझे इस दुनिया से उठा ले। मेरा पति ही मेरे ऊपर शक कर रहा है। मुझे चरित्रहीन ठहरा रहा है। जब पति का यह हाल है तो दुनियावाले मुझे न जाने क्या कहेंगे? मेरे बच्चे मेरे बारे में सब सुनेंगे तो क्या होगा? मेरे पति को मतिभ्रम हो गया है। किसी पुरुष के साथ बात करना भी गुनाह हो गया है।'' ''वाह-वाह! क्या ड्रामा है?'' सावन ने कहा, ''ज्यादा त्रियाचरित्र दिखाने की जरूरत नहीं है। मेरी आँख में धूल झोंक रही हो या अपने? रंगे हाथ अपने यार के साथ रँगरेलियाँ मनाते हुए पकड़ी गयी। यार के वीर्य से पूरी...भीगी हुई है और ऐसा नाटक कर रही है जैसे इसके साथ बड़ा अत्याचार हो रहा है। तुम क्या सोच रही हो, मुझे कुछ पता नहीं है क्या? यह घृतनाथ तुम्हारा बहुत पुराना यार है। जब तुम एम.ए. कर रही थी और यह डी.फ़िल. कर रहा था, तब से तुम दोनों का नैन-मटक्का चल रहा है। तुम इसी से शादी करना चाह रही थी, क्योंकि तुम्हारी जान इसी में बसती थी। इससे तुम शादी इसलिए नहीं कर पायी क्योंकि यह बेरोज़गार था और तुम भी बेरोज़गार थी। तुम्हारा पेट भर पाने में यह असमर्थ था, इसलिए तुमने मुझसे शादी कर ली। मुझसे शादी करके भी तुम इसकी प्रेमिका बनी रही और इसके साथ गुलछर्रे उड़ाती रही। हकीकत तो यह है कि तुमने कभी मुझे अपना पति माना ही नहीं। दिल से तुम हमेशा इसी को अपना पति मानती रही। इसीलिए तुम मुझसे एक न एक बहाना करके घूम-फिरकर इलाहाबाद में ही रहती थी और अपने यार के साथ गुलछर्रे उड़ाती रहती थी। विश्वविद्यालय परिसर में पूरी बेहयाई के साथ तुम इसकी स्कूटर के पीछे बैठकर घूमती रहती हो। पूरे हिन्दी विभाग में प्राध्यापकों में ही नहीं, छात्र-छात्राओं में तुम दोनों की प्रेम कहानी आम है। वहाँ तुम दोनों पूरी बेहयाई से खुद को सबके सामने प्रेमी-प्रेमिका स्वीकार करते हो। यह लैला-मजनूँ की कहानी तुम्हारे विभाग से ही मुझे पता चली है। आज मैं ऑफिस से इसीलिए जल्दी आया

था। मैं तुम दोनों को रँगरेलियाँ मनाते हुए रंगे हाथ पकड़ना चाहता था।'' महिमा सन्न रह गयी। इसका मतलब विभाग के किसी आदमी ने इनको सब कुछ बता दिया। जरूर भृगुनाथ या उनके किसी गुट के किसी आदमी का काम होगा। अब दबने से काम नहीं चलेगा। दबने से जिन्दगी नर्क हो जाएगी।

"तो तुमने हम दोनों को रंगे हाथ पकड़ लिया न?'' महिमा ने कहा, "अपने हिसाब से तीर मार लिया न? ठीक है! अगर तुम मानते हो कि हम दोनों एक दूसरे से प्यार करते हैं तो यही सही। हम दोनों करते हैं एक दूसरे से प्यार। जाओ थाने में हम दोनों के खिलाफ रिपोर्ट लिखवा दो। पूरे शहर में ढिंढोरा पिटवा दो कि मेरी पत्नी घृतनाथ से प्यार करती है। तुम्हारे ऑफिस में जितने लोग तुमसे मिलने आया करें, सबको यह बात बता दिया करो। अखबार मे एक पृष्ठ का विज्ञापन निकलवा दो कि घृतनाथ और मेरी पत्नी एक दूसरे से प्यार करते हैं और उनके इस कृत्य के लिए मैं उनकी कठोर निन्दा करता हूँ। इस आशय के बड़े-बड़े पोस्टर छपवा लो और उन्हें शहर के चारों तरफ लगवा दो। जैसे विश्वविद्यालय छात्रसंघ के चुनाव में लड़के करते हैं, वैसे तुम भी करो। छात्रों की एक रैली निकलवाओ और उनसे नारा लगवाओ—घृतनाथ...मुर्दाबाद, महिमा...मुर्दाबाद, प्रेम करना बन्द करो। रैली में लड़कों के हाथों में इस आशय के खूब सारे पम्पलेट छपवाकर दे देना। लड़के रास्ते भर उन्हें उड़ाते हुए चलेंगे। कितना मज़ा आएगा न? तुम इस शहर के स्टार बन जाओगे। मैं और घृतनाथ पूरे शहर में खलनायक बन जाएँगे।''

सावन महिमा के इस पलटवार से भौंचक्के रह गये। उनका मूड और खराब हो गया। वे घर के बाहर निकल आये। उन्होंने अपनी स्कूटर स्टार्ट की और ऑफिस चल दिये।

ऑफिस में जाकर वे अपने कमरे मे बैठ गये। उनकी समझ में नहीं आ रहा था कि अब क्या करूँ! मूड एकदम से खराब था। अचानक डिग्री सेवा विभाग का एक बाबू कुछ फाइलें लेकर उनके कमरे में टपक पड़ा। वे चिल्लाते हुए बोले, "आज मेरे पास समय नहीं है। अपनी फाइलें लेकर भाग जाओ। जो काम हो, कल बताना मुझे।'' बाबू डर के मारे भाग खड़ा हुआ। उनके दिमाग में एक विचार बार-बार चक्कर लगाने लगा। मैं महिमा को मार डालूँ। इसके आलाव और कोई चारा नहीं है। या तो उसके खाने में जहर मिला दूँ या रात में सोते समय उसका गला दबा दूँ। लेकिन इसमें फँसने का डर रहेगा। पुलिस की जाँच में अगर भेद खुल गया तो मैं जेल चला जाऊँगा। सारी ज़िन्दगी जेल में ही चक्की पीसते बीतेगी। किस ढंग से इसको मारूँ कि मैं साफ बच निकलूँ? किसी पेशेवर अपराधी को पैसा देकर इसे मरवा दूँ क्या? यह ज्यादा सुरक्षित तरीका रहेगा। लेकिन पुलिस अगर उस

पेशेवर अपराधी तक पहुँच गयी तो पुलिस के सामने वह मेरा नाम उगल देगा। मैं फँस जाऊँगा। एक तरीका है जो काफी सुरक्षित है। घृतनाथ और महिमा स्कूटर से कहीं घूमते रहें तो उन्हें ट्रक से कुचलवा दूँ। महिमा के साथ-साथ घृतनाथ साले का भी काम तमाम हो जाएगा। दोनों मर जायँ तो मेरे दिल को और ठंडक पहुँचेगी। घृतनाथ साले का भी काम तमाम होना जरूरी है। अगर मैंने ऐसा नहीं किया तो मेरी ज़िन्दगी नर्क हो जाएगी। अभी तक तो महिमा मुझसे सब कुछ छुपाकर करती थी। अब वह जान गयी है कि मुझे सब कुछ पता है। अब वह हमेशा मेरे साथ पूरी बेहयाई और बदतमीजी के साथ पेश आयेगी। मेरे सामने घृतनाथ के साथ खुलेआम घूमेगी। घर में किसी के न रहने पर अब वह पूरी ढिठाई से घृतनाथ के साथ रँगरेलियाँ मनायेगी और यदि मैंने दोनों को रंगे हाथ पकड़ने की कोशिश की या दोनों को रंगे हाथ पकड़ लिया तो वह मेरी कोई परवाह नहीं करेगी और मुझे ठेंगे पर रखेगी। ऐसे झगड़ा करके मैं जीत नहीं सकता क्योंकि औरतों से झगड़ा करके कोई पुरुष जीत जाय, यह लगभग असंभव काम है। इस बात को महिमा बहुत अच्छी तरीके से समझती है। तभी तो पूरी तरह से खुद गलत होने के बावजूद उसने मुझे इतनी बातें सुना दीं और मैं न तो कुछ जवाब दे पाया और न कुछ कर पाया। उसको मरवा देने के सिवा उससे जीतने का और कोई दूसरा रास्ता नहीं है। उसे मरवा देने में ही भलाई है।

वे इस बात पर विचार करने लगे कि मेरे काम को कौन अंजाम दे सकता है! वे अपने दिमाग में इस तरह के लोगों के बारे में सोचने लगे जो ट्रक चलवाते हैं और जिनसे उनके काफी अच्छे सम्बन्ध भी हों। काफी देर तक सोचते-सोचते उनके दिमाग में नवीन का नाम आया। नवीन की कई ट्रकें चलती थीं और नवीन से अपना काम करवा भी सकते थे। नवीन की पुत्रवधू महाविद्यालय में प्राध्यापक हो गयी थी। जिस महाविद्यालय में उसे भेजा गया, उस महाविद्यालय का प्रबन्ध-तन्त्र उसे कार्यभार नहीं ग्रहण करने दे रहा था। नवीन मदद माँगने उनके पास आये। उन्होंने महाविद्यालय के प्रबन्धक को बुलवाया और नवीन की बहू को कार्यभार ग्रहरण कराने के लिए कहा। प्रबन्धक आनाकानी करने लगा और तरह-तरह की पट्टी पढ़ाने लगा। उन्होंने प्रबन्धक को चेतवानी दी कि अगर कार्यभार नहीं ग्रहण कराया गया तो मैं महाविद्यालय की ग्रांट रोक दूँगा। प्रबन्धक को मज़बूरन नवीन की बहू को कार्यभार ग्रहण कराना पड़ा। तभी से नवीन उनके एहसानमन्द थे और कहा था कि कभी मेरे लायक कोई सेवा होगी तो जरूर बताइएगा। उनके लायक सेवा की जरूरत पड़ गयी। नवीन ने उन्हें अपने घर पर दावत खिलायी थी, अतः नवीन का घर उन्होंने देख रखा था।

वे अपने कमरे से निकले और स्कूटर से नवीन के घर की ओर चल दिये। वे सोच रहे थे कि अब मेरा काम होना लगभग तय है। इसमें मेरे ऊपर किसी तरह की कोई आँच नहीं आयेगी। वे नवीन के घर पहुँच गये। नवीन के घर के बाहर ही खड़े थे। उन्होंने सावन को देखा तो जैसे धन्य हो गये। दौड़कर वे सावन के पास पहुँचे और उन्हें घर के अन्दर ले गये। पत्नी से तुरंत चाय बनाने को कहा। एक नौकर को समोसा और गुलाब जामुन लेने के लिए दौड़ा दिया। नवीन बोले, "सर, मेरा धन्य भाग्य कि आज आप मेरे घर पधारे। मैं तो अपनी किस्मत पर विश्वास ही नहीं कर पा रहा हूँ। चलिए सर, इससे यह तो सिद्ध हुआ कि आप मुझ जैसे मामूली लोगों को भी याद रखते हैं।" सावन हँसना चाह रहे थे, लेकिन क्षुब्ध होने के कारण केवल मुस्कराहट निकल सकी, "अरे नवीन जी! अगर आप मामूली आदमी हैं तो फिर बड़ा आदमी कैसे होता है? आपकी पचासों ट्रक चलती हैं और मामूली आदमी हैं? क्या शानदार घर बनवा रखा है। भगवान करे, सारे मामूली आदमियों के घर इसी तरह हो जायँ।" नवीन हँसने लगे, "अरे सर, यह तो आप लोगों का बड़प्पन है जो मेरी इतनी तारीफ़ कर रहे हैं, अन्यथा आप जैसे अधिकारियों के सामने हम लोगों की क्या बिसात है?" चाय-नाश्ता आ गया। दोनों नाश्ता करने लगे।

"नवीन जी, मैं आपके पास एक काम से आया हूँ। काम बहुत ही जरूरी है। उम्मीद है आप मुझे निराश नहीं करेंगे।" सावन नाश्ते के बीच में बोले। नवीन सर्तक होकर बैठ गये, "आदेश करिए सर! मेरे लायक काम होगा तो हर कीमत पर आपका काम होगा।" "काम आपके ही लायक था, तभी तो मैं आपके पास आया।" सावन नवीन की आँखों में आँखें डालकर बोले। "तो आदेश करिए सर! समझ लीजिए आपका का काम हो गया।" नवीन ने कहा। सावन बताने लगे, "आप तो जानते ही हैं कि मेरी पत्नी महिमा इलाहाबाद विश्वविद्यालय के हिन्दी विभाग में प्राध्यापक है। हिन्दी विभाग में ही एक और प्राध्यापक है, जिसका नाम है घृतनाथ। महिमा और घृतनाथ का आपस में चक्कर चल रहा है और दोनों के बीच में गलत सम्बन्ध है। मैं किसी अफवाह की बात नहीं कर रहा हूँ। यह सौ प्रतिशत पक्की खबर है। दोनों ने सारी हदें पारकर दी हैं और मेरी पत्नी महिमा मुझे कुछ समझती ही नहीं। उसी घृतनाथ के प्यार में पागल रहती है। शहर में बड़ा अपमान हो रहा है। अब मेरी इज़्ज़त आपके हाथ में है। महिमा घृतनाथ की स्कूटर पर बैठकर हमेशा घूमती रहती है। शहर में दोनों कहीं भी दिख जाएँगे। मैं चाहता हूँ कि आप अपनी किसी ट्रक से घृतनाथ की स्कूटर को इस तरह कुचलवा दें कि घृतनाथ और महिमा दोनों मर जायँ। मैं आपका यह एहसान जीवनभर नहीं भूलूँगा।" नवीन सन्न

रहे गये। उन्होंने सपने में भी नहीं सोचा था कि इस तरह का काम हो सकता है। वे चुपचाप बैठे थे। समझ में नहीं आ रहा था कि क्या जवाब दें।

दोनों के बीच में काफी देर तक चुप्पी छायी रही। अन्ततः सावन ने नवीन से कहा, "आपने कोई उत्तर नहीं दिया। बहुत उम्मीद लेकर आपके पास आया था। आप ही बताइए कि खुलेआम चरित्रहीनता कर रही पत्नी को मैं कैसे बर्दाश्त करूँ? अपनी पत्नी से मुक्ति पाने का मेरे पास और दूसरा कोई उपाय भी तो नहीं है। आप कुछ जवाब तो दीजिए!" नवीन हकलाने लगे, "सर, अगर आप मुझसे मेरा एक नया ट्रक माँग लें तो मैं पल भर भी नहीं सोचूँगा। तुरन्त ट्रक आपको दे दूँगा और उसके सारे कागज-पत्तर आपके नाम करवाकर आपके ऑफिस में पहुँचा दूँगा। यहाँ दो-दो आदमियों की हत्या करने की बात है। आप मुझसे घोर पाप करने के लिए कह रहे हैं। अगर मैं ऐसा पाप करूँगा तो उस पाप की छाया मेरे परिवार पर पड़ेगी, मेरे व्यवसाय पर पड़ेगी। मेरा सब कुछ बर्बाद हो जाएगा। मैं भगवान में घोर विश्वास रखने वाला आदमी हूँ और हमेशा पूजा-पाठ कराता रहता हूँ। ऐसा कर्म करने के बाद, मेरा सारा पूजा-पाठ व्यर्थ हो जाएगा। आपको भी अपने मन में किसी की हत्या करने का विचार नहीं लाना चाहिए। और भी बहुत सारे तरीके हैं। आप अपनी पत्नी से तलाक ले लीजिए। तलाक न लेना हो तो आप खुद भी एक से एक सुन्दर लड़कियों के साथ मज़ा लीजिए और अपनी पत्नी की परवाह ही मत कीजिए। भगवान की दया से आपके पास पैसे की कोई कमी नहीं है। आप पैसा खर्च कीजिए। मैं एक से एक कम उम्र की सुन्दर-सुन्दर लड़कियों की लाइन लगवा दूँगा। लोहे से लोहे को काटिए। आपके बाल-बच्चे भी होंगे। अपनी पत्नी की हत्या करवा देंगे तो बच्चे बेचारे अनाथ हो जाएँगे। उन बेचारों का पालन-पोषण कौन करेगा? आखिर उनका क्या कसूर है? आप दूसरी शादी कर लेंगे। सौतेली माँ कभी बच्चों का ठीक से पालन-पोषण नहीं करती। कल को उसके भी बच्चे हो जाएँगे। वह अपने बच्चों में व्यस्त हो जाएगी। इस तरह का पाप करने का विचार आप त्याग दीजिए। इसी में सब की भलाई है।" सावन मायूस हो गये, "मतलब आप मेरा काम नहीं करेंगे। आपके पास मैं बड़ी उम्मीद लेकर आया था। मेरा काम आपके लिए बाएँ हाथ का खेल है, लेकिन मेरा काम करने के बजाय आपने मुझे एक बड़ा सा लेक्चर पिला दिया। मेरी पत्नी मेरे साथ जो कर रही है, वह पाप नहीं है? शास्त्रों में कहा गया है कि ऐसी औरत कुल का नाश कर देती है। उसकी हत्या कर देने में ही भलाई होती है। मेरे ऊपर पड़ी है न, इसलिए आप मुझे उपदेश दे रहे हैं। अभी अपने ऊपर पड़ी होती तो यह काम पाप न लगता। तुरंत सबको ठिकाने लगा देते। खैर, कोई बात नहीं। आदमी का अपना काम पड़ता है तो वह सामने

वाले का पैर पकड़कर लटक जाता है। दूसरे का काम पड़ता है बहानेबाजी करने लगता है और जान छुड़ाता है।'' नवीन का अपनी बहू के सिलसिले में सावन से फिर काम पड़ सकता था। वे बड़े धर्मसंकट में थे। यह कहाँ की बला आ पड़ी। ससुरा अधिकारी है। कुछ न कुछ नुकसान पहुँचा सकता है। वे दोनों हाथ जोड़कर खड़े हो गये, ''सर, आप तो नाराज़ हो गये। आज मेरी जगह अपने को रखकर देखिए। क्या दो-दो व्यक्तियों की हत्या कर देना उचित है? भले दुनिया यह समझेगी कि दुर्घटना हो गयी, जिसमें दोनों लोग मारे गये। लेकिन मुझे तो पता रहेगा कि सच्च क्या है! इस पाप का फल मुझे भोगना पड़ेगा। भगवान न करे लेकिन अगर कल को मेरे बेटे के साथ कुछ हो गया तो मैं तो यही समझूँगा न कि मैंने जो पाप किया था, भगवान ने उसी का दण्ड मुझको दिया। मेरी इतनी ट्रकें चल रही हैं। इस तरह की दुर्घटनाएँ सचमुच कभी-कभार हो जाती हैं, लेकिन मेरे मन में यह सन्तोष तो रहता है कि ड्राइवर की लापरवाही या मरने वाले की लापरवाही से ऐसा हुआ। मेरा इसमें कोई दोष नहीं है। फिर भी ऐसी दुर्घटनाओं में बहुत हर्जाना भरना पड़ता है। इसीलिए मैं अपने ड्राइवरों को बार-बार सावधान करता रहता हूँ कि गाड़ी हमेशा देखकर चलाया करो। अपनी गाड़ी से कभी किसी निर्दोष की जान न जाने पाये।'' ''इतना भाषण देने की जरूरत नहीं है!'' सावन थोड़ा सा तैश में बोले, ''सीधे-सीधे कह दो कि मैं आपका काम नहीं कर पाऊँगा। भाषण देना तो मुझको भी आता है। मैं आपसे अच्छा भाषण दे सकता हूँ।'' सावन उठकर खड़े हो गये। नवीन भी चाह रहे थे कि जल्दी से जल्दी यह बला यहाँ से टले। सावन घर के बाहर निकल आये और अपना स्कूटर स्टार्ट करने लगे। नवीन भी मन ही मन भुनभुना रहे थे, 'ससुर खुद अपनी बीवी नहीं सम्हाल पा रहे हैं और दूसरे से उम्मीद कर रहे हैं कि वह इनकी बीवी को मार दे।' सावन चल दिये। नवीन ने उन्हें प्रणाम किया। नवीन की जान में जान आयी।

ऑफिस में आकर वे फिर अपने कमरे में बैठ गये। वे अब अपने को बहुत असहाय और निरीह महसूस कर रहे थे। उन्हें लग रहा था कि वे महिमा और घृतनाथ का कुछ नहीं बिगाड़ पायेंगे और वे दोनों उनकी छाती पर मूँग दलते रहेंगे। वे सोचने लगे कि इस अपमानजनक स्थिति से बचने का क्या तरीका हो सकता है? वे यह अच्छी तरह समझ रहे थे कि महिमा को समझाने की कोशिश करूँगा तो वह उल्टा मुझे ही डाँट देगी और पूरी दबंगई के साथ घृतनाथ से सम्बन्ध रखेगी। अगर मैं घर में रोज लड़ाई-झगड़ा और किचकिच करूँगा तो इसका असर बच्चों पर पड़ेगा। वे भी यही सब देखेंगे-सीखेंगे और उनकी पढ़ाई-लिखाई बर्बाद हो जाएगी। बच्चों ने गलत लाइन पकड़ ली तो मेरा जीवन ही व्यर्थ हो जाएगा।

बच्चे ठीक से पढ़-लिख लें और कुछ बन जायँ, इसी में जीवन की सार्थकता है। बच्चों की पढ़ाई-लिखाई के लिए सारी सुख-सुविधा दे रहा हूँ। अभी बच्चे पढ़ने में सही चल रहे हैं। इसी ढर्रे पर उनकी पढ़ाई चलती रहे तो आगे वे सही रास्ता पकड़ लेंगे। मेहनत करके अच्छे पदों पर पहुँच जाएँगे। मेरे जीवन का एकमात्र लक्ष्य अब बच्चों का खुशहाल भविष्य ही बचा है। मेरे अपने जीवन में तो अब कुछ नहीं बचा है। पूरी तरह से खोखला हो चुका है वह। अब तो मुझे जीवन से किसी तरह सामंजस्य बैठाकर किसी तरह जिन्दा रहना है। अगर मैंने अपना जीवन समाप्त कर लिया तो महिमा पर तो कोई असर नहीं पड़ेगा, लेकिर मेरे बच्चे टूट सकते हैं। बच्चे कुछ बनें या न बनें, महिमा की इसमें कोई दिलचस्पी नहीं होगी। वह तो अपने यार के पीछे पागल है और उसके लिए जिन्दगी की सार्थकता इसी में है। अब घर में बिना कोई विवाद किये, मैं अपना कमरा अलग कर लूँगा और महिमा के बजाय बच्चों की पढ़ाई-लिखाई पर ध्यान दूँगा। महिमा भी कोई विवाद नहीं करेगी। घर में उससे अलग रहूँ या मर जाऊँ उसे कोई फर्क नहीं पड़ता। बच्चों को यह नहीं महसूस होने दूँगा कि हम दोनों के बीच कोई मनमुटाव है। बच्चों की उम्र अभी कम है, वे तनाव में आ जाएँगे।

लेकिन महिमा और घृतनाथ को यूँ ही खुला छोड़ देना और हमेशा अपमान सहते रहना भी ठीक नहीं होगा। दोनों को सबक सिखाना होगा और दोनों से बदला लेना होगा। एक तरीका समझ में आ रहा है। घृतनाथ की पत्नी साधना यहाँ मेरे ऑफिस में है। किसी तरह बहला-फुसलाकर मैं उसे अपने जाल में फँसाऊँ। वह भी अपने पति से दुःखी है। थोड़ा सा प्रयास करूँगा तो फँस जाएगी। फिर मैं उसको अपनी स्कूटर पर बैठाकर पूर शहर में घूमूँगा। घृतनाथ मेरी पत्नी को चारों तरफ विजय-पताका की तरह फहरा रहा है और मेरी पत्नी को बदनाम करके मेरी छीछालेदर कर रहा है। ठीक यही मैं उसके साथ करूँगा। उसकी पत्नी साधना को मैं विजय पताका की तरह फहराऊँगा। उसे लेकर विश्वविद्यालय परिसर में भी जाया करूँगा। खासकर हिन्दी विभाग के आसपास चक्कर लगाऊँगा। हिन्दी विभाग के अधिकांश प्राध्यापक और कर्मचारी मुझे भी पहचानते हैं तथा साधना को भी। हिन्दी विभाग वाले जान जाएँगे कि घृतनाथ जो मेरी पत्नी के साथ कर रहा है, वहीं मैं भी उसकी पत्नी के साथ कर रहा हूँ।

सावन को यह विचार बहुत जोरदार लगा। उन्हें लगा कि इससे मैं महिमा और घृतनाथ, दोनों से बदला ले सकूँगा। लोहे को लोहे से काटा जाय। दोनों की अकल ठिकाने आ जाएगी। उन्होंने घंटी बजायी। चपरासी अन्दर आ गया। उन्होंने चपरासी से कहा, "जाओ साधना मैडम को बुला लाओ। कह देना तुरंत आयें।

बहुत जरूरी काम है।'' ''ठीक है साहब, मैं तुरंत जा रहा हूँ बुलाने।'' चपरासी ने कहा और चला गया। सावन को नहीं पता था कि साधना खुद उनके साथ चक्कर चलाने को बेताब है। मछली बेसब्री से जाल फेंके जाने का इंतज़ार कर रही है। वह कूदकर खुद ही उसमें फँसना चाह रही है। वह सावन के पास आयी ही थी जाल फेंकने का आमंत्रण देने। उसके दिमाग में भी वही बात चल रही थी, जो सावन सोच रहे थे। वह भी महिमा और घृतनाथ को सबक सिखाना चाह रही थी। घृतनाथ और साधना की शादी हुए कई साल हो चुके थे। साधना चाहती थी कि घृतनाथ अब कायदे से पति की तरह घर के खूँटे से बँधकर रहें। साधना पहले से काफी बदल गयी थी और अब पर्याप्त कायदे से रहने लगी थी। हाँ, अगर कोई बहुत पसंद आ गया तो मुँह मारने से परहेज नहीं करती थी।

कुछ देर में साधना आ गयी। ''आइए साधना जी आइए। आपने सच कहा था। हम दोनों एक ही कष्ट के मारे हैं। हम दोनों एक दूसरे से अपना सुख-दुःख कहकर अपनी जी हल्का कर सकते हैं।'' सावन ने बड़ी गम्भीरता से कहा और उनसे बैठने का आग्रह किया। साधना भी उसी तरह गम्भीर हो गयी, ''क्या हुआ सर? आपको मेरी बातों पर विश्वास हो गया न? मैं आपसे कह रही थी कि पूरे विश्वविद्यालय में दोनों की प्रेमकथा बहुत ही लोकप्रिय है। चार लोगों से आपने पूछा होगा तो सबने मेरी बात पर मुहर लगायी होगी। मैं अच्छी तरह जान रही थी। आपको आगे-पीछे दोनों की प्रेमकथा पता लगनी ही है। मैं न बताती तो कोई और बताता। दूसरा कोई बताता तो आपको इतना खुलकर न बताता। मैं भी चूँकि उसी दर्द की मारी हुई हूँ, जिसके आप मारे हुए हैं; इसलिए मैंने आपको खुलकर सब कुछ बता दिया और पूरे विस्तार में बता दिया।'' सावन ने घंटी बजाकर चपरासी को बुलाया। चपरासी आ गया। उन्होंने चपरासी से कहा, ''जाओ सड़क पर से तीन अच्छी चाय ले आओ। एक कप अपने लिए भी ले लेना। साथ में कोई बढ़िया मिठाई भी लेते आना।'' चपरासी चला गया। सावन महिमा से बोले, ''मैंने किसी से कुछ नहीं पूछा। ये मेरा बायाँ हाथ देख रही हैं? इस पर अभी भी घृतनाथ का वीर्य लगा हुआ है। सूख गया है। हाथ जरा सा गीला करूँगा तो फिर से पता चलने लगेगा। इसे मैंने महिमा की योनि से पोंछा है।'' वे उठकर वाशबेसिन तक गये। नल चलाकर हाथ को हल्का सा गीला कि। उसके बाद साधना के पास आकर बोले, ''मेरे हाथ को जरा छूकर देखिए।'' साधना ने उनके हाथ पर अपना हाथ रगड़ा। वीर्य की चिपचिपाहट साफ महसूस हो रही थी। साधना के मुँह से निकला, ''अरे बाप रे!'' वह जाकर वाशबेसिन में अपना हाथ धोने लगी। सावन ने भी साबुन से अपना हाथ धोया। दोनों ने तौलिये से हाथ पोंछा। दोनों अपनी-अपनी

कुर्सी पर बैठ गये। साधना ने पूछा, "सर, ये क्या माजरा है? मैं कुछ समझ नहीं पा रही हूँ।" सावन बोले, "क्या बताऊँ और किस मुँह से बताऊँ? बताने में अपनी बेइज़्ज़ती है। लेकिन आप तो अपनी ही हैं। उसी पीड़ा से पीड़ित हैं, इसलिए आपको उन दोनों की वीरगाथा सुनाता हूँ।... उस दिन जब आपने मुझे महिमा की प्रेमकथा सुनायी थी, उसके बाद से ही मैं महिमा पर नज़र रखने लगा। मैं दोपहर में कभी-कभी घर पर एकाएक ऐसे समय पर पहुँच जाता, जब बच्चे स्कूल गये रहते। आज भी वही हुआ। आज भी मैं दोपहर में एकाएक घर पर पहुँच गया। आज पहली बार दोनों मेरे हत्थे चढ़ गये। दरवाजे का ताला बाहर से खुला हुआ था, लेकिन दरवाजा अन्दर से बन्द था। मुझे तुरंत शक हो गया कि अन्दर महिमा और घृतनाथ रँगरेलियाँ मना रहे हैं। मैं स्कूटर बाहर खड़ी करके दरवाजा पीटने लगा। दोनों की बेहयाई तो देखिए। सुनकर आप दंग रह जाएँगी। मैं बाहर महिमा...महिमा... चिल्लाते हुए दरवाजा पीट रहा था और अंदर शायद दोनों कामक्रीड़ा में निमग्न थे। मैं आधे घंटे से ज्यादा देर तक बाहर खड़ा चिल्लाता रहा। दोनों सब कुछ करके आराम से निकले। घृतनाथ सोफे पर बैठ गया और महिमा ने दरवाजा खोला। मैंने जब आरोप लगाया कि तुम दोनों अंदर रँगरेलियाँ मना रहे थे तो महिमा लगी मुझे ही डाँटने। कहने लगी कि हम दोनों आचार्य रामचन्द्र शुक्ल पर विचार-विमर्श कर रहे थे। मुझे भी गुस्सा आ गया। मैंने एक झटके में महिमा की साड़ी पकड़कर उठा दी और अपना बायाँ हाथ उसकी योनि से रगड़ दिया। घृतनाथ का ताजा-ताजा वीर्य उसकी योनि पर फैला हुआ था। ढेर सारा वीर्य मेरे हाथ पर लग गया। मैंने पूछा, यह क्या है? योनि को शेव करे खूब चिकना बनाये हुए थी। मेरे पास आती है तो अक्सर योनि के बाल बड़े ही रहते हैं। कभी-कभार ही शेव करके साफ किये रहती है। लगी रोने गाने और नाटक दिखाने। उल्टा मुझे ही गलत सिद्ध करने पर तुल गयी। मैंने कहा कि ज्यादा त्रियाचरित्र दिखाने की जरूरत नहीं है। मैंने बहुत देखी हैं तुम जैसी औरतें। उसके बाद वह ऐसे रूप में आ गयी कि बताऊँगा तो आप दाँतों तले अँगुली दबा लेंगी। महिमा चिल्लाने लगी—मैं और घृतनाथ करते तो हैं एक दूसरे से को प्रेम। क्या कर लोगे तुम? जाओ पूरे शहर में ढिंढोरा पिटवा दो कि मैं और घृतनाथ एक दूसरे से प्रेम करते हैं। अखबार में एक पृष्ठ का विज्ञापन निकलवा दो कि हम दोनों एक दूसरे को प्यार करते हैं। पट्ठा घृतनाथ भी वहीं सोफे पर जमा बैठा रहा। उठकर वहाँ से गया नहीं। दूसरा कोई होता तो रंगे हाथ पकड़े जाने पर शर्म के मारे वहाँ से भाग खड़ा होता।" साधना को भी क्रोध आ गया, "हे भगवान! दोनों की ऐसी ढिठाई? दोनों नाक कटवाने पर तुल गये हैं? नाक क्या कटवाएँगे? नाक हो न, तब कटवायेंगे। ऐसा है सर, चलिए हम दोनों

उन दोनों के खिलाफ़ पुलिस में रिपोर्ट लिखवाते हैं।" सावन मायूस होकर बोले, "दोनों के खिलाफ़ किस धारा मे रिपोर्ट लिखवायेंगे? पुलिसवाले हम लोगों की ही छीछालेदर करेंगे। कहेंगे कि आप लोगों के घर का मामला है, आप लोग खुद निबटाइए। पुलिस इसमें हम लोगों की कोई मदद नहीं कर पायेगी।"

दोनों चुप हो गये। साधना गुस्से से भरी हुई थी। साधना को गुस्से में देखकर सावन को भी फिर से गुस्सा आ गया। वे भी एक से दो हो गये। तब तक चपरासी चाय लेकर आ गया। उसने मेज पर चाय और मिठाई सजा दी। चपरासी ने एक कप चाय खुद भी ले ली। वह दरवाजे के बाहर स्टूल पर बैठकर चाय पीने लगा। सावन ने उसको बुलाकर कुछ मिठाइयाँ भी दे दीं। सावन और साधना चुपचाप चाप पीने लगे। दोनों समझ रहे थे कि इस समय कुछ भी बोलना ठीक नहीं है। बाहर चपरासी बैठा है। वह सब कुछ सुन लेगा। अगर उसने इस बारे में कुछ भी सुन लिया तो पूरे निदेशालय में चारों तरफ सबको बता देगा। दोनों मिठाई खाते और चाय पीते इंतज़ार कर रहे थे कि चाय का दौर समाप्त हो जाय तो फिर आगे कुछ कहा सुना जाय।

सब चाय पी चुके। चपरासी सारे कप-प्लेट धोकर आलमारी में रखने लगा। सावन उससे बोले, "अब तुम यहाँ से जाओ। हम लोगों को कुछ जरूरी बातें करनी हैं। मैं नहीं चाहता कि हमारी बातें कोई सुने।" "जैसी आज्ञा सर!" कहकर चपरासी वहाँ से चला गया। कप-प्लेट रखकर उसने आलमारी ठीक से बन्द कर दी थी। सावन ने कहा, "साधना जी, जैसे मैंने आज घृतनाथ और महिमा को रंगे हाथ पकड़ा वैसे ही मैं चाहता हूँ कि एक दिन घृतनाथ को भी हम लोग अपने को रंगे हाथ पकड़ने को मौका दें। जब घृतनाथ का घर आने का समय हो, मैं और आप आपके घर में दरवाजा बंद करके बैठ रहें। हम लोग कुछ करेंगे नहीं, बस ऐसे ही बैठे रहेंगे। घृतनाथ जब दरवाजा खटखटाएँ तो आप काफी देर में दरवाजा खोलिएगा। जिससे घृतनाथ समझें कि हम लोग अन्दर रँगरेलियाँ मना रहे थे। तब वे भी उसी स्थिति से गुजरेंगे, जिस स्थिति से इस समय हम लोग गुज़र रहे हैं।" साधना बोली, "और अगर उन्होंने भी मेरी साड़ी उठाकर मेरी योनि में हाथ लगा दिया, जैसा कि आपने किया था, तो उन्हें सब कुछ सूखा मिलेगा। वे समझ जाएँगे कि हम लोग बदला लेने के लिए नाटक कर रहे है। हम लोग ऐसे ही नहीं बैठे रहेंगे। हम लोग भी वही सब करेंगे जो वे लोग कर रहे थे। वास्तव में हम लोगों का बदला तभी पूरा होगा। अब मैं और आप मिलकर दोनों के एक-एक कृत्य का हिसाब लेंगे, जिसके उनको भी वही महसूस हो जो हम लोगों को महसूस हो रहा है।"

अगले दिन सावन और साधना ने ऑफिस से छुट्टी ले ली। दोनों ने तय यह किया कि आज दिनभर बदला लेना है। जितने भी तरीके से हो सके। सबसे पहले दस बजे के आसपास सावन स्कूटर से साधना के घर गये। वहाँ कुछ देर तक चाय-पानी हुआ। आगे की रणनीति भी बनी। सावन ने साधना को अपनी स्कूटर के पीछे बैठाया और चल दिये विश्वविद्यालय की ओर। विश्वविद्यालय के अन्दर पहुँचकर वे स्कूटर को इधर से उधर घुमाने लगे। बहुत धीरे-धीरे वे चला रहे थे स्कूटर। जिससे ज्यादा से ज्यादा लोग देखें और जो पहचानते हैं वे ठीक से पहचान लें। घूमफिर कर वे स्कूटर को हिन्दी विभाग के सामने ले जाते थे। कुछ लोग दोनों को पहचानते थे। उनके माध्यम से पहले धीरे-धीरे कानाफूसी शुरू हुई। फिर विभाग में खबर फैलनी शुरू हुई। हिन्दी विभाग के मुख्य दरवाजे पर लोग जमा होने लगे। तमाशा देखने के लिए। विभाग के क्लर्क, चपरासी और प्राध्यापक भी इकट्ठा होने लगे। कुछ लड़के घृतनाथ के कमरे में पहुँच गये। वहाँ घृतनाथ और महिमा दोनों बैठ हुए थे। एक लड़का बोला, "सर, यहाँ आप दोनों कमरे में बैठकर प्रेमालाप कर रहे हैं, वहाँ बाहर आप दोनों का विरोधी गुट नयी प्रेमगाथा की रचना कर रहा है।" "क्या मतलब?" घृतनाथ ने गुस्से से पूछा। लड़का हँसा, "आपकी पत्नी और मैडम के पति बाहर स्कूटर से घूम रहे हैं। स्कूटर के पीछे बैठी हुई आपकी पत्नी मैडम के पति से इस तरह चिपकी हुई हैं, जैसे विक्रमादित्य से बेताल चिपका हुआ हो। सब लोग तमाशा देख रहे हैं। आप दोनों भी चलकर अपने जोड़ीदार की छिनाराबाजी देखिए। कसम से मज़ा आ जाएगा।"

घृतनाथ और महिमा उत्सुकतावश आकर विभाग के दरवाजे पर खड़े हो गये। दोनों को देखकर लड़के हँसने लगे। भीड़ बढ़ने लगी, अतः तमाम लोग विभाग के बाहर आ गये। तभी फिर सावन की स्कूटर उधर आ निकली। लड़कों ने घृतनाथ और महिमा को देख लिया था। दोनों को चिढ़ाने के लिए लड़के खूब जोर-जोर से ताली बजाने लगे। उसी में नारेबाजी भी शुरू हो गयी, "घृतनाथ महिमा जिन्दाबाद!" "जिन्दाबाद-जिन्दाबाद।" सावन ने देखा कि बहुत मजमा लग गया है तो उन्होंने स्कूटर विभाग के सामने ही रोक ली। स्कूटर खड़ी करके वे और साधना लोगों के बीच पहुँच गये और हाथ जोड़कर लोगों का अभिवादन करने लगे। विभाग के प्राध्यापक दोनों के अभिवादन का उत्तर देकर दोनों को हालचाल पूछने लगे। महिमा को बड़ा क्रोध आया। वह पैर पटकते हुए स्टाफ रूम की ओर चल दी। घृतनाथ भी चुपके से अपने कमरे की ओर खिसक लिये। लड़के ताली बजाते हुए उल्टा नारा लगाने लगे, "घृतनाथ महिमा मुर्दाबाद!" "मुर्दाबाद-मुर्दाबाद...।" सावन और साधना को भृगुनाथ अपने कमरे की ओर लिवाकर चल दिये। भृगुनाथ की

मित्रमंडली भी साथ हो ली। लड़के भी पीछे-पीछे चल दिये। वे नारा लगा रहे थे, "घृतनाथ साला लुच्चा है!" "लुच्चा है...लुच्चा है..." "घृतनाथ साला छिनरा है" "छिनरा है-छिनरा है...।" विभाग में एकदम उत्सव सा माहौल हो गया था। चारों तरफ चहल-पहल व्याप्त थी। लड़कियाँ अलग ही-ही कर रही थीं। लड़के अलग हुड़दंग मचाये हुए थे। प्राध्यापक, क्लर्क और चपरासी सब रससिक्त थे। समाचार विभागाध्यक्ष प्रो. अनिरुद्ध तक भी पहुँच चुका था, परन्तु लड़कों के डर के मारे वे अपने कक्ष में ही बैठे हुए थे। वे समझ रहे थे कि भलाई इसी में है कि किसी के पक्ष में कुछ न बोला जाय। नाहक छीछालेदर होगी। एकाध घंटे बैठने के बाद सावन और साधना स्कूटर से घर चल दिये। दोनों ने बिलकुल भी उम्मीद नहीं की थी कि यह सब हो जाएगा। वे तो केवल स्कूटर से विश्वविद्यालय में टहलकर दोनों को जलाना चाहते थे। जो कुछ अप्रत्याशित हो गया, उससे उनके कलेजे में ठंडक ही पहुँची। घृतनाथ और महिमा की भरपूर छीछालेदर हुई।

दोनों स्कूटर से साधना के घर पहुँचे। लगभग तीन बज रहे थे। स्कूटर बाहर खड़ी करके सावन साधना के साथ उसके ड्राइंगरूम में पहुँचे और सोफे पर पसरकर बैठ गये, "मज़ा आ गया। दोनों ने हम दोनों की इज़्ज़त तो उतार ही रखी है। आज उन दोनों की भी उतर गयी और सार्वजनिक रूप से उतर गयी। अब यह बात पूरे विश्वविद्यालय में फैलेगी। प्राध्यापकों के बीच भी और छात्रों के बीच भी। दोनों बहुत लैला-मजनूँ बने फिरते थे। अब ये लोग बेहयाई से प्रेम प्रदर्शन करेंगे तो लोग मज़ाक उड़ायेंगे। लड़कों से दोनों किसी दिन पिट भी सकते हैं।" साधना बोली, "अभी ये तो पहला अध्याय ही था। शाम को घर तो आने दीजिए। आधी जान तो वैसे ही सूखी होगी। जब हम दोनों को रंगे हाथ पकड़ेंगे, तब क्या दशा होगी। आदमी जब दूसरों को परेशान करता है जलाता है, तब उसकी समझ में कुछ नहीं आता। जब मियाँ की जूती मियाँ के सिर पड़नी शुरू होती है, तब पता चलता है आटे-दाल का भाव। दोनों ने बहुत जी जलाया है। अब गिन-गिनकर हिसाब करूँगी।" "कितने आश्चर्य की बात है!" सावन ने कहा, "इतने सालों से यह सब हो रहा था। यह कमीनी औरत महिमा मुझे लगातार धोखा दे रही थी और मुझे हवा तक नहीं लगी। मैं स्थानान्तरित होकर यहाँ न आता तो अब भी मुझे कुछ न पता चला होता। मैं पागलों की तरह पैसा कमाने में लगा था और जिन्दगी का कुछ सुख ही नहीं जाना। जिन्दगी का असली आनन्द यह कुतिया उठा रही थी। हाय री किस्मत! यह बेवफा औरत मेरे ही पल्ले पड़नी थी। दो बच्चे भी हो गये हैं अन्यथा मैं इस औरत को तलाक दे देता और दूसरी शादी कर लेता। बच्चों का भविष्य भी बनाना है।" साधना जाकर सावन से सटकर बैठ गयी और मुस्कराकर

बोली, "मेरे होते हुए आप दूसरी शादी के लिए क्यों परेशान हो रहे हैं? आप मुझे अपनी ही समझिए! जब जितनी देर इच्छा हो, मेरे साथ समय बिताइए। मेरे तो बच्चे भी नहीं हैं। आपका मेरे साथ जब भी समय बिताने का मन किया करे आप मुझे ऑफिस में स्कूटर पर बैठा लिया करिए और मेरे साथ मेरे घर आ जाया करिए। फिर केवल मैं और आप।" साधना अपना सिर सावन के सीने पर रगड़ने लगी। सावन उत्तेजित होने लगे। वे अभी कुछ करने के मूड में नहीं थे। वे अपनी शक्ति बचाकर रखना चाहते थे, जिससे घृतनाथ के आने पर वे साधना को पूरी तरह सन्तुष्ट कर सकें। उन्हें अभी अपनी सारी ताकत खर्च करना उचित नहीं प्रतीत हो रहा था। उन्हें अन्दर से भय लग रहा था कि पता नहीं दुबारा मैं साधना के साथ कुछ कर पाऊँगा या नहीं। उन्होंने साधना से पिण्ड छुड़ाते हुए कहा, "मुझे बड़ी तेज प्यास लगी है। जरा एक गिलास पानी पिलाइए।" साधना पानी लेने के लिए उठ गयी। उनकी जान में जान आयी।

अभी घृतनाथ के आने में देर थी। वे अपना घूमते-टहलते हुए आते थे। घर उनकी प्राथमिकता में नहीं था। फिर भी सावधानी के लिहाज से साधना ने दरवाजा अन्दर से बन्द कर लिया। सावन और साधना ने योजना बना रखी थी कि जैसे घृतनाथ दरवाजा खटखटायेंगे, वैसे ही कार्यक्रम शुरू कर दिय जाएगा। साधना ने एक गिलास पानी लाकर सावन के सामने रख दिया। इसके बाद वह नाश्ता बनाने में लग गयी।

घृतनाथ छः बजे के लगभग घर आये। अन्दर से वे बहुत उद्विग्न थे और उनकी घर आने की बिलकुल भी इच्छा नहीं थी, लेकिन विश्वविद्यालय में जो कुछ आज हुआ, उसके चलते वे कहीं जाने की भी स्थिति में नहीं थे। उन्हें लग रहा था कि सारे घटनाक्रम की लीपापोती होने में आठ-दस दिन लग जाएँगे। तब तक शान्तिपूर्वक रहने और सिर झुकाकर चलने में ही समझदारी है। वे सोच रहे थे कि बवाल करके सावन अपने घर चले गये होंगे। साधना भी घर में अकेली होगी। उन्हें सपने में भी गुमान नहीं था कि सावन उन्हीं के घर में पड़े हुए हैं तथा एक लफड़ा और उनका इंतज़ार कर रहा है। उन्होंने दरवाजा को धीरे से धक्का दिया। दरवाजा अन्दर से बन्द था। साधना को आवाज़ देने की उनकी हिम्मत नहीं पड़ी। उन्होंने तीन-चार बार दरवाजे को जोर-जोर से पीटा। अन्दर साधना और सावन सर्तक हो गये। वे समझ गये कि दरवाजा घृतनाथ ही पीट रहे हैं। साधना ने सावन का हाथ पकड़ा और उन्हें लेकर शयनकक्ष में चली गयी। दोनों को कोई जल्दी नहीं थी। दोनों ने आराम से कपड़ा उतारा और कामक्रीड़ा में रत हो गये। सावन आज ज़िन्दगी में पहली बार महिमा के अलावा किसी अन्य औरत के साथ कामक्रीड़ा कर रहे थे। उन्हें बहुत मज़ा आ रहा था।

सावन को साधना महिमा से कई गुना ज्यादा स्वादिष्ट और सेक्सी लग रही थी। कहावत है कि मर्दों को अपना बेटा और दूसरे की बीवी ज्यादा अच्छे लगते हैं। यह वही साधना थी जिसमें घृतनाथ को विशेष दिलचस्पी नहीं थी। उन्हें साधना बेकार चीज लगती थी। सावन साधना के ऊपर पगलाकर टूटे पड़े थे। वे किसी हालत में उसे छोड़ना ही नहीं चाह रहे थे। उतनी ही कामक्रीड़ा कर रहे थे और उतना ही नोच-खसोट रहे थे। साधना को भी बहुत मज़ा आ रहा था। यह देखकर उसे बहुत गर्व महसूस हो रहा था कि उसका अधिकारी उसमें इतनी रुचि ले रहा है। एकदम प्यासा और अधीर होकर उसके ऊपर पिला पड़ा है और उसे छोड़ने का नाम नहीं ले रहा है। दोनों आपस में इस तरह खो गये कि सब कुछ भूल गये थे। उन्हें इसका भी ध्यान नहीं रहा था कि दरवाजे के बाहर घृतनाथ खड़े हैं और वे दरवाजा खुलने का इंतज़ार कर रहे हैं। कहाँ तो वे केवल घृतनाथ को सबक सिखाना चाह रहे थे, कहाँ वे एकदम से पागल हो उठे। साधना उतनी नहीं पगलाई हुई थी, क्योंकि वह पराये मर्दों का भक्षण करने की अभ्यस्त थी। सावन कुछ ज्यादा उत्तेजित हो गये थे क्योंकि जीवन में पहली बार उन्हें पराई औरत का सुख मिल रहा था।

दरवाजे के बाहर खड़े-खड़े घृतनाथ बहुत परेशान हो रहे थे। बेचैन भी हो रहे थे। शुरू में दरवाजा पीट लेने के बाद न तो उन्होंने आवाज़ लगायी और न ही फिर दरवाजा पीटा। वे इस बात को लेकर निश्चित थे कि साधना ने दरवाजा पीटना सुन लिया होगा और वह यह भी समझ गयी होगी कि दरवाजे पर खड़ा कौन है। उन्हें लग रहा था कि साधना बहुत गुस्से में है और इसीलिए वह दरवाजा नहीं खोल रही है। उनकी हिम्मत दरवाजे को और पीटने की नहीं हो रही थी। दरवाजे पर खड़े-खड़े वे साधना के गुस्से से बचने का उपाय सोच रहे थे। उन्हें यह बिलकुल भी आभास नहीं था कि अन्दर प्रणयलीला चल रही है। बाहर खड़े-खड़े एक घंटे से ऊपर हो गये। घृतनाथ वहाँ से अपने मित्र के घर जाने की सोचने लगे। अचानक दरवाजा खुल गया। साधना ने दरवाजा खोला। घृतनाथ अन्दर घुसे तो देखा कि सावन भी बैठे हुए हैं।

घृतनाथ का खून खौल उठा, 'तो यह बात थी। यह साला मुझसे अपना बदला ले रहा है? मैंने जो कुछ इसकी पत्नी के साथ किया, वही अब यह मेरी पत्नी के साथ कर रहा है? यह मेरी ज़िन्दगी नरक करना चाह रहा है। इसको पता नहीं है कि यह किससे पंगा ले रहा है!' घृतनाथ सीधे अपने शयनकक्ष में गये। उन्होंने देखा कि बिस्तर अस्त-व्यस्त है और चादर पर कई जगह वीर्य का निशान है। उन्होंने खून का घूँट पीकर अपने को संयत किया और शयनकक्ष के बाहर आ गये। घृतनाथ सावन के पास बैठ गये और नकली मुस्कान के साथ बोले, "नमस्कार! आपने चाय-वाय

पिया कि नहीं?'' सावन भी व्यंग्यपूर्वक मुस्कराये, ''चाय तो मैं तीन बजे ही पी चुका था।'' ''ओ-हो!'' घृतनाथ ने कहा, ''काफी देर हो गयी चाय पिये। एक बार और चाय पीजिए। अब की बार मैं बनाता हूँ आपके लिए चाय...साधना तुम्हारे लिए भी एक कप चाय बनाता हूँ...मुझे भी चाय पीनी है, इसलिए एक कप चाय अपने लिए भी बनाता हूँ...साधना तब तक तुम सावन जी के लिए दालमोट, बिस्किट वगैरह निकालो।''

घृतनाथ सचमुच चाय बनाने चले गये। उन्होंने सावन और साधना के सामने बहुत सधा हुआ अभिनय किया। उनके ऊपरी हाव-भाव से बिलकुल पता नहीं चल रहा था कि उनका खून गुस्से से खौल रहा है। वे ऐसा प्रदर्शित कर रहे थे जैसे कुछ हुआ ही नहीं। सावन उनके घर आये हुए अतिथि हैं। साधना और सावन एकदम से भौंचक्के रह गये। दोनों ने एक दूसरे की तरफ देखा। दोनों को लगा, जैसे उनका सारा प्रयास व्यर्थ गया। सावन दूसरी औरत का स्वाद पाकर अन्दर से प्रफुल्लित थे, यह दूसरी बार बात थी। उन्हें उम्मीद थी कि घृतनाथ खूब चीखेंगे-चिल्लायेंगे। हंगामा खड़ा करेंगे। अगल-बगल के लोग भी जुट जाएँगे। ऐसा कुछ भी नहीं हुआ। उन्हें बड़ी मायूसी हुई। साधना फुसफुसायी, ''यह आदमी एकदम चिकना खड़ा है। इज़्ज़त-बेइज़्ज़ती से एकदम परे। यह तो इस ढंग से व्यवहार कर रहा है जैसे रंडियों के दलाल व्यवहार करते हैं।'' सावन फुसफुसाये, ''ज़िन्दगी में ऐसा नपुंसक आदमी तो मैंने देखा ही नहीं। इसे अपनी पत्नी की इज़्ज़त की कोई परवाह नहीं है। इसे चुल्लू भर पानी में डूब मरना चाहिए।''

घृतनाथ चाय बनाकर आ गये। एक ट्रे में तीन कप चाय सजाकर वे हाजिर हुए। ट्रे उन्होंने सावन के सामने रख दी। उन्होंने साधना को डाँटा, ''मैंने तुमसे कहा था कि कुछ दालमोट-बिस्किट ले आओ। यहाँ खड़ी होकर तमाशा क्या देख रही हो? हमारे घर में इतने बड़े अधिकारी आये हैं। वे तुम्हारे भी अधिकारी हैं। कुछ तो शऊर सीखो!'' साधना ने आश्चर्य से घृतनाथ की ओर देखा। सावन की आँखें भी फटी की फटी रह गयीं। साधना अन्दर चली गयी। घृतनाथ सारा तमाशा देख और समझ रहे थे। उन्होंने मन ही मन कहा, 'अभी तुमने मुझे ठीक से जाना नहीं है साले साहब की दुम। ऐसा भिगा-भिगाकर माँरूगा कि जल्दी इधर दिखाई नहीं दोगे। जिन्दगी भर क्लर्कों को नचाया है। किसी प्रोफेसर से तुम्हारा पहली बार पाला पड़ा है। वह भी ऐसे प्रोफेसर से, जिसकी नौकरी ही प्रथम ग्रासे मक्षिकापातः से शुरू हुई है।'

साधना एक ट्रे में दालमोट और बिस्किट लेकर आ गयी। उसने भी ट्रे सावन के सामने रख दी। तीनों वहीं बैठ गये। एकदम सन्नाटा छाया हुआ था। कोई कुछ बोल नहीं रहा था। सावन और साधना सिर झुकाये बैठे हुए थे। अन्ततः घृतनाथ ने ही सन्नाटे को भंग किया, ''सावन जी चाय लीजिए नहीं तो ठंडी हो जाएगी।''

उन्होंने बिस्किट का प्लेट उठाया और उसे सावन के सामने कर दिया, "आप अतिथि हैं। शुरुआत तो करिए।" सावन बोले, "नहीं, मैं बिस्किट नहीं खाऊँगा। बिस्किट खाने की मेरी इच्छा नहीं है।" "लेंगे कैसे नहीं? एक बिस्किट खाने से क्या हो जाएगा? अरे, यह एक मास्टर की झोपड़ी है। यहाँ बिस्किट ही खाने को मिलेगा, रसगुल्ला नहीं। आप लोग अधिकारी हैं। बड़ी-बड़ी पार्टियों में रसगुल्ला और रसमलाई खाने की आदत है। गरीब मास्टरों के यहाँ यह सब कहाँ मिलेगा?" "नहीं-नहीं, ऐसी बात नहीं है।" कहकर सावन ने एक बिस्किट उठा लिया। घृतनाथ की शालीनता से वे शर्मिन्दा भी हो रहे थे और अपने को अपमानित भी महसूस कर रहे थे। घृतनाथ उनकी बिलकुल समझ में नहीं आ रहे थे। वे यह समझ नहीं पा रहे थे कि यह आदमी नाटक कर रहा है या इसी तरह का है। उनका दिमाग इसी में उलझा हुआ था कि महिमा को यही नपुंसक पसंद आया था? इसे तो कोई नाच मंडली खोल लेनी चाहिए। साड़ी पहनकर नाचते हुए यह आदमी ज्यादा अच्छा लगेगा। इस महफिल में सावन अपने को असहज महसूस करने लगे। साधना भी अपने हाथ-पैर की अँगुलियाँ मरोड़ रही थी। घृतनाथ की माया उसकी भी समझ के एकदम बाहर थी।

सावन जल्दी-जल्दी चाय पीने लगे। चाय पीकर वे बोले, "अब मैं चलता हूँ। काफी देर हो गयी है।" घृतनाथ ने बड़ी शालीनता से कहा, "ऐसे कैसे चले जाएँगे? जब इतनी देर रुक गये तो खाना खाकर जाइएगा। मैं अपने हाथ से आपको खाना बनाकर खिलाऊँगा। आप देखिए कि मैं कितना अच्छा खाना बनाता हूँ। वैसे खाना तो आप भी अच्छा बनाते होंगे।" सावन मन ही मन झल्ला रहे थे। किसी तरह अपने को संयत करके बोले, "खाना फिर कभी खा लूँगा। आज बहुत देर हो गयी है।" वे उठकर खड़े हो गये और चलने लगे। घृतनाथ उनके सामने खड़े हो गये, "बिना खाना खिलाये तो मैं आज आपको हर्गिज नहीं जाने दूँगा। कौन ऑफिस जाना है? अब तो खाना ही खाना है। चाहे अपने घर पर खाइए, चाहे यहाँ खाइए।" सावन का धैर्य जवाब दे गया। उन्होंने घृतनाथ को धक्कामारकर बगल कर दिया। झल्लाते हुए बोले, "एक बार कह दिया न कि मैं खाना नहीं खा पाऊँगा। क्या बार-बार उसी बात की रट लगाये हुए हैं? मुझे घर जाना है, देर हो रही है।" वे घर के बाहर निकल आये। उन्होंने अपनी स्कूटर काफी दूर खड़ी कर रखी थी। तीन-चार घर आगे। अपनी स्कूटर की ओर चल दिये वे। वे जल्दी-जल्दी भागे जा रहे थे। वे नहीं चाह रहे थे कि कोई उन्हें बाहर तक छोड़ने निकले। वैसे कोई उन्हें बाहर छोड़ने जाना भी नहीं चाह रहा था। घृतनाथ तो एकदम नहीं। साधना शर्म के मारे इस समय किंकर्त्तव्यविमूढ़ हो गयी थी।

अगले दिन घृतनाथ विभाग में गये। वे जिधर से निकल रहे थे, हर व्यक्ति उन्हें देखकर मुस्करा रहा था। उनका मन पहले से ही खिन्न था, और खिन्न हो गया। वे जाकर चुपचाप अपने कमरे में बैठे। उन्होंने तय कर लिया कि आज मैं कोई क्लास नहीं पढ़ाऊँगा। कमरे में उनसे मिलने आज कोई नहीं आ रहा था। एम.ए. अन्तिम वर्ष की कक्षा का समय हो गया। कक्षा के छात्र-छात्राएँ उनका इन्तज़ार कर रहे थे। पन्द्रह मिनट बीत गया। सात-आठ लड़कों ने झुण्ड बनाया और चल दिये घृतनाथ के कमरे की ओर। घृतनाथ कमरे में बैठे हुए थे। एक लड़के ने लगभग डाँटते हुए उनसे कहा, "कस रे छिनरवा! आज पढ़ेउबे न का? सरकार तनखाह देत बा पढ़ावइ बरे कि कुकुर छिनारा करइ बरे?" घृतनाथ भड़क गये, "तमीज से बात करो, समझे! आज मेरा मन नहीं है पढ़ाने का तो नहीं पढ़ाऊँगा। कोई जबर्दस्ती है क्या?" लड़का बोला, "पढ़उब कस न? पढ़इहीं त तोहार बाप! चल क्लास में।" घृतनाथ चिल्लाये, "मैं नहीं पढ़ाऊँगा। क्या कर लोगे तुम लोग?" वह लड़का बाकी लड़कों से बोला, "चल टाँगि लइ चल सारे के। देखा जाइ कइसे न पढ़इहीं।" सभी लड़कों ने मिलकर घृतनाथ को उठा लिया और उन्हें लेकर कक्षा की ओर चल दिये। घृतनाथ जोर-जोर से चिल्लाने लगे, "बचाओ...बचाओ...बचाओ..."

विभाग में सब लोग उधर ही दौड़ पड़े। क्या महिला प्राध्यापक क्या पुरुष प्राध्यापक। छात्र-छात्राएँ, कर्मचारी सब दौड़े। महिमा ने भी यह दृश्य देखा। उसे काटो तो खून नहीं। वह चुपचाप एक कमरे में जाकर बैठ गयी। सबके सामने भृगुनाथ ने लड़कों के ऊपर बनावटी गुस्सा दिखाते हुए उन्हें डाँटा, "तुम लोगों ने यह क्या तमाशा खड़ा कर रखा है? घृतनाथ जी को बकरे की तरह टाँगकर कहाँ ले जा रहे हो? उन्हें आग में भूनने ले जा रहे हो क्या?" लड़कों को पता था कि भृगुनाथ घृतनाथ विरोधी गुट के आदमी हैं। एक लड़के ने उत्तर दिया, "हाँ सर, हम लोग इन्हें भूनने ले जा रहे हैं। आज पूरे हिन्दी विभाग की दावत है। रोटियाँ पहले से बन रही हैं।" विभागाध्यक्ष अनिरुद्ध ने लड़कों को बहुत तेज डाँटा, "तुम लोगों ने यह क्या तमाशा मचा रखा है? यह विभाग है या चिड़ियाघर? तुम लोग तुरन्त घृतनाथ को नीचे उतारो!" लड़कों ने घृतनाथ को जमीन पर खड़ा कर दिया। "यह क्या बदतमीजी है?" अनिरुद्ध ने पूछा। एक लड़के ने दहाड़ते हुए जवाब दिया, "सर, इनके क्लास का काफी देर से समय हो रखा है। ये क्लास में नहीं आये। हम लोगों ने इनके कमरे में जाकर कहा कि चलिए क्लास पढ़ाइए तो इन्होंने जवाब दिया कि मैं नहीं पढ़ाऊँगा। हम लोगों ने पूछा कि क्यों नहीं पढ़ायेंगे तो इन्होंने उत्तर दिया कि मैं नहीं पढ़ाऊँगा, तुम लोग मेरा क्या कर लोगे? सर आप ही बताइए। ये विश्वविद्यालय में आये हुए हैं। विभाग में बैठे हुए है। फिर क्यों

नहीं पढ़ायेंगे क्लास। पढ़ाने के लिए सरकार इनको वेतन देती है। नहीं पढ़ाना है तो वेतन भी न लें। सर, पूरे विभाग को माहौल इन्होंने खराब कर रखा है।'' अनिरुद्ध ने कहा, ''आज उनकी तबीयत ठीक नहीं है। उन्होंने मुझसे पहले ही कह दिया था कि आज मेरी तबीयत ठीक नहीं है, आज मैं कोई क्लास नहीं पढ़ाऊँगा। तुम लोगों को पढ़ने का इतना ही शौक है तो ठीक है। तुम लोग अपनी क्लास में चलो। मैं चल रहा हूँ तुम लोगों को पढ़ाने।''

अनिरुद्ध सब लड़कों को हाँकते हुए उनकी क्लास में लेकर चल दिये। वे घृतनाथ की मानसिक स्थिति समझ रहे थे। वे सोच रहे थे कि कल विश्वविद्यालय में सावन और साधना ने जो हरकत की उससे घृतनाथ बहुत परेशान हैं। उन्हें नहीं पता था कि शाम को घृतनाथ एक और हादसा झेल चुके हैं और दूसरे हादसे ने घृतनाथ का वही हाल किया है, जैसे किसी आदमी को बिच्छू ने डंक मार दिया और तीन घंटे बाद उसी बिच्छू ने फिर डंक मार दिया हो।

घृतनात रुँआसे होकर अपने कमरे में चले गये। वहाँ इकट्ठे लोग भी धीरे-धीरे इधर-उधर से गये। दो घंटे में स्थिति सामान्य हो गयी। महिमा बचते-बचाते घृतनाथ के कमरे की ओर चल दी। घृतनाथ के कमरे में घुस गयी तो उसकी जान में जान आयी। घृतनाथ उदास, मुँह लटकाये हुए थे। महिमा को देखकर उन्हें कुछ राहत महसूस हुई। वे बोले, ''लगता है, तुम्हारे पति सावन और मेरी पत्नी साधना एकदम परेशान करने पर तुल गये हैं। दोनों मिलकर मुझको यहाँ से भगाकर ही मानेंगे।'' महिमा ने कहा, '' हाँ, कल दोनों ने यहाँ पर बहुत तमाशा खड़ा किया। घर जाकर मैंने सावन से बात नहीं की। मैंने उनकी ओर देखा तो नहीं, लेकिन मुझे लग रहा था कि वे मुझे देखक मंद-मंद मुस्करा रहे थे। लड़ाई करके मुझसे जीत पाने की औकात तो है नहीं। लगता है, दोनों ऐसे ही एक न एक नाटक करते रहेंगे। अपने हिसाब से दोनों ने गुरिल्ला युद्ध छेड़ दिया है। हम लोगों को नाकों चने चबवाने के लिए। कुछ दिन और देखती हूँ। अगर दोनों अति करेंगे तो सावन और साधना, दोनों को अगल-अलग ठीक से कूँट दूँगी।'' घृतनाथ ने लम्बी साँस खींची, ''कल तुमने जो देखा, केवल उतना ही नहीं हुआ। शाम को एक और कांड किया दोनों ने। मेरे घर में दोनों ने वही सब किया जो हम दोनों करते हैं। दरवाजा अंदर से बन्द था। मैं बाहर खड़ा दरवाजा खटखटा रहा था। मैं घन्टों बाहर खड़ा रहा। दोनों को कोई फर्क नहीं पड़ रहा था। दोनों अन्दर कामक्रीड़ा में लीन थे और वह भी मेरे बिस्तर पर।'' घृतनाथ ने पूरा किस्सा महिमा को सुना दिया। बिना किसी लगा-लपेट के।

महिमा ने अपना सिर पकड़ लिया। वह गुस्से से फनफना उठी। सावन की ओर एक पति और एक मर्द के रूप में कभी उसका ध्यान नहीं गया था। आज

सावन को पहली बार वह अपने पति और एक मर्द के रूप में देख रही थी। आज वह बड़ी शिद्दत से सावन को अपना पति महसूस कर रही थी। उसका पति एक परायी औरत के पास गया? उसे एकदम बर्दाश्त नहीं हो रहा था। साधना उसे पहली बार अपनी सौत जैसी महसूस हो रही थी। इस समय साधना उसके सामने होती तो वह उसका गला घोंट देती। उसे सावन पर भी गुस्सा आ रहा था। उसने ऐसा कृत्य किया। इस आदमी को मैं पीटकर रहूँगी। छोड़ूँगी नहीं। पापी कहीं का। "क्या सोच रही हो महिमा?" घृतनाथ ने पूछा। महिमा ने किसी तरह अपने को संयत किया, "अगर ऐसी बात है कि मैं और आप एक दूसरे को प्यार करते हैं तथा सावन और साधना एक दूसरे को प्यार करते हैं तो उचित यही होगा कि हम लोगों की शादियाँ फिर से हो जायँ। मैं और आप शादी कर लें तथा सावन और साधना शादी कर लें। समस्या बच्चों की ही फँस रही है। वैसे भी मेरा एक बेटा तो आपसे ही पैदा हुआ है। बस यही समस्या है कि पूरे शहर में हम लोग तमाशे की चीज बन जाएँगे, अन्यथा मैं तो यही करती। अपने बच्चे लेकर मैं आपके साथ रहने लगती! फिर देखती क्या कर लेते हैं सावन और क्या कर लेती है साधना?" घृतनाथ कुछ नहीं बोले। पता नहीं क्यों, उन्हें महिमा की बात बिलकुल अच्छी नहीं लगी। उसका पूरा प्रस्ताव ही उन्हें बेहूदा मालूम पड़ रहा था। उनका बस चलता तो वे साधना को भी अपनी पत्नी के रूप में न रखते। उसे भी भगा देते। उन्हें लड़कियाँ और औरतें केवल प्रेमिका के रूप में ही अच्छी लगती थीं। पत्नी का सम्बन्ध ही उन्हें बेहूदा प्रतीत होता था। स्वच्छन्द रहना और प्रेमिकाओं से घिरे रहना। जब इच्छा हो, मनचाही प्रेमिका का भोग लगा लेना। उनके हिसाब से सबसे सुन्दर स्थिति यही थी। उनके कोई बच्चा नहीं था, इसे वे अपना सौभाग्य मानते थे। बच्चे उन्हें कबाहत और बवाल लगते थे। बच्चों के चलते प्रेम रस का परिपाक सही ढंग से नहीं हो पाता। उन्हें यह भी सन्तोष था कि महिमा के पास उनका एक बच्चा है। वे पिता भी हैं। बच्चा उनके घर में उनके साथ नहीं रह रहा है, यह अच्छी बात है। उनके ऊपर बच्चे से सम्बन्धित कोई जिम्मेदारी नहीं है।

महिमा ने कहा, "आज मैं आपके साथ ही घर चलूँगी। बच्चे रहेंगे, अतः हम लोग कुछ करेंगे नहीं और बच्चों के कारण ही ज्यादा हंगामा भी नहीं खड़ा करेंगे। बच्चों के सामने झगड़ा-झंझट करने पर उनकी मानसिकता पर खराब प्रभाव पड़ेगा। बस, हम सावन से शान्तिपूर्वक यह पूछेंगे कि आप चाहते क्या हैं? उनसे यह भी कह दूँगी कि हम दोनों की पूरी प्रेम कहानी आपको पता चल ही चुकी है। कुछ भी कर लीजिए हम लोग अपना सम्बनध न तो तोड़ पायेंगे और न ही तोड़ेंगे। चारों तरफ घूम-घूमकर बवाल करने से अच्छा यह है कि मिल बैठकर इस बात पर

विचार-विमर्श कर लिया जाय कि आगे क्या करना है? अगर तलाक लेना हो तो वही सही। क्या फायदा दुनिया भर की नाटकबाजी करने से!''

दोनों विश्वविद्यालय में सन्नाटा होने का इंतज़ार करने लगे। दो दिन विभाग में जो कांड हुए, उसके चलते दोनों की हिम्मत किसी का सामना करने की नहीं रह गयी थी। पाँच बजे के लगभग सन्नाटा पसरने लगा। लड़के घर जा चुके थे। इक्का-दुक्का कर्मचारी ही इधर से उधर आते-जाते दिख रहे थे। दोनें विभाग के बाहर निकल आये। माहौल को अपने हिसाब से देखकर दोनों को सुकून महसूस हुआ। तब तक प्रो. अनिरुद्ध भी बाहर निकल आये। घृतनाथ अपना स्कूटर स्टार्ट करने जा रहे थे। उन्होंने अनिरुद्ध को देखा तो रुक गये। अनिरुद्ध उन्हीं की ओर बढ़े आ रहे थे। ''यार घृतनाथ! दो दिन से तुम्हारे साथ जो कुछ हो रहा है, मुझे उसका सख्त अफसोस है। लगता है, तुम्हारे ग्रह-नक्षत्र कुछ ठीक नहीं चल रहे हैं। जब ग्रह-नक्षत्र प्रतिकूल हो जाते हैं तो होम करते भी हाथ जल जाता है। सीधा करने तो चलो तो उल्टा हो जाता है। तुम अपनी कुण्डली या हाथ किसी अच्छे ज्योतिषी को दिखाओ। कहीं काई ग्रह वक्री तो नहीं हो गया है?'' घृतनाथ सिर झुकाये हुए, धीमी आवाज़ में बोले, ''सर, मैं ज्योतिष में विश्वास नहीं करता। परिस्थितियाँ कभी अच्छी हो जाती हैं और कभी बुरी। जीवन में ऊँच-नीच लगा रहता है। इसमें ग्रह-नक्षत्र क्या कर लेंगे? संसार में ऐसा कौन आदमी है, जो सुख और दुःख दोनों नहीं झेलता? हर व्यक्ति के जीवन में तरह-तरह की परिस्थितियाँ आती-जाती रहती हैं। मान लीजिए सारी विपत्ति किसी ग्रह-नक्षत्र के वक्री होने के कारण ही आ रही हैं। यदि मैं जान जाऊँगा कि अमुक ग्रह के वक्री होने के कारण यह सब कुछ हो रहा है तो क्या होगा? क्या मेरे जान जाने से वक्री ग्रह सीधा हो जाएगा?'' अनिरुद्ध समझाने लगे, ''मैं ऐसा कब कह रहा हूँ? ज्योतिषी तुम्हें वक्री ग्रहों को शान्त करने का उपाय बतायेगा। तुम्हें कुछ पूजा-पाठ और अनुष्ठान करना पड़ेगा। वक्र ग्रह का प्रकोप काफी कम हो जाएगा। इतनी विपत्ति नहीं आयेंगी।'' घृतनाथ ने कहा, ''यह सब पाखण्ड है सर! मैं तो आपको भी यह सुझाव दूँगा कि इन सब अन्धविश्वासों और पाखण्डों से दूर रहा करिए। यह वैज्ञानिक युग है। आप एक पढ़े-लिखे आदमी हैं और विश्वविद्यालय में प्रोफेसर और विभागाध्यक्ष हैं। इन सब पाखण्डों को मानना आपको शोभा नहीं देता।'' अनिरुद्ध मुस्कराये, ''और जो कर्म तुम कर रहे हो, वह एक प्रोफेसर को करना शोभा देता है?'' ''मैं कौन गलत काम कर रहा हूँ सर!'' घृतनाथ सफाई देने लगे, ''प्रेम करना कौन सा पाप है। प्रेम तो पूजा है। मैं और महिमा तब से एक दूसरे से प्रेम करते थे, जब हम दोनों की शादी नहीं हुई थी। यह हम दोनों की मज़बूरी थी कि हम दोनों

आपस में शादी नहीं कर सके। हम दोनों अपने पैर पर नहीं खड़े थे। बेरोज़गार थे। दोनों में से एक भी नौकरी कर रहा होता तो कोई समस्या न आती। आर्थिक तंगी के चलते हम दोनों एक नहीं हो पाये। आज तक हम दोनों उसी गहराई से एक दूसरे को प्यार करते हैं। चाहे जितनी विपत्तियाँ आ रही हैं, चाहे जितने झंझावात आ रहे हैं, हम दोनों टस से मस नहीं हो रहे हैं। आप हमें आशीर्वाद दीजिए कि हमारा प्यार हमेशा ऐसे ही बना रहे और विपत्तियाँ हमारा कुछ न बिगाड़ पायें। प्रेम की सारी परीक्षाओं में हम सफलतापूर्वक उत्तीर्ण हो जायँ।'' अनिरुद्ध ने कहा, ''ऐसा है घृतनाथ! तुम ऐसा क्यों नहीं करते कि तुम कमीनिस्ट बन जाते। तुम्हारे विचार कमीनिज्म के बहुत करीब हैं। कमीनिज्म में एक बहुत बड़ा फायदा है। तुम जो काम करते हो, कमीनिज्म में इन सब कामों को व्यक्ति का आभूषण माना जाता है। तब तुम जिनती ज्यादा लड़कियों को फँसाओगे, जितनी ज्यादा लड़कियों को गर्भवती करोगे, उतने ही बड़े कमीनिस्ट-शिरोमणि माने जाओगे। कमीनिस्टों की तरह दंद-फंद भी अच्छा कर लेते हो। लफ्फाजी भी बहुत उम्दा किस्म की कर लेते हो।'' ऐसा लगा जैसे किसी ने घृतनाथ के दिल की बात कह दी हो, ''सर, मैं कब से कमीनिस्ट बनने की सोच रहा था, लेकिन धर्मवीर भारती के भय से नहीं बन पा रहा था। धर्मवीर भारती यहीं पढ़े और यहीं पढ़ाया। फिर बंबई चले गये 'धर्मयुग' पत्रिका का सम्पादक बन कर। उन्होंने 'धर्मयुग' को देश की नम्बर एक पत्रिका बना दिया। 'धर्मयुग' के माध्यम से वे साहित्य में कमीनिस्टों की चलने ही नहीं दे रहे थे। उन्हें लतियाकर एक कोने किये हुए थे। मैं भी अपनी रचनाएँ छपने के लिए 'धर्मयुग' में भेजा करता था। अगर मैं कमीनिस्ट बन गया होता तो 'धर्मयुग'में मेरी रचनाएँ ही छपनी बन्द हो जातीं। अब धर्मवीर भारती 'धर्मयुग' से सेवानिवृत्त हो चुके हैं। उनके हटने के बाद 'धर्मयुग' पत्रिका प्रभावहीन हो चुकी है। अब तो वह अपना अस्तित्व बचाने के लिए संघर्ष कर रही है। कमीनिस्ट बनने का यही सुनहरा मौका है। कमीनिज्म के समर्थन में एक फड़कता हुआ लेख लिखकर जल्दी ही कमीनिस्टों की साहित्यिक पत्रिका 'गालोचना' में भेजूँगा और इसी लेख में मैं अपने को कमीनिस्ट घोषित कर दूँगा। यहाँ पर 'परिमल' संस्था का दिया भी अब बुझ गया है। कमीनिस्ट बनने का यही उत्तम अवसर है।''

महिमा को अपनी स्कूटर पर बैठाकर घृतनाथ महिमा के घर पहुँच गये। महिमा के घर में गदर मचा हुआ था। महिमा के दोनों बेटे आपस में लड़ रहे थे और मारपीट कर रहे थे। बड़ा बेटा छोटे पर भारी पड़ रहा था, लेकिन छोटा भी बराबर जवाबी हमला कर रहा था। महिमा की खोपड़ी वैसे ही भन्नायी हुई थी। दोनों बेटों को लड़ता देखकर उसका गुस्सा सातवें आसमान पर पहुँच गया। वह दोनों बेटों पर

पिल पड़ी। दे दनादन दे दनादन। बड़ा बेटा चिल्लाया, "मम्मी मेरी बात तो सुनो। मेरी कोई गलती नहीं है। इसने मेरी कॉपी फाड़ दी और ऊपर से घूँसा भी मार दिया मुझे।" दूसरा अपनी सफाई देने लगा, "मम्मी शुरुआत इसी ने की। इसने मेरी कॉपी में पेन्सिल से लाइन खींच दी। मैं अपना चुपचाप पढ़ाई कर रहा था।" "तुम दोनों ही नालायक हो। एक तो दिनभर नौकरी में मरो-खपो और घर आने पर तुम लोगों का तमाशा देखो। तुम दोनों शान्तिपूर्वक नहीं रह सकते? जाओ अपने कमरे में। ठीक से पढ़ाई-लिखाई करो।" दोनों बेटे पिट जाने के बाद शान्त हो गये थे। दोनों चुपचाप अपने कमरे में चले गये। महिमा ने घृतनाथ को ड्राइंगरूम में बैठा दिया और खुद रसोई में जाकर चाय बनाने लगी।

चाय बन गयी। नाश्ते में कुछ और सामान लेकर वह ड्राइंगरूम में पहुँची। घृतनाथ अखबार उठाकर उसी को देख रहे थे। महिमा बोली, "लगता है, आज का दिन ही नहीं ठीक है। हम लोग विभाग में इतनी किचकिच झेलकर आ रहे हैं। घर में घुसते ही बच्चों की किचकिच झेलनी पड़ी। कुछ देर बाद महाशय भी आ जाएँगे। देखिए वे क्या करते हैं? मुझे लगता है, आज उनसे भी किचकिच ही होगी। देखिए, क्या कहते हैं सब कुछ सुनकर। कहीं हमसे पहले वे अपनी ही न सुनाने लगें। खैर, जो होगा देखा जाएगा।...विश्वविद्यालय में लड़के आपके साथ बदतमीजी कर रहे थे। आपको कहीं चोट-चपेट तो नहीं लगी?" "नहीं, कहीं चोट नहीं लगी। लड़को की बात को बहुत दिल से नहीं लगाना चाहिए। नये-नये जवान हुए हैं। अन्दर जवानी का जोश है। उत्पात करने के लिए वे एक न एक बहाना खोजते रहते हैं। चाहे किसी विभाग का विभागाध्यक्ष हो चाहे विश्वविद्यालय का कुलपति हो, लड़कों से सब रास्ता बचाते हैं। यह वानरी सेना है। कब किधर घूग जाय, कोई भरोसा नहीं रहता। इनका कोई कुछ बिगाड़ भी नहीं सकता। किसी लड़के के विरुद्ध विश्वविद्यालय अगर कार्रवाई करता है तो विश्वविद्यालय के सारे लड़के मिलकर उत्पात मचाने लगते हैं। कितनों के विरुद्ध कार्रवाई करोगे? मजबूरन सजायाफ्ता विद्यार्थी की सजा विश्वविद्यालय को माफ करनी पड़ती है। फिर एक समस्या यह भी रहती है कि अगर किसी छात्र के विरुद्ध बहुत कठोर कार्रवाई कर दो तो छात्र की ज़िन्दगी बर्बाद हो जाने का खतरा रहता है। यही सब सोचकर विश्वविद्यालय प्रशासन लड़कों से बचता है। वैसे थोड़ी सी गलती मेरी भी थी। मुझे क्लास लेने चले जाना चाहिए था। कोई पुराने जमाने वाली गुरु-शिष्य परम्परा तो है नहीं कि छात्रों से यह अपेक्षा रखी जाय कि वे गुरु की इज़्ज़त करेंगे ही। अगर वे गुरु की इज़्ज़त कर देते हैं तो यह गुरु के ऊपर उनकी कृपा है। अगर वे इज़्ज़त नहीं करेंगे तो कोई क्या कर लेगा? वह तो अनिरुद्ध सर ने बात को बहुत

कायदे से सम्हाल लिया अन्यथा पता नहीं क्या होता? भृगुनाथ साला भी वहीं था। वह बहुत सफाई से लड़कों को मेरे विरुद्ध भड़का रहा था। मेरा मजाक भी उड़ा रहा था। कोई बात नहीं। किसी दिन खुद भी लड़कों के लपेट में आयेगा। तब मैं तमाशा देखूँगा। लड़के किसी के सगे नहीं होते। जो उनको बहुत भड़काता है, उसे भी वे कभी न कभी लपेट में ले लेते है।'' घृतनाथ अपनी शर्म छुपाने के लिए महिमा को दुनिया भर का भाषण पिलाये जा रहे थे।

चाय-नाश्ता करके दोनों गपशप कर रहे थे। सावन का इंतज़ार हो रहा था। महिमा काफी तनाव में थी। उसे समझ में नहीं आ रहा था कि सावन से क्या बात करनी है, कैसे बात करनी है? आगे पता नहीं क्या होगा! अगर सचमुच तलाक की नौबत आ गयी तो बड़ी थू-थू होगी समाज में। घृतनाथ एकदम निश्चिन्त बैठे थे। उन्हें किसी बात की कोई परवाह नहीं थी। जो होगा देखा जाएगा। वे उठे और महिमा का एक हाथ पकड़कर अपनी ओर खींचने लगे। महिमा फुसफुसायी, ''ये क्या कर रहे हैं।'' उसकी आवाज़ में झल्लाहट भी थी। घृतनाथ ने कोई उत्तर नहीं दिया और उसको खींचखाँचकर सोफे पर अपने बगल बैठा लिया। उन्होंने महिमा को अपनी बाँहों में भर लिया और उसके होठों को चूमने लगे। महिमा ने उनके मुँह पर हाथ रखकर उन्हें ठेल दिया, ''यह क्या कर रहे हैं आप? अभी बच्चे आ जाएँगे। फिर दिमाग इतना अपसेट है। मेरा यह सब करने का बिलकुल मन नहीं हो रहा है।'' घृतनाथ बोले, ''दिमाग का तनाव दूर करने का यह सबसे अच्छा उपाय है। अभी कुछ देर बाद सावन को झेलना है। थोड़ा सा तरोताजा हो जाओ।'' वे फिर महिमा के होठों पर अपना होंठ रखने का प्रयास करने लगे। महिमा ने उन्हें धक्का दे दिया और उठकर खड़ी हो गयी, ''अज़ीब आदमी हैं आप। दोनां बच्चे यहीं घर में है और आपको मस्ती सूझ रही है? कल से इतना बवाल झेल रहे हैं लेकिन आपके ऊपर कोई असर नहीं है। आप आदमी हैं या मशीन? अभी सावन आयेंगे तो तो फिर एक बवाल झेलना पड़ेगा। उसकी कोई चिन्ता ही नहीं है आपको।'' ''ऐसी बात नहीं है।'' घृतनाथ बात को सम्हालने लगे, ''मैं भी दो दिन से एकदम परेशान हूँ और मेरा भी दिमाग झल्लाया हुआ है। मैं तुम्हारे पास रहता हूँ या तुम्हें देख लेता हूँ तो दिल को थोड़ा सुकून मिलता है। तुम्हारे पास रहने से मुझे अपनी परेशानियाँ थोड़ी सी हल्की लगने लगती हैं। आखिर मैं तुम पर किसलिए मरता हूँ? इन्हीं सब बातों के लिए! तुम ठण्डी हवा का झोंका हो। हिमालय की हरी-भरी वादियाँ हो। चाँद-तारों की दुनिया हो। सावन की रिमझिम बारिश हो।'' इतने तनाव के बावजूद महिमा मुस्करा पड़ी, ''ओह मेरे प्रेमी महोदय! सचमुच जीवन में जिसे आप जैसा प्रेमी मिल जाय, उसका जीवन धन्य हो जाय। मैं भाग्यशाली हूँ कि

आपकी प्रेमिका हूँ।'' महिमा सोफे पर घृतनाथ के बगल एकदम सटकर बैठ गयी और उन्हें बाँहों में भरकर चूमने लगी। घृतनाथ ने भी महिमा को अपनी बाँहों में भर लिया और वे भी महिमा का साथ देने लगे। दोनों बुरी तरह एक दूसरे से लिपटे हुए एक-दूसरे में खो गये।

दोनों कुछ देर तक ऐसे ही पड़े रहे। अचानक घृतनाथ महिमा के ब्लाउज के अन्दर हाथ डालने लगे। महिमा ने मुस्कराते हुए उनका हाथ पकड़ लिया, ''ये सब नहीं! धीरे-धीरे कुछ देर में आपका मन कुछ और करने के लिए मचलने लगेगा। मैं जानती हूँ कि आप बच्चों की परवाह नहीं करेंगे और ड्राइंगरूम का दरवाजा अन्दर से बन्द कर लेंगे। सावन के आने का समय हो रहा है। फिर उस दिन वाली बात हो जाएगी। सावन हम दोनों को रंगे हाथ पकड़ लेंगे और लगेंगे चिल्ल-पों करने। इसलिए अब शान्तिपूर्वक बैठ जाइए और सावन के आने का इंतज़ार करिए।'' घृतनाथ महिमा का गाल सहलाने लगे, ''घड़ी के टाइम से सिर्फ पाँच मिनट। उसके बाद मैं तुम्हें छोड़ दूँगा। और कुछ भी नहीं करूँगा। इतना बेवकूफ नहीं हूँ। मुझे भी पता है कि सावन के आने का समय हो रहा है। उस दिन असावधानीवश हम लोग पकड़ में आ गये थे। इस बात की तरफ हम लोगों का ध्यान बिलकुल नहीं था कि सावन को सब कुछ पता चल गया है और वे हम लोगों की जासूसी कर रहे हैं। इस बात की जरा भी शंका होती तो वे क्या, उनके अच्छे-अच्छे भी हम लोगों को कभी रंगे हाथ न पकड़ पाते।'' महिमा चुप हो गयी। उसका रुख सकारात्मक देखकर घृतनाथ ने उसके ब्लाउज के अन्दर हाथ डाल दिया।

सावन घर आ गये। घृतनाथ और महिमा दोनों ने उनकी स्कूटर की आवाज़ सुन ली। दोनों सावधान हो गये। सावन घृतनाथ का स्कूटर पहचानते थे। उन्होंने देखा कि बाहर घृतनाथ की स्कूटर खड़ी हुई है। उनकी खोपड़ी भन्ना गयी और पारा सातवें आसमान पर पहुँच गया। उन्होंने अपनी स्कूटर रोकी नहीं और उसे घुमा लिया। भन्न से वे फिर लौट गये। वे घृतनाथ के घर की ओर चल दिये। वे जान रहे थे बच्चे इस समय घर पर होंगे, इसलिए दोनों कुछ कर नहीं रहे होंगे। उन्हें घृतनाथ की ढिठाई पर गुस्सा आ रहा था, साथ ही साथ आश्चर्य भी हो रहा था, 'बड़ा निघर्घट आदमी है। इतना सब बवाल हुआ, फिर भी इस पर कोई असर नहीं है। कल ही मैंने इतना लफड़ा खड़ा किया, लेकिन आज यह मेरे घर फिर पहुँच गया। यह तो वही बात हुई कि वेश्या की योनि में एक बड़ा सा पेड़ उग आया तो उसने कहा कि बहुत अच्छा हुआ। खूब छाया ही छाया हो गयी। चलकर साधना से कहता हूँ कि आखिर तुम्हारा पति चाहता क्या है? उससे कह दो, सुधर जाय नहीं तो उसको मैं किसी दिन गोली मार दूँगा। एक लाइसेन्सी रिवाल्वर ले

लूँ। तब फिर इस साले को बताता हूँ। मेरे दो-दो बच्चे हो गये हैं, नहीं तो महिमा को ही मैं चार लात मारकर घर से भगा देता। लगता है, किसी दिन मुझे ससुराल जाना पड़ेगा और ससुराल वालों से पूछना पड़ेगा कि यह सब क्या हो रहा है! सब ने मिलकर मेरी ज़िन्दगी को नरक बना दिया है।

स्कूटर रुकी नहीं तो महिमा और घृतनाथ थोड़ा सा असहज हो गये। साफ महसूस हुआ कि स्कूटर एकाएक तेजी से मुड़ी और वापस हो गयी। दोनों के दिमाग में तरह-तरह की आशंकाएँ पैदा होने लगीं। कहीं सावन पुलिस बुलाने तो नहीं चले गये। लेकिन पुलिस इस मामले में क्या करेगी? कहीं ऐसा तो नहीं कि वे आत्महत्या करने चले गये। गंगा या यमुना में छलाँग लगाने। महिमा ने घृतनाथ के सामने यह आशंका प्रकट की। घृतनाथ ने कहा, "आत्महत्या कर लेता तो अच्छा था। सारी समस्या ही दूर हो जाती। तुम भी स्वतंत्र हो जाओगी और मैं भी। दोनों बच्चों को आराम से पाल लिया जाएगा। वैसे मुझे लगता नहीं कि वह आत्महत्या करेगा। आत्महत्या करने के लिए कलेजा चाहिए और वह एक कायर आदमी है...वैसे मुझे लगता है कि वह कमीना शायद मेरे घर जाएगा। जाकर साधना को बतायेगा कि मैं यहाँ बैठा हूँ। वह साधना को मेरे खिलाफ भड़कायेगा। फिर दोनों मुझसे बदला लेने के लिए आपस में सेक्स करेंगे। सारी बदमाशी मैं समझ रहा हूँ।" सावन फिर साधना के साथ सेक्स करेगा, यह सुनकर महिमा को क्रोध आ गया, "मैं दो घंटे इंतज़ार करती हूँ। अगर दो घंटे के अंदर सावन नहीं लौटे तो मैं आपके साथ आपके घर चलूँगी। अगर वे मुझे वहाँ मिल गये तो उन्हें बीसों लात मारूँगी। कह दूँगी कि अब लौटकर घर आने की जरूरत नहीं है। यहीं पर रहो। अपने बच्चों को मैं पाल लूँगी। दो बच्चों का बाप होकर चले हैं इधर-उधर मुँह मारने।

महिमा की यह तिलमिलाहट घृतनाथ को खल गयी, "जब तुम उनको अपना पति नहीं मानती, अपना सब कुछ मुझे समझती हो, तो उनके साधना के पास जाने से बेचैन क्यों हो रही हो? इसका मतलब तुम्हारे दिल में उनके प्रति बहुत कुछ है, अन्यथा तुम इस तरह बौखलती न। दो बच्चों के बाप होकर वे इधर-उधर मुँह मार रहे हैं तो तुम क्या कर रही हो? तुम भी तो वही कर रही हो। दो-दो मर्दों का सुख लेना चाह रही हो और यह भी चाह रही हो कि दोनों सिर्फ तुम्हें प्यार करें।" महिमा धीमी आवाज़ में रोने लगी। वह नहीं चाहती थी कि उसके रोने की आवाज़ उसके बच्चों तक पहुँचे। वह रोते हुए बोली, "बस, यही सुनना बचा था। सारी ज़िन्दगी मैंने आपके सिवा और किसी को नहीं चाहा। आप भी मुझ पर बेवफाई का आरोप लगा रहे है। जब अपना भी विश्वास न करे तो उस ज़िन्दगी से अच्छी मौत है। आपने आज तक कभी किसी के साथ टहलते-घूमते देखा?

आप ही हैं जो कृष्ण-कन्हैया बने रहते हैं। हमेशा आपके कमरे में लड़कियाँ घुसी रहती हैं और आपके साथ ही-ही करती रहती हैं। क्या रस ले-लेकर आप उनके साथ बात करते रहते हैं। मैं हरदम देख रही हूँ क्या? क्या पता आप उनके साथ रासलीला भी रचाते रहते हों। चोरों को सारे नज़र आते हैं चोर! जैसे आप खुद हैं, वैसे ही सबको समझते हैं। तभी विभागाध्यक्ष सर आज आते समय आपसे मज़ाक कर रहे थे। जितनी ज्यादा लड़कियों को फँसाओगे, जिनती ज्यादा लड़कियों को गर्भवती करोगे...। उनको आपका सारा रहस्य पता रहता है। मैं भी साथ में खड़ी थी, इसलिए लगता है वे कहने में संकोच कर गये। वे आपको और भी कुछ कहना चाह रहे थे।'' बचाव का सबसे अच्छा रास्ता होता है आक्रमण। अपनी सफाई देते-देते वह घृतनाथ की ही बखिया उधेड़ने लगी। इतना तो वह महसूस ही करती थी घृतनाथ रसिक स्वभाव के आदमी हैं। थोड़ी बहुत ताक-झाँक तो मेरे सामने ही करते हैं। घृतनाथ बचाव की मुद्रा में आ गये और ही-ही करने लगे, ''कहाँ तो तुम सावन से लड़ने आयी थी, कहाँ मुझसे ही लड़ने लगी। हम-तुम आपस में ही लड़ें, यह शोभा देता है क्या? मैं तुम्हारी कसम खाकर कह रहा हूँ कि तुम्हारे अलावा मेरी किसी में दिलचस्पी नहीं है। गुस्सा थूक दो! तुम्हारी वजह से ही मैं इस संसार में जिन्दा हूँ, अन्यथा जिस तरह मेरे ऊपर साधना को थोपा गया था, उसके बाद मेरे लिए ज़िन्दा रहने का कोई मतलब नहीं रह गया था। तुम मेरी प्राणप्रिया हो। मेरे जीवन का आधार हो। मेरे रेगिस्तान दिल में कल-कल करता हुआ झरना हो। मेरे दिल के बसन्त में कामदेव का पुष्पशर हो।'' महिमा आँसू पोंछते हुए मुस्करा पड़ी, ''बातें बनाना तो कोई आपसे सीखे। झगड़े की शुरुआत किसने की? पहले खुद ही दिल दुखायेंगे, फिर बाद में मनुहार करेंगे। जो-जो बातें बनायेंगे कि दिल मुंह चूम लेने को करे।'' ''अच्छा! तो क्या सचमुच तुम्हारा दिल मेरा मुँह चूमने के लिए उत्सुक है?'' महिमा ने मुस्कराते हुए नज़रें नीची कर लीं, ''हाँ!'' घृतनाथ उठकर खड़े हो गये। उन्होंने महिमा को भी खड़ा कर दिया और उसे अपनी बाँहों में भर लिया। महिमा ने भी घृतनाथ को कसकर अपनी बाँहों में भर लिया। देश-दुनिया से बेखबर होकर दोनों ने एक-दूसरे के होंठो पर अपना होंठ गड़ा दिया। दोनों इसी तरह कुछ देर तक खड़े रहे। कुछ देर बाद घृतनाथ सोफे पर बैठ गये। उन्होंने महिमा को खींचकर अपनी गोद में बैठा लिया और उसे अपनी बाँहों में भर लिया। महिमा की छातियाँ घृतनाथ के सीने से कसकर दबी हुई थीं। दोनों एक दूसरे की आँखों में आँखें डाले मुस्करा रहे थे।

सावन बीच में बिना कहीं रुके, साधना के घर पहुँच गये। स्कूटर बाहर खड़ी करके वे अन्दर घुसे। दरवाजा खुला हुआ था। वे धड़धड़ाते हुए अन्दर चले गये

और आवाज़ देने लगे, "साधना...साधना...साधना।" साधना अपने कमरे में बैठकर चाय पी रही थी। सावन की आवाज सुनकर साधना कमरे से बाहर आ गयी। "नमस्ते सर! आप इस तरह एकाएक?" उसने पूछा। "तुम्हारा गेट तो बन्द था, लेकिन दरवाजा खुला हुआ था। दरवाजा भी बन्द रखा करो। कोई कुत्ता अन्दर घुस सकता है। देखो, आखिर एक कुत्ता अन्दर घुस ही गया।" सावन बोले। साधना ने शरमाते हुए कहा, "अरे सर, आप कैसी बात कर रहे हैं। कुत्ता होगा कोई आपका दुश्मन। घृतनाथ कुत्ता है, आप नहीं। आप तो मेरे दिल के राजा हैं। राज करते हैं मेरे दिल पर। फिर आप मेरे अधिकारी भी हैं।" साधना ने सावन को अपनी बाँहों में भर लिया और उनके होंठो को चूम लिया। सावन साधना को खड़े-खड़े ही बताने लगे, "साधना मेरा मूड एकदम ऑफ है। मैं जैसे ही ऑफिस से घर पहुँचा तो देखा कि घृतनाथ की स्कूटर मेरे घर के बाहर खड़ी है। उसकी स्कूटर देखते ही मेरा दिमाग खराब हो गया। मैंने न तो अपनी स्कूटर रोकी और न ही घर के अन्दर गया। मैंने स्कूटर मोड़ ली और तुम्हारे पास चला आया। मैं सोच रहा हूँ, तुम भी मेरे साथ मेरे घर चलो। चलकर घृतनाथ को हड़काओ। उससे पूछा जाय कि आखिर वह चाहता क्या है? हम-तुम मिलकर आज घृतनाथ को जमकर वहीं पर लतियाते हैं। बिना लात खाये यह आदमी नहीं सुधेरगा।" सावन की बात सुनकर साधना को भी गुस्सा आ गया। वह सोच रही थी कि इतनी छीछालेदर के बाद अब घृतनाथ जल्दी महिमा के घर नहीं जाएँगे। वह भड़क उठी, "अज़ीब बेशर्म आदमी है यह। जरा सा भी मन में आत्मसम्मान नाम की चीज नहीं है। कोई दूसरा होता तो दुबारा महिमा के घर झाँकने न जाता। यह आदमी आज ही फिर वहाँ पहुँच गया। मारा है, मजनूँ को मात कर दिया है। यह विश्वविद्यालय का एक अध्यापक है और शहर भर में उपहास का पात्र बन गया होगा। मेरी तो किस्मत फूट गयी है। क्या करूँ कुछ समझ में नहीं आ रहा है! इसको किसी दिन खाने में ज़हर मिलाकर दे दूँ क्या?" सावन ने समझाते हुए कहा, "इस चीज की कोई जरूरत नहीं है। पुलिस तुम तक पहुँच जाएगी और फिर तुम्हारी सारी ज़िन्दगी जेल में ही बीतेगी। फिलहाल तो तुम मेरे साथ चलो। वहाँ चलकर उस कमीने से हिसाब-किताब करते हैं।" अब सावन और साधना के सम्बन्ध बड़े अनौपचारिक हो चले थे। घनिष्ठ प्रेमी-प्रमिका जैसे। सावन अब साधना को 'आप' से 'तुम' कहने लगे थे। साधना प्रायः 'आप' ही कहती थी, लेकिन 'तुम' भी कह लेती थी कभी-कभी। प्रायः अंतरंग क्षणों में। वह बोली, "ऐसा है, आप घर से ऐसे ही चले आ रहे है। नाश्ता-पानी कुछ नहीं किया है। बहुत परेशान हैं। थोड़ी देर शान्ति से बैठिए। मैं आपके लिए चाय बनाती हूँ। चाय के साथ कुछ और बना लेती हूँ। पहले नाश्ता कर लीजिए। पानी वगैरह पी लीजिए। तब इत्मीनान से आपके घर

चलते हैं। अपने दिमाग को थोड़ा ठंडा कर लीजिए। घर पर तो अब आज आपको नाश्ता-पानी मिलने से रहा। वहाँ पर तू-तू मैं-मैं शुरू हो जाएगी तो फिर नाश्ता-पानी की बात की कहाँ रह जाएगी। वैसे भी कुतिया महिमा अपने यार को ही नाश्ता-पानी कराने में व्यस्त होगी। आप नाश्ता करें या न करें, खायें या भूखों मरें, उसकी बला से...चाय के साथ पकौड़ी बनाऊँ?'' ''बना लो!'' सावन ने उत्तर दिया और कुर्सी लेकर रसोई के पास ही बैठ गये।

साधना ने पहले कुछ आलू छीलकर काटे, कुछ बैगन गोल-गोल काटे फिर उन्हें बेसन में लपेटकर पकौड़ी छानने लगी। सावन ध्यान से साधना की एक-एक हरकत देख रहे थे। वे सोचने लगे, 'चलो, कम से कम इतना तो हो गया कि मैं दुनिया में अकेला नहीं हूँ। साधना अब मेरी है, सिर्फ मेरी। अब अकेलेपन का एहसास मुझे नहीं खायेगा। महिमा ने मुझे दुनिया में एकदम अकेला बना दिया था। पहले धीरे-धीरे बड़े सुनियोजित तरीके से मेरे एक-एक परिवारीजनों को मुझसे अलग किया। फिर मेरे रिश्तेदारों से किनारा करवाया। अपने घर के रिश्तों को क्या निभा रही है! मैं उसे अपना समझ रहा था, लेकिन वह मेरी कभी थी ही नहीं। इस बात का ज्ञान होने पर मैं अपने को बिलकुल अकेला समझ रहा था। साधना ने मुझे बचा लिया। उसने मुझे बहुत अपनत्व दिया। कितना प्यार जताती है मुझसे। महिमा ने कभी मुझसे न तो प्यार किया और न ही कभी प्यार जताया। मैं कोल्हू के बैल की तरह उसके लिए खटे जा रहा था।...साधना कितनी प्यारी है। कितना ख्याल रखती है मेरा।' उन्हें साधना पर बहुत प्यार आने लगा। वे अपनी जगह से उठकर खड़े हुए और जाकर पीछे से साधना को अपनी बाँहों में भर लिया। उन्होंने अपने दोनो हाथों को इस ढंग से लपेटा कि दोनों हाथ साधना के स्तनों को दबाये हुए थे। साधना ने हँसते हुए पूछा, ''क्या हुआ, बहुत प्यार आ रहा है?'' ''हाँ!'' सावन ने उत्तर दिया। उन्होंने साधना को अपनी बाँहों में कसकर दबोचा। स्तनों पर हाथों का दबाव इतना ज्यादा पड़ा कि साधना दर्द से चीख पड़ी। ''क्या बात है?'' साधना ने पूछा, ''बहुत मन कर रहा तो बिस्तर पर चलूँ? ठीक से सब कुछ कर लीजिए। मुझसे किसी तरह का संकोच मत किया करिए। ज़िन्दगी का भरपूर मज़ा लीजिए और खुश रहने की कोशिश किया करिए। महिमा को मान लीजिए कि वह आपके बच्चों की माँ है और उसका काम है, आपके बच्चों को पालना। इससे ज्यादा उसका कोई महत्त्व नहीं है!'' सावन बोले, ''इस समय तुमको बिस्तर पर ले चलने का मेरा मन नहीं है। तुम्हें तो पता ही होगा कि आँख में एक छोट सी भी किरकिरी चली जाय तो आँख के अलावा और कहीं ध्यान नहीं रहता। घृतनाथ मेरी आँख की किरकिरी है। छोटी-मोटी नहीं, इतनी बढ़ी किरकिरी। इस समय वह मेरे

घर पर बैठा है और पता नहीं क्या कर रहा है? मेरा मन तो उसी में अटका हुआ है। पता नहीं ससुरा किस तरह मेरा पिण्ड छोड़ेगा? छोड़ेगा कि नहीं छोड़ेगा? जब वह इतनी बेहयाई कर सकता है कि कल के इतने सारे काण्ड के बाद आज फिर मेरे घर पहुँच गया तो भगवान ही मालिक है। लतखोर और बेहया शराबी को भी मात कर दिया है। क्या पता उसने इस समय महिमा को अपनी गोद में बैठा रखा हो और महिमा मुस्करा-मुस्कराकर उसे अपने हाथ से चाय पिला रही हो?'' साधना हँसी, ''कोई बात नहीं! उसका बदला अभी हम लोग लेते हैं। मैं आपकी गोद में बैठकर मुस्करा-मुस्कराकर आपको अपने हाथ से चाय पिलाऊँगी। अपने हाथ से पकौड़ी भी खिलाऊँगी। बीच-बीच में आपके होंठो को चूमती भी रहूँगी। आपकी कोई और इच्छा हो तो वह भी बताइए। वह भी पूरी कर दूँगी।'' सावन भी हँसने लगे, ''हाँ, यह ठीक रहेगा। मैं तुम्हें अपनी गोद में बैठा लूँगा और तुम मुझे अपने हाथ से चाय पिलाना। अपने हाथ से पकौड़ी भी खिलाना।''

बड़े प्रेम से चाय-नाश्ता हुआ। जैसे सावन चाहत थे। सावन की गोद में बैठकर साधना ने उन्हें अपने हाथों से सब कुछ खिलाया-पिलाया। सावन ने कहा, ''नाश्ता-पानी कर लेने के बाद जान में जान आयी। सारी थकावट दूर हो गयी। चलो अब मेरे घर चलते हैं।'' दोनों घर के बाहर आ गये। साधना दरवाजा बन्द करके बाहर से ताला लगाने लगी। एक ताला दरवाजे के बाहर लगाया। एक ताला गेट में लगाया। सावन ने अपनी स्कूटर स्टार्ट की और दोनों स्कूटर पर बैठकर चल दिये।

सावन ने स्कूटर अपने गेट के बाहर रोकी। उन्हीं अपनी घड़ी में समय देखा साढ़े सात बज रहे थे। स्कूटर रुकने की आवाज़ से महिमा और घृतनाथ चौकन्ने हो गये। लोहे का गेट खोलकर साधना और सावन अन्दर पहुँचे। दरवाजा अन्दर से बन्द था। सावन ने दरवाजा खटखटाया महिमा और घृतनाथ ड्राइंगरूम में बैठे हुए थे। दोनों ने एक दूसरे की ओर देखा। घृतनाथ ने महिमा को दरवाजा खोलने का इशारा किया। महिमा उठी और और उसने ड्राइंगरूम का दरवाजा खोल दिया। साधना धड़धड़ाते हुए अन्दर घुस गयी और जाकर एकदम घृतनाथ के पास खड़ी हो गयी। पीछे-पीछे सावन भी अन्दर आ गये। साधना घृतनाथ के ऊपर चिल्लाने लगी, ''क्यों जी? सारी लाज-शर्म धोकर पी गये हो? ऐसा ढीठ और निर्लज्ज आदमी मैंने अपने जीवन में नहीं देखा। तुमको चाहे कोई जूते से मारे, तुम नहीं सुधरोगे। मुँह उठाते हो और सीधे यहीं चले आते हो। अपने घर नहीं आ सकते? अपने घर में तुम्हें ठीक से खाना-पीना नहीं मिलता या नाश्ता नहीं मिलता? हर औरत के पास वही छेद होता है या सब औरतों के छेद अलग-अलग ढंग के होते हैं? मेरी छातियाँ सड़ गयी हैं या उनको पीते हो तो उनमें से बेस्वाद दूध निकलता

है। तरह-तरह की औरतों का दूध चखते हो। यह देखने के लिए कि किसका दूध ज्यादा स्वादिष्ट है। अगर तुम यही सब करोगे और सुधरोगे नहीं तो मैं भी नंगी होकर सड़क पर नाचूँगी। एक की नंगई से शहर क्यों गंधाये? दोनों की नंगई से गंधाये।...किस घड़ी तुम पैदा हुए थे? तुम्हें पैदा करके तुम्हारी माँ की कोख धन्य हो गयी होगी। सावन सर की ज़िन्दगी अच्छी-भली चल रही थी। तुमने उनकी ज़िन्दगी में आग लगा दी। अब तो उनका पिण्ड छोड़ दो जिससे वे शान्तिपूर्वक रह सकें। क्यों उनका हँसता-खेलता परिवार उजाड़ने पर लगे हो...''

चिल्ल-पों सुनकर सावन के दोनों बेटे भी वहाँ आ गये। महिमा बच्चों को डाँटने लगी, ''जाओ तुम लोग अपने कमरे में। जाओ पढ़ाई-लिखाई करो। भागो यहाँ से। क्या तमाशा देख रहे हो?'' बच्चे टस से मस नहीं हो रहे थे। महिमा उन्हें डाँटे जा रही थी। बच्चों पर कोई असर नहीं हो रहा था। महिमा चीखकर सावन से बोली, ''इनको भगाइए यहाँ से। चुपचाप खड़े क्यों हैं?'' सावन ने कोई उत्तर नहीं दिया। उन्होंने कुछ नहीं कहा बच्चों को। हारकर महिमा भी चुप हो गयी। बच्चे वहीं तमाशा देखते हुए खड़े थे।

साधना घृतनाथ का कालर पकड़कर हिलाने लगी, ''अरे कुत्ते! तू कुछ बोलता क्यों नहीं? गूँगा हो गया है क्या? यहाँ से चलेगा या नहीं? चल घर वहाँ मैं खोल देती हूँ। जितना जी में आये कर। रात भर उसी में डाले पड़ा रह। इतना ही शौकीन था तो किसी राजा के यहाँ पैदा होना था। सौ-दो सौ रानियाँ रख लेता और बारी-बारी से सबके साथ करता रहता। हर उम्र की, हर देश की रानियाँ तेरे रनिवास में रहतीं। खूब सारी वेराइटी उपलब्ध रहती। सारी औरतों को स्वाद लेता। पता नहीं भगवान ने तेरे अंदर कितनी ताकत भर रखी है? घर में मुझे...है। बाहर भाँति-भाँति की औरतों और कन्याओं को...है। न तो तेरी ताकत खत्म होती है और न ही तेरा मन भरता है...।''

महिमा कसमसाकर रह जा रही थी। साधना घृतनाथ को इतनी बुरी तरह उसके सामने जलील कर रही थी और वह भी उसी के घर में। उससे बर्दाश्त नहीं हो रहा था। वहाँ पर सावन भी खड़े थे, इसलिए वह लाचार थी, अन्यथा अब तक वह साधना से भिड़ गयी होती। उसे घृतनाथ पर भी गुस्सा आ रहा था। यह नहीं कि खींचकर साधना को चार-छः झापड़ मार देते। शोहदे की तरह खड़े हैं और उसकी सारी बातें सुनते जा रहे हैं। मर्द की ताकत औरत से ज्यादा होती है। पटककर उसको मारने लगेंगे तो जीत नहीं पायेगी।

अचानक साधना महिमा की ओर मुड़ी, ''यह ऐसे नहीं जाएगा घर। तू भी इसके साथ चल। या यहीं खोलकर लेट जा। लगता है अभी इसने आज तेरे साथ

किया नहीं है। खोलकर सोफे पर लेट जा। तुझे...लेगा तभी यहाँ से हिलेगा। पता नहीं तूने इस पर कौन सा जादू कर रखा है। बस तेरे ही पीछे-पीछे यह डोलता रहता है। विभाग में तेरे साथ करके इसका जी नहीं भरता। साथ-साथ तेरे घर तक चला आता है। तू भी कम नहीं है। एकदम रंडी है। जब तक दिन में दो-तीन बार करवा नहीं लेती, तेरे छेद में खुजली होती रहती है।'' महिमा ने भी पलटकर जवाब दिया, ''मेरे घर में आकर मुझको ही गाली दे रही है। रंडी तू है तू। रंडी न होती तो अपने शोध-निर्देशक, जो उस समय विभागाध्यक्ष थे, का बच्चा अपने पेट में लेकर न टहल रही होती। घृतनाथ ने तेरा बच्चा गिरवाया और तेरे साथ शादी की तब जाकर उन्हें विभाग में नौकरी मिली। विभाग में रोज जाती थी तू और अपने गाइड के सामने खोलकर लेट जाती थी। रोज वह तेरे साथ करता था। उसके यार-दोस्त भी तेरे ऊपर चढ़ते थे। निदेशालय में निदेशक ने तुझे ऐसे ही नौकरी नहीं दे दी थी। पहले तुझे खूब जी भरकर...तब जाकर नौकरी दी। किराये पर कमरा लेकर रह रही थी। वहाँ तेरे इतने यार आते थे कि पूरा मुहल्ला गंधा गया था। तेरे मकान मालिक ने घृतनाथ से हाथ जोड़ लिया कि मेरा घर खाली कर दो।'' ''अरे वाह-वाह!'' साधना ने हाथ नचाया, ''घृतनाथ तो पता नहीं कहाँ-कहाँ की राज की बातें तुझे बताता है। ये सारी बातें बे सिर-पैर की बातें वो तुझे बताता है? मेरे बारे में शहर में तो कोई कुछ नहीं कहता, हाँ तेरी रंडीबाजी शहर में बच्चे-बच्चे की जुबान पर है। जहाँ विश्वविद्यालय के चार लड़के इकट्ठा होते हैं, वे रस ले-लेकर तेरी ही कहानियाँ सुनते-सुनाते हैं। हर जगह तेरी ही चर्चा है। तू इस शहर की हीरोइन है।'' घृतनाथ जब तक खुद गाली खा रहे थे, उन पर कोई असर नहीं था। साधना महिमा को गालियाँ देने लगी तो उनके लिए असह्य हो उठा, ''साधना इस समय तुम दूसरे के घर में खड़ी हो। तमीज से बात करो। एक जिम्मदार अधिकारी होकर तुम इस तरह गालियाँ बक रही हो? सामने दो-दो बच्चे खड़े हैं। वे क्या सोच रहे होंगे।'' सावन ने आँखें तरेरीं, ''औरतों के झगड़े में तुम मत बोलो बीच में। उन्हें आपस में समझ लेने दो।'' साधना बोली, ''देखा! खुद गाली खा रहा था तो कोई फर्क नहीं पड़ रहा था। अपनी रंडी के ऊपर गाली पड़ी तो बर्दाश्त नहीं हुआ। यहाँ आकर जब बच्चों की माँ के साथ रास रचाता है तब बच्चों की फिक्र नहीं होती। इस समय बच्चों की बड़ी फिक्र हो रही है।'' महिमा गुर्रायी, ''तू जिसकी रंडी है, वह भी तो तेरे साथ खड़ा है। देख उसको तेरी कितनी फिक्र है। तेरी तरफ से लड़ने के लिए तैयार है।'' साधना बोली, ''मैं किसी की रंडी नहीं हूँ। तुम दोनों के कर्म के चलते हम दोनों एक हुए हैं। मैं तो छाती ठोंक कर कह रही हूँ कि हम दोनों हमबिस्तर हुए हैं, लेकिन अभी तक सिर्फ एक ही

बार हुए हैं। तुम दोनों नहीं सुधरोगे तो हम दोनों इसी घर में हम बिस्तर होंगे और वह भी तुम दोनों की आँख के सामने। कहो तो अभी छाती खोलकर सावन के मुँह में डाल दूँ। तेरे सामने उन्हें अपना दूध पिला दूँ। तू क्या सोचती है कि तू ही घृतनाथ को अपना दूध पिला सकती है?'' ''कमीनी, कुतिया, हरामजादी...जो जी में आ रहा वही बके जा रही है?'' कहकर महिमा ने साधना को तीन-चार थप्पड़ मारा। पूरी ताकत से। साधना ने महिमा की चोटी पकड़ ली और लगी पूरी ताकत से खींचने। महिमा चिल्ला पड़ी। दोनों बच्चे अपनी माँ को बचाने दौड़े। सावन ने उन्हें डाँट दिया, ''तुम लोग भागो यहाँ से। इस लफड़े में तुम लोगों को पड़ने की जरूरत नहीं है।'' बच्चे सहम गये और थोड़ी दूर जाकर खड़े हो गये। महिमा ने एक हाथ से अपनी चोटी पकड़ी और दूसरे हाथ से साधना को धक्का दे दिया। उसकी चोटी छूट गयी। उसने फिर साधना को तीन-चार थप्पड़ मारा। साधना ने भी महिमा को थप्पड़ मारने का प्रयास किया। महिमा ने अपने चेहरे पे अपना हाथ कर लिया। उसने साधना का थप्पड़ अपने हाथ पर रोक लिया। दोनों औरतें गुत्थमगुत्था हो गयीं और इस प्रक्रिया में एक-दूसरे से लिपट गयीं। दोनों एक दूसरे की पीठ पर घमाघम दोनों हाथों से घूसें मारने लगीं। अचानक साधना को महिमा ने उठाकर पटक दिया और उसके पेट पर मजबूती से बैठ गयी। महिमा लगी साधना की दोनों छातियों पर कसकसकर घूँसे मारने। साधना चिल्लाने लगी और अपने को छुड़ाने के लिए पूरी ताकत लगाने लगी। महिमा ने देखा कि साधना अपने को छुड़ा लेगी तो वह उसके ऊपर लेटकर कसकर चिपट गयी। महिमा ने जोर से साधना की नाक को दाँतों से काट लिया। साधना फिर चीख पड़ी। साधना ने महिमा के दोनों नितम्बों पर पूरी ताकत से चिकोटी काटी। महिमा चिंचिया पड़ी और उसकी पकड़ ढीली पड़ गयी। साधना ने धक्का देकर उसे नीचे गिरा दिया और अब वह महिमा के ऊपर उसी तरह चढ़कर बैठ गयी। अब साधना महिमा की दोनों छातियों पर कस कसकर घूँसे मारने लगी। महिमा चिल्लाने लगी। महिमा के बड़े बेटे से अपनी माँ का आर्तनाद सहन नहीं हुआ। वह दौड़कर गया और साधना को दोनों हाथों से नीचे गिराने का प्रयास करने लगा। सावन चिल्लाने लगे, ''तुम क्या कर रहे हो? हटो वहाँ से।'' बड़ा बेटा नहीं माना। वह पूरी ताकत से साधना को धकेल रहा था। सावन ने दौड़कर उसका कालर पकड़ लिया और उसे खड़ा कर दिया। तब तक बड़े बेटे ने बेटे का फर्ज निभा दिया था। साधना नीचे गिर पड़ी और महिमा उसके ऊपर सवार हो गयी। बेटा फिर अपने स्थान पर छोटे भाई के साथ जाकर खड़ा हो गया। अबकी बार साधना पेट के बल जमीन पर गिरी थी और महिमा का भी मुँह पीछे की तरफ था। महिमा ने पहले अपना बदला लिया। उसने भी साधना के

दोनों नितम्बों पर जोर से चिकोटी काटी। साधना छटपटाकर पलटने की कोशिश करने लगी, लेकिन बेकार! महिमा उसके नितम्बों पर दनादन घूँसे मारने लगी। साधना कराहे जा रही थी और अपने को छुड़ाने का प्रयास कर रही थी। साधना ने अपने दोनों हाथ पीछे किये और महिमा को जोर से धक्का दिया। महिमा मुँह के बल साधना के पैरों पर गिर पड़ी। साधना खड़ी हो गयी। महिमा जमीन पर गिरी थी। साधना अपने एक पैर से दनादन महिमा को लतियाने लगी। बड़ा बेटा फिर बढ़ा, लेकिन अबकी बार सावन सावधान थे। वे उसके सामने खड़े हो गये और उसे एक थप्पड़ मारा। वह गाल सहलाता हुआ अपने स्थान पर जाकर खड़ा हो गया। उसकी समझ में यह नहीं आ रहा था कि पापा मम्मी की तरफ से क्यों नहीं बोल रहे हैं! वे आंटी का पक्ष क्यों ले रहे हैं?

महिमा खड़ी हो गयी, "अरे कुतिया! तूने मुझे लात से मारा? मैं भी तुझे जब तक नहीं लतिया लूँगी, मुझे चैन नहीं पड़ेगा।" उसके खड़े-खड़े ही साधना के पेट पर लात मारने का प्रयास किया। साधना ने उसका पैर पकड़कर खींच लिया। महिमा गिर पड़ी। साधना ने उसका पैर पकड़कर कमरे में दौड़ना शुरू कर दिया। महिमा 'बचाओ-बचाओ करने लगी। बड़ा बेटा माँ को बचाने तो चाह रहा था, लेकिन पापा के डर के कारण आगे नहीं बढ़ा। अचानक महिमा के हाथ में साधना का पैर आ गया। उसने पैर जोर से खींचा। अपने को सम्हालते-सम्हालते भी साधना जमीन पर गिर पड़ी। महिमा जल्दी से उठकर खड़ी हो गयी। अब वह एक लात से साधना को कूँटने लगी। पूरे विधि-विधान से। साधना पस्त हो गयी। पस्त महिमा भी हो गयी। दोनों फर्श पर ही एक-एक ओर बैठ गयीं और एक दूसरे को घूरने लगीं।

महिमा को ये गुस्सा आ रहा था कि साधना के मुँह से अभी तक कोई ऐसा शब्द या वाक्य नहीं निकला जिससे लगे कि वह हार गयी। थोड़ा सा आराम मिल गया था। महिमा अचानक खड़ी हई और फिर दौड़कर साधना को एक लात से हुमकने लगी। साधना भी खड़ी हुई। उसने जल्दी से एक हाथ से महिमा की चोटी पकड़ ली और दूसरे हाथ से उसकी पीठ पर दनादन घूँसे बरसाने लगी। महिमा छटपटाने लगी। उसने अपना सिर पीछे करके उसे साधना के सीने पर टिका दिया और दोनों हाथ से साधना का गला पकड़कर लटक गयी। दोनों जमीन पर गिर गयीं और गिरे-गिरे ही एक दूसरे से गुत्थमगुत्था हो गयीं। दोनों एक-एक हाथ से एक दूसरे पर घूँसा बरसाने लगीं। घूँसा कहाँ पड़ रहा है, इससे कोई मतलब नहीं था। इलाहाबाद विश्वविद्यालय की एक प्रोफेसर और उच्च शिक्षा निदेशालय की एक अधिकारी के बीच महाभारत जारी था। दोनों ताकतवार थीं, अतः कोई पीछे हटने का नाम नहीं ले रहा था। दानों के चेहरे आपस में मिल गये। फिर क्या था!

महिमा ने साधना के एक गाल पर जारे से दाँत से काटा। साधना ने भी जवाबी कार्रवाई करते हुए महिमा के गाल पर दाँत से काट लिया। साधना के दूसरे गाल पर भी महिमा ने दाँत गड़ा दिया। वार इतना जबर्दस्त था कि साधना के गाल पर महिमा के दाँतों के निशान पड़ गये और हल्का सा खून रिस आया। साधना ने खिसियाकर महिमा के दूसरे गाल पर उतनी ही जोर से काट लिया। महिमा के गाल पर भी दाँतों के निशान पड़ गये। बड़े बेटे को बहुत तेज गुस्सा आ रहा था लेकिन वह दाँत पीसकर रह जा रहा था। उसका बस चलता तो वह भी साधना पर टूट पड़ता और मार-मारकर कचूमर निकाल देता। साधना अचानक खड़ी हुई और दौड़कर घृतनाथ के दोनों गालों पर दनादन थप्पड़ मारने लगी। महिमा साधना की पीठ पर दनादन घूँसे बरसाने लगी। साधना पलटकर चिल्लायी, "मैं अपने पति को मार रही हूँ। तुमको क्यों तकलीफ हो रही है?" महिमा बोली, "पहले मेरा और तुम्हारा जो झगड़ा चल रहा है, उसको निबटाओ। अपने पति को बाद में मारना।" साधना बोली, "मैं सब समझ रहीं हूँ। उसको मार पड़ रही है तो दर्द तुम्हें हो रहा है। तुम अभी जानती नहीं हो। किसी दिन तुम्हारे उसमें बाँस डाल देगा और बाँस को ठीक से हिला देगा, तब समझ मे आयेगा। तब फटी...लेकर शहर में चारों तरफ दौड़ोगी।" "अरे हरामजादी! बाँस तो तेरे में जाएगा!" कहकर महिमा फिर साधना से गुत्थमगुत्था हो गयी।

सावन को धीरे-धीरे गुस्सा आने लगा। उन्होंने जोर से घृतनाथ की ओर घूरा। घृतनाथ सावन की हिंसक आँखें देखकर सहम गये। सावन कदकाठी में घृतनाथ से काफी मजबूत थे। घृतनाथ ने नज़रें नीची कर लीं। वे समझ गये कि अगर सावन भी मारपीट पर उतारू हो गये तो मेरी यह एक हड्डी की कायाक्षतिग्रस्त हो जाएगी। सावन घृतनाथ के पास पहुँचे गये। उनहोंने घृतनाथ का कालर पकड़ लिया, "यह सब तुम्हारी वजह से हो रहा है। तुम्हारे जैसे कमीने इनसान इस धरती को नरक बनाने के लिए ही पैदा होते हैं।" उन्होंने घृतनाथ को चार थप्पड़ मारा। घृतनाथ के मुँह से न तो कोई आवाज़ निकली और न ही उन्होंने प्रतिरोध किया। सावन ने घृतनाथ को पकड़कर जीमन पर पटक दिया। वे घृतनाथ की पीठ पर बैठ गये और लगे उन्हें घूँसे-घूँसे मारने। महिमा और साधना ने अपनी लड़ाई बन्द कर दी। दोनों खड़ी होकर घृतनाथ की कुटम्मस देखने लगीं। महिमा के दोनों बेटों को बड़ा आश्चर्य हो रहा था। घृतनाथ को वे तब से अपने घर में आते-जाते देख रहे थे, जब से वे जानने लायक हुए थे। दोनों घृतनाथ से बहुत घुले-मिले हुए थे। उनकी समझ में नहीं आ रहा था कि पापा अंकल को क्यों मार रहे हैं? अंकल तो बहुत अच्छे आदमी हैं। उनकी माँ भी उनको यही बताती थी। दोनों औरतों का झगड़ा भी

उनकी समझ में कायदे से नहीं आया। दोनों की मारपीट तो उनकी समझ मे आ रही थी, लेकिन वे जो बकवास कर रही थीं उसका मूल मन्तव्य उनकी समझ में नहीं आया। वे समझ नहीं पा रहे थे कि आज यह घर में हो क्या रहा है? इसके पहले ऐसा कभी नहीं हुआ था।

घृतनाथ की पीठ पर दनादन घूँसा पड़ रहा था। महिमा का कलेजा मुँह को आ रहा था। उसको घृतनाथ पर क्रोध आ रहा था कि वे भी सावन से भिड़ क्यों नहीं जाते! जैसे मैं साधना से भिड़ गयी थी। नीचे लेटे चुपचाप मार खा रहे हैं। उसे डर लग रहा था कि कहीं घृतनाथ को चोट-चपेट न लग जाय। साधना बहुत खुश हो रही थी। घृतनाथ को पिटता देख उसके कलेजे को ठंडक पहुँच रही थी। उसे महिमा ने बहुत मारा था। उसे लग रहा था कि सावन उसी की पिटाई का बदला घृतनाथ से ले रहे हैं। वह मन ही मन सोच रही थी, 'और बच्चू स्कूटर पर बैठाकर महिमा को घुमाओ। कराओ उसे पूरे शहर की सैर। तुम्हारे पापों का घड़ा भर गया था, इसीलिए वह आज फूट गया। और अपनी प्रेमिका से मुझे पिटवाओ। कृष्ण-कन्हैया बनकर गोपियों से रास रचाओ। महिमा के अलावा और भी न जाने कितनी गोपियाँ होंगी। सारी गोपियों ने श्राप दिया होगा। उनका श्राप आज फलीभूत हो रहा है। आज तुम्हें कोई नहीं बचाने आयेगा। तुम्हारी प्रमिका भी आज तुम्हें नहीं बचायेगी।'

अन्ततः सावन ने खुद ही घृतनाथ को पीटना छोड़ दिया और उठकर खड़े हो गये। घृतनाथ उसी तरह लेटे हुए कराह रहे थे। वे उठ ही नहीं रहे थे। महिमा उन्हें जाकर उठना चाहा रही थी लेकिन संकोचवश उसके पैर आगे नहीं बढ़ रहे थे। सावन बोले, "उठ रहे हो कि चार-छः लात भी मारूँ। अपने कार्मों के चलते देखो किस दशा को प्राप्त हुए हो।" घृतनाथ भयवश उठ गये और सोफे पर बैठ गये। उन्हें डर लग रहा था कि सावन उन्हें और न मारें। "साधना! चलो अब घर चलें। रात हो रही है।" उन्होंने साधना से कहा। साधना व्यंग्यपूर्वक बोली, "अभी पाँच मिनट आराम कर लो। इतनी मार खाये हो। स्कूटर ठीक से नहीं चला पाओगे। लेकर कहीं गिर पड़ोगे। अब भी सुधर जाओ। समय है।"

● अगले दिन ऑफिस बन्द होने के बाद सावन अपनी ससुराल चल दिये। उन्हें लग रहा था कि ससुराल वालों से भी बात करना जरूरी है। ससुराल में भाइयों-बहनों में महिमा सबसे बड़ी थी। उसके बाद तीन भाई थे जो बाहर नौकरी करते थे और अपना परिवार अपने साथ ही रखते थे। तीनों भाइयों के बाद एक बहन और थी। उसकी शादी अभी नहीं हुई थी। केवल एम.ए. की डिग्री पाने के लिए। उसका नाम था, यशोधरा। वह कानपुर विश्वविद्यालय के किसी कॉलेज से एम.ए. कर रही थी। वह नाममात्र की पढ़ाई कर रही थी। महिमा के पिता जी अब

नहीं थे। ससुराल में सिर्फ महिमा की माँ और छोटी बहन ही रहते थे। भले ही दो ही प्राणी थे, लेकिन अभी ससुराल थी तो।

सावन ससुराल पहुँच गये। उन्हें देखते ही सास प्रसन्न हो उठीं, "अरे मेहमान, बहुत दिनों बाद हम लोगों की याद आयी। यहीं शहर में रहते हो, ये नहीं कि स्कूटर जरा सा इधर भी घुमा लो। बेचारी महिमा ही बच्चों को लेकर आती है। दामाद का चेहरा देखने के लिए आदमी तरस जाता है। जब तक मैं ज़िन्दा हूँ तब तक तो आते-जाते रहा करो। सास को दामाद और दामाद को सास बहुत प्यारे होते हैं।" सावन मुस्कराये, "अरे अम्मा जी, मैं हमेशा आपको याद करता रहता हूँ। ऐसी नौकरी है कि सिर उठाने को फुर्सत नहीं मिलती। कभी-कभी तो ऑफिस में रात के आठ-नौ बज जाते हैं। जानती हैं, मेरे ऊपर पूरे प्रदेश के महाविद्यालयों की जिम्मेदारी है।" दोनों की बात सुनकर यशोधरा भी बाहर आ गयी। सावन को देखकर वह खुश हो गयी, "अरे, जीजा जी आप? आज कहाँ इधर रास्ता भूल गये? मैं और अम्मा हमेशा आप की बात करते हैं। आपको तो हम लोगों की याद ही नहीं आती। मेरे ले देकर एक ही प्यारे-प्यारे जीजा जी हैं, लेकिन उनका तो दर्शन ही दुर्लभ है।" "अरे नहीं भाई!" सावन मुस्कराये, "मैं अपनी प्यारी-प्यारी इकलौती साली सहिबा को भला भूल सकता हूँ? मैं क्या करूँ? तुमने मुझे ऐसी नौकरी दिला दी है कि समय ही नहीं मिलता। तुम्हीं मेरे घर कितना आ जाती हो?" "अम्मा से पूछ लीजिए जीजा जी। मैं तो अक्सर आपके घर जाती हूँ। आप हैं कि अपने ही घर में कभी नहीं मिलते। हाँ, आपके घर में घृतनाथ सर से अक्सर मुलाकात हो जाती है।" सावन मन ही मन चिहुँक पड़े। यशोधरा ने उनकी दुःखती रग पर हाथ रख दिया। उन्होंने किसी तरह अपने को सहज किया, "जीजा जी से मिलने के लिए कभी रात में नहीं रुक सकती? अरे, अम्मा जी को भी साथ में लेती आओ। घर में एक दिन के लिए ताला लगा दो। एक दिन में नहीं डकैती पड़ी जा रही है।!" बात को बीच में ही सावन की सास ने लपक लिया, "नहीं मेहमान, जमाना ठीक नहीं है। दुनिया भर के चोर-उचक्के घूमते रहते हैं। ताले के भरोसे घर को नहीं छोड़ा जा सकता। आजकल ताला तोड़ना कौन सा कठिन काम है? पता चला वहाँ हम लोग आपके घर में सो रहे हैं और यहाँ सब कुछ लुट-पिट गया।" यशोधरा बोली, "आप ही यहाँ क्यों नहीं रुक जाते? वहाँ घर पर दीदी तो हैं ही। उनको मैं फोन कर देती हूँ कि जीजा जी आज यहीं पर रहेंगे। परेशान मत होना। पड़ोस के घर में फोन है। आपके यहाँ तो ऑफिस का फोन लग ही है।" "अरे नहीं भाई!" सावन ने कहा, "मैं तुम लोगों को देखने चला आया आज।" सास मुस्करायी, "ठीक ही तो कह रही है यशोधरा। कल रविवार है। आपको ऑफिस

जाना नहीं है। एक दिन यहाँ रुक जाएँगे तो हम लोग भी धन्य हो जाएँगे।'' सावन बोले, ''चलिए आपकी बात ही सही। जब इतना कह रही हैं तो रुक ही जाता हूँ। साली का भी आदेश है।'' यशोधरा खुशी से उछल पड़ी, ''ये हुई न बात जीजा जी। आज का दिन अच्छा है!'' सास ने यशोधरा को डाँटा, ''यहीं खड़ी होकर बड़बड़ाती ही रहेगी या जीजा जी के लिए चाय-नाश्ता भी लायेगी? मेहमान इतने दिन बाद आये हैं। जा पहले जीजा जी के लिए पानी ला?''

यशोधरा गयी और जल्दी से पेठा और पानी लेकर आयी। पेठा-पानी रखकर वह जाकर चाय बनाने लगी। सावन ने सोचा, नाश्तापानी कर लिया जाय तो बात शुरू की जाय। जल्दी ही यशोधरा एक ट्रे में चाय के साथ कई चीजें सजाकर लेकर आ गयी। सावन के सामने मेज पर उसने ट्रे रख दी। यशोधरा ने अपनी माँ से पूछा, ''अम्मा, मैं पड़ोस में जाकर दीदी को फोन कर दूँ?'' माँ ने कहा, ''हाँ, जाकर महिमा को बता दे कि मेहमान आज यहीं रुकेंगे। परेशान होने की कोई जरूरत नहीं है।'' यशोधरा चली गयी। महिमा ने जब यशोधरा से फोन पर सुना कि सावन उसके मायके गये हैं और रात में वहीं रुकेंगे तो उसके दिल की धड़कन बढ़ गयी। वह समझ गयी कि सावन क्यों उसके माँ के पास गये हैं। एक और तूफान आने की आशंका से वह घबरा उठी। उसकी समझ में नहीं आया कि वह क्या करे।

चाय नाश्ता हो गया। सब लोग ड्राइंगरूम में बैठे थे। यशोधरा और उसकी माँ बहुत उत्सुकता तथा प्रसन्नता से सावन से बात कर रहे थे। सावन ने मौका उपयुक्त देखकर कहा, ''अम्मा जी, मैं यहाँ पर एक विशेष मसले पर बात करने के लिए आया था।'' ''हाँ-हाँ बताओ क्या बात है?'' वे उत्सुक होकर बोलीं। सावन बताने लगे, ''अम्मा जी, मैं आप से कैसे कहूँ, मेरी समझ में नहीं आ रहा है। लेकिन जब यहाँ तक आया हूँ तो कहना ही पड़ेगा। कहना इसलिए भी जरूरी है कि मेरी ज़िन्दगी बर्बाद होने के कगार पर है। मैंने सपने में भी नहीं सोचा था कि ऐसा हो जाएगा। मैं एक सीधा-सादा आदमी था और दुनिया के इतने छल-प्रपंच से वाकिफ नहीं था। मैं तो समझिए एकदम आसमान से जमीन पर गिरा हूँ। दुनिया इतनी भी बेढंगी हो सकती है, इस पर मैं विश्वास नहीं कर पा रहा हूँ। आप भी सुनेंगी तो एक बार आपको भी विश्वास नहीं होगा।'' उनकी सास बोली, ''बात को इतना घुमा-फिरा क्यों रहे हो? सीधे-सीधे बताओ न कि बात क्या है?'' सावन सीधे अपनी समस्या पर आ गये, ''ऐसा है अम्मा जी कि घृतनाथ के कारण मेरी ज़िन्दगी नरक हो गयी है। घृतनाथ और महिमा में गलत सम्बन्ध हैं। मैं...'' ''यह तुम क्या कह रहे हो मेहमान?'' सास ने उनकी बात बीच में ही काट दी, ''घृतनाथ को मैं आज से नहीं जानती। मैं उनको तब से जानती हूँ जब वे पढ़ रहे थे। उनकी नौकरी नहीं

लगी थी। वे मेरे परिवार के एक सदस्य जैसे हैं। हर सुख-दुःख में वे हरदम हम लोगों के साथ खड़े रहे हैं। मैं उनको बेटे की तरह मानती हूँ। महिमा भी उन्हें अपने भाई की तरह मानती है। दोनों के बीच भाई-बहन का रिश्ता है। तुमको या तो कुछ गलतफ़हमी हुई है या किसी ने घृतनाथ के विरुद्ध तुमको भड़का दिया है। ऐसी गन्दी बात तुम सपने में भी अपने दिमाग में मत लाना। मैं घृतनाथ और महिमा, दोनों को अच्छी तरह जानती हूँ।'' यशोधरा भी सावन की बात सुनकर दंग रह गयी। सावन की बात पर उसे एक रत्ती विश्वास नहीं हुआ। उसने भी यही समझा कि जीजा जी को किसी ने भड़का दिया है। सावन बोले, ''अम्मा जी, मैं भी यही समझता था। सोचता था कि घृतनाथ महिमा के मुँहबोले भाई हैं। मैं उन्हें बहुत सम्मान देता था। लेकिन विश्वविद्यालय के हिन्दी विभाग में दोनों की प्रेमकथा सबकी जुबान पर है। क्या प्राध्यापक, क्या क्लर्क, क्या चपरासी, क्या छात्र, क्या छात्राएँ, सबको दोनों की प्रेम कहानी पता है। वही के कुछ लोगों ने मुझे दोनों की प्रेम कहानी के बारे में बताया। मुझे विश्वास ही नहीं हुआ, लेकिन मैं दोनों पर निगाह रखने लगा। मैं अपने ऑफिस से अक्सर दोपहर में स्कूटर से घर का एक चक्कर लगाने लगा। मैं जानता था कि अगर दोनों घर में आते होंगे तो उस समय आते होंगे जब बच्चे स्कूल में रहते हैं। मैं समय का हिसाब-किताब बैठाकर दोनों को पकड़ने का प्रयास करने लगा। दोनों एक दिन मेरी पकड़ में आ गये। मैं ऑफिस से आया तो देखा कि घृतनाथ का स्कूटर बाहर खड़ा है और दरवाजा अन्दर से बन्द है। मैंने स्कूटर बाहर खड़ी की और गेट खोलकर अन्दर चला गया। मैं दरवाजा खटखटाने लगा लेकिन दरवाजा नहीं खुला। दरवाजा काफी देर में खुला। अन्दर घृतनाथ और महिमा थे। मैंने महिमा से पूछा कि अन्दर क्या हो रहा था तो वह मुझसे चराने की कोशिश करने लगी। लगी इधर-उधर की बात बताने। मैंने उसकी साड़ी उठाई और उसकी योनि पर कसकर अपना हाथ रगड़ा। मेरे हाथ पर घृतनाथ का वीर्य ही वीर्य लग गया। मैंने उससे कहा कि यह क्या है, तो लगी मुझसे लड़ने। कहने लगी कि मैं और घृतनाथ एक दूसरे से प्यार करते हैं। हम दोनों आपस में अक्सर कामक्रीड़ा करते हैं। क्या कर लोगे तुम मेरा? मुझसे कामक्रीड़ा-कामक्रीड़ा कह रही थी। मेरा संदेह एकदम पक्का हो गया। अब बताइये अम्मा जी मैं क्या करूँ? महिमा किसी कीमत पर घृतनाथ को छोड़ने के लिए तैयार नहीं है। आप ही बताइये कि ऐसी औरत को पत्नी के रूप में मैं कैसे बर्दाश्त करूँ?''

देखो बेटा, कहीं न कहीं कुछ न कुछ गलतफ़हमी जरूर हुई है। महिमा ऐसी औरत नहीं है। फिर उसके दो-दो बेटे हैं। दो-दो बेटों के रहते कोई औरत कभी किसी और आदमी के प्यार में पड़ सकती है?'' सावन की सास ने उन्हें समझाया।

"आपको कुछ पता ही नहीं है अम्मा जी! दोनों अब एक दूसरे को प्यार करना नहीं शुरू किये हैं।" सावन आगे बताने लगे, "दोनों जब विश्वविद्यालय के हिन्दी विभाग में पढ़ रहे थे, तभी से एक दूसरे से प्यार करने लगे थे। दोनों आपस में शादी भी करना चाहत थे। आपने जब महिमा की शादी मुझसे तय की, उस समय घृतनाथ बेरोज़गार थे। अगर उस समय घृतनाथ को नौकरी मिल गयी रहती तो महिमा कभी मुझसे शादी न करती। तब वह घृतनाथ से ही शादी करती। परिवार में बगावत कर देती। घृतनाथ के बहुत समझाने पर उसने मनमसोसकर मुझसे शादी कर ली। उसी समय दोनों ने तय कर लिया था कि दोनों की शादी चाहे जिससे हो, दोनों हमेशा प्रेमी-प्रेमिका ही बनकर रहेंगे और पति-पत्नी का सम्बन्ध रखेंगे।" माँ-बाप की एक कमजोरी होती है। विशेषकर माँ की। वह किसी कीमत पर यह बात मानने को तैयार नहीं होती कि किसी मामले में गलती उसकी सन्तान की भी हो सकती है। यही इस समय महिमा की माँ के साथ भी हो रहा था। उन्हें एक पैसे यह विश्वास नहीं हो रहा था कि महिमा ऐसी हरकत कर सकती है। उधर यशोधरा बड़े असमंजस में थी। वह बड़े ध्यान से अपने जीजा की बात सुन रही थी। उसे कभी लगता था कि जीजा जी को कुछ गलतफ़हमी हुई है, कभी लगता था कि जीजा जी सच बोल रहे हैं। वह अपने मन में भूतकाल की घटनाओं की कड़ियाँ जोड़ने का प्रयास कर रही थी और उसमें महिमा तथा घृतनाथ का प्यार तलाश रही थी। सावन की सास सावन को सान्त्वना देने का प्रयास करने लगीं, "ऐसा है बेटा, इस विषय पर मैं महिमा से भी बात करूँगी। जानने का प्रयास करूँगी कि सच्चाई क्या है? वैसे एक बात है। मैं उससे यह बात साफ-साफ कह दूँगी कि अगर तेरे पति को घृतनाथ पसन्द नहीं हैं तो उन्हें घर में मत आने दिया कर। घृतनाथ को मैं बुलाकर साफ-साफ कह दूँगी कि मेरी बेटी के घर मत जाया करो। उसके पति तुम्हें पसंद नहीं करते। कलह की जड़ ही समाप्त कर दी जाय। घृतनाथ को तुम्हारे घर आना बन्द करना पड़ेगा। अगर मैं नहीं चाहूँगी कि फलाँ व्यक्ति मेरे घर आये तो वह मेरे घर जबर्दस्ती थोड़े आ सकता है।"

सावन ने निराश होकर सिर झुका लिया। उनकी सास उन्हें फिर समझाने लगीं, "दुःखी मत हो बेटा। हर समस्या का कोई न कोई समाधान होता है। अगर सचमुच कोई समस्या है तो उसका समाधान मैं निकालूँगी।" सावन बोले, "आप बहुत समझायेंगी तो वह आपके सामने यह स्वीकार कर लेगी कि अब घृतनाथ घर में नही आयेंगे। लेकिन कोई गारंटी रहेगी कि घृतनाथ घर में नहीं आयेंगे? मैं उधर ऑफिस में रहूँगा और इधर घृतनाथ घर में आयेंगे और घर में दोनों मिलकर गुलछर्रे उड़ायेंगे। जब मैं घर में पहुँचूँगा तो उस समय घृतनाथ घर में नहीं रहेंगे।" "अरे

बेटा! कहाँ से यह शक का कीड़ा तुम्हारे दिमाग में घुस गया।'' सास बोलीं, ''ठीक है, उसका भी कुछ न कुछ उपाय करेंगे। मैं कुछ महीने कष्ट सह लूँगी। यशोधरा को तुम्हारे घर रहने के लिए भेज दूँगी। वह निगाह रखेगी कि घृतनाथ तुम्हारे घर में न आने पायें। तुम्हारी अनुपस्थिति में अगर घृतनाथ घर में आते हैं तो यशोधरा उन्हें भगा देगी और इसके बारे में मुझको बतायेगी।'' ''यह सम्भव है?'' सावन ने कहा, ''आप यहाँ अकेले घर की सारी व्यवस्था सँभाल पायेंगी? ऐसा क्यों नहीं करतीं कि आप भी मेरे घर पर चली चलें। इस घर को किराये पर उठा दीजिए।'' सास बोलीं, ''यशोधरा के बिना मैं रह लूँगी अकेले घर में। घर के पिछले हिस्से में जल्दी ही एक परिवार किराये पर रहने के लिए आने वाला है। उन लोगों के रहते मुझे कोई दिक्कत नहीं होगी। बेटी के घर में जाकर मैं नहीं टिक सकती। हमारे खानदान में यह रिवाज नहीं है। यशोधर बोली, ''हाँ जीजा जी! मैं चलकर रहूँगी आपके घर। आपके हँसते-खेलते परिवार को किसी की नज़र लग गयी है। अगर आप चाहते हैं कि घृतनाथ आपके घर में न आयें तो वे नहीं आने पायेंगे। वहाँ रहकर मैं इस बात की पूरी तहकीकात कर लूँगी कि आपके शक में कितनी सच्चाई है। आप चिन्ता मत करियेगा। मैं किस का पक्ष नहीं लूँगी। वहाँ रहने लगूँगी तो दूध का दूध और पानी का पानी हो जाएगा। दीदी के प्रति अपने मन में किसी तरह का मनमुटाव मत पालिए जीजा जी। भगवान की कृपा से सब कुछ ठीक हो जाएगा। दीदी और आप फिर हँसी-खुशी रहने लगेंगे। पता नहीं बैठे-बिठाये कहाँ से यह सब अनर्थ होने लगा।'' सावन की सास ने कहा, ''देखो! यशोधरा भी तुम्हारे यहाँ जाकर रहने के लिए तैयार है। बहुत समझदार लड़की है। देखना यह सब कुछ ठीक कर देगी। यह तुम्हारा भी ध्यान रखेगी और महिमा का भी। बच्चों का ध्यान तो रखेगी ही रखेगी। तुम्हारे दोनों बच्चे इससे कितना घुले-मिले हुए हैं। इसके वहाँ रहने से वे दोनों भी प्रसन्न रहेंगे।'' सावन बहुत उदास होकर बोले, ''अम्मा जी, मुझे आप और यशोधरा का ही मुँह देखना पड़ रहा है। आप दोनों के संकोच में ही मैं चुप हूँ, अन्यथा मैं महिमा को छोड़ देता। देखकर मक्खी निगल पाना बहुत कठिन काम है। महिमा की बेवफाई मैं अपनी आँखों से देख चुका हूँ और सुन चुका हूँ। आप लोग विश्वास करें या न करें। मैं तो अपनी बातों को लेकर सौ प्रतिशत आश्वस्त हूँ। दोनों की बेहयाई का क्या-क्या किस्सा मैं आप लोगों को सुनाऊँ। परसों ही घृतनाथ से मेरी झड़प हुई थी। इतना बेशर्म आदमी है कि कल जब मैं ऑफिस से घर लौटा तो देखा कि उसकी स्कूटर मेरे घर के सामने खड़ी है और वह मेरे घर में बैठा हुआ है। मुझे बहुत तेज गुस्सा आयी। घृतनाथ की बीवी मेरे ऑफिस में ही काम करती है। साधना नाम है उसका। मैं तुरन्त घृतनाथ के

घर गया और उसकी बीवी से कहा कि तुम्हारा पति मेरे घर पर बैठा हुआ है। मेरे साथ चलकर उसको वहाँ से हटाओ नहीं तो आज कुछ अनर्थ हो जाएगा। उसकी बीवी को भी महिमा और घृतनाथ की प्रेमकथा मालूम है। वह तुरंत मेरे साथ घर पर आयी और घृतनाथ से लड़ने लगी। वह घृतनाथ से घर वापस चलने के लिए कह रही थी। महिमा ने आव देखा न ताव। वह घृतनाथ की बीवी से लड़ पड़ी। दोनों में बहुत गाली-गलौज हुई। दोनों के बीच मारपीट भी खूब हुई। महिमा की बेहयाई देखकर मैं दंग था। उसने घृतनाथ से एक बार भी नहीं कहा कि अपनी पत्नी के साथ अपने घर जाओ। उल्टा वह उसकी बीवी से खूब लड़ी और जमकर उससे मारपीट की। साधना के ऊपर उसका गुस्सा इसलिए था कि वह अपने पति को लेने उसके घर तक कैसे आ गयी। दोनों जो गन्दी-गन्दी गालियाँ बक रही थीं। अन्त में मुझे हस्तक्षेप करना पड़ा। मैंने घृतनाथ को कई थप्पड़ मारा। फिर उठाकर उसको पटक दिया। उसकी पीठ पर बैठकर मैंने उसे बहुत घूँसे मारे। वह अधमरा हो गया। तब जाकर वह सीधा हुआ और अपनी पत्नी के साथ घर गया, अन्यथा मेरे घर से वह उठने का नाम ही नहीं ले रहा था।''

सावन की सास ने दोनों हाथों से अपना सिर पकड़ लिया, ''हे भगवान! इतना सब कुछ हो गया और मुझे पता तक नहीं चला। तुमको मुझे और पहले यह सब बताना था। मैं घृतनाथ का तुम्हारे घर आना-जाना बन्द करा देती। यह कौन सी ढिठाई है...यशोधरा तू जरा ध्यान रखना। मना करने के बावजूद अगर घृतनाथ घर में आयें तो उन्हें तू जरा ठीक से कूँट देना। यह तो सचमुच बेहयाई है। हम लोग कल ही महिमा के पास चलते हैं और उससे सारी बात पूछते हैं। तू कल ही से जीजा जी के घर में रहने लग। बात बहुत बढ़ गयी है। महिमा से कह दिया जाय कि वह घृतनाथ को घर आने से मना कर दे। किसी अनाथ का घर है क्या कि घृतनाथ मुँह उठाये चले आयेंगे।'' सावन की सास जानबूझकर सावन का पक्ष लेने लगीं। उन्होंने बहुत दुनिया देख रखी थी। वे समझ गयीं कि बात चाहे सही हो या गलत, सावन ने बात को एकदम सही मान लिया है। वे देख रही थीं कि सावन बहुत क्रुद्ध हैं महिमा के ऊपर। हो सकता है वे महिमा को छोड़ दें या तलाक दे दें। बुद्धिमानी इसी में है कि दामाद की तरफ खड़े होकर बेटी की जान बचायी जाय, उसका परिवार बचाया जाय। क्या पता सावन किसी दिन गुस्से में आकर महिमा को मार ही डालें। घृतनाथ को वे ठीक से पीट ही चुके हैं। यशोधरा को समझा दूँगी कि वह सावन को समझा-बुझाकर शान्त रखा करे और सावन-महिमा के विवाद में वह हमेशा सावन का पक्ष लिया करे। भले महिमा नौकरी कर रही है, अगर तलाक हो गया तो समाज में बड़ी थू-थू होगी। महिमा बात को समझ नहीं रही है। केवल पेट भर लेना ही ज़िन्दगी नहीं है।

महिमा को लोग विश्वविद्यालय में हेय दृष्टि से देखेंगे और जिस मुहल्ले में रहेगी वहाँ के लोग भी। अगर महिमा यहाँ आकर रहने लगी तो लोग हमारे पूरे परिवार को ही गिरी नज़र से देखेंगे। सावन को सबकी सहानुभूति मिलेगी। महिमा के ऊपर ही सारा कलंक लगेगा। यशोधरा की तो शादी ही नहीं हो पायेगी। महिमा पता नहीं क्या बवाल कर रही है? दो बच्चों को लेकर अलग रहना पड़ेगा तो आटे-दाल का भाव पता चल जाएगा। पता नहीं भगवान ने कौन सी विपत्ति डाल दी।

यशोधरा भी चिन्तित हो रही थी। उसे अपने जीजा जी की बातों पर अब विश्वास होने लगा था। बात इतनी ज्यादा आगे बढ़ चुकी है? बिना आग के धुँआ नहीं होता। इतने सालों से घृतनाथ क्यों दीदी के आगे-पीछे घूम रहे हैं? दीदी के अलाव और किसी के इतने सगे नहीं हैं। जब तक दीदी मायके में थी तो हमेशा यहाँ आते थे। दीदी भी भाइयों के बजाय, हर जगह घृतनाथ के साथ ही जाना पसन्द करती थी। हमेशा घृतनाथ के साथ स्कूटर से घूमती रहती थी। दोनों कितने प्यार और अधिकार से एक दूसरे से बातें करते थे। उस समय घर में किसी का भी ध्यान इस ओर नहीं गया। आज उन सब बातों को ध्यान से समझने की कोशिश की जाय तो जीजा जी के आरोप सही लग रहे हैं। इतनी उम्र हो गयी है और दो बच्चे हो गये, तब भी दीदी नहीं सुधरी। लगता है पूरे परिवार की नाक कटा कर रहेगी। हम लोग कहीं मुँह दिखाने लायक नहीं बचेंगे। मेरी तो ज़िन्दगी बर्बाद हो जाएगी। दीदी की यह सब करतूत सुनकर कौन करेगा मुझसे शादी? लोग सोचेंगे कि जैसी एक बहन है, वैसी ही दूसरी भी होगी। जाकर मुझे सब सँभालना पड़ेगा, अन्यथा सब चौपट हो जाएगा।

यशोधरा की माँ ने उससे कहा, "तू जा खाने-पीने का व्यवस्था कर। मेहमान के लिए पूड़ी, कचौड़ी, सब्जी और खीर बनाना। बहुत दिन बाद आये हैं। हम लोग कल ही इनके साथ चलेंगे। तू एक झोले में अपना सारा सामान रख ले। तुझे कल से ही जीजा जी के यहाँ रहना है। हमारे किरायेदार परसों आ जाएँगे। उनकी मदद से मैं यहाँ सब कुछ सँभाल लूँगी।"

अगले दिन नाश्ता-पानी करने के बाद सबने खाना खाया। महिमा को इसी बहाने समय दिया जा रहा था कि वह भी खाना वगैरह बनाकर खा-पी ले। सबके इकट्ठा होने पर कहीं झकझक न शुरू हो जाय। ऐसे में खाना बनाने की बात बगल हो जाएगी और मुँह फुलाई-फुलावा शुरू हो जाएगा। सबने खा-पी लिया तो इत्मीनान से निकले। यशोधरा ने एक रिक्शा बुलाया और सामान सहित माँ-बेटी रिक्शे पर बैठ गयीं। घर में ताला लगा दिया गया था। सावन स्कूटर से पहले ही घर चल दिये।

सावन काफी जल्दी घर पहुँच गये। वे स्कूटर से थे। उनको देखते ही महिमा का खून खौल गया। उसके दिमाग में पहले से ही तमाम तरह के संदेह और किन्तु-परन्तु नाच रहे थे। उसने सावन को ताना मारते हुए कहा, "ससुराल में भी गये अपना दुःखड़ा रो आये? मेरी माँ-बहन के सामने मेरे बारे में तमाम तरह ही ऊट-पटाँग बातें कहकर कटा आये मेरी नाक? अपना किस्सा नहीं सुनाया होगा कि आजकल मैं साधना के साथ घूमता हूँ और उसके साथ रँगरेलियाँ मनाता हूँ। मैं भी अपनी माँ के पास जाकर तुम्हारा पूरा कच्चा चिट्ठा खोलूँगी। जब वहाँ जा रहे थे तो मुझे भी बताते। मैं भी चलती तुम्हारे साथ। अपने को जरूरत से ज्याद बुद्धिमान समझते हो। मेरी माँ-बहन के दिमाग में दुनिया भर का ज़हर भर आये। खुद बहुत अच्छे बन गये होगे और मुझे डायन सिद्ध कर दिया होगा। तुम...तुमसे तो भगवान भी पार नहीं पा सकते। ज़िन्दगी भर हराम की कमाई की है, इसलिए दिमाग में भी हरामीपन घुस गया है। लोगों का गला दबा-दबाकर पैसा कमाते हो, सरकारी खजाने को चूना लगाते हो, हमेशा लूट-खसोट में लगे रहते हो। पूरे उच्च शिक्षा निदेशालय में तुम्हारे जैसा भ्रष्ट आदमी नहीं होगा। थू है तुम पर।" सावन भौंचक्के रह गये। जिस पैसे पर यह ज़िन्दगी भर ऐश करती रही, उसी पैसे को आज हराम की कमाई कह रही है। उसको खुलकर खर्च करते समय यह बात नहीं ध्यान में आयी कि यह लोगों का गला दबाकर इकट्ठा किया गया पैसा है। कभी उस पैसे को छूने में पाप का एहसास नहीं हुआ। आज मुझे बता रही है कि वह पाप की कमाई थी। जिसके लिए चोरी करो वही कहे चोर। उन्हें बहुत तेज गुस्सा लगी। मन किया कि उसे खींचकर दो झापड़ मारें, लेकिन कुछ सोचकर चुप रह गये। उन्हें पता था कि पीछे से उसकी माँ और बहन भी आ रहे हैं। उन्हें लगा कि मैंने यह काम बहुत समझदारी वाला किया। इसको यह नहीं बताय कि पीछे से तुम्हारी माँ और बहन भी आ रहे हैं। दोनों आयेंगे तो खुद अपनी आँखों से देख लेंगे इसकी हरकत। दोनों को इसकी सज्जनता के बारे में बहुत गलतफ़हमी है। देख लेंगी कि है विश्वविद्यालय में प्रोफेसर और घर में गाँव की गँवार औरतों की तरह लड़ रही है।

माँ-बेटी का रिक्शा आ गया और गेट के सामने रुका। सावन और महिमा घर के अन्दर थे। महिमा की आवाज़ गेट तक साफ-साफ आ रही थी। वह सावन का चहेंटे हुए थी। यशोधरा और उसकी माँ ने एक दूसरे की तरफ देखा। सावन की कोई आवाज़ नहीं आ रही थी। रिक्शेवाले को पैसा देकर यशोधरा अपना सामान नीचे उतारने लगी। उसकी माँ ने गेट खोला। गेट खुलने की आवाज़ सुनकर महिमा चौकन्नी हो गयी। दरवाजा खुला हुआ था। उसने दरवाजे के पास आकर

बाहर झाँका। देखा, गेट खोलकर उसकी माँ अन्दर घुस रही हैं। वैसे तो अपनी माँ को देखकर वह बहुत प्रसन्न होती, लेकिन आज उसका जी धक्क से हो गया। उसने आकर अपनी माँ के पैर छुए। तब तक यशोधरा भी सामान लादे-फाँदे गेट के अन्दर घुसी। महिमा की घबराहट बढ़ गयी। वह समझ गयी कि मामला कुछ न कुछ गड़बड़ है। वह नकली मुस्कान बिखेरते हुए दोनों को घर के अन्दर ले आयी।

घर के अन्दर पहुँचकर सब यथास्थान बैठ गये। महिमा की माँ ने महिमा ने पूछा, "तू मेहमान के ऊपर चिल्ला क्यों रही थी? हम लोग आये तो बाहर गेट तक तेरी आवाज़ सुनायी दे रही थी। युनिवर्सिटी में यही सब पढ़ाती है? मेरी तो समझ में नहीं आ रहा था कि यह एक प्रोफेसर की आवाज़ है या एक झगड़ालू औरत की? मैंने तुझे यही सब संस्कार सिखाया था कि ससुराल में जाकर अपने पति से युद्ध करना? जो बाहर से सुनेगा तो वो तुझे क्या कहेगा?" घबराहट में महिमा के मुँह से निकला, "ऐसा है माँ कि मुझे इन्होंने बताया ही नहीं कि आप भी आ रही हैं!" माँ ने झिड़का, "बहुत अच्छा किया था मेहमान ने तो तुझे नहीं बताया कि मैं भी पीछे-पीछे आ रही हूँ। तब तेरी असलियत मुझे कैसे पता चलती? तुझे मेरे आने के बारे में पता रहता तो तू अपने स्वाभाविक रूप में कैसे रहती? तब तो जो मीठा-मीठा बोलकर अम्मा-अम्मा करती कि मैं समझती बेटी बहुत भोली -भाली है। तेरा स्वाभाविक और असली रूप मैंने देख लिया।" महिमा चुप। वह सिर झुकाकर बैठ गयी। महिमा को डाँट पड़ रही थी। सावन बहुत प्रसन्न हो रहे थे कि अब आया ऊँट पहाड़ के नीचे। उन्हें नहीं पता था कि उनकी सास अपनी रणनीति के तहत महिमा को डाँट रही थीं और उनका पक्ष ले रही थीं।

महिमा डाँट खाकर सबके बीच में असहज महसूस कर रही थी। वहाँ से हटने के चक्कर में उसने माँ से पूछा, "माँ जाकर सबके लिए चाय बना लूँ?" यशोधरा बोली, "चाय मैं बना लाती हूँ। आप लोग यहीं बैठिए।" यशोधरा उठी और रसोई में चाय बनाने चली गयी। महिमा कसमसाकर रह गयी। महिमा की माँ ने महिमा से पूछा, "ये घृतनाथ का क्या चक्कर है? मेहमान बता रहे थे कि घृतनाथ का और तेरा प्रेम-प्रसंग चल रहा है। तू तो घृतनाथ को अपना भाई बताती थी।" "सब झूठ है अम्मा! मेरे और घृतनाथ के बीच कोई ऐसा-वैसा सम्बन्ध नहीं है। इनके दिमाग में सन्देह का कीड़ा घुस गया है। आपके आने के पहले मैं इनसे वही कह रही थी। बात उल्टी है अम्मा। घृतनाथ की बीवी साधना इनके ऑफिस में काम करती है। उसका और इनका प्रेम सम्बन्ध चल रहा है। उसको स्कूटर पर बैठाकर ये विश्वविद्यालय में भी घुमाते हैं। यहाँ तक कि हिन्दी विभाग के सामने से भी स्कूटर लेकर आते-जाते हैं। अभी कल ही ये उसको घर में लेकर आये थे।

वह यहीं छाती ठोंककर कह रही थी कि मैं और सावन एक दूसरे के साथ सेक्स करते हैं। अपना पाप छुपाने के लिए ये मेरे सिर पर दोष मढ़ रहे हैं। उल्टा चारे कोतवाल को डाँटे वाली स्थिति हो गयी है। इनसे पूछिए कि कल वह यहाँ आयी थी या नहीं? वह मुझसे लड़ाई कर रही थी या नहीं?'' महिमा रुँआसी होकर काफी जोर-जोर से सफाई दे रही थी। सावन बोले, ''यह सच बात है अम्मा जी कि कल मैं साधना को यहाँ लेकर आया था, लेकिन बात वह नहीं जो यह बता रही है। कल मैं जब ऑफिस से घर आया, तो घृतनाथ यहीं बैठे थे। मुझे उसे देखकर बहुत गुस्सा आया। मैं तुरंत साधना के यहाँ गया। मैंने उससे कहा कि तुम्हारा पति मेरे घर में बैठा हुआ है। चलकर उसे मेरे घर से हटाओ नहीं तो बहुत बुरा होगा। मैं उसे लिवाकर आया और वह घृतनाथ से घर चलने के लिए झगड़ा करने लगी। इससे बर्दाश्त नहीं हुआ और यह साधना से भिड़ गयी। दोनों ने बहुत गाली-गलौज और मारपीट की। वह अपने पति को यहाँ से लिवाकर जाती। इसको बीच में झगड़ा करने की क्या जरूरत थी? रही बात इसके और घृतनाथ के सम्बन्ध की। इससे पूछिए कि मैंने इसे और घृतनाथ को रंगे हाथ नहीं पकड़ा था? इसके शरीर से घृतनाथ का वीर्य नहीं पोंछा था?'' ''तुम झूठ बोल रहे हो!'' महिमा चिल्लायी, ''ये क्यों नहीं बताते कि घृतनाथ ने तुम्हें और साधना को रंगे हाथ रँगरेलियाँ मनाते हुए पकड़ा था।'' घृतनाथ के आने के काफी देर बाद साधना ने दरवाजा खोला था। तुम दोनों अन्दर मजा मार रहे थे।'' ''झूठ तुम बोल रही हो!'' सावन ने कहा, ''मैं साधना के घर उसी दिन पहली बार गया था। जब घृतनाथ घर में आये तो उन्होंने अपने हाथ से चाय बनाकर मुझे पिलायी। अगर वे हम दोनों को गलत काम करते हुए रंगे हाथ पकड़ते तो मुझसे झगड़ा करते या मुझे अपने हाथ से बनाकर चाय पिलाते?'' ''अपने हाथ से उन्होंने तुमको इसलए चाय बनाकर पिलायी, क्योंकि वे तुम्हें शर्मिन्दा करना चाहते थे और तुम्हारा मज़ाक उड़ाना चाहते थे।'' महिमा बोली, ''तुम्हारे जैसा बेहया इस बात को न समझ पाये तो कोई क्या करे? गये थे उसके घर उसके साथ सेक्स करने और बता रहे हैं कि चाय पीने गये थे।'' सावन सास की ओर मुखातिब हुए, ''आप ही बताइए अम्मा जी, अगर घृतनाथ मुझे अपनी पत्नी के साथ सेक्स करते हुए रंगे हाथ पकड़ते तो वे मुझसे झगड़ा करते या अपने हाथ से चाय बनाकर मुझे पिलाते?'' ''बात तो सही कह रहे हो!'' सास ने कहा, ''अगर उसने तुमको अपनी पत्नी के साथ गलत काम करते हुए पकड़ा होता तो वह तुमसे झगड़ा करता। तुमको अपने हाथ से चाय बनाकर न पिलाता। कोई इतना बड़ा नपुंसक तो नहीं ही बन सकता। महिमा इस तरह के किस्से गढ़-गढ़कर मुझे सुनाना बन्द कर। तू फिर उसी टोन में बोलने लगी, जिस

टोन में मेरे आने पर बोल रही थी। यह सब तूने कहाँ से सीखा? पहले तमीज से बोलना सीख। अपने पद की गरिमा का ध्यान रख।'' ''अम्मा, आप भी इन्हीं का पक्ष ले रही हैं।'' महिमा अपनी माँ पर भी भड़क गयी। वे बोलीं, ''मैं किसी का पक्ष नहीं ले रही हूँ। मैं तो वह कह रही हूँ जो बात मुझे न्यायसंगत लग रही है।'' ''अम्मा जी, आप मेरे ऑफिस में जाकर पता कर लीजिए। वहाँ लोग यह तो कह सकते हैं कि साहब घूस लेते हैं या साहब भ्रष्ट हैं, लेकिन आपको एक भी आदमी ऐसा नहीं मिलेगा जो कहे कि साहब परायी औरतों पर बुरी नज़र रखते हैं। दूसरी तरफ आप विश्वविद्यालय के हिन्दी विभाग में चली जाइए। वहाँ पर आपको एक भी व्यक्ति ऐसा नहीं मिलेगा जो यह न स्वीकार करे कि घृतनाथ और महिमा के बीच गलत सम्बन्ध है। मैं और क्या कहूँ? जब मैंने दोनों को खुद रंगे हाथ पकड़ा और मयसबूत के पकड़ा तो उसे मेरा भ्रम बता दिया जा रहा है। अब इससे बड़ी अंधेरगर्दी और क्या हो सकती है। हे भगवान, क्या समय आ गया है?'' अपना पक्ष रखते-रखते सावन एकदम भावुक हो उठे। महिमा अपना गुस्सा और नियंत्रित नहीं रख पायी। वह चप्पल उठाकर सावन को मारने दौड़ी।

महिमा की माँ दोनों हाथ फैलाकर बीच में खड़ी हो गयीं, ''खबरदार महिमा, एक कदम भी आगे बढ़ा तो मुझसे बुरा कोई नहीं होगा। बाप रे बाप! तूने अपने पति पर चप्पल उठाया? वह भी मेरी आँखों के सामने? कोई मुझे यह बात बताता कि आपकी बेटी ने पति पर चप्पल उठाया मारने के लिए तो मैं कभी विश्वास न करती। वह तो कहो मैं अपनी आँखों से देख रही हूँ। मैं न होती तो तुमने मेहमान को चप्पल से मार भी दिया होता। कहाँ से यह सब संस्कार सीखा? माँ-बाप ने तो तुझे यह संस्कार नहीं दिया था। तुम अपने पति को चप्पल से मारोगी? इतना समझ लो। यह सब करोगी तो मायके का कभी मुँह नहीं देख पाओगी। मैं तुम्हें अपने घर में घुसने नहीं दूँगी। अच्छा हुआ घर में बच्चे नहीं हैं। कहाँ गये हैं बच्चे?'' महिमा पर घड़ों पानी पड़ चुका था। चप्पल भी उसने नीचे रख दी थी। धीरे से बोली, ''बच्चे अपने दोस्तों के साथ बाहर खेलने गये हैं।''

यशोधरा चाय लेकर आ गयी। वह ध्यान से सारी बातें सुन रही थी और समझने की कोशिश कर रही थी कि माजरा क्या है? बीच में एक और फच्चर आ गया। सावन और साधना के बीच अवैध सम्बन्ध। उसे यह नहीं समझ में आ रहा था कि दीदी सच कह रही है या अपने बचाव के लिए सिर्फ जवाबी हमला कर रही है। सावन ने इस सम्बन्ध में एक मज़बूत तर्क दे दिया था। दोनों के ऑफिस में जाकर इस बारे में पूछताछ कर ली जाय। इस तर्क के समर्थन में महिमा की तरफ़ से कोई जवाब नहीं आया। जवाब देने के बजाय और चुनौती स्वीकार करने

के बजाय वह चप्पल लेकर मारने दौड़ी। इसका मतलब उसका पक्ष कमज़ोर है और वह चुनौती से भाग रही है। वह सोचने लगी कि किसी दिन हिन्दी विभाग में जाना पड़ेगा और पूछताछ करनी पड़ेगी। हिन्दी विभाग में कुछेक अध्यापकों और कर्मचारियों के अलावा यशोधरा को कोई जानता नहीं था।

यशोधरा ने सबको एक-एक कप चाय दे दी। सब चाय लेकर पीने लगे। कुछ देर के लिए शान्ति छा गयी। यशोधरा भी सबके बीच में बैठ गयी। अपने घर में यशोधरा मालकिन थी और अब उसकी गिनती बड़ों में होने लगी थी। इतने अच्छे ढंग से वह मालिकाना करती थी कि उसकी माँ को उस पर गर्व था। उन्हें पूरा विश्वास था कि यशोधरा जिस भी घर में ब्याह कर जाएगी, उसे स्वर्ग बना देगी।

थोड़ी देर में महिमा की माँ ने महिमा से कहा, "महिमा, मैं यहाँ पर तुम्हें एक आदेश देने आयी हूँ। मेरा आदेश तुम्हें हर हाल में मानना पड़ेगा।" "आदेश क्या है अम्मा?" महिमा ने पूछा। उन्होंने कहा, "अब इस घर में घृतनाथ नहीं आयेंगे। कभी नहीं आयेंगे।" महिमा सिटपिटा गयी, "आप गलत सोच रही हैं अम्मा। मेरे और घृतनाथ के बीच कोई ऐसा वैसा सम्बन्ध नहीं है।" "तुम दोनों के बीच क्या सम्बन्ध है, इसकी बात मैं नहीं कर रही हूँ। तुम्हारी प्राथमिकता अपने परिवार की सुख-शान्ति होनी चाहिए। चाहे जो बात हो, मेहमान घृतनाथ को नहीं पसंद करते। तुम गृहिणी हो। तुम्हें अपने पति और बच्चों, सबकी पसंद और नापसंद का ध्यान रखना पड़ेगा। मैं यह नहीं कह रही हूँ कि केवल तुम्हें ही अपने पति की नापसन्द का सम्मान करना पड़ेगा। मेहमान भी तुम्हारी नापसन्द का सम्मान करेंगे। वे भी अब कभी साधना के घर नहीं जाएँगे। क्यों मेहमान? मंजूर है मेरी बात?" "एकदम मंजूर है अम्मा जी!" सावन ने एक अच्छे बच्चे की तरह सिर हिलाया। "देखो! मेहमान पूरी तरह से तैयार हैं।" महिमा की माँ आगे बोलने लगीं, "तुम्हारे घर में कोई पूजा-पाठ हो, कोई समारोह हो, तब भी तुम घृतनाथ को घर में नहीं बुलाओगी। वैसे भी, जिससे इतना लड़ाई-झगड़ा हो चुका हो, इतनी मारपीट हो चुकी हो, वह एक ढंग से दुश्मन तो बन ही गया। ऐसे व्यक्ति को घर में बुलाना, घर में कलह पैदा करना होगा।...बोलो क्या कह रही हो?" "ठीक है अम्मा! आपका आदेश मुझे मंजूर है। महिमा ने बुझे स्वर में कहा। महिमा सोचने लगी, 'ठीक है! घृतनाथ को घर आने से मना कर दूँगी। लेकिन विश्वविद्यालय में मिलने से कौन रोक लेगा? वहाँ तो मैं उनके कमरे में बैठी ही रहूँगी। फिर मसुरियादीन को पटाना पड़ेगा। उसे पैसा देना पड़ेगा। विभाग में किसी के न रहने पर, पहले की तरह हम लोग घृतनाथ के कमरे में मिला करेंगे। घर के बजाय वहीं सब काम कर लिया करेंगे। जिसे जो कहना हो, कहे। जिसे जो करना है, करे। यह घोंघा-बसन्त जाए फिर से पैसा

कमाये। वैसे इसका भी क्या भरोसा है? इसको भी साधना के साथ मज़ा मारने का चस्का लग ही चुका है। साधना के तो बच्चे वगैरह भी नहीं हैं। घृतनाथ के घर में न रहने पर वह एकदम अकेली रहती है। हो सकता है, यह भी साधना के साथ छुप-छुपकर मज़ा मारता रहे। कौन है पकड़ने वाला? साधना खुद ही छिनाल है। यह उसको छोड़ना चाहेगा, तब भी वह इसे नहीं छोड़ेगी। उसको तो वैसे भी हरदम टेस्ट बदलने की आदत है। बहला-फुसलाकर इसे फँसाये रखेगी। अपने अधिकारी को हरदम वश में रखेगी तो ऑफिस में मज़े में रहेगी। कोई कुछ कहेगा सुनेगा नहीं। वैसे मेरे पास एक और तरीका है। इतना तो तय है कि यह पहले की तरह मेरी और घृतनाथ की जासूसी करेगा। छः महीने तक मैं घृतनाथ को लेकर घर नहीं आऊँगी। छः महीने में यह निश्चिन्त हो जाएगा। उसके बाद मैं फिर घृतनाथ को लेकर आया करूँगी और उनके साथ सब कुछ कर धर के लौट जाया करूँगी। यह कमीना सावन बहुत मेरे पीछे पड़ा है। मेरी माँ को भी अपने पक्ष में कर लिया है। देखती हूँ कितने दिनों तक मुझे रोक लेता है? इसको शर्म भी नहीं आयी मेरी माँ के पास जाने में। जाकर वहाँ पता नहीं क्या रो-गा आया है।'

महिमा की माँ फिर बोली, "मेरी एक बात और सुन लो। आज से यशोधरा यहीं तुम्हारे पास रहेगी। वह अपना सारा जरूरी सामान लेकर आयी है। वह घृतनाथ पर नज़र रखेगी। वे यहाँ आयेंगे तो वह उन्हें घर में नहीं घुसने देगी। वे अगर जबर्दस्ती घर में घुसने की कोशिश करेंगे तो वह उन्हें पीट भी देगी। घृतनाथ को समझा देना। अपनी इज़्ज़त अपने हाथ में होती है। अपनी भलाई चाहें तो इधर दिखायी न पड़ें।" महिमा एकदम से अवाक् रह गयी। मेरे ऊपर इतना ज्यादा संदेह? पूरी घेराबन्दी की तैयारी के साथ आयी हैं अम्मा? कमीने सावन ने उन्हें कौन सी पट्टी पढ़ा दी? उसने कहा, "अम्मा अगर यशोधरा यहाँ मेरे साथ रहेगी तो आपकी देखभाल कौन करेगा? घर में आप अकेले कैसे रहेंगी? घर की सारी व्यवस्था आप सँभाल लेंगी? मैंने कह दिया न कि घृतनाथ अब यहाँ नहीं आयेंगे। आपको मेरे ऊपर विश्वास नहीं है? आपको मेरे ऊपर विश्वास नहीं है तो आप भी यहाँ रहिए। या कहिए मैं ही चलूँ परिवार सहित आपके पास रहूँ। ऐसे कैसे चलेगा? आपको अपने दामाद पर पूरा भरोसा है और बेटी पर भरोसा नहीं है?"
"इसमें विश्वास और अविश्वास की बात नहीं है!" उसकी माँ उसे समझाने लगीं, "मैं यशोधरा को यहाँ इसलिए रख रही हूँ कि जिससे तुम दोनों की बीच लड़ाई-झगड़ा न हो और घर में शान्ति बनी रहे। यशोधरा तुम दोनों पर निगाह रखेगी और जो लड़ाई-झगड़ा शुरू करेगा, उसे रोकेगी। अगर घर में लड़ाई-झगड़ा हुआ तो वह मुझे बतायेगी कि कौन अशान्ति पैदा कर रहा है। तुम दोनों के बीच फिर से

आपसी प्यार-विश्वास बहाल करने के लिए वह यहाँ रहेगी। अभी तुम दोनों गुस्से में हो। अकेले छोड़ देने पर तुम दोनों आपस में कुछ भी कर सकते हो। इसलिए यशोधरा का यहाँ रहना जरूरी है। वैसे भी कुछ दिनों बाद उसका भी शादी-ब्याह हो जाएगा। वह भी अपनी ससुराल चली जाएगी। तब तो मुझे अकेले ही रहना पड़ेगा। बहुत बूढ़ी हो जाऊँगी तो किसी बेटे के यहाँ चली जाऊँगी। बेटी के घर में तो रहा नहीं जाता। कल घर में एक किरायेदार भी आ जाएँगे। पूरा परिवार है। उन लोगों के साथ मैं अपने घर में आराम से रह लूँगी। तुम्हें चिन्ता करने की कोई जरूरत नहीं है।'' ''कैसे चिन्ता करने की जरूरत नहीं है अम्मा? आप परेशान मत होइए।'' महिमा उल्टा उन्हें समझाने लगी, ''हम लोग आपस में कायदे से रहेंगे और लड़ाई-झगड़ा नहीं करेंगे। अगर हम लोग लड़ाई-झगड़ा करेंगे तो बच्चों पर बुरा असर पड़ेगा। बच्चों की खातिर हम लोग कायदे से रहेंगे।'' महिमा को यशोधरा पर गुस्सा आने लगा। उसे लगा कि यह तो कबाब में हड्डी बन जाएगी। यह घर में रहकर मेरी जासूसी करेगी। कैसे यह यहाँ रहने के लिए तैयार हो गयी? महिमा की माँ बोलीं, ''बच्चों का कितना ध्यान रखा जा रहा है, यह तो मैं देख ही रही हूँ। कल जब साधना और घृतनाथ से तुम लोग लड़ाई कर रहे थे तो क्या बच्चे घर में नहीं थे? अपने माँ-बाप के बारे में वे क्या सोच रहे होंगे। आखिर वे दोनों तुम दोनों की इस हरकत पर कुछ तो बात कर रहे होंगे? सच पूछो तो बच्चों के बारे में भी सोचकर मैंने यशोधरा को यहाँ रखने का निर्णय किया। तुम लोग कायदे से नहीं रहोगे तो बच्चे बिगड़ जाएँगे। तुम लोगों को नहीं लगता कि अपनी ज़िन्दगी से ज्यादा बच्चों का भविष्य महत्त्वपूर्ण है? तुम लोग क्या चाहते हो? बच्चे बड़े होकर भीख माँगे? बच्चे यशोधरा से बहुत घुले-मिले हैं। बच्चों की पढ़ाई-लिखाई और अन्य चीजों का ध्यान अब यशोधरा रखेगी।''

महिमा का चेहरा उतर गया। वह समझ गयी कि माँ के सामने उसकी दाल नहीं गलेगी। माँ एकदम सुधारने का ठेका लेकर आयी हैं। महिमा ने यशोधरा की तरफ देखा। उसके चेहरे पर गर्व और अधिकार का भाव था। महिमा समझ गयी कि यशोधरा अब इस घर में सरपंच की तरह रहेगी। घर में जिस भी दो व्यक्ति के बीच विवाद होगा, अन्तिम निर्णय उसी का मान्य होगा। बच्चे लड़ें चाहे बड़े। महिमा को लगा कि छः महीने तक तो जैसे तैसे कटेगा, लेकिन अगर उसके बाद भी यशोधरा टिकी रही तो वह ज़िन्दगी नरक कर देगी। मैं घृतनाथ को घर पर लेकर आ ही नहीं पाऊँगी। यशोधरा को माँ यहाँ लेकर आयी है या यह आइडिया उन्हें सावन ने दिया है? इसका मतलब यह है कि सबको इस बात का शक है कि मैं घृतनाथ को चुपके से घर में लेकर आ सकती हूँ। माँ भले तरह-तरह के आदर्श बघार रही हैं लेकिन उनका

असली उद्देश्य मेरे ऊपर निगाह रखना और मेरी घेराबन्दी करना ही है। कमीने सावन पर निगाह रखने की कोई व्यवस्था नहीं कर रही हैं। वह छुट्टे साँड़ की तरह घूमता रहेगा और मुँह मारता रहेगा। क्या करूँ मैं? इस विषय पर घृतनाथ से बात करूँगी। हम दोनों मिलकर इसकी काट खोजेंगे। कोई न कोई रास्ता तो निकेलगा ही। अपने को सब बहुत होशियार बन रहे हैं। सब की होशियारी निकाल लूँगी।

तब तक दोनों बच्चे घर आ गये। नानी और मौसी को देखकर दोनों चहक पड़े। रात में हुई घटना से दोनों परेशान थे और दोनों का मन उदास था। उनकी उदासी दूर हो गयी। दोनों ने अपनी नानी और मौसी के पैर छुए। छोटा कूदकर यशोधरा की गोद में बैठ गया। बड़ा नानी के पास खड़ा हो गया। उसने नानी से कहा, ''नानी आगने बहुत अच्छा किया जो आ गयीं। कल मम्मी-पापा और अंकल-आंटी लोग घर में बहुत लड़ाई कर रहे थे। हम लोग बहुत डर गये थे।'' वे बोलीं, ''हाँ बेटा! मुझे भी यह बात पता चल गयी। इसीलिए मैं यहाँ आयी हूँ। मैंने मम्मी-पापा, दोनों को खूब डाँट पिलायी। दोनों की खूब पिटाई भी की। मैं तुम्हारी मौसी को ले आयी हूँ। मौसी अब यहीं पर रहेंगी। तुम लोगों के पास। मैंने तुम्हारी मौसी से कह दिया है कि अगर अब घर में कोई झगड़ा करे तो मुझे बताना। मैं आकर फिर सबकी पिटाई करूँगी। तुम लोगों को कोई दिक्कत हो तो मौसी को बता देना। वह तुम लोगों की मदद करेगी।'' दोनों बच्चे खुश होकर मौसी से लिपट गये और हल्ला-गुल्ला करने लगे। बड़ा बोला, ''मज़ा आ गया। अब मौसी हम लोगों के साथ रहेगी। अब हम लोगों को मम्मी-पापा से कोई मतलब नहीं। मौसी जिन्दाबाद!'' महिमा की माँ ने महिमा से कहा, ''देखा! मौसी के नाम पर बच्चे कितना खुश हो रहे हैं। मैंने बहुत दुनिया देखी है। जो फैसला लिया है, खूब सोच-समझकर लिया है।''

अगले दिन महिमा विश्वविद्यालय गयी। उसका पढ़ाने में मन नहीं लग रहा था, फिर भी मन मारकर कक्षाएँ ले रही थी। उस दिन कुल तीन पीरिएड थे। पढ़ा लेने के बाद वह घृतनाथ के कमरे में गयी। चेहरा एकदम लटका हुआ था। घृतनाथ कमरे में पहले से बैठे हुए थे। वे भी एकदम उदास थे। महिमा ने एक कुर्सी पर बैठते हुए पूछा, ''इतने उदास क्यों हैं?'' घृतनाथ बोले, ''उस दिन तुम्हारे यहाँ जो कुछ हुआ, उसके बाद से मन एकदम खिन्न हो गया है। मेरी पिटाई से साधना को बहुत सुख मिला है। अब वह घर में विजेता की तरह रह रही है और ऐसा प्रदर्शित कर रही है, जैसे घर की सर्वेसर्वा वही हो। मुझसे ऐसे व्यवहार कर रही है, जैसे मैं घर का नौकर हूँ। कल उसके सामने मेरे मुँह से कुछ निकल गया। उसने कहा कि बुलाऊँ क्या सावन को? फिर से वे तुम्हें लतियाएँगे। मेरा तो घर में रहना नरक

हो गया है। घर छोड़कर मैं कहाँ चला जाऊँ?'' महिमा अपना दुःख सुनाने लगी, ''मेरे घर में तो और अनर्थ हो गया। सावन शनिवार की शाम, ऑफिस से घर लौटने के बजाय, मेरे मायके चला गया। रात में मेरे मायके में ही रुका रहा, घर नहीं आया। पड़ोस के घर से यशोधरा ने फोन किया कि आज रात में जीजा जी यहीं रहेंगे। मेरा माथा ठनक गया। मैं समझ गयी कि कुछ अनर्थ होने वाला है। वहाँ पर सावन ने मेरी माँ और बहन के सामने पता नहीं क्या दुःखड़ा रोया। पता नहीं क्या-क्या पट्टी पढ़ाई। कल मेरी माँ और बहन रिक्शे से मेरे घर आ धमकीं। दोनों के हाव-भाव और बात-व्यवहार से लग रहा था कि उन दोनों को मेरे ऊपर पूरी तरह से अविश्वास हो गया है। उन दोनों के आने के पहले सावन भी आकर घर में बैठ गया था। मेरी माँ और बहन ने मान लिया है कि मेरे और आपके बीच गलत सम्बन्ध हैं। मेरी माँ ने मुझसे साफ-साफ कह दिया कि इस घर में घृतनाथ अब कभी नहीं आयेंगे। उन्होंने मुझसे कहा कि यह बात मैं आपको बता दूँ। उन्होंने यहाँ तक कह दिया कि किसी समारोह में भी घृतनाथ को घर में आने की इजाजत नहीं है। कहने को उन्होंने कमीने सावन से भी कह दिया कि अब तुम भी कभी साधना के घर नहीं जाओगे, लेकिन केवल मेरा मन रखने के लिए। सावन आपके यहाँ जा रहा है या नहीं जा रहा है, कौन देखने वाला है? मेरे ऊपर तो उन्होंने बाकायदा पहरा बैठा दिया। उन्होंने यशोधरा को स्थायी रूप से मेरे घर में रख दिया है। उस चुड़ैल ने भी माँ को मना नहीं किया। पूरी मुस्तैदी से अपनी ड्यूटी पर तैनात हो गयी है। उसका काम है कि वह आपके ऊपर निगाह रखे। आप किसी भी कीमत पर घर में न आने पायें। अगर आप जबर्दस्ती घर में घुसने की कोशिश करें तो वह आपको ठीक से पीट दे। चप्पल-जूते किस चीज से पीटेगी, भगवान जाने। भलाई इसी में है कि अब आप मेरे घर की तरफ न दिखायी पड़ें।'' ''अरे बाप रे!'' घृतनाथ ने कहा, ''मुझको सब पीटने पर ही तुल गये हैं। अम्मा जी को मैं अपनी माँ की तरह मानता हूँ। वे भी मुझे अब तक तो बेटे की तरह मानती थीं। उनका व्यवहार मेरे प्रति ऐसा हो गया? और यह यशोधरा? इसके लिए मैंने क्या-क्या नहीं किया है? अपने काम के लिए इसने मुझे कहाँ-कहाँ नहीं दौड़ाया है? अब यह मुझे चप्पल से मारेगी? इसे ही कहते हैं समय का खेल।...तुमने अपनी माँ से सावन की करतूत नहीं बतायी? कि यह साधना के साथ रँगरेलियाँ मनाता है। उसको स्कूटर पर बैठाकर घूमता रहता है। तुम अपनी सफाई ठीक से नहीं पेश कर पायी।'' ''मैंने ये सब सारी बातें उनसे कहीं।'' महिमा बताने लगी, ''मैंने अपनी खूब सफाई उनके सामने पेश की। सावन और साधना के गलत सम्बन्धों की पूरी पोल खोलकर रख दी। माँ टस से मस नहीं हुईं। सावन मेरी हर बात की

कुछ न कुछ सफाई पेश कर दे रहा था और अम्मा उसकी बात मान जा रही थीं। उनका प्यारा दामाद है न! अम्मा की हर बात में हाँ में हाँ मिलाता हुआ जी अम्मा जी, जी अम्मा जी करता बैठा हुआ था। लग रहा था यह दुनिया का सबसे सीधा और शरीफ़ आदमी है। अब हम लोगों के सामने यहीं विभाग में मिलने के अलावा और कोई चारा नहीं है। बातचीत तो रोज हम लोग घंटो यहीं बैठकर कर सकते हैं। समस्या वहीं फँसेगी जब हमें सेक्स करना होगा। ऐसा करते हैं, एक बढ़िया चटाई मँगाकर यहीं एक कोने में रख लेते हैं। जब कुछ करना होगा तो उसी को बिछाकर उसी पर लेटकर करेंगे। एक छोटी सी तकिया भी खरीद लेते हैं। आप उसे अपनी आलमारी में रख लीजिए। सारी व्यवस्था अब यहीं करनी पड़ेगी। घर में तो अब कुछ हो पाने का सवाल ही नहीं है।''

''एक उपाय और है!'' घृतनाथ ने कहा, ''मेरे घर की एक चाभी मेरे पास भी रहती है। साधना जब ऑफिस चली जाती है तो घर खाली हो जाता है। मेरे घर भी चला जा सकता है।'' महिमा ने अपने दोनों कान पकड़ लिये, ''अरे नहीं बाबा! आपके घर तो मैं कतई नहीं जाऊँगी। पता नहीं कब साधना टपक पड़े और फिर महाभारत शुरू हो जाय। बात फिर मेरी माँ तक पहुँचेगी। वे चबौसों घंटे के लिए किसी को मेरे पीछे लगा देंगी।'' घृतनाथ ने कहा, ''धैर्य रखो! एक-दो महीने हम लोग एकदम शान्तिपूर्वक रहेंगे। उसके बाद तुम शुरुआत करना। बाद में मैं भी शामिल हो जाऊँगा। यशोधरा की ब्रेनवाशिंग शुरू की जाएगी। उसे समझाया-बुझाय जाएगा कि वह अपनी माँ के पास घर लौट जाय। माँ को उसकी ज्यादा जरूरत है। एक ही बात, बार-बार अलग-अलग तरीके से समझाने पर, उसकी समझ में आ जाएगी।'' ''ऐसा हो जाता तो बड़ा अच्छा था।'' महिमा बोली, ''मुझे नहीं लगता कि किसी ब्रेन वाशिंग का उस पर असर पड़ेगा। उसको भी रेफरी की भूमिका अदा करने में बड़ा मज़ा आ रहा है।''

घृतनाथ के दिमाग में दरअसल कुछ और कीड़ा कुलबुलाने लगा था। वे सोचने लगे, 'यशोधरा नयी नयी जवान हुई है। सुंदर भी है। अगर किसी तरह पट जाय तो मज़ा आ जाय। नयी लड़की के साथ सोने की बात ही कुछ और है। ब्रेन वाशिंग का नाम ले-लेकर महिमा को बेवकूफ बनाना पड़ेगा, जिससे अगर उसे पता चल जाय कि मैं उसके घर गया था तो वह चौंके न। एकाध महीने बाद जाऊँगा। भले महिमा मारने पीटने की बात कर रही है, लेकिन मुझे पूरा विश्वास है कि यशोधरा मेरे साथ मारपीट नहीं करेगी। बहुत करेगी तो एक-दो बार मुझे भगायेगी या रूखा व्यवहार करेगी। वह भी जवान हो गयी है। उसके अन्दर भी सेक्स की इच्छा पैदा होती होगी। बहुत पटाने पर उसे भी लगेगा कि अगर सेक्स करने को मिल जाय

और उसकी किसी को भनक न लगने पाये तो बुरा क्या है? एक बार अगर मैंने उसको चस्का लगा दिया, फिर वह मुझे खोजती फिरेगी। मेरा और महिमा का प्रकरण सुन-सुनकर उसके अन्दर भी उत्तेजना पैदा होती होगी। इसी उत्तेजना को मुझे और जगा देना है। अगवाड़ा उछालती और पिछवाड़ा कुदाती अभी जो अपने पर इतराती घूम रही है, एक बार नीचे दबने पर शान्त हो जाएगी। तब नशे में झूमेगी और हमेशा नशा खोजती फिरेगी। महिमा को भी बहुत सँभालकर हैंडिल करना पड़ेगा। उसे शक न होने पाये कि मैं यशोधरा के चक्कर में पड़ा हूँ। इधर किसी नयी लड़की पर बहुत दिनों से हाथ नहीं साफ कर पाया हूँ। हमेशा तो महिमा आकर कमरे में बैठी रहती है, किसी लड़की को कब और कैसे पटाऊँ?'' "क्या सोच रहे हो?'' घृतनाथ को ध्यानमग्न देखकर महिमा ने पूछा। घृतनाथ सिर खुजलाने लगे, "यह सोच रहा हूँ कि दुनिया की भी रीति अजीब है। कभी भी इसने दो प्रेम करने वालों को नहीं पसन्द किया है। समाज दो प्रेमियों के बीच तमाम तरह की समस्याएँ खड़ी करता है। इतिहास उठाकर देख लो। फिर भी प्रेम करने वाले प्रेम करते हैं। भले ही उन्हें जान पर खेलकर प्रेम करना पड़े।...तुम्हारा सुझाव ठीक है। कल ही चुपके से एक चटाई और एक तकिया लाकर मैं अपने कमरे में रख लेता हूँ। ऐसे समय खरीदकर ले आऊँगा जब विभाग में सन्नाटा रहे। यहाँ ज्योतिषियों की कमी नहीं है। सब भविष्यवाणी करने लगेंगे कि ये सामान मैं क्यों लाया हूँ।'' महिमा ने कोई जवाब नहीं दिया।

यशोधरा पूरी मुस्तैदी से अपने काम में जुटी हुई थी। घृतनाथ ने एक बार भी उधर नहीं झाँका। सावन और महिमा यशोधरा की निगाह में अच्छे बनने के लिए आपस में नोंकझोंक भी नहीं करते थे। दोनों आपस में बहुत कायदे से बात करते थे। महिमा को बहुत आराम हो गया था। बच्चों की पूरी जिम्मेदारी यशोधरा ने अपने ऊपर ले ली थी। घर के कामकाज में जरूरत से ज्यादा हाथ बटा देती थी। महिमा सोच रही थी कि एक ढंग से यह अच्छा ही हुआ। मुझे बहुत आराम हो गया। एक बात अवश्य थी कि सावन और महिमा के बीच शारीरिक सम्बन्ध समाप्त हो चुका था। वैसे भी सावन अपने काम में इतना व्यस्त रहते थे कि कामदेव को उन्हें सताने का मौका ही नहीं मिलता था। बहुत मुश्किल से ही कामदेव उनके ऊपर अपना बाण चला पाते थे। ऐसे में सावन साधना के साथ उसके घर चले जाते थे और अपने उर से कामदेव का बाण निकालकर चले आते थे। घृतनाथ और महिमा कामदेव के पुष्पशर से ज्यादा घायल होते थे। ऐसे में हिन्दी विभाग का वह कमरा जिसके बाहर घृतनाथ लिख हुआ था, काम आता था। मसुरियादीन को फिर चार पैसे की कमाई होने लगी। सब कुछ नये तरीके से व्यवस्थित हो गया।

एक दिन महिमा रविवार को बच्चों को लेकर बाज़ार गयी थी। घर में सावन और यशोधरा ही थे। यशोधरा का मन मानसिक काम सुख प्राप्त करने का होने लगा। वह सावन के पास बैठ गयी और उनसे बोली, "जीजा जी, मैं पूरी तरह आपके साथ हूँ। मुझे आपकी बात पर विश्वास है। दीदी और घृतनाथ के बीच जरूर गलत सम्बन्ध रहा होगा। आप एक चीज बताइए। आप और साधना के बीच भी कुछ था या नहीं?" सावन सफाई देने वाले अंदाज़ में कहने लगे, "यशोधरा मैं तुम्हारी कसम खाकर कह रहा हूँ। मैं जब भी साधना से मिलने जाता था, हमेशा घृतनाथ की कोई ने कोई शिकायत लेकर जाता था। वैसे मैं साधना के घर गया ही कितनी बार था? यही दो-तीन बार। मेरा विश्वास करो!" यशोधरा बोली, "जीजा जी, आप बहुत बेकार और डरपोक आदमी हैं। आपको भी घृतनाथ से बदला लेना चाहिए था। वे आपकी पत्नी के साथ मज़ा मार रहे थे तो आप भी उनकी पत्नी के साथ खूब मस्ती करते। साधना को घृतनाथ और दीदी के सम्बन्धों के बारे में पता ही था। आपको दो-चार बार उन्हें पटाना चाहिए था। गुस्से में, बदला लेने के लिए, वे पट भी जातीं। आप भी बदला लेने के लिए घृतनाथ की पत्नी के साथ मज़ा मार रहे होते तो आपको इतनी तकलीफ़ न हुई होती। ऐसे देखिए आपको बहुत कष्ट हुआ।" सावन सतर्क हो गये। उन्होंने सोचा कि इस तरह प्रेम से बात करके यशोधरा मेरे मुँह से उगलवाना चाह रही है। इसने अपने घर पर कहा भी था। जब मैं आपके घर रहने लगूँगी तो सब कुछ पता कर लूँगी। दूध का दूध और पानी का पानी हो जाएगा। मेरे साथ यह बहुत चालाकी से पेश आ रही है। उन्होंने बड़ी गम्भीरता से कहा, "मेरे कुछ संस्कार हैं। मेरी अन्तरात्मा मुझे यह सब करने की इजाजत नहीं देती। मेरा यह कर्त्तव्य नहीं है कि अगर दूसरा चोरी कर रहा है तो मैं भी चोरी करूँ। फिर तुम तो देखती ही हो कि मैं कितने बजे जाता हूँ और कितने बजे आता हूँ। मेरी सीट पर बहुत अधिक काम रहता है। अभी तुम्हें ही उस सीट पर बैठा दिया जाय तो तुम्हारे पास अपने काम के सिवा किसी बात के बारे में सोचने की फुर्सत नहीं रहेगी।" "आप सही कह रहे हैं।" यशोधरा मायूस हो गयी। सावन रसीली बातें ही नहीं कर रहे थे। कुछ देर में वह फिर बोली, "अच्छा एक बात एकदम सही-सही बताइए। आप और दीदी के बीच मनमुटाव खत्म हुआ कि नहीं? मैं यहाँ जब से आयी हूँ, आप दोनों ने एक बार भी सेक्स किया या नहीं?" "नहीं यशोधरा।" सावन बताने लगे, "उसने कभी पहल नहीं की तो मैं ही क्यों पहल करूँ? वैसे भी उसकी बेवफाई जान जाने के बाद अब उससे मुझे बहुत लगाव नहीं रह गया। मैं तो सिर्फ अपने बच्चों के लिए अब जी रहा हूँ। इन सब चीजों में अब मेरी दिलचस्पी नहीं रह गयी है।" यशोधरा बोली, "ऐसे कैसे दिलचस्पी नहीं कर गयी है?" लगता है मुझे ही कुछ करना पड़ेगा। एक दिन मैं

डंडा लेकर दोनों के कपड़े उतरवाऊँगी और जबरन एक दूसरे से सेक्स करवाऊँगी।'' सावन उदास चेहरे से हल्का सा मुस्करा दिये। यशोधरा को अच्छा नहीं लगा। वह सोचने लगी, 'जीजा जी बहुत नीरस आदमी हैं। ऐसे आदमी से शादी करके कोई औरत खुश रह सकती है? वह किसी न किसी को पकड़ ही लेगी। लगता है दीदी और घृतनाथ में पहले गलत सम्बन्ध नहीं था। इनकी नीरसता से क्षुब्ध होकर दीदी घृतनाथ के साथ फँस गयी होंगी।'

घृतनाथ यशोधरा से मिलने के लिए अधीर हो रहे थे। बड़ी मुश्किल से उन्होंने एक महीने काटा। एक दिन उन्होंने हिसाब-किताब बैठाया। इस समय घर में यशोधरा को छोड़कर कोई नहीं होगा। उन्होंने स्कूटर उठायी और धड़कते दिल से महिमा के घर की ओर चल दिये। उन्होंने स्कूटर घर से थोड़ा पहले ही खड़ी कर दी। गये और बहुत ही धीरे से गेट खोला। एकदम आवाज़ नहीं हुई। अन्दर जाकर वे दरवाजे के बाहर खड़े हो गये। अंदर का माहौल भाँपने की कोशिश करने लगे। यशोधरा और दोनों बच्चों की आवाज़े आ रही थीं अन्दर से। घृतनाथ सकपका गये। बच्चों की जल्दी छुट्टी हो गयी क्या आज? या वे आज स्कूल ही नहीं गये? पैर दबाकर वे गेट के बाहर निकल आये। उसी सावधानी से गेट बन्द किया। अपनी स्कूटर स्टार्ट करके वहाँ से भाग खड़े हुए। उनकी साँस धौंकनी की तरह चल रही थी। उन्हें लगा, आज बाल-बाल बच गया।

दो दिन बाद उन्होंने फिर हिम्मत जुटायी। चल दिये उसी दिन की तरह। वे जाकर दरवाजे के बाहर खड़े हो गये। आज बच्चों की आवाज़े नहीं सुनायी दे रही थीं। अन्दर से कोई आवाज़ ही नहीं आ रही थी। फिर भी सावधानीवश घृतनाथ चुपचाप खड़े रहे। अचानक किसी बर्तन के खन्न की आवाज़ हुई। वे समझ गये कि अन्दर यशोधरा अकेली है। उन्होंने जी कड़ा किया। दरवाजा खटखटा दिया। अन्दर से आवाज आयी ''कौन?'' उन्होंने कोई उत्तर नहीं दिया। कुछ देर में दरवाजा खुला। यशोधरा घृतनाथ को देखकर भौंचक्की रह गयी, ''आप?'' घृतनाथ बोले, ''मैंने सुना कि तुम यहाँ मुझे चप्पल से पीटने आयी हो। मैंने सोचा चलकर तुमसे मिल लूँ। मैं कुछ भी नहीं बोलूँगा। तुम चप्पल ले आओ और जितना मुझे पीटना चाहो पीट लो।'' ''अरे सर, आप कैसी बात कर रहे हैं?'' यशोधरा बोली, ''मैं भला आपको क्यों चप्पल से पीटूँगी। आप यहाँ से चले जाइए। आपके पीछे इस घर में बहुत लड़ाई-झगड़ा हो रहा है। जीजा जी को अगर पता चल गया कि आप यहाँ आये थे तो अनर्थ हो जाएगा। फिर दीदी और जीजा जी में झगड़ा शुरू हो जाएगा। आपको तो सब पता ही होगा। दीदी ने सब बताया होगा। मेरी आपसे कोई दुश्मनी नहीं है। मैं अब भी आपकी इ़ज़्ज़त करती हूँ। आप चले जाइए। इस

घर की शान्ति के लिए।'' ''जा रहा हूँ, जा रहा हूँ! घबराओ नहीं। मुझे सब पता है। तुम्हें बहुत दिनों से देखने की इच्छा हो रही थी। इसीलिए चला आया। क्या मैं तुम्हारे साथ दस मिनट बैठ सकता हूँ? सिर्फ दस मिनट। मैं तुमसे कुछ बातें करना चाहता हूँ।'' ''नहीं सर!'' यशोधरा दोनों हाथ जोड़कर बोली, ''आप चले जाइए। मुझे घबराहट हो रही है। अगर कहीं से जीजा जी प्रकट हो गये तो अनर्थ हो जाएगा।'' घृतनाथ ने यशोधरा का एक गाल नोच लिया, ''पागल लड़की।'' वे तुरंत पलटकर चल दिये। जल्दी से गेट बन्द करते हुए वे स्कूटर तक पहुँचे और झन्न से निकल गये। यशोधरा की जान में जान आयी। उसे घृतनाथ का गाल नोचना अच्छा लगा। दरवाजा बन्द करके वह अन्दर चली गयी और सोचने लगी, 'घृतनाथ सचमुच रसिक और जोरदार आदमी हैं। तभी तो दीदी इन्हें पसंद करती हैं। जीजा जी तो एकदम खड़ूस आदमी हैं। अपने ऑफिस के काम के सिवा उन्हें किसी और चीज में दिलचस्पी नहीं है। मैं उनकी साली हूँ। कहावत है कि साली आधी घरवाली होती है। जीजा और साली का हँसी-मजाक तो चलता रहता है। जीजा जी अलग ही इंसान हैं। क्या मजाल कि कभी मुझसे हँसी-मजाक कर लें! मुझसे इस तरह दूर-दूर रहते हैं, जैसे जीजा न होकर मेरे जेठ हों। जीजा होने लायक तो धृतनाथ ही हैं। वैसे एक ढंग से हैं तो मेरे ते भी जीजा ही।' वह न चाहते हुए भी मुस्करा पड़ी। फिर से सोचने लगी, 'पता नहीं क्या बात करना चाहते थे मुझसे। हो सकता है, अपनी और दीदी की प्रेमकथा की सुनाते। वह अपने विचारों में खोई हुई थी कि दरवाजे पर फिर ठक-ठक हुई। उसने जाकर दरवाजा खोला। सामने फिर घृतनाथ खड़े थे। वह फिर घबरा गयी। घृतनाथ बोले, ''परेशान मत हो! मैं तुरंत जा रहा हूँ। बस तुमसे एक प्रार्थना करने आया था, इसकी चर्चा किसी से मत करना। न तो अपने जीजा से, न तो बच्चों और न ही अपनी अम्मा से। और हाँ मेरे यहाँ आने की चर्चा महिमा से भी मत करना। उसके मन में मेरे प्रति गलतफहमी पैदा हो सकती है। मेरे यहाँ आने का वह पता नहीं क्या अर्थ निकाले। बस मेरी इतनी विनती स्वीकार कर लो।'' यशोधरा ने कहा, ''मैं किसी से भी आपके यहाँ आने की चर्चा नहीं करूँगी। आप निश्चिन्त रहिए। दीदी को भी हवा नहीं लगने पायेगी कि आप यहाँ आये थे। अरे मेरे ऊपर आपका भी कुछ हक है। मैं सब कुछ भूल नहीं गयी हूँ।'' ''बस यही कहने मैं दुबारा यहाँ आया था।'' घृतनाथ बोले, ''मेरे ऊपर भी तुम्हारा पूरा हक है। विश्वास न हो तो मुझे एक थप्पड़ मारकर देख लो। मैं कुछ भी नहीं बोलूँगा।'' घृतनाथ ने यशोधरा का हाथ पकड़ा और उसके हाथ से धीरे से अपने गाल पर मार लिया। घबराहट के बावजूद यशोधरा हँस पड़ी। घृतनाथ भी हँसने लगे और चल दिये वहाँ से।

घृतनाथ बहुत प्रसन्न थे। उन्हें लगा, बोहनी बुरी नहीं है, 'यशोधरा का बर्ताव बहुत अच्छा नहीं था तो बुरा भी नहीं था। पहली बार मुझे इस तरह घर पर देखकर घबरा जाना स्वाभाविक था। यह एकदम साफ था कि मन में मेरे प्रति घृणा का भाव नहीं था। घृणा तो दूर, मुझे देखकर उसे बुरा जरा भी नहीं लगा। पहली बार घबरायी है। जैसे-जैसे मुझे फिर-फिर देखेगी, वैसे-वैसे उसकी घबराहट दूर होती जाएगी। दूसरी बार मेरे आने पर घबराहट काफी कम हो गयी थी। उसने मुझसे साफ-साफ कहा कि उसके ऊपर मेरा हक है। इसीलिए मैंने भी कह दिया कि मेरे ऊपर भी तुम्हारा हक है। यही बात दोनों को जोड़ेगी और धीरे-धीरे पटाते-पटाते दोनों को एक कर देगी। उसने मान लिया कि मेरे आने की बात वह किसी को नहीं बतायेगी। मतलब बात कुछ बन रही है। मैं जब भी यहाँ आऊँगा, उससे हर बार यह बात कह दिया करूँगा कि मेरे आने की बात किसी को न पता चलने पाये। सावन भी इसके यहाँ रहने से निश्चिन्त होगा और अपने ऑफिस में गधे की तरह खट रहा होगा। यशोधरा भरपूर समय तक घर में अकेली रहती है। अगर पट गयी तो इतना समय बहुत है।'

दो सप्ताह बाद घृतनाथ फिर धमक पड़े। अन्दर का माहौल उन्होंने कुछ देर तक भाँप लिया। आज उन्हें भी घबराहट नहीं हो रही थी। यशोधरा घर में अकेली थी। उन्होंने दरवाजा खटखटा दिया। यशोधरा को शक हो गया कि सम्भवतः घृतनाथ ही होंगे। उसने जोर से पूछा, "कौन?" घृतनाथ ने कोई उत्तर नहीं दिया। उसका शक पक्का हो गया। घृतनाथ ही हैं। उसे आज घबराहट नहीं हो रही थी उतनी। बस थोड़ा सा नर्वस थी। उसने दरवाजा खोल दिया। उसने आज घृतनाथ को नमस्ते भी किया। घृतनाथ का हौंसला बढ़ा। उन्हें लगा, चाल कामयाब हो रही है। लड़की फँसाने के अपने नैपुण्य पर उन्हें गर्व हो आया। "दस मिनट अन्दर बैठने दोगी? मुझे तुमसे जो बात कहनी है, कह लूँगा तो मन हल्का हो जाएगा। अन्यथा इसी तरह मैं परेशान रहूँगा।" "आइए!" यशोधरा ने कहा और आगे-आगे चल दी!" दरवाजा बन्द कर दूँ या खुला रहने दूँ?" घृतनाथ ने पूछा। यशोधरा ने उत्तर दिया, "खुला रहने दीजिए!" वह घृतनाथ को ड्राइंगरूम में ले गयी। घृतनाथ का जाना-पहचाना ड्राइंगरूम। वे एक सोफे पर बैठ गये। यशोधरा ने कहा, "आपको जो कहना है, जल्दी-जल्दी कहिए।" घृतनाथ ने पूछा, "यह बताओ, मेरे और महिमा के सम्बन्धों के बारे में तुम क्या सोचती हो? मेरे और महिमा के बीच क्या सम्बन्ध हैं, तुम्हें पता है?" "आप दोनों के सम्बन्धों के बारे में मैं कुछ नहीं सोचती। मैं क्या जानूँ कि आप दोनों के बीच में क्या सम्बन्ध हैं? आप दोनों के बीच में गलत सम्बन्ध हो भी सकता है और नहीं भी हो सकता है। मुझे इससे कुछ नहीं लेना-देना है।" यशोधरा ने थोड़ी तल्खी से उत्तर दिया।

"गलत सम्बन्ध कहकर हमारे प्रेम को अपमानित मत करो यशोधरा।" घृतनाथ ने कहा, "हम दोनों का सम्बन्ध दो गरीब प्रेमियों की बहुत करुण गाथा है। आज तुम्हें मैं सब कुछ सच-सच बता दे रहा हूँ, जिससे तुम हम दोनों को पापी न समझो। महिमा एम.ए. में थी और मैं डी.फ़िल. कर रहा था, जब हम दोनों की मुलाकात हुई। एक दूसरे से मिलते-मिलते धीरे-धीरे हम दोनों में प्यार हो गया। हमें महसूस होने लगा कि हम दोनों एक दूसरे के लिए ही बने हैं। हम दोनों ने आपस में शादी करने का इरादा भी बना लिया। जब महिमा की शादी तय हुई, मैं बेरोज़गार था। हम दोनों ने जमाने से बगावत करने की सोची, लेकिन किस बूते बगावत करते। मैं अपने घर-परिवार से भी बहुत कमज़ोर था। नियति के आगे हम दोनों की एक न चली। उसी समय हम दोनों ने तय कर लिया कि हम दोनों की शादियाँ चाहे जिससे हो जायँ, हम दोनों एक दूसरे को जीवन भर प्यार करते रहेंगे और हमेशा एक दूसरे को पति-पत्नी मानेंगे। मेरे अलावा महिमा न तो किसी को अपना पति मानेगी और मैं महिमा के अलावा किसी को भी पत्नी नहीं समझूँगा। मैंने तो सोच लिया था कि मैं शादी नहीं करूँगा, लेकिन एक ऐसी दुर्घटना घटी कि मुझे भी शादी करनी पड़ी। उस दुर्घटना के बारे में तुम्हें बताते हुए भी मुझे शर्म आ रही है।"

घृतनाथ चुप हो गये। यशोधरा को घबराहट हो रही थी, उत्सुकता भी हो रही थी। घबराहट इस बात की थी कि कोई आ ना जाय। उत्सुकता यह हो रही थी कि कहानी में आगे क्या हुआ? घृतनाथ ऐसी भाव-भंगिमा बनाकर अपनी कथा में करुणा का पुट डाल रहे थे कि यशोधरा का हृदय भावुक हो रहा था। उसके भीतर अपनी दीदी और घृतनाथ, दोनों के प्रति सहानुभूति और दया पैदा हो रही थी। उसे बड़ा आश्चर्य हो रहा था कि इतने वर्षों से साथ रहते हुए और सब कुछ देखते हुए वह कुछ न तो समझ पायी और न ही कुछ जान पायी। इतनी मर्मान्तक प्रेमकथा? उसे महिमा से कुछ-कुछ ईर्ष्या हो रही थी। घृतनाथ जैसे दिलोजान से प्रेम करने वाला कोई प्रेमी उसे न नसीब हुआ! घृतनाथ ने अपना मौन तोड़ा, "महिमा अपनी ससुराल में थी। एक दिन में विभागाध्यक्ष ने मुझे बुलाया। उन्होंने मुझसे कहा कि मेरी एक शोधछात्रा मुझसे गर्भवती हो गयी है। अगर तुम उससे शादी कर लो तो मैं तुम्हें विभाग में प्राध्यापक बना दूँगा। वह शोधछात्रा मेरी पत्नी साधना थी। मैं बड़े असमंजस में पड़ गया। एक तरफ मुझ बेरोज़गार को नौकरी मिल रही थी। वह भी इलाहाबाद विश्वविद्यालय में प्राध्यापक की। दूसरी तरफ आँख से देखते हुए मक्खी निगलनी थी। एक गर्भवती लड़की से शादी करनी थी। साँप-छछूँदर वाली स्थिति में फँसा हुआ था मैं। बहुत सोच-विचार करने के बाद साँप ने छछूँदर को निगल लेने का निर्णय किया। मैंने विभागाध्यक्ष के सामने साधना से शादी करना

मंजूर कर लिया। विभागाध्यक्ष मुझ पर प्रसन्न हो गये। सबसे पहले मैंने साधना को ले जाकर उसका गर्भपात कराया। उसका गर्भपात क्या हुआ, वह दुबारा फिर कभी गर्भवती ही नहीं हुई। विभागाध्यक्ष ने वादे के मुताबिक मुझे विभाग में प्राध्यापक बना दिया। विभागाध्यक्ष का वह पाप आज तक मेरे गले पड़ा हुआ है।...साधना को बाद में उच्च शिक्षा निदेशालय में नौकरी मिल गयी। वह वहाँ पर अधिकारी हो गयी। निदेशालय में अधिकारी बनने के बाद वह और स्वतंत्र हो गयी। मेरे ऊपर उसकी निर्भरता पूरी तरह से खत्म हो गयी। फिर तो उसने मेरी परवाह करनी ही छोड़ दी। उच्च शिक्षा निदेशक से लेकर बहुत सारे लोग उसके दोस्त बन गये। तब मैं किराये के घर में रहता था। साधना अक्सर अपने दोस्तों को लेकर घर आती और उनके साथ मौजमस्ती करती। मुहल्ले में चारों तरफ बदनामी होने लगी तो मकान मालिक भी नाराज़ हो गये। उन्होंने मुझसे घर खाली करने के लिए कहा। मजबूरन मुझे घर खाली करना पड़ा।...मेरा अपना खुद का घर हो गया। खुद का घर हो गया तो साधना का और मज़ा हो गया। मेरा घर तो वेश्या के कोठे से भी गया-बीता हो गया।'' घृतनाथ रोने लगे। उनके इस तरह अचानक रो पड़ने पर यशोधरा भौंचक्की रह गयी। कुछ देर में वह घृतनाथ के कन्धे पर हाथ रखकर उन्हें सान्त्वना देने लगी, ''चुप रहिए-चुप रहिए। रोइए मत। भगवान की लीला बड़ी निराली है। कब किसके साथ क्या हो जाय, कहा नहीं जा सकता। भगवान ने आपके ऊपर इतनी बड़ी विपत्ति डाली तो आपको एक सुख भी दिया। उसने आपको दिल की गहराई से प्यार करने वाली दीदी जैसी प्रेमिका भी दी है। आप और दीदी के प्रति मेरे मन में इज़्ज़त बहुत बढ़ गयी है। आप और दीदी एक दूसरे के प्रति जितना प्यार करते हैं, वैसा प्यार बहुत ही कम देखने को मिलता है। भगवान आप दोनों की जोड़ी को सलामत रखें। आप दोनों ने शादी के पहले इस बात की मुझे जरा भी भनक नहीं लगने दी, अन्यथा मैं आप दोनों का साथ देती। इस समय जैसी स्थिति है, उससे अच्छी स्थिति तो यही होती कि आप दोनों ने शादी कर ली होती। आप लोग मुझे सब कुछ बताते। मैं आप दोनों का समर्थन करती। आखिर आप दोनों को ही नौकरी मिल गयी। आगे-पीछे नौकरी मिलती ही। नौकरी मिलने के पहले आप दोनों किसी तरह अपना काम चलाते। आप दोनों शादी करते तो लफड़ा होता। लफड़ा तो अब भी हो रहा है। अब हो रहे लफड़े से तब का लफड़ा ज्यादा ठीक रहता। न तो अपनी शादी से दीदी खुश हैं और न ही आप खुश हैं। जीजा जी अलग परेशान हैं। बहरहाल आप दुःखी मत होइए। आप और दीदी की मैं मदद करूँगी। मैं यहाँ हूँ तो जीजा जी को बिलकुल भी शक नहीं होगा। जीजा जी की अनुपस्थिति में आप और दीदी घर में आकर प्यार कर सकते हैं। मैं किसी को पता नहीं लगने दूँगी।''

घृतनाथ खुश होकर खड़े हो गये, "वहा यशोधरा वाह! तुम्हारा यह एहसान मैं कभी नहीं भूलूँगा।" उन्होंने यशोधरा को अपनी बाँहों में भर लिया। उन्होंने ऐसा प्रदर्शित किया, जैसे मारे खुशी के उन्होंने यशोधरा को अपनी बाँहों में भर लिया। जबकि उन्होंने बहुत सोच समझकर और बड़े योजनाबद्ध तरीके से यशोधरा को अपनी बाँहों में भरा था। वे अच्छी तरह समझ रहे थे कि यशोधरा अभी तक कभी भी किसी पुरुष की बाँहों में इस तरह नहीं समायी होगी। इस तरह अचानक किसी पुरुष की बाँहों में समाने पर उसे जरूर उत्तेजना होगी। उनका उद्देश्य था उसे उत्तेजित करना और फिर उसकी उत्तेजना को भड़कना। एक नयी और कुंवारी लड़की का स्वाद चखने के लिए ही वे एक मदारी की तरह अपना तामझाम फैलाये हुए थे और भाँति-भाँति का अभिनय कर रहे थे।

यशोधरा ने यही समझा कि घृतनाथ ने खुशी के मारे उसे अपनी बाँहों में भर लिया है, इसलिए वह कुछ नहीं बोली। सचमुच वह पहली बार इस तरह किसी पुरुष की बाँहों में समायी थी। इस तरह से किसी पुरुष की बाँहों में समाने पर उसके शरीर में सिहरन होने लगी। घृतनाथ के शरीर से अपनी छातियों का दबाव उसके अन्दर उत्तेजना पैदा करने लगा। घृतनाथ फिर खुशी प्रकट करते हुए बोले, "यशोधरा तुम कितनी अच्छी हो।" उन्होंने यशोधरा के दोनों गालों को चूम लिया। यशोधरा को बहुत अच्छा लगा। घृतनाथ उसे छोड़ ही नहीं रहे थे। यशोधरा मदहोश होने लगी। उसने बलपूर्वक अपने को संयत किया और घृतनाथ की बाहों से निकलने का प्रयास करने लगी। घृतनाथ ने जोर से उसे अपनी बाँहों में कस लिया। यशोधरा की छातियाँ इतनी तेज दब गयीं कि वह चीख पड़ी। वह घृतनाथ की बाँहों से निकलने का प्रयास करने लगी और सफल भी हो गयी, लेकिन इस रगड़ा-रगड़ी में यशोधरा उत्तेजित हो गयी। वह समझ गयी अगर घृतनाथ कुछ देर और रुक गये तो कुछ न कुछ अनर्थ हो जाएगा। उत्तेजना में वह अपने को सम्हाल नहीं पा रही थी। घर का एकांत उसमें और उत्तेजना भर रहा था। वह दोनों हाथ से घृतनाथ को धकेलते हुए बोली, "जीजा जी अब आप यहाँ से जाइए। मैं जान गयी हूँ कि आप भी मेरे जीजा ही हैं।" घृतनाथ मुस्कराये, "अरे वाह! मुझे एकदम उम्मीद नहीं थी कि तुम मुझे जीजा जी कह दोगी। तुमने तो मेरा दिल खुश कर दिया। बताओ मैं तुम्हें क्या दूँ। जो मेरे वश में हो, वह कोई भी चीज आज तुम मुझसे माँग सकती हो।" यशोधरा भी मुस्करायी, "मुझे कुछ नहीं चाहिए। अब आप यहाँ से जाइए, अन्यथा कोई आ जाएगा।" घृतनाथ बोले, "जब तक तुम मुझसे कुछ माँग नहीं लेती, तब तक मैं यहाँ से नहीं जाऊँगा। बोलो तुम मुझसे क्या माँग रही हो? साली आधी घरवाली होती है।" यशोधरा ने कहा, "मुझे पता है कि साली आधी घरवाली

होती है, लेकिन आधी घरवाली को पूरी घरवाली बनाने का प्रयास मत करिए।'' यशोधरा ने घृतनाथ को धकेलकर दरवाजे के बाहर कर दिया और दरवाजा अन्दर से बन्द कर लिया। घृतनाथ ने दो बार दरवाजा खटखटाया। दरवाजा नहीं खुला। हारकर वे वहाँ से चल दिये। आज उन्हें अपने लक्ष्य में उम्मीद से ज्यादा कामयाबी मिल गयी थी। वे सन्तुष्ट थे। उन्हें लगने लगा कि सफलता अब बहुत दूर नहीं है।

उधर घर के अन्दर यशोधरा छटपटा रही थी। कामदेव के बाण ने उसके दिल को बींध दिया था। वह सोच रही थी कि घृतनाथ को मैंने नाहक ही जाने दिया। अगर मैंने उन्हें थोड़ा सा और उत्तेजित किया होता तो वे सब कुछ करने के लिए तैयार हो जाते। उसे नहीं पता था कि घृतनाथ पहले से ही यह उद्देश्य लेकर चल रहे हैं। उसे लग रहा था कि जो कुछ हो गया, वह महज एक इत्तफाक था। उसे नहीं समझ में आया कि घृतनाथ ने सोची समझी रणनीति के तहत सब कुछ किया। इस क्षेत्र का एक शातिर खिलाड़ी अपनी शातिर चालों से नचा रहा था उसे और वह यह सोचकर नाच रही थी कि सब कुछ इत्तफाक से और अचानक हो रहा है।

घृतनाथ वहाँ से सीधे विश्वविद्यालय चल दिये। उन्हें जल्दी से जल्दी महिमा को यह बताना था कि मैं तुम्हारे घर गया था और मैंने यशोधरा के मना लिया है। वह इस बात के लिए तैयार हो गयी है कि घर में सावन की अनुपस्थिति में मैं और तुम घर में जाकर आराम से इश्क फरमा सकते हैं। दरअसल घृतनाथ महिमा के मन में किसी प्रकार का शक नहीं पैदा होने देना चाह रहे थे। वे उसके सामने यशोधरा को दोनों के घोर शुभचिन्तक के रूप में प्रस्तुत करना चाह रहे थे। वे अच्छी तरह से समझ रहे थे कि यशोधरा महिमा के सामने भोली भाली बनेगी और उनके तथा यशोधरा के बीच जो कुछ भी हुआ, उसकी रत्तीभर भी किसी से चर्चा नहीं करेगी। वे इस बात को लेकर आश्वस्त थे कि यशोधरा के मन में भी आग लग चुकी होगी और मन ही मन वह मेरा इन्तज़ार करेगी।

घृतनाथ को विभाग में महिमा दिख गयी। उन्होंने उसको अपने साथ-साथ आने को कहा। वे अपने दरवाजे का ताला खोलकर, जाकर अन्दर बैठे। कुछ देर में महिमा भी आ गयी। घृतनाथ बोले, ''महिमा बधाई हो! आज मैं तुम्हारे घर गया था। मैंने यशोधरा को इस बात के लिए मना लिया कि सावन की अनुपस्थिति में मैं और तुम वहाँ जाकर आपस में एक दूसरे को प्रेम कर सकते हैं।'' महिमा को अपने कानों पर विश्वास नहीं हुआ, ''सच में? आपने यशोधरा को कैसे समझाया?'' घृतनाथ बोले, ''पहले तो यशोधरा मुझे घर में नहीं घुसने दे रही थी। मैंने उससे बहुत प्रार्थना की कि वह मुझे दस मिनट बैठने दे और मेरी बात पूरी सुन ले। वह तैयार नहीं हो रही थी। मैंने उससे कहा कि मेरी बात सुन लो, फिर तुम जो भी

निर्णय लोगी, वह मुझे मंजूर होगा। अन्त में वह बड़ी मुश्किल से इस बात के लिए तैयार हुई कि मैं पाँच मिनट में अपनी बात सुनाकर जाऊँ।...मैंने अपनी और तुम्हारी प्रेम कहानी शुरू से उसे सुना दी। एकदम सच सच। मैंने उसको यह भी बताया कि कैसे तत्कालीन विभागाध्यक्ष ने अपनी गर्भवती प्रेमिका साधना को मेरे सिर मढ़ दिया और बदले में मुझे नौकरी दी। सारी कहानी सुनाकर मैं रोने लगा। हम दोनों की प्रेम कहानी सुनकर यशोधरा द्रवित हो गयी। उसने तो मुझसे यहाँ तक कहा कि आप दोनों को शुरू में ही अपनी प्रेम कहानी मुझे बता देनी चाहिए थी। मैं इस बात के लिए आप दोनों की मदद करती। उसने कहा कि मैं आप दोनों के प्यार की कद्र करती हूँ और भविष्य में मैं आप दोनों की मदद करूँगी। जीजा जी जब घर में न रहा करें तो आप दोनों घर में आ जाया करिए और एक दूसरे के साथ प्रेम किया करिए। मैं किसी को पता नहीं लगने दूँगी।''

महिमा की आँखों में आँसू आ गये। उसने अपना सिर घृतनाथ की गोद में रख दिया, ''आपने ऐसा काम कर लिया जिसकी मुझे रत्तीभर भी उम्मीद नहीं थी। आप सचमुच जादूगर हैं। जो यशोधरा चौकन्नी बिल्ली की तरह मेरे ऊपर निगाह रखे हुए थी, उसे आपने साध लिया। मैं तो कभी यह न कर पाती। हमारे प्यार की इतनी बड़ी बाधा दूर हो गयी। अब हम पहले की तरह आराम से अपने घर में एक दूसरे को प्यार कर सकते हैं। यशोधरा के घर में रहने से सावन निश्चिन्त रहेंगे। अब उन्हें हम दोनों पर बिलकुल भी शक नहीं होगा। मेरा तो मन कर रहा है कि हम दोनों अभी घर चलें और एक दूसरे में डूब जायँ। परन्तु अब बच्चे घर में आ गयें होंगे। कोई बात नहीं। हो सकेगा तो कल या एक दिन बाद हम लोग घर पर चलेंगे और एक दूसरे को प्यार करेंगे। अब मैं यशोधरा को भी पटाकर रखूँगी और उसे खूब प्यार दिया करूँगी। आखिर है तो वह मेरी सगी बहन ही। अन्ततः उसे अपनी बहन की पीड़ा समझ के आ ही गयी। मैं ही मूर्ख हूँ। मैंने ही कभी प्यार और अपनत्व से उसे विश्वास में लेने की कोशिश नहीं की। आखिर उसे अपनी बहन का पक्ष समझ में आ गया, यह बहुत अच्छी बात है।''

महिमा चार बजे के लगभग घर आ गयी। यशोधरा उसे देखकर मुस्करायी। महिमा ने जोर से यशोधरा को पकड़ा और उससे लिपटकर रोने लगी। बच्चे घर में आ चुके थे। माँ के रोने की आवाज़ सुनकर वे अपने कमरे से निकल आये। उनकी समझ में नहीं आया कि माँ मौसी से लिपटकर रो क्यों रही हैं? यशोधरा ने बच्चों को प्यार से डाँटा, ''तुम लोग अपने कमरे में जाओ। अपनी पढ़ाई करो। बड़ों के मामलों में बच्चों को नहीं पड़ना चाहिए।'' बच्चे टस से मस नहीं हुए। डटे रहे वहीं पर। हारकर यशोधरा महिमा को ही खींचते-खाँचते ड्राइंगरूम में ले

गयी। वह भी महिमा से लिपटकर रोने लगी। दोनों बहनें प्यार वश एक-दूसरे से लिपटकर रो रही थीं। यशोधरा बीच-बीच में महिमा की पीठ को थपथपा भी दे रही थी। इस समय वह बड़ी बहन बनी हुई थी और महिमा छोटी बहन।

रोना-धोना धीमा पड़ने लगा तो यशोधरा महिमा को पकड़कर सोफे पर बैठ गयी। यशोधरा शिकायती स्वर में बोली, "तुम दोनों के बीच इतने लम्बे समय से सब कुछ चल रहा था और तुमने मुझे कभी भनक तक लगने नहीं दी? तुम्हें अपनी बहन पर विश्वास नहीं था? तुम मुझे अपना दुश्मन समझ रही थी जो मुझसे सब कुछ छुपाये हुए थी? मुझे पता रहा होता तो मैं तुम दोनों की मदद ही करती।" "ऐसी बात नहीं है!" महिमा ने कहा, "दरअसल जब हम दोनों के बीच प्यार शुरू हुआ तो तुम बहुत छोटी थी। उस समय तुम्हें बताने का कोई मतलब नहीं था। तुम्हारी समझ में कुछ न आता। जब मेरी शादी हुई, तब भी तुम छोटी थी। उस समय तुम परिवार के मामलों में कोई दखल देने लायक नहीं थी। भाई लोगों के सामने अगर मैं इस तरह की बात उठाती तो वे लोग मुझे जान से मार डालते। घृतनाथ की जाति दूसरी है और हम लोगों की जाति दूसरी। दूसरी जाति में शादी के नाम पर सब भड़क जाते। उस समय घर में सबकी इज़्ज़त मिट्टी में मिलने लगती। मैं असहाय थी। फिर घृतनाथ भी मुझे समझाने लगे कि तुम्हारी शादी घरवाले जहाँ कर रहे हैं, वहीं कर लो। अभी हम दोनों बेरोज़गार हैं। हम बगावत करके भी कुछ नहीं कर पायेंगे। दाने-दाने को मोहताज हो जाएँगे। भले ही हम दोनों की शादी कहीं पर भी हो, हम दोनों अपने प्यार को कभी मरने नहीं देंगे।...घृतनाथ अपनी बात पर कायम रहे। उन्होंने हमेशा मुझे ही प्यार किया। घृतनाथ के कहने पर मैंने सावन से शादी की, अन्यथा मैं जान दे देती लेकिन दूसरी जगह शादी न करती।...भगवान की एक कृपा जरूर हम पर रही। हम लोगों के प्यार को बनाये रखने में भगवान ने पूरी मदद की। घूम-फिरकर हम दोनों पास ही रहे। हिन्दी विभाग के इर्द-गिर्द ही हमारी ज़िन्दगी नाचती रही। हिन्दी विभाग हम दोनों के प्रेम का गवाह है। वहीं हम दोनों ने पहली बार एक दूसरे को देखा। वहीं हम दोनों के बीच बातचीत शुरू हुई। वहीं हम दोनों में प्यार हुआ। वहीं पहली बार घृतनाथ ने मुझे बाँहों में भरकर चूमा। वहीं हम दोनों के बीच कामक्रीड़ा शुरू हुई...।" "अच्छा दीदी मुझे एक बात बताओ।" यशोधरा ने महिमा की बात बीच में ही काट दी, "तुम्हारा पहले घृतनाथ से शारीरिक सम्बन्ध बना या जीजा जी से?" महिमा ने एक गहरी साँस ली, "इस मामले में मैं अभागी रही। घृतनाथ मुझसे शारीरिक सम्बन्ध बनाना चाहते थे, लेकिन मैं तैयार नहीं थी। नियति का कुछ ऐसा चक्र चला कि मुझे जीवन में पहली बार घृतनाथ के बजाय तुम्हारे जीजा

जी के साथ हमबिस्तर होना पड़ा। इस बात का मुझे जीवन भर अफसोस रहेगा। मेरी नादानी के चलते ऐसा हुआ। खैर...अगर तुम्हारे साथ ऐसा हो जाय तो तुम यह नादानी मत करना, अन्यथा जीवन भर पछताओगी। पहले अपने प्रेमी को अपना शरीर सौंपना। बिस्तर पर सच्चा सुख तो अपने प्रेमी के साथ ही मिलता है। जबर्दस्ती थोपे गये पति को तो जैसे-तैसे झेलना पड़ता है।'' यशोधरा चुप हो गयी। अब वह कैसे बताती कि धीरे-धीरे उसे भी घृतनाथ से प्रेम हो रहा है। बहरहाल उसने अपनी दीदी की बात गाँठ बाँध ली।

''जीजा जी को तुम दोनों के प्यार के बारे में कब पता चला?'' यशोधरा ने पूछा। महिमा बताने लगी, ''जब तक वे स्थानान्तरित होकर इलाहाबाद नहीं आये थे, उन्हें हम दोनों के सम्बन्ध के बारे में कुछ नहीं पता था। मैंने देखा कि सावन के दिल मे हमेशा भावनाओं का अभाव रहा। उनके लिए प्यार-मुहब्बत जैसे शब्द निरर्थक हैं। जिन्दगी भर वे पैसे के पीछे ही पागल रहे। उनके लिए बीवी-बच्चों का भी एक सीमा से ज्यादा महत्त्व कभी नहीं रहा। वे अपने पद और पैसे के घमण्ड में ही हमेशा अकड़े रहते थे। ऐसे पैसे का क्या फायदा, जिसका व्यक्ति कोई उपयोग ही न करे। यहाँ जमीन खरीदना, सोना खरीद-खरीदकर लॉकर में भरना, काली कमाई को हरदम सफेद बनाने के जुगाड़ में लगे रहना—इन्हीं सब चीजों में इनका मन रमा रहता था। भावनाओं की इनकी ज़िन्दगी में कोई अहमियत नहीं थी। मैं इनके साथ में हूँ या इलाहाबाद में हूँ, उन सब बातों पर ये कभी ध्यान नहीं देते थे। इसी का फायदा उठाकर मैं अक्सर इलाहाबाद में रहती थी और मैं तथा घृतनाथ एक दूसरे के प्यार में डूबे रहते थे।...गलती मुझसे ही हो गयी। मैंने ही समझा-बुझाकर सावन को इलाहाबाद में स्थानान्तरण कराने का सुझाव दिया। इलाहाबाद आने के बाद पता नहीं किसने जाकर इनको सारी बातें बता दीं। फिर तो जो अनर्थ हुआ कि तुम देख ही रही हो।''

यशोधरा बोली, ''मुझे तो पूरा शक है कि जीजा जी को सारी बातें घृतनाथ की पत्नी साधना ने बतायीं। साधना भी उच्च शिक्षा निदेशालय में नौकरी करती है। वहाँ बहुत सारे लोगों से उसके शारीरिक सम्बन्ध हैं। उसने जीजा जी को देखा होगा तो उन पर भी उसका दिल आ गया होगा। जीजा जी से नज़दीकी बनाने के लिए उसने जीजा जी को तुम्हारे और घृतनाथ के सम्बन्धों के बारे में बताया होगा। खूब नमक-मिर्च लगाकर। वैसे भी वह तुमसे चिढ़ती तो होगी ही। जीजा जी भले बार-बार हिन्दी विभाग का नाम लेते हैं, लेकिन मुझे नहीं लगता कि वे किसी काम से हिन्दी विभाग गये होंगे। हिन्दी विभाग का नाम वे साधना को बचाने के लिए लेते हैं। साधना ने ही उन्हें तुम दोनों के खिलाफ़ जासूसी करने के लिए भड़काया

होगा, जिससे जीजा जी का शक यकीन में बदल जाय। उसे पता था कि अगर जीजा जी का शक यकीन में बदल जाएगा तो वह उन्हें आसानी से अपने साथ सम्बन्ध बनाने के लिए तैयार कर लेगी। तुम्हारे घर में आग लगाकर वह जीजा जी की बहुत नज़दीकी बन गयी होगी और उनके साथ शारीरिक सम्बन्ध बना लिया होगा। उसके लिए तो बहुत आराम है। कोई बच्चा-कच्चा है नहीं। जब इच्छा होती होती, जीजा जी को अपने घर पकड़ ले जाती होगी। राँड़...कुतिया...कमीनी... उसको महामाई खायँ।''

यशोधरा की बात सुनकर महिमा फिर रोने लगी। साधना द्वारा अपना पति हड़प लिये जाने पर उसे रोना आ गया। सामने सावन तो थे नहीं जो उसे ताना मारते। अपनी बहन के सामने तो वह रो ही सकती थी। यशोधरा उसे चुप कराने लगी, ''रोओ मत दीदी। अब तो तुम्हारे साथ मैं भी हूँ। खुदा न खास्ता अगर साधना इस घर में दुबारा आ गयी तो हम दोनों मिलकर उसकी चटनी बना डालेंगे।...वैसे भी वह कहीं न कहीं हम दोनों को मिल ही जाएगी। उसे देखते ही मैं उसे पीटने लगूँगी। पीछे से तुम भी उस पर टूट पड़ना। हम दोनों मिलकर उसको इतना कूँट देंगी कि उसके लिए उठना-बैठना मुश्किल हो जाएगा। टट्टी-पेशाब करने के लिए ससुरी मोहताज हो जाएगी। बस तुम थोड़ा सा धैर्य रखो। अब उसको हम दोनों के हाथ से पिटने से कोई नहीं बचा सकता। अगर वह कहीं नहीं मिलेगी तो हम दोनों रिक्शे से उसके घर चलेंगी।''

अगले दिन दोपहर में बारह बजे के लगभग घर के सामने घृतनाथ की स्कूटर आकर रुकी। स्कूटर पर पीछे महिमा बैठी हुई थी। स्कूटर के रुकने की आवाज़ सुनकर यशोधरा सतर्क हो गयी। वह समझ गयी कि दीदी घृतनाथ को लेकर आ गयी। महिमा ने कल ही उसे बता दिया था कि वह दोपहर में घृतनाथ के साथ घर आयेगी। प्यार करने के लिए। यशोधरा ने दौड़कर दरवाजा खोल दिया। महिमा और घृतनाथ गेट खोलकर अन्दर घुस रहे थे। यशोधरा को देखकर महिमा शरमाकर मुस्करायी। यशोधरा ने मुस्कराते हुए उसका गाल पकड़कर नोच लिया। यशोधरा ने महिमा से कहा, ''तुम कुछ जल्दी ही नही आ गयी?'' वह महिमा को छेड़ रही थी। महिमा उसी तरह शरमाती हुई मुस्करा रही थी। यशोधरा उसके शरीर में जगह-जगह चिकोटी काटने लगी। महिमा अपना बचाव करते हुए मुस्कराये जा रही थी। घृतनाथ महिमा को लेकर सीधे बेडरूम में घुस गये और दरवाजा अन्दर से बन्द कर लिया।

यशोधरा ड्राइंगरूम में बैठी हुई थी। उसे अच्छी तरह पता था कि बेडरूम में क्या हो रहा है? एक ऐसी कुंवारी लड़की, जिसने कभी कामसुख नहीं प्राप्त किया था, तरह-तरह की कल्पना में खोयी हुई थी। अब दोनों ऐसा कर रहे होंगे, अब

दोनों वैसा कर रहे होंगे, अब यह हो रहा होगा, अब वह हो रहा होगा। बगल में उसकी बहन अपने प्रेमी के साथ कामक्रीड़ा में निमग्न है, इस विचार-मात्र से उसका शरीर ऐंठा जा रहा था। उसके शरीर में भी उत्तेजना व्याप्त हो रही थी। कामोत्तेजना के कारण वह अपने हाथों से अपने स्तनों को मसलने लगी। उसका बस चलता तो वह दरवाजा तोड़कर अन्दर घुस जाती और घृतनाथ के साथ कामक्रीड़ा करने लगती। एक शादीशुदा औरत के लिए यह सामान्य घटना होती है, कुँवारी लड़की के लिए नहीं। यशोधरा भी कामसुख के लिए पागल हो रही थी। वह योजना बनाने लगी। घृतनाथ अगर आज थोड़ी देर के लिए भी अकेले में मिल गये तो वह उन्हें अपने साथ कामक्रीड़ा करने के लिए आमंत्रित करेगी। किसी और को पकड़ने में बदनाम होने का डर है। घृतनाथ पट गये तो कामसुख भी मिल जाएगा और बात भी नहीं खुलेगी। उसने ड्राइंगरूम का दरवाजा अन्दर से बन्द कर लिया। अपने सारे कपड़े उतारकर वह लेट गयी और सोफे में अपना शरीर रगड़ने लगी।

महिमा और घृतनाथ दरवाजा खोलकर बाहर निकल आये। यशोधरा भी व्यवस्थित होकर ड्राइंगरूम में बैठ गयी थी। महिमा और घृतनाथ भी ड्राइंगरूम में बैठ गये। महिमा ने मुस्कराते हुए यशोधरा से पूछा, "चाय नहीं पिलाओगी?" "अभी बनाकर लाती हूँ।" कहते हुए यशोधरा उठ गयी। यशोधरा जल्दी ही तीन कप चाय बनाकर ले आयी। साथ में बिस्किट और नमकीन भी थी। महिमा ने कहा, "मैं एक मिनट के लिए बाथरूम मे जा रही हूँ। लौटकर चाय पीती हूँ।" वह बाथरूम चली गयी। यशोधरा कामुक नजरों से घृतनाथ को घूरने लगी। घृतनाथ ने फुसफुसाकर पूछा, "क्या हुआ?" यशोधरा आकर घृतनाथ के पास खड़ी हो गयी। वह घृतनाथ के दोनों हाथ पकड़कर उन्हें उठने का इशारा करने लगी। घृतनाथ उठकर खड़े हो गये। वह कसकर घृतनाथ से लिपट गयी। घृतनाथ सारी बात समझ गये। उन्होंने अपने होंठो को उसके होंठो पर रख दिया। यशोधरा ने आँखें बन्द कर लीं। घृतनाथ कुछ देर तक वैसे ही उसे अपनी बाँहों में भरकर उसके होंठो पर होंठ रखे खड़े रहे। बाथरूम का दरवाजा खुलने की आवाज़ हुई। दोनों जल्दी से एक दूसरे को छोड़कर अपने-अपने स्थान पर बैठ गये। महिमा आ गयी। वह एक बार फिर यशोधरा को देखकर मुस्करायी। जवाब में यशोधरा भी मुस्करायी। सब एक-एक कप उठाकर चाय पीने लगे। घृतनाथ के मन में लड्डू फूट रहे थे। उन्हें नहीं उम्मीद थी कि शिकार इतनी जल्दी उनकी जाल में फँस जाएगा। वे अभी जाल फेंकने की तरकीब ही सोच रहे थे और चिड़िया खुद ही आकर जाल में घुस गयी।

यशोधरा अगले दिन सज-सँवरकर बैठी थी। उसे पूरी उम्मीद थी कि घृतनाथ आज आयेंगे। उसके लिए एक-एक पल काटना दूभर हो रहा था। न तो सावन घर

में थे, न बच्चे और न महिमा। उसे पता था कि घृतनाथ जानते हैं कि महिमा के घर जाने का सही समय क्या है! सही समय हो चुका था। वह कई बार दरवाजा खोलकर बाहर झाँक आयी। घृतनाथ का कुछ अता-पता नहीं था। पर्याप्त समय बीत गया तो यशोधरा को खिसियाहट होने लगी। वह मन ही मन घृतनाथ को गालियाँ देने लगी। उसे लगा गलती उसी की है। घृतनाथ से कल अकेले में कह देना चाहिए था कि कल आइएगा जरूर। उसने पर्याप्त इशारा कर दिया था कि वह क्या चाहती है। घृतनाथ को खुद ही समझ लेना चाहिए था। वे समझ तो गये थे लेकिन लगता है वे यह नहीं समझ पाये कि कल ही आना है। यशोधरा के मन में तरह-तरह की उधेड़बुन हो रही थी। घृतनाथ से सम्पर्क करने का कोई माध्यम नहीं था। वह समझ नहीं पा रही थी कि कल के मेरे हावभाव से घृतनाथ ने क्या समझा और क्या नहीं समझा। कहीं वे सिर्फ इतना ही तो नहीं समझ पाये कि मैं सिर्फ उनसे लिपटना-चिपटना चाह रही थी? कामक्रीड़ा की बात सोचने में डर रहे हों। शायद वे सोच रहे हैं कि यशोधरा के साथ कामक्रीड़ा के उद्देश्य से अगर मैं चुपके से उसके घर गया तो यशोधरा झगड़ा कर लेगी और सबको इसके बारे में बता देगी। अब क्या करूँ? कैसे उन्हें बताऊँ कि मैं मुझे कामसुख चाहिए। अब पता नहीं वे दीदी को लेकर कब आयेंगे? लगता है, तब तक इंतजार करने के सिवा और कई चारा नहीं है। मैं महामूर्ख हूँ। मुझे साफ-साफ बता देना चाहिए था। अगर मैंने उनसे सब कुछ साफ-साफ बता दिया होता तो वे आज निश्चित रूप से आते। अब मुझे पता नहीं कब कामसुख मिलेगा? मिलेगा भी या नहीं मिलेगा? जरूर घृतनाथ दुविधा में होंगे कि मैं चलूँ या न चलूँ? वे अच्छी तरह समझ रहे होंगे कि जरा सा चूक होने पर बवाल हो जाएगा। बात अपनी जगह सही भी है। अगर मैं सकारात्मक मूड में न होती तो बवाल हो ही जाता।

सचमुच घृतनाथ दुविधा में थे। वे विभाग में अपने कमरे में बैठे-बैठे यही सोच रहे थे कि यशोधरा से मिलने जाऊँ या न जाऊँ? मुझे और महिमा को कामक्रीड़ा में रत जानकर वह क्षणिक रूप से उत्तेजित हो गयी थी या उसने मुझे अपने साथ कामक्रीड़ा के लिए आमंत्रित किया था? अगर वह क्षणिक रूप से उत्तेजित हो गयी थी तो अब तक उसने अपने पर काबू पा लिया होगा। वैसे भी वह मुझे चप्पल से पीटने की बात करती थी। क्या पता, मैं जाकर उससे प्रणय निवेदन करूँ और वह मुझे चप्पल से पीटने लगे। वैसे जिस ढंग से वह अकुलाई हुई थी, उससे तो यही लग रहा था कि उसे कामसुख चाहिए। चलकर उससे बात करने में कोई बुराई नहीं है, लेकिन जरा सा मामला उलट गया तो मैं उस घर से स्थायी रूप से भगा दिया जाऊँगा। महिमा की नज़रों में मैं बुरी तरह गिर जाऊँगा। चलकर एक चांस लूँ या

चुपचाप रहूँ? घृतनाथ का मन उन्हें बुरी तरह यशोधरा के पास जाने के लिए ठेल रहा था, परन्तु किसी भावी अनर्थ की आशंका से वे काँप भी रहे थे। एक कुंवारी लड़की का भोग लगाने के लिए बुरी तरह मचल रहे थे किन्तु मन के एक कोने की शंका उन्हें बार-बार डरा रही थी। यद्यपि वे इज़्ज़त बेइज़्ज़ती से परे एक चिकने घड़े थे, परन्तु यहाँ उनके कदम ठिठक रहे थे। मामला महिमा का था। उन्हें भय था कि अगर वे यशोधरा के हाथों पिट गये तो फिर महिमा के हाथों भी पिटेंगे। यशोधरा ने उन्हें ऐसी उलझन में फँसाकर छोड़ दिया था कि वे बुरी तरह भ्रमित हो गये थे। यद्यपि उन्हें यशोधरा तक धीरे-धीरे पहुँचना था और उन्हें लग रहा था कि यशोधरा उनकी जाल में फँस चुकी है, लेकिन वे अपने मन को पूरी तरह विश्वास नहीं दिला पा रहे थे। उनकी समझ में नहीं आ रहा था कि यशोधरा से कैसे उसके मन की बात उगलवायी जाय। मन की बात उगलवाने के लिए भी उसके घर जाने की जरूरत थी और उसके घर जाने की ही हिम्मत वे नहीं जुटा पा रहे थे।

तीन-चार दिन बीत गये। यशोधरा धीरे-धीरे मायूस हो गयी। वह अपने घरवालों को कोसने लगी कि उसकी शादी के लिए कोई ध्यान क्यों नहीं दे रहा है। लड़का हो या लड़की। शादी के पहले दोनों के दिमाग मे सिर्फ एक बात होती है कि शादी सिर्फ कामसुख प्राप्त करने के लिए होती है। शादी के बाद धीरे-धीरे दोनों पैर सख्त जमीन से टकराते हैं।

उस दिन यशोधरा बर्तन साफ कर ही थी। अचानक किसी ने बाहर से दरवाजा खटखटाया। वह चौकन्नी हो गयी। उसने जल्दी-जल्दी साबुन से हाथ धोया। मन के किसी कोने में विचार उठा कि कहीं घृतनाथ तो नहीं हैं? मन में उम्मीद की एक किरण लहराई। लगभग दौड़ते हुए उसने जाकर दरवाजा खोला। सचमुच सामने घृतनाथ खड़े थे। "कैसी हो यशोधरा?" घृतनाथ ने जी कड़ा करके पूछा। "अन्दर आइए तो बताती हूँ कि कैसी हूँ?" यशोधरा ने नाराज़ लहजे में कहा। डर के मारे घृतनाथ के दिल की धड़कन बढ़ गयी और वे पत्थर की मूर्ति बने, वहीं पर खड़े रहे। यशोधरा ने उनका हाथ पकड़कर उन्हें अन्दर खींच लिया और दरवाजा अन्दर से बन्द कर लिया। घृतनाथ और घबरा गये। उनके चेहरे से हवाइयाँ उड़ने लगीं। यशोधर उनके मनोभाव को नहीं पढ़ पायी। उनके मनोभावों को पढ़ने में उसकी कोई दिलचस्पी भी नहीं थी। उनके सीने से लगकर वह बोली, "इतने दिनों से मैं आपका इंतज़ार कर रही हूँ और आप आज आ रहे हैं।" वह उनके सीने पर दोनों हाथों से धीरे-धीरे घूँसा मारने लगी। घृतनाथ की जान में जान आयी। उन्होंने राहत की साँस ली। बहुत हिम्मत करके आज उन्होंने खतरा उठाया। उनका खतरा उठाना सफल रहा। उन्होंने यशोधरा को अपनी बाँहों में भर लिया, "कई दिनों से आने

का प्रयास कर रहा था, लेकिन हिम्मत नहीं पड़ रही थी। मैंने सोचा कि तुम पता नहीं क्या चाहती हो? लगा कि अगर मैं कहीं उल्टा समझ रहा हूँ तो वहाँ जाकर मार खा जाऊँगा। आज मैं बहुत हिम्मत जुटाकर यहाँ आया। सोचकर आया था अगर तुम पहल करोगी तो ठीक, नहीं तो थोड़ी देर बातचीत करके वापस लौट जाऊँगा।'' ''क्या आपने प्रेम किया है?'' यशोधरा बोली, ''एक लड़की के मन की बात भी नहीं समझ पाते? उस दिन मेरे और आपके बीच इतना सब कुछ हो गया तब भी आपकी समझ में कुछ नहीं आया। दीदी के अलावा औरों के मन की बात भी समझने का प्रयास किया करिए। मैं रोज आपका इंतज़ार करती रहती हूँ। समझ में नहीं आ रहा था कि कैसे मैं आप तक अपनी बात पहुँचाऊँ? मैं तो एकदम मायूस हो गयी थी। शरीर में आग लगाकर गायब हो गये। आग बुझाने की सुध नहीं थी।'' घृतनाथ ने यशोधरा के होठों को चूम लिया, ''आग तो मेरे भी दिल में लगी हुई थी। बस हिम्मत नहीं जुटा पा रहा था। मुझको चप्पल से पीटने की तुम्हारी धमकी इस तरह मेरे दिल में बैठ गयी थी कि पूछो मत। अगर तुम सचमुच मुझे चप्पल से पीट देती तो क्या होता? तुम्हारी दीदी मुझे कभी दुबारा इस घर में घुसने न देतीं। दिमाग में तमाम तरह के डर भरे हुए थे। आज तो समझ लो कि किसी तरह मैंने हिम्मत जुटा ही ली।'' यशोधरा शार्मिन्दा होते हुए बोली, ''चप्पल से पीटने वाली बात तो आप दिल से निकाल दीजिए। वैसे मुझे नहीं लगता कि मैं कभी भी आपको चप्पल से पीटूँगी। मैं तो आपकी साली हूँ। आधी घरवाली हूँ। मैं तो आज आपकी पूरी घरवाली बनने के लिए तैयार हूँ। यहीं खड़े-खड़े बातें ही करते रहेंगे कि अन्दर भी चलेंगे। जो हो गया सो हो गया।''

घृतनाथ आगे-आगे चल दिये। वे ड्राइंगरूम की तरफ जा रहे थे। यशोधरा ने उनका हाथ पकड़ लिया, ''उधर कहाँ जा रहे हैं? क्यों फालतू में समय बर्बाद कर रहे हैं? इधर चालिए।'' घृतनाथ को लेकर वह बेडरूम की ओर चल दी। वह एकदम उत्तेजित हो गयी थी। उत्तेजना के मारे उसकी साँस धौंकनी की तरह चल रही थी।

बेडरूम में पहुँचकर यशोधरा ने दरवाजा अन्दर से बन्द नहीं किया। बाहर का दरवाजा तो बन्द था ही। अन्दर कोई देखने वाला नहीं था। उसे कामक्रीड़ा का अनुभव नहीं था। कैसे होता है, क्या किया जाता है? उसने पूरी तरह से अपने का घृतनाथ के हवाले कर दिया। जो करना होगा, वही करेंगे। घृतनाथ ने जल्द ही भाँप लिया कि यशोधरा एकदम अनाड़ी है। उसका अनाड़ीपन उन्हें आनन्दित भी कर रहा था, उत्तेजित भी कर रहा था। वे समझ गये कि मैं यशोधरा से जो भी कहूँगा, वह सब कुछ करेगी क्योंकि उसे कुछ पता नहीं है। उन्होंने अपना लिंग उसके मुँह की ओर बढ़ा दिया, ''इसे अपने मुँह में डालकर चूसो। तभी यह ठीक

से उत्तेजित होगा और अच्छे ढंग से काम कर पायेगा।'' यशोधरा उसे अपने मुँह में डालकर चूसने लगी।

लगभग दो घंटे बीत गये। दोनों का एक दूसरे से मन ही नहीं भर रहा था। दोनों निर्वस्त्र होकर एक दूसरे को अपनी बाँहों में भरकर लेटे हुए थे। दोनों प्यार भरी बातों में डूबे हुए थे। दोनों को इस बात की कोई चिन्ता नहीं थी कि कोई आ जाएगा। यशोधरा ने घृतनाथ से पूछा, ''अच्छा ये बताइए, आपको मेरे साथ ज्यादा मज़ा आया कि दीदी के साथ ज्यादा मज़ा आता है?'' ''यह भी कोई पूछने की बात है?'' घृतनाथ ने उत्तर दिया, ''तुम्हारी दीदी की उम्र धीरे-धीरे ढल रही है। तुम एकदम जवान हो। एकदम ताजा-ताजा गोश्त। तुममें जो मजा है, वह तुम्हारी दीदी में हो ही नहीं सकता। एकदम जमीन आसमान का अन्तर है। तुमने आज मुझे अपनी दीदी की जवानी याद दिला दी। तुम्हारे सारे अंग एकदम कसे-कसे हैं। तुम्हारी दीदी के अंग धीरे-धीरे ढीले पड़ रहे हैं। अब तो एक बहुत बड़ी समस्या खड़ी हो गयी। तुम्हारे साथ सब कुछ कर लेने के बाद, अब तुम्हारी दीदी के साथ कुछ करने का मन नहीं करेगा। सूरदास ने कहा है न—जिहिं मधुकर अम्बुज रस चाख्यो, क्यों करील फल भावे। अर्थात् जिस भौंरे ने कमल के फूल का रस चख लिया उसे करील का रस कैसे अच्छा लगेगा?'' यशोधरा का मन गर्व से भर उठा। उसने शरारत से कहा, ''आपकी यह बात मैं दीदी से बता दूँगी।'' ''ठीक है!'' घृतनाथ बोले, ''शौक से बता देना अपनी दीदी को। मेरा कुछ नहीं बिगड़ेगा। ज्यादा से ज्यादा वह मेरा घर में आना बन्द करा देगी। तुम तो उसके हाथों रोज कूँटी जाओगी।'' घृतनाथ ने यशोधरा की नाक पकड़कर हिला दी। दोनों हँसने लगे। घृतनाथ यशोधरा के सारे शरीर को सहला-सहलाकर देखने लगे। जवान अंगों का करंट उन्हें मदहोश कर रहा था। यशोधरा को भी घृतनाथ का इस तरह उसके शरीर को सहलाना अच्छा लग रहा था। यशोधरा ने पूछा, ''कैसा लग रहा है?'' बहुत मजा आ रहा है!'' घृतनाथ बोले। ''एक बार फिर से सब कुछ करिए न।'' यशोधरा ने मनुहार किया। घृतनाथ अन्दर से हड़बड़ा गये। उनके अन्दर एक बार और करने की ताकत नहीं बची थी, ''नहीं! आज अब और नहीं। इतनी भी उतावली क्या है? अब तो मैं अक्सर तुम्हारे पास आता रहूँगा। हम-तुम अब हमेशा मज़ा करते रहेंगे। तुम्हारे चलते अब तुम्हारी दीदी के शरीर में कोई दिलचस्पी ही नहीं रह गयी। किसी न किसी बहाने अब मैं तुम्हारी दीदी को टरका दिया करूँगा। अब तो मैं तुम्हारे साथ ही करूँगा। कहाँ से तुमने मुझे चस्का लगा दिया?'' यशोधरा घृतनाथ की नाक पकड़कर बोली, ''ऐसा कह रहे हैं जैसे केवल मेरा ही मन था। खुद का मन नहीं था। आप भी तो मेरे लिए छटपटा रहे थे। आज सिर हथेली पर रखकर मेरे

साथ कुछ करने आये थे। खुद ही अपनी बेकरारी का वर्णन कर रहे थे और अब ऐसा दिखा रहे हैं जैसे मेरे ऊपर एहसान करके मेरे साथ करने के लिए यहाँ तक आये।" यशोधरा घृतनाथ को ठेंगा दिखाती हुई बोली, "मेरा एहसान मानिए कि ऐसे जवान शरीर के साथ आपको मस्ती करने का मौका मिला। मैंने कृपा न की होती तो आप तरस कर रह जाते। मेरा क्या है? मैं तो किसी भी लड़के को घर के अन्दर बुलाकर उसके साथ मस्ती कर सकती थी।"

घृतनाथ को अब महिमा के शरीर में कोई दिलचस्पी नहीं रहे गयी। उनका जब भी मन करता था, वे चुपचाप यशोधरा के पास चले जाते थे और मज़ा लूटकर वापस आ जाते। महिमा की स्थिति बुढ़ापे की पत्नी जैसी हो गयी थी। वह विभाग में घृतनाथ के कमरे में अब भी अक्सर जाकर बैठी रहती। दुनिया भर की इधर-उधर की बातें होती रहतीं, परन्तु घृतनाथ भूलकर भी कामक्रीड़ा की बात नहीं करते थे। अब वे महिमा से साहित्य चर्चा ज्यादा करने लगे थे। साहित्य के किसी न किसी मुद्दे पर अक्सर दोनों में बहस छिड़ी रहती। एक दिन इसी तरह दोनों में रस के विषय में बहस हो रही थी। घृतनाथ नयी कविता के मजबूत हस्ताक्षरों में थे। वे बताने लगे, "साहित्य में नौ रसों की मान्यता बहुत पुरानी पड़ चुकी। पहले के कवि इसको ध्यान में रखकर कविता लिखते थे। आज के कवि विषय को ध्यान में रखकर कविता लिखते हैं। आज की कविताओं में नौ में से कोई भी रस नहीं रहता। कविता में कोई रस आ भी जाता है तो अनजाने में। कवि का मन्तव्य अपनी कविता में रस की निष्पत्ति नहीं होता। जिस भी विषय या मुद्दे पर कविता लिखी जा रही होती है, कवि का पूरा ध्यान उसी पर केन्द्रित रहता है। रस आज के जमाने में एक बासी और बेमानी चीज है।" महिमा ने प्रतिवाद किया, "हमारे प्राचीन आचार्यों ने जिस भी चीज को उठाया और उसका विवेचन किया, उसमें से कुछ भी बेकार नहीं है। जमाना चाहे जहाँ चला जाय। पाश्चात्य प्रभाव से हमारी विद्याओं की चाहे जो गति हो, हमारा प्राचीन ज्ञान हमेशा प्रासंगिक रहेगा। हमारे प्राचीन शास्त्रीय नृत्य, गीत, वाद्य, गणित, विज्ञान, साहित्य सब हर काल में प्रासंगिक रहेंगे।" "ठीक है! तुम्ही बताओ, हमारी आज की नयी कविता में रस होता है? अगर होता है तो कौन सा रस होता है? प्राचीन आचार्यों के मतों की नयी कविता में उपयोगिता है?" घृतनाथ ने पूछा। महिमा बोली, "हमारे प्राचीन आचार्यों के अनुसार बिना रस के कोई कविता हो ही नहीं सकती। रस केवल नौ ही नहीं होते। नौ रसों का वर्णन तो पहले की आवश्यकताओं को देखते हुए किया गया था। प्राचीन आचार्यों का करना है कि कोई भी कविता पढ़ी जाय। पूरी कविता पढ़ लेने पर हमारे मन में कोई भाव अवश्य उत्पन्न होता है। हर पाठक अपने मन में उत्पन्न हुए इस भाव को महसूस

कर सकता है। कविता को पढ़ लेने के बाद पाठक के मन में उत्पन्न होने वाला यह भाव ही रस है। भले ही हर भाव को कोई नाम न दिया गया हो, सारे भावों का वर्गीकरण न किया गया हो। आप लोगों के नकार देने से हमारा प्राचीन ज्ञान बेकार नहीं हो जाएगा। भले ही अंग्रेज़ भारत से चले गये हैं। हर भारतीय चीज के प्रति भारतीयों की हीनभावना नहीं दूर हुई है। आप लोग मानसिक गुलामी की डोर से बँधे हुए हैं। आप लोगों को हर विशुद्ध भारतीय चीज हेय प्रतीत होती है।'' ''तुम मुझे मानसिक गुलाम समझती हो?'' घृतनाथ नाराज़ हो गये, ''मेरी बिल्ली मुझी से म्याऊँ? चली हो मुझसे ज्ञान बघारने? तुम्हें आता क्या है? मैंने विभाग में तुम्हारी नौकरी न लगवायी होती तो तुम्हें नौकरी न मिलती। इलाहाबाद विश्वविद्यालय में प्रोफेसर बनने का तुम सपना भी नहीं दख सकती थी। बड़ी आयी हो विद्वान की पूँछ!'' ''इसमें इतना नाराज़ होने की क्या बात है?'' महिमा ने पलट कर जवाब दिया, ''जब एक सैद्धान्तिक मुद्दे पर बहस हो रही है तो उसमें इतना व्यक्तिगत होने की क्या आवश्यकता है? इस विश्वविद्यालय में आपको कौन अपनी काबिलियत के बूते नौकरी मिली है? किसी का पाप ढोकर आपको भी नौकरी मिली है। उस पाप को आप आज तक ढो रहे हैं। किसी का पाप न ढोया होता तो आप भी इलाहाबाद विश्वविद्यालय का केवल सपना देखते। जो खुद शीशे के घर में रहता हो उसे दूसरे पर पत्थर नहीं फेंकना चाहिए। अपने को बड़ा भारी विद्वान समझते हैं। क्लास पढ़ाने से हमेशा कतराते हैं और बनते हैं विद्वान।''

महिमा की इतनी जुर्रत? घृतनाथ के तन-बदन में आग लग गयी। ''वह जो एक मूर्ख है सावन, तुम उसी के लायक हो।'' घृतनाथ तैश में बोले, ''पढ़े-लिखे समाज में तुम रहने लायक नहीं हो। विद्वानों के बीच में उठते-बैठते खुद को विद्वान समझने लगी हो। पैसे के पीछे हमेशा पागल रहने वाले और भावना शून्य उस सुअर की औलाद सावन के साथ रहते-रहते तुम भी वैसे ही हो गयी हो।'' महिमा ने दाँत पीसा, ''सावन तुमसे बहुत अच्छे हैं। उन्हें किसी की दया से नौकरी नहीं मिली है। अपने बूते उन्होंने प्रतियोगी परीक्षा पास की है और तब वे एक अधिकारी के रूप में चयनित हुए हैं। ऐसे पद पर नौकरी कर रहे हैं, जिसमें पैसा ही पैसा है। तुम्हारी तरह भिखारी नहीं हैं वे। तुमको भी जब पैसे की जरूरत पड़ती है, मेरे ही आगे रिरियाते हो। तुम्हें पता नहीं है क्या मैं तुमको किसका पैसा देती हूँ? उन्हीं के पैसे पर ऐश करते हो और उन्हीं को चोर बता रहे हो? उस पद पर तुम होते तो तुम भी वही करते। यहाँ इसलिए ईमानदार बने हुए हो क्योंकि यहाँ चोरी करने का कोई अवसर नहीं है। कोई बना दे विश्वविद्यालय का वित्त अधिकारी तो सारी ईमानदारी निकल आयेगी।'' महिमा के मुँह से सावन की प्रशंसा सुनकर घृतनाथ

भड़क गये, "इतने अच्छे आदमी हैं सावन तो क्यों नहीं उनके साथ प्रेमपूर्वक रहती? क्यों मेरे आगे-पीछे टहलती रहती हो?" जब भी खुजली होती है तो सावन के पास क्यों नहीं जाती? क्यों मेरे सामने खोलकर खड़ी हो जाती हो?" "तुम मेरे सामने नहीं खोलकर खड़े हो जाते क्या?" महिमा को भी गुस्सा आ गया, "जब नहीं तब तुम्हीं तो पगलाये रहते हो मुझे नोचने-खसोटने के लिए। सावन तुम्हारी तरह जहाँ नहीं तहाँ मुँह मारते नहीं घूमते। एक बड़े अधिकारी की गरिमा और मर्यादा में रहते हैं हमेशा। तुम तो निहायत ही लम्पट आदमी हो लम्पट! सावन मेरे अलावा तुम्हारी औरत के पास गये। मज़बूरी में गये। इसके लिए तुमने उन्हें विवश किया। अन्यथा सावन हमेशा अपने परिवार और बच्चों की मर्यादा में बँधे रहे। तुम तो ईमानदारी से किसी के न हो सके। न मेरे, न साधना के और न अपनी अन्य प्रेमिकाओं के।" घृतनाथ गरजे, "खबरदार मेरे ऊपर लांछन लगाया तो! मैं अपनी किन-किन प्रमिकाओं के साथ घूम रहा हूँ, बताना तो? मेरे ऊपर आरोप लगा रही हो, मतलब खुद तुम्हारा मन साफ नहीं है। अपने मन का मैल दूसरे में दिख रहा है। पता नहीं किसके-किसके सामने जाकर खोलकर खड़ी हो जाती होगी। कहावत है न कि ललही औरत और कटखनी कुतिया, हमेशा शिकार खोजती रहती है।" "जबान सम्हालकर बोलो, समझे!" महिमा तमतमा उठी, "कभी मुझे देखा है किसी आदमी के साथ? तुम तो अक्सर लड़कियों से घिरे रहते हो। उनके साथ ही-ही करते रहते हो। विभाग में लड़कियाँ क्यों तुमको ही घेरे रहती हैं, दूसरे पुरुष अध्यापकों को क्यों नहीं घेरे रहतीं? लड़कियाँ पटाने में तुम उस्ताद हो ही। इस क्षेत्र में तुम्हारा कोई मुकाबला नहीं कर सकता। किसी दिन तुम्हारी सारी इश्क मिजाजी मैं समाप्त कर दूँगी। किसी दिन तुम्हारे लिंग पर मिट्टी का तेल छिड़ककर उसमें आग लगा दूँगी। जलकर नष्ट हो जाएगा। हमेशा के लिए नपुसंक बन जाओगे। लड़कियों को लाइन मारने की तुम्हारी आदत एकदम से छूट जायेगी।" "वाह-वाह!" घृतनाथ ने ताली बजायी, "इलाहाबाद विश्वविद्यालय के हिन्दी विभाग में बैठी हुई एक प्रोफेसर के मुँह से कितने अच्छे सुभाषित निकल रहे हैं। ऐसा लग रहा है जैसे हरसिंगार के फूल झर रहे हैं मुँह से। इलाहाबाद विश्वविद्यालय को यह भी दिन देखना था। अभी इस तरह की ऊट-पटाँग बकवास लड़के ही करते थे। अब प्रोफेसर लोग भी करने लगे। वह भी महिला प्रोफेसर। वाह-वाह!" "यह बीच में महिला शब्द कहाँ से आ गया?" महिमा ने पूछा, "अभी तक तो हमेशा स्त्री-पुरुष समानता की फिलॉसफी झाड़ते घूमते थे। अपने ऊपर पड़ी तो यह समानता समाप्त हो गयी क्या?..मैं ही मूर्ख हूँ जो यहाँ बैठकर तुम्हारे जैसे घटिया आदमी के साथ झगड़ा कर रही हूँ। चलूँ यहाँ से नहीं तो तुम्हारी बकवास सुनती ही रहूँगी।" महिमा उठी और वहाँ से चल दी।

घृतनाथ को बहुत तेज गुस्सा लगी हुई थी। उनका बस चलता तो महिमा का गला दबा देते। अपना गुस्सा उन्होंने मेज पर निकाला। मेज पर एक जोर का घूँसा मारा।

महिमा ने घृतनाथ से बोलना बन्द कर दिया। विभाग में उनके कमरे की तरफ झाँकने का तो सवाल ही नहीं था। महिमा को पूरा शक हो गया था कि वे विभाग की किसी न किसी लड़की के चक्कर में पड़े हुए हैं। चार महीने हो गये थे। उन्होंने न तो कभी महिमा से प्यार भरी बातें की थीं और न ही एक बार अपनी स्कूटर पर बैठाकर महिमा के घर गये। महिमा जानती थी कि घृतनाथ इतने दिनों तक बिना सेक्स के नहीं रह सकते। वह विभाग में बहुत सूँघने की कोशिश कर रही थी। कोई भी सूत्र हाथ नहीं लग रहा था। ऊपर से इतनी बुरी तरह लड़ाई कर ली। जीवन में ऐसा पहली बार हुआ कि घृतनाथ महिमा से इतने भद्दे अंदाज में भिड़ गये। कभी-कभार दोनों में थोड़ी-बहुत नोकझोंक हो जाती थी, लेकिन जल्दी ही दोनों में समझौता हो जाता। महिमा को लगा कि मुझसे इतनी बुरी तरह लड़ने का मतलब है कि उन्हें किसी न किसी कम उम्र की जवान लड़की से ताकत मिल रही है। उसी के चलते उन्हें अब मेरी परवाह नहीं रह गयी है। हो सकता है, वे मुझसे पीछा छुड़ाना चाह रहे हों। एक बार इनकी प्रेमिका मुझे मिल जाती तो मैं उसे ठीक से सबक सिखा देती। इतनी बुरी तरह मारूँगी कि दुबारा इनके आसपास दिखायी नहीं देगी। इतनी असानी से मैं इनका पीछा नहीं छोड़ूँगी। इन्होंने साथ-साथ जीने-मरने की कसमें खायी हैं। इनके चलते मैंने अपना परिवार बर्बाद कर लिया। पूरे शहर भर में बदनाम हुई। समझ क्या रखा है इन्होंने? मेरी ज़िन्दगी बर्बाद करके यूँ ही निकल जाएँगे? कायदे से मैं इनकी पत्नी हूँ। इनके बच्चे की माँ हूँ। द्रोपदी की तरह मैं सावन की भी पत्नी हूँ और इनकी भी पत्नी हूँ। भले ही इनके नाम का सिन्दूर मेरी माँग में नहीं है। कितने दिन अपनी प्रेमिका को मेरी आँखों से बचाएँगे?

एक दिन महिमा यशोधरा से बोली, "यशोधरा, अब अगर घृतनाथ मेरी अनुपस्थिति में घर में आयें तो उन्हें घर में घुसने मत देना। भगा देना सीधे!" यशोधरा का कलेजा काँप गया। वह डर गयी कि कहीं मेरी पोल तो नहीं खुल गयी। दीदी मार-मारकर मेरा भुर्ता बना देंगी। उसने सहमते हुए पूछा, क्यों?" महिमा बोली, "बहुत बदतमीज हो गये आजकल। मुझे गालियाँ देने लगे हैं। एक दिन विश्वविद्यालय में मुझसे झगड़ा किया। मेरे बारे में बहुत गन्दी-गन्दी बातें कहीं। मैंने अब उनसे बोलना छोड़ दिया है। लगता है, किसी लड़की के चक्कर में पड़ गये हैं। जिस दिन उनकी प्रेमिका मुझे कहीं दिख गयी, उस दिन दोनों की खैर नहीं।" यशोधरा की जान में जान आयी। इसका मतलब मेरी पोल नहीं खुली है। दीदी को मेरे और घृतनाथ के चक्कर के बारे में कुछ नहीं पता है। अब बहुत

सर्तक रहना होगा। मेरे प्यार के चलते घृतनाथ अब दीदी की उपेक्षा करने लगे हैं। बात सही भी है। मेरी जैसी जवान और सुन्दर लड़की का प्यार पाकर कोई दीदी के चक्कर में क्यों पड़ेगा? घृतनाथ को समझाना पड़ेगा। दीदी से सम्बन्ध बनाकर रखें और उनकी इतनी उपेक्षा न करें, नहीं तो हम लोग पकड़ में आ जाएँगे। दीदी से प्यार का नाटक करते रहें, भले ही अब असली प्रेमी-प्रेमिका घृतनाथ और मैं हूँ। यशोधरा को अपनी जवानी, अपने सौन्दर्य पर गर्व हो आया। यशोधरा महिमा को समझाने लगी, "दीदी, तुम्हारा और घृतनाथ का प्यार बहुत लम्बे दिनों का है। वह इतना कच्चा नहीं है। तुम दोनों एक दूसरे के लिए ही बने हुए हो। तुम दोनों का प्यार जन्म-जन्मान्तर का प्यार है। पिछले जन्म में कुछ गलती हो गयी होगी, जिसके कारण इस जन्म में तुम दोनों एक नहीं हो पाये। थोड़ी सी गलतफ़हमी के चलते इस तरह एक दूसरे से दुश्मनी मत कर लो। एक दिन आपस में बैठकर अपनी-अपनी गलतफ़हमी दूर कर लो। इसी में तुम दोनों की भलाई है।"

यशोधर की बात महिमा को घाव पर मरहम जैसी लगी। उसे कुछ सान्त्वना मिली। यशोधरा फिर बोली, "कहीं ऐसा तो नहीं है कि निजी रूप में वे किसी समस्या से जूझ रहे हों? क्या पता, उनके घर में सब कुछ ठीक-ठाक न हो? ऐसी स्थिति में आदमी झल्लाया-झल्लाया सा रहता है। क्या पता, उनको स्वास्थ्य सम्बन्धी कोई परेशानी हो? ऐसी हालत में तुम्हें उनसे लड़ाई करने के बजाय, उनका ध्यान रखना चाहिए। तुम उनकी दोस्त हो, सच्ची दोस्त। सच्चा दोस्त बुरे वक्त में काम आता है। न तुम उनसे पूछ रही हो कि आपके सामने कोई समस्या तो नहीं है? न वे तुमसे पूछ रहे हैं कि सब कुछ ठीक-ठाक तो है न? प्यार-मुहब्बत के अलावा भी ज़िन्दगी में बहुत सारी बातें होती हैं। दो प्रेमियों को एक दूसरे के सारे सुख-दुःख का ध्यान रखना चाहिए।" यशोधरा की बातों ने महिमा पर जादू कर दिया। उसका दिमाग सचमुच दूसरी दिशा में मुड़ गया, "इस ओर तो मेरा ध्यान ही नहीं गया था। तुम ठीक कह रही हो। उनके सम्बन्ध में प्रेम के अलावा और किसी बात की ओर ध्यान नहीं जाता। एक दिन वे मुझसे कह रहे थे स्वास्थ्य थोड़ा सा गड़बड़ चल रहा है। अन्दर से कमजोरी-कमजोरी सी लग रही है। इस बारे में मैंने जानना चाहा तो उन्होंने टरका दिया। मैंने सोचा कि होगी कोई साधारण सी समस्या। मैंने दुबारा पूछा भी नहीं।" "तब!" यशोधरा ने महिमा को बड़ी बहन के अन्दाज़ में डाँटा, "किसी का स्वास्थ्य खराब होगा और अन्दर से उसे कमजोरी लग रही होगी तो क्या होगा? वह पहले अपना स्वास्थ्य देखेगा कि प्यार-मुहब्बत देखेगा? तुम्हें स्कूटर पर बैठाकर घर ले आयें और बैठकर आराम करें? किसी तरह उनसे समझौता करो और बोलचाल शुरू करो। उनके स्वास्थ्य का ध्यान रखो और

जरूरत पड़े तो डॉक्टर को ले जाकर दिखाओ। जीजा जी को मैं सम्हाल लूँगी। घृतनाथ को कुछ हो गया तो तुम एकदम अकेली हो जाओगी। जीजा जी वैसे ही तुमसे चिढ़ते हैं। उनके कलेजे को बहुत ठंडक पहुँचेगी।'' ''ऐसा मत कहो...शुभ शुभ बोलो!'' महिमा एकदम से घबरा गयी। मैं कल ही उनसे समझौता कर लूँगी। सेक्स करने के लिए ताकत चाहिए। मेरा इस ओर ध्यान ही नहीं गया कि अगर उन्हें अन्दर से कमजोरी लग रही होगी तो वे मेरे साथ कुछ कर कैसे पायेंगे? मुझे उनके स्वास्थ्य का ध्यान रखना पड़ेगा। डॉक्टर से उनको ताकत बढ़ानेवाली दवाएँ दिलवानी पड़ेंगी।'' यशोधरा मन ही मन मुस्करायी, 'जब वे सारी ताकत मेरे ऊपर खर्च कर देंगे तो तुम्हारा साथ देने के लिए उनके पास ताकत आयेगी कहाँ से? उनको चाहे जितनी ताकत की दवाएँ खिलाओ। अब वे तुम्हारे हाथ आने से रहे।' घृतनाथ को लेकर यशोधरा के मन में महिमा के प्रति एक प्रतिद्वन्द्विता का भाव पैदा हो चुका था। यह देखकर उसे मन ही मन सुकून हो रहा था कि अब घृतनाथ और महिमा के बीच कलह होने लगी है और घृतनाथ महिमा को कोई महत्त्व नहीं दे रहे हैं। उसे विश्वास हो गया कि घृतनाथ अब मेरे कब्जे में हैं। वह सिर्फ महिमा का ध्यान बँटाने के लिए चिकनी-चुपड़ी बातें कर रही थी। इसके लिए पूरी सावधानी बरतनी थी कि महिमा को उसके ऊपर जरा सा भी शक न होने पाये। महिमा के मन में घृतनाथ को लेकर जो किसी लड़की का शक पैदा हो रहा था, उसे उसने बहुत सफलतापूर्वक दूर कर दिया। किसी लड़की पर शक करने के बजाय महिमा का ध्यान अब घृतनाथ की कमजोरी पर केन्द्रित हो गया। वह सोचने लगी है कि कमजोरी के कारण घृतनाथ उसके साथ कुछ करने से बच रहे हैं। यशोधरा समझ गयी कि दीदी का सारा ध्यान अब घृतनाथ की कमजोरी दूर करने पर लग जाएगा और वह उनसे सेक्स पर चर्चा करने से बचेगी। उसे लगेगा कि इस विषय पर चर्चा करने से घृतनाथ नाराज़ हो जाएँगें। किसी भी आदमी को अपनी सही कमी की चर्चा सुनकर बुरा लगता है। कहावत है—कानी थी खोंच दी गयी, छिनाल थी टोक दी गयी। वह जान रही थी कि दीदी घृतनाथ को अब चाहे अमृत पिला दें, वे उसके पास जाने से रहे। उसके मन में गर्व और विजेता होने का भाव एक साथ उठ रहा था।

● अगले दिन घृतनाथ विश्वविद्यालय आये तो थोड़ी देर तक अपने कमरे में बैठे। आज उनका मन क्लास पढ़ाने का नहीं कर रहा था। उनका मन प्रायः क्लास पढ़ाने का नहीं करता था। छात्र धीरे-धीरे इस बात के अभ्यस्त हो गये थे कि उल्लू का पट्ठा नहीं पढ़ायेगा। जिस दिन वे क्लास में चले जाते उस दिन छात्रों को आश्चर्य होता। घृतनाथ विभाग से पुस्तकालय की ओर चल दिये।

पुस्तकालय में पूरा हॉल खाली था। सिर्फ आगे की ओर एक कोने में एक लड़का बैठा कोई किताब पढ़ रहा था। घृतनाथ भी एक किताब लेकर हॉल में सबसे पीछे बैठ गये। लड़का घृतनाथ को पहचानता था। वह उनके स्वभाव से भलीभाँति परिचित था। वह कनखियों से शक की निगाह से उन्हें देखने लगा। वह सोचने लगा कि इस खाली और सन्नाटे हॉल में गुरुदेव क्या करने आये हैं? कहीं ऐसा तो नहीं कि किसी लड़की को पटाया हो और उसको मिलने के लिए यहाँ बुलाया हो? अगर कोई लड़की आयेगी तो मैं हॉल से निकल जाऊँगा और छुपकर बाहर से निगाह रखूँगा। अगर इन्होंने लड़की के साथ कुछ गलत-सलत हरकत करनी शुरू की तो दौड़कर बहुत सारे लड़कों को बुलाऊँगा और गुरुदेव को जमकर पीटा जाएगा। इनके मुँह पर कालिख पोतकर इन्हें पूरे विश्वविद्यालय में घुमाया जाएगा। किसी लड़के को दौड़ाकर प्रेसवालों को भी बुला लिया जाएगा। कल फोटो सहित अखबार में इनकी फोटो छपेगी तो बड़ा मज़ा आयेगा। मेरा भी नाम छपेगा कि मैंने ही इन्हें पकड़वाया।

लड़का चुपचाप ताक में बैठा रहा। धीरे-धीरे पर्याप्त समय हो गया। लड़का बोर होने लगा। उसे लगा कि मेरा सोचना गलत है। गुरुदेव सचमुच पढ़ने के लिए ही आये हैं। थोड़ी देर और इंतज़ार कर लेता हूँ, फिर चलता हूँ यहाँ से। घृतनाथ अचानक वहाँ से उठे और उठकर चले गये। थोड़ी देर बार फिर आ गये। उनके हाथ में एक पुरानी सी पाण्डुलिपि थी। घृतनाथ उसी जगह फिर बैठ गये। उन्होंने एक निगाह लड़के पर डाली। लड़का जल्दी से सतर्क हो गया और ऐसा अभिनय करने लगा, जैसे वह किताब पढ़ने में बहुत व्यस्त हो। अचानक घृतनाथ उस पुरानी पाण्डुलिपि में से पन्ने फाड़ने लगे। उन्होंने कई पन्ने फाड़े। इसके बाद वे अपनी कमीज के बटन खोलने लगे। उन्होंने सारे पन्ने कमीज के अन्दर पहनी बनियान के भीतर घुसेड़ना शुरू कर दिये। लड़का फौरन वहाँ से भागा।

पुस्तकालय के बाहर एक जगह दर्जनों लड़के घास पर बैठकर आपस में बातें कर रहे थे। लड़का उनसे बोला, ''यहीं पर सब लोग एकदम तैनात रहो। पुस्तकालय के अन्दर घृतनाथ एक पुरानी सी किताब में से पन्ने फाड़ रहे हैं और उन पन्नों को अपनी बनियान के अन्दर छुपा रहे हैं। जैसे ही वे पुस्तकालय से बाहर आयें, उनके कपड़े उतरवाकर उनकी तलाशी लेना। पन्ने कपड़े के अन्दर मिल जाएँगे। घृतनाथ आज बचकर जाने न पायें। उनके मुँह पर कालिख पोतकर उन्हें पूरे विश्वविद्यालय में घुमाया जाएगा। अखबार वालों को भी बुलवाता हूँ। वे उनकी फोटो खींचकर ले जाएँगे। कल के अखबार में छापने के लिए। बड़ा मज़ा आयेगा। एकदम चूकना नहीं है। मैं जा रहा हूँ दौड़कर और भी लड़कों को बुला

लाता हूँ। एक बाल्टी में कालिख घोलकर ले आता हूँ। आसपास के हॉस्टलों में भी लड़कों को दौड़ा देता हूँ, जिससे खूब भीड़ इकट्ठी हो जाय। मैं जा रहा हूँ। सब लोग सावधान रहना।''

वहाँ बैठे सारे लड़कों में उत्साह की लहर दौड़ गयी। लगा, जैसे कोई बहुत बड़ा खजाना मिलने वाला हो। सब एकदम सर्तक होकर पुस्तकालय के मुख्य दरवाजे की ओर देखने लगे। कब घृतनाथ वहाँ से निकलें और कब उन्हें दबोचा जाय। ऐसे काम करने के लिए लड़कों का उत्साह देखते ही बनता है। उधर भागकर गया हुआ लड़का विद्युत-गति से इस समाचार को चारों तरफ फैला रहा था।

कुछ देर में घृतनाथ पुस्तकालय से निकले। एकदम निश्चिन्त भाव से। उन्हें जरा भी अन्देशा नहीं था कि उनके विरुद्ध एक तगड़ी घेराबन्दी हो रही है और जल्दी ही उन्हें दिन में तारे दिखायी पड़ने वाले हैं। लड़के शोर मचाते हुए उन पर टूट पड़े। लड़कों ने उन्हें जमीन पर गिरा दिया। दो-दो लड़कों ने मजबूती से उनके हाथ-पैर पकड़े। एक लड़का उनकी शर्ट की बटन खोलने लगा। शर्ट उतारकर फेंक दी गयी। बनियान के अन्दर सचमुच कई जीर्णशीर्ण पन्ने मिले। लड़कों ने उनकी पैण्ट भी उतारकर फेंक दी। पैण्ट के नीचे उन्होंने नाड़ेवाली जाँघिया पहन रखी थी। अब वे जाँघिया-बनियान में आ गये। लड़के—''मारो साले को-मारे साले को'' चिल्लाते हुए घृतनाथ को पीटने लगे। घृतनाथ भी पूरी ताकत से चिल्लाने लगे, ''बचाओ-बचाओ...।'' चारों तरफ से लड़के दौड़ पड़े। पुस्तकालय के अन्दर से सारे कर्मचारी भागकर बाहर आ गये। पुस्तकालयाध्यक्ष भी बाहर आ गये। लड़कों ने उनसे घृतनाथ की करतूत बतायी। पुस्तकालयाध्यक्ष लड़कों से फाड़े पन्ने माँगने लगे। लड़कों ने देने से मना कर दिया। उन्होंने कहा कि इस सबूत को पहले सबको दिखायेंगे। उसके बाद कर्नलगंज थाने में चलकर एफ.आई.आर. होगी। ये कागज अब सबूत के तौर पर थाने में ही जमा होंगे। मौके की नज़ाकत भाँपकर पुस्तकालयाध्यक्ष ने अध्यापकों वाला दाँव मारा। वे लगे घृतनाथ को जोर-जोर से डाँटने, ''आप विश्वविद्यालय के प्रोफेसर हैं? इतनी बहुमूल्य पाण्डुलिपि के पन्ने फाड़कर चोरी कर रहे हैं? आपको शर्म नहीं आयी? आप तो प्रोफेसर के नाम पर कलंक हैं। अभी कुलपति को बुलवाता हूँ और आपको सजा दिलवाता हूँ। अपने इस कर्म के चलते आप नौकरी से निकाल दिये जाएँगे। बनते हैं विद्वान और साहित्यकार। काम चोरों से भी गया-बीता। लिखते तो बड़ी लम्बी-लम्बी आदर्श की बातें है। वह आदर्श दूसरों के लिए हैं? चुल्लू भर पानी में डूब मरिए...अच्छा छात्रों इनको छोड़ दो। इस मामले को विश्वविद्यालय प्रशासन के सामने रखा जायेगा। विश्वविद्यालय प्रशासन ही इन्हें दंडित करेगा। सजा तो इन्हें जरूर मिलेगी।''

वे नाटक करके किसी तरह घृतनाथ को लड़कों के चंगुल से छुड़ाना चाहते थे। लड़के उनके झाँसे में नहीं आये। एक नेतानुमा लड़का चिल्लाया, "ज्यादा होशियारी करने की कोशिश मत करो। भाग जाओ तुरन्त यहाँ से नहीं तो हम लोग तुमको भी लतियाने लगेंगे...भागो।" पुस्तकालयाध्यक्ष को भलाई इसी में नज़र आयी कि तुरन्त वहाँ से खिसक लें अन्यथा गेहूँ के साथ घुन भी पिस जाएगा।

चारों तरफ से लड़कों के झुण्ड पर झुण्ड चले आ रहे थे। बाल्टी में घोलकर खालिख भी आ गयी। लड़कों ने कालिख से घृतनाथ का मुँह पोत दिया। कालिख से ही उनके बनियान पर लिख दिया गया—'मैं चोर हूँ'। अचानक एक लड़का एक गधा लेकर आते हुए दिखा। लड़कों का उत्साह दुगुना हो गया। वे ताली बजाने लगे। लड़कों ने घृतनाथ को जबरन गधे पर बैठा दिया। लड़के जुलूस लेकर वहाँ से चल दिये। घृतनाथ का शर्ट-पैण्ट वहीं पड़ा रह गया। घृतनाथ दोनों हाथ जोड़कर लड़कों से घिघिया रहे थे, "मुझे छोड़ दो। अब ऐसी गलती कभी नहीं होगी। मैं अपने माँ-बाप की सौगन्ध खाकर कर रहा हूँ। छोड़ दो...छोड़ दो...।" एक लड़का चिल्लाय, "चुप साले! तू इलाहाबाद विश्वविद्यालय का कलंक है। इस कलंक को आज हम लोग धो डालेंगे। अभी तुझे तेरी प्रेमिका महिमा के पास लेकर चलेंगे। वह भी तो देखे कि मेरा यार कितना महान् है? तेरी लैला मिल गयी तो उसे भी इसी गधे पर बैठा लेंगे। आज हम लोग दोनों की शादी करा देंगे।"

लड़के जुलूस लेकर चले जा रहे थे। आगे-आगे गधे पर घृतनाथ। पीछे लड़कों का पूरा हुजूम। लड़के जोर-जोर से नारा लगा रहे थे—"घृतनाथ मुर्दाबाद" "मुर्दाबाद-मुर्दाबाद", "घृतनाथ चोर है" "चोर है-चारे है", "घृतनाथ छिनरा है" छिनरा है-छिनरा है"...।

जुलूस कुलपति के कार्यालय के पास पहुँचने वाला था। कुछ कर्मचारियों ने दौड़कर कुलपति को सारी बात बतायी। कुलपति अपने कार्यालय से बाहर निकल आये। सारा नजारा देखकर उनकी सिट्टी-पिट्टी गुम हो गयी। लड़कों का हुजूम देखकर उनका कलेजा भय से काँप उठा। वे तुरन्त अन्दर घुस गये। उन्होंने सुरक्षा कर्मचारियों से कहा कि चैनल बन्द करके अन्दर से ताला लगा दो। वे अपने कमरे में घुस गये और दरवाजा अन्दर से बन्द कर लिया। जुलूस कुलपति कार्यालय के पास पहुँच गया। सिनेट हाउस के उत्तरी पोर्टिको में खड़े होकर लड़के जोर-जोर से चिल्लाने लगे, "कुलपति बाहर निकलो...कुलपति बाहर निकलो।" कुलपति को न बाहर निकलना था, न वे निकले। कुछ लड़के सीढ़ियों पर चढ़कर कुलपति कार्यालय पर पहुँच गये। चैनल बन्द था और उसमें ताला लगा हुआ था। लड़के चैनल को पकड़कर जोर-जोर से झकझोरने लगे। बन्दूकें लेकर अन्दर बैठे हुए

सुरक्षाकर्मी भाग खड़े हुए। वे पीछे की तरफ जाकर छुप गये। लड़के चिल्लाने लगे, ''वाइस चांसलर मुर्दाबाद'' ''मुर्दाबाद-मुर्दाबाद'', ''वाइस चांसलर मुर्दाबाद'' ''मुर्दाबाद-मुर्दाबाद'', ''वाइस चांसलर अमर रहे'' ''अमर रहे-अमर रहे'', ''वाइस चांसलर अमर रहे'' ''अमर रहे-अमर रहे''...। बहुत झकझोरने और ताकत लगाने पर भी चैनल नहीं टूटा।

लड़के जुलूस लेकर वहाँ से चल दिये। जुलूस ने पहले सिनेट हाउस की एक परिक्रमा की। उसके बाद वह दरभंगा हॉल की ओर चल दिया। सारे कर्मचारी अपने-अपने कार्यालय से निकलकर तमाशा देख रहे थे। थोड़ी देर बाद कैमरा लेकर दो-तीन पत्रकार प्रकट हो गये। वे जुलूस की फोटो खींचने लगे। लड़के दुगुने उत्साह से चिल्लाने लगे ''घृतनाथ मुर्दाबाद'' ''मुर्दाबाद-मुर्दाबाद'', ''घृतनाथ चोर है'' ''चारे है-चोर है'', ''घृतनाथ छिनरा है'' ''छिनरा है-छिनरा है''...। वहाँ से जुलूस हिन्दी विभाग की ओर चल दिया। हिन्दी विभाग में पहले ही सन्नाटा हो चुका था। सारे छात्र जाकर जुलूस में शामिल हो चुके थे। आधी से ज्यादा लड़कियाँ डर के मारे घर जा चुकी थीं। बची-खुची लड़कियाँ विभाग के बाहर निकलकर तमाशा देखने लगीं। सभी प्राध्यापक, प्राध्यापिकाएँ, कर्मचारी भी बाहर निकलकर तमाशा देखने लगे। भृगुनाथ और उनके मित्रगण घृतनाथ की दशा देखकर मन्द-मन्द मुस्करा रहे थे। विभागाध्यक्ष से घृतनाथ की दशा देखी नहीं गयी। वे अन्दर चले गये और जाकर अपने कमरे में बैठे। अचानक लड़कों को महिमा दिख गयी। लड़के चिल्लाने लगे, ''महिमा मैडम मुर्दाबाद'' ''मुर्दाबाद-मुर्दाबाद'', ''लैला-मजनूँ मुर्दाबाद'' ''मुर्दाबाद-मुर्दाबाद'', ''छिनरा-छिनरी मुर्दाबाद'' ''मुर्दाबाद-मुर्दाबाद''...। महिमा घबराकर अन्दर चली गयी। उसका कलेजा मुँह को आ रहा था। बाप रे! घृतनाथ की ऐसी दुर्गति? कहाँ वह आज घृतनाथ को मनाने की योजना बनाकर आयी थी और और कहाँ यह सब हो गया? जरूर इसमें किसी की चाल है। किसी ने उनको बदनाम करने के लिए फँसाया है। सब कुछ सोची-समझी योजना के अन्तर्गत हुआ है। आखिर छात्रों को इतनी जल्दी गधा कहाँ से मिल गया? जरूर लड़के पहल से ही कहीं से गधा पकड़कर ले आये होंगे। भृगुनाथ और उनके चेलों का हाथ हो सकता है। सब उनकी ख्याति से जलते हैं। भृगुनाथ और मित्रमंडली क्या मज़े ले-लेकर मुस्करा रही है। मैं और घृतनाथ मिलकर एक-एक को सबक सिखायेंगे। किसी को अपमानित करनके लिए ये लोग इतना नीचे गिर सकते हैं? वह विभागाध्यक्ष के कमरे में गयी और उनके सामने बैठकर फूट-फूटकर रोने लगी। विभागाध्यक्ष ने सान्त्वना दी, ''चुप रहो, चुप रहो! जरूर इस पूरी घटना के पीछे किसी की साजिश है। हम लोग कुलपति से मिलकर इस घटना की जाँच करवायेंगे। साजिश करने वाले बेनकाब होकर रहेंगे।''

हिन्दी विभाग के सामने से होते हुए जुलूस दर्शनशास्त्र विभाग की ओर मुड़ गया। वहाँ भी सारे कर्मचारी और प्राध्यापक बाहर बरामदे में निकलकर तमाशा देख रहे थे। एक प्राध्यापक की ऐसी दुर्दशा देखकर प्राध्यापकों को अच्छा नहीं लगा, लेकिन लड़कों के सामने वे कुछ बोल पाने में असमर्थ थे। कौन बर्र में छत्ते में हाथ डाले? वहाँ से जुलूस मध्यकालीन और आधुनिक इतिहास विभाग से होते हुए प्राचीन इतिहास विभाग की ओर गया। हर जगह से कुछ और लोग जुलूस में जुड़ जा रहे थे। पूरा मेला लग गया था। जुलूस प्राचीन इतिहास विभाग से लौटा और संस्कृत विभाग की ओर चल दिया। तब तक विश्वविद्यालय के कुलानुशासक (चीफ प्रॉक्टर) एक दर्जन पुलिसवालों के साथ वहाँ पहुँच गये। पुलिसवालों के साथ कर्नलगंज थाने के थानाध्यक्ष भी थे। संस्कृत विभाग के सामने कुलानुशासक की टीम और छात्रों का जुलूस आमने-सामने आ गया। सारे पुलिसवालों के पास राइफल भी थी, डंडा भी था। थानाध्यक्ष हाथ में पिस्टल लिये हुए थे। कुलानुशासक ने छात्रों को डाँटा, "यह क्या बदतमीजी है? बन्द करो यह सारा तमाशा।" अब तक छात्रसंघ के सारे पदाधिकारी भी जुलूस में पहुँच चुके थे। छात्रसंघ अध्यक्ष कुलानुशासक को हड़काने लगा, "आपको हम लोग बदतमीज़ दिख रहे हैं? अपने जिस साथी को आप छुड़ाने आये हैं, उसकी करतूत पता है? अभी यही काम किसी लड़के ने किया होता हो आप लोग उसे विश्वविद्यालय से निष्कासित कर देते। घृतनाथ को भी नौकरी से निकाला जाय। आप क्या समझ रहे हैं? पुलिसवाले जो फुँकनी लेकर आये हैं, उससे हम लोग डर जाएँगे? चलवाइए गोली! हम लोग भी देखते हैं कि आपके बाजुओं में कितनी ताकत है?" छात्रों के नारे बदल गये—"छात्र एकता जिन्दाबाद" "जिन्दाबाद-जिन्दाबाद", "पुलिस प्रशासन मुर्दाबाद" "मुर्दाबाद-मुर्दाबाद", "जो हमसे टकरायेगा" "चूर-चूर हो जाएगा", "कुलानुशासक मुर्दाबाद' "मुर्दाबाद-मुर्दाबाद"...।

कुलनुशासक छात्रों को प्यार से समझाने लगे, "तुम लोग पूरी घटना की लिखित शिकायत दो। विश्वविद्यालय प्रशासन तुम लोगों की शिकायत पर घृतनाथ के विरुद्ध कड़ी कार्रवाई करेगा। तुम लोगों को विश्वविद्यालय प्रशासन पर भरोसा रखना चाहिए।" छात्रसंघ अध्यक्ष बोला, "विश्वविद्यालय प्रशासन पर हमें रत्ती भर भी भरोसा नहीं है। हम लोग घृतनाथ को आपके हवाले कर देंगे तो आप उनको अपने साथ लिवा जाएँगे और ऑफिस में बैठाये रहेंगे। रात के ग्यारह-बारह बजे, जब विश्वविद्यालय में एकदम सन्नाटा हो जाएगा, आप घृतनाथ को उनके घर भिजवा देंगे। सारा मामला समाप्त हो जाएगा।" "अच्छा तो तुम्हीं लोग बताओ कि क्या किया जाए? क्या चाहते हो तुम लोग?" कुलानुशासक ने पूछा। छात्रसंघ अध्यक्ष

बोला, "हम लोग जुलूस के साथ थाने चलेंगे। वहाँ घृतनाथ के खिलाफ़ प्राथमिकी दर्ज की जाय। घृतनाथ को थाने में बन्द किया जाय। तब हम लोग अपना आन्दोलन समाप्त करेंगे।" कुलानुशासक ने थानाध्यक्ष की ओर देखकर कुछ इशारा किया। थानाध्यक्ष ने अपनी पिस्टल से हवाई फायर कर दिया। बाकी पुलिसवाले भी हवाई फायर करने लगे। गोलियों की तड़तड़ाहट की आवाज चारों तरफ फैल गयी। कुछ लड़के गिरते-पड़ते भागे। लगभग आधे लड़के भाग खड़े हुए। आधे लड़के फिर भी वहीं खड़े रहे। वे टस से मस नहीं हुए। छात्र-आंदोलनों में वे पुलिस की हर तरह की गीदड़ भभकी देख चुके थे। छात्रसंघ अध्यक्ष कुलानुशासक के ऊपर भड़क गया, "हम लोगों के ऊपर पुलिस से गोलियाँ चलवायेंगे? चलवाइए गोलियाँ। हम लोग भी देखते हैं कि पुलिसवालों के पास कितनी गोलियाँ हैं? चलवाइए-चलवाइए।" लड़के फिर नारा लगाने लगे—"छात्र एकता जिन्दाबाद" "जिन्दाबाद-जिन्दाबाद", "पुलिस प्रशासन मुर्दाबाद" "मुर्दाबाद-मुर्दाबाद", "कुलानुशासक मुर्दाबाद" "मुर्दाबाद-मुर्दाबाद", "जो हमसे टकरायेगा" "चूर-चूर हो जायेगा"...। गगनभेदी नारों की आवाज़ सुनकर भागे हुए लड़के फिर से वापस लौटने लगे। लड़कों में और जोश भर गया। कुलानुशासक बैकफुट पर आ गये।

कुलानुशासक ने थोड़ी देर की नोंक-झोंक के बाद छात्रों की शर्तें मान लीं। उसके अलावा और कोई चारा भी नहीं था। पुलिस फोर्स इतनी नहीं थी कि सख्ती के बल पर छात्रों को दबाया जा सकता। सख्ती के बल पर छात्रों को दबाने में खतरा भी था। छात्रों को बैठे-बैठाये विश्वविद्यालय प्रशासन के खिलाफ़ एक लम्बे आन्दोलन का मसाला मिल जाता। नये छात्र नेताओं को अपनी राजनीति चमकाने का मौका मिल जाता। सबसे मुसीबत घृतनाथ की थी। गधे पर बैठे-बैठे वे परेशान हो गये थे। बहुत देर से बैठे हुए थे। उनको गधे से उतारने पर छात्र राज़ी नहीं थे। जीवन में पहली बार गधे पर बैठना पड़ा था।

संस्कृत विभाग से जुलूस को छात्रसंघ भवन की ओर मोड़ दिया गया। छात्रसंघ भवन के पास के गेट से जुलूस को कर्नलगंज थाने जाना था। छात्रों की जवानी की बलिहारी थी। न वे थक रहे थे और न ही उनके उत्साह में कोई कमी आ रही थी। वे धुआँधार नारे लगा रहे थे। कुलानुशासक और पुलिस प्रशासन छात्रों के पीछे-पीछे चल रहे थे। जुलूस के विश्वविद्यालय से निकलते-निकलते तीन-चार थानों की पुलिस और पहुँच गयी। पुलिस के ज्यादातर अधिकारी भी आ धमके। आज पूरे शहर के पुलिस महकमे ने भी घृतनाथ को अच्छी तरह पहचान लिया। जैसे जुलूस विश्वविद्यालय मार्ग पर पहुँचा, अफरा-तफरी मच गयी। ज्यादातर किताब की दुकानवाले धड़ाधड़ अपनी दुकान बन्द करने लगे। शहर के दोनों ओर तमाशाइयों

की भीड़ जुट गयी। लग रहा था जैसे किसी बड़े नेता का रोड शो हो रहा हो। घृतनाथ आँखें नीचे किये गधे पर बैठे हुए थे। जनता जनार्दन उनका दर्शन कर रही थी। बहुत दिनों बाद विश्वविद्यालय के छात्रों और लोगों को ढंग का मनोरंजन नसीब हुआ था। केवल पुलिस प्रशासन हलाकान था। वे चिन्तित थे कि अगर कुछ भी गड़बड़ हुई तो एक न एक पुलिस अधिकारी नप जाएगा।

जुलूस जल्दी ही कर्नलगंज थाने पहुँच गया। थाने में पुलिसवालों ने घृतनाथ को गधे से उतारा। घृतनाथ को कुछ राहत मिली। इतनी देर से गधे पर बैठे-बैठे उनका पिछवाड़ा दर्द करने लगा था। उन्होंने थानाध्यक्ष से कहा, "मेरी पैण्ट-शर्ट पुस्तकालय के मुख्य दरवाजे के पास पड़ी हुई है। किसी से मँगा दीजिए नहीं तो मैं क्या पहनूँगा? मुँह धोने के लिए एक बाल्टी पानी भी मँगवा दीजिए।" थानाध्यक्ष ने एक सिपाही से कहा, "मोटरसाइकिल लेकर विश्वविद्यालय की लाइब्रेरी के पास चले जाओ। वहाँ पर खोज लेना। कहीं पर प्रोफेसर साहब की पैण्ट और शर्ट पड़ी होगी। लेकर जल्दी आओ। इनके पास पहनने के लिए कोई कपड़ा नहीं है। सिपाही ने मोटरसाइकिल उठाई और चला गया। थानाध्यक्ष ने दुकान से एक साबुन मँगाया। एक बाल्टी पानी भी आ गया। घृतनाथ ने अपनी बनियान उतारकर फेंक दी। एक लड़के ने दौड़कर उनकी बनियान उठा ली और हँसते हुए बोला, "यह बनियान मैं ज़िन्दगी भर सम्हालकर रखूँगा। बहुत यादगार चीज है।" घृतनाथ का उतरा हुआ चेहरा और उतर गया। थानाध्यक्ष के आदेश पर एक सिपाही साबुन से रगड़-रगड़कर घृतनाथ के चेहरे की कालिख धोने में जुट गया। थानाध्यक्ष बहुत पशोपश में था। उसकी समझ में नहीं आ रहा था कि घृतनाथ ने सचमुच पाण्डुलिपि से पन्ने फाड़े हैं या किसी ने उन्हें फँसाया है? उसे नहीं उम्मीद थी कि इलाहाबाद विश्वविद्यालय का कोई प्रोफेसर इतनी घटिया हरकत करेगा। उसे घृतनाथ से पूरी सहानुभूति थी। उसे नहीं पता था कि घृतनाथ कितने बड़े मायावी जीव हैं। यह तो उनका एक छोटा मोटा कारनामा था।

घृतनाथ की चेहरे की कालिख अच्छी तरह साफ कर दी गयी। तब तक मोटरसाइकिल से गया सिपाही भी वापस आ गया। उसके हाथ में अपनी पैण्ट-शर्ट देखकर घृतनाथ की जान में जान आयी। उन्होंने अपने कपड़े पहन लिये। अब लड़के अड़ गये कि घृतनाथ के विरुद्ध पुस्तकालय की एक बहुमूल्य पाण्डुलिपि से पन्ने फाड़ने के लिए एफ.आई.आर. दर्ज की जाय। किसी तरह के बवाल से बचने के लिए थानाध्यक्ष ने प्राथमिकी में वह सब दर्ज कर लिया, लड़के जो-जो चाहते थे। लड़के अब इस बात पर अड़ गये कि घृतनाथ को थाने के लॉकअप में बन्द किया जाय। थानाध्यक्ष उन्हें समझाने लगे कि लॉकअप में अपराधियों को बन्द

किया जाता है। कुछ भी हो, ये हैं तो आप लोगों के गुरु ही। इन्हें लॉकअप में मत बन्द करवाइए। छात्रों ने घृतनाथ को अपना गुरु मानने के बजाय उन्हें अपराधी घोषित कर दिया। उनका कहना था कि कानून की नज़र मे हर अपराध करने वाला अपराधी होता है। घृतनाथ के साथ कोई रियायत नहीं बरती जानी चाहिए। थानाध्यक्ष को मज़बूर होकर घृतनाथ को लॉकअप में बन्द करना पड़ा।

थानाध्यक्ष छात्रों से वापस जाने का अनुरोध करने लगे। छात्रों ने कहा कि कुलानुशासक को भी हम लोगों के साथ विश्वविद्यालय वापस चलना पड़ेगा। कुलानुशासक तैयार हो गये। वे विश्वविद्यालय की ओर आगे-आगे चल दिये। पीछे-पीछे छात्रों का पूरा झुंड। कुलानुशासक को लड़कों की बदमाशी का आभास नहीं था। उन्हें नहीं पता था कि अभी गेहूँ के साथ घुन को भी पिसना है। पर्याप्त दूर तक तो लड़के शान्तिपूर्वक आये। अचानक नारे लगने लगे—''कुलानुशासन मुर्दाबाद'' ''मुर्दाबाद-मुर्दाबाद'', ''कुलानुशासक मुर्दाबाद'' ''मुर्दाबाद-मुर्दाबाद'', ''सबकी यही है घोषण'' ''प्रॉक्टर की माँ का भोंसड़ा'', ''आज की शाम किसके नाम'' ''प्रॉक्टर की बिटिया तेरे नाम''...। गनीमत थी कि कुलानुशासक की कोई बेटी नहीं थी। लड़के उनकी बिना पैदा हुई बेटी को ही तारने लगे। कुलानुशासक कसमाकर रह जा रहे थे। वे लड़कों का कुछ नहीं कर सकते थे। फिर तमाशबीनों की भीड़ सड़क के दोनों ओर इकट्ठी होने लगी। कुलानुशासक भगवान से मना रहे थे कि जल्दी से जल्दी विश्वविद्यालय में पहुँच जायँ वे। इन उत्पाती छात्रों से किसी तरह जान छूटे।

लड़के चले गये तो थानाध्यक्ष ने घृतनाथ को लॉकअप से बाहर निकलवा दिया। अपने कमरे में बैठाकर वे उनसे बात करने लगे। उन्होंने पूछा, ''सर, सच-सच बताइए। घटना की असलियत क्या है?'' घृतनाथ उत्तर देने लगे, ''मेरे विभाग में प्राध्यापकों का एक गुट मुझसे बहुत जलता है। उन लोगों की यह तकलीफ है कि एक साहित्यकार के रूप में मैं कैसे उन लोगों से ज्यादा प्रसिद्ध होता जा रहा हूँ? उस गुट के नेता हैं प्रो. भृगुनाथ। प्राध्यापकों यह गुट हमेशा मुझे नीचा दिखाने के लिए सक्रिय रहता है। मुझे पूरा शक है कि यह पूरा काण्ड उन्हीं लोगों के इशारे पर रचा गया। मैं काफी देर से लाइब्रेरी में पढ़ाई कर रहा था। मैं जैसे ही लाइब्रेरी के बाहर निकला, अचानक कई लड़के मेरे ऊपर टूट पड़े। उन्होंने मेरे कपड़े उतारकर फेंक दिये। उसके बाद वे कई पन्ने कागज निकालकर बोले कि यह आपके पास से निकला है। मैं तो एकदम से भौंचक्का रह गया। उसके बाद वे लड़के चिल्लाते हुए मेरी पिटाई करने लगे। धीरे-धीरे बहुत सारे लड़के इकट्ठा होने लगे। न जाने कहाँ से पकड़कर वे एक गधा ले आये थे और उसे कहीं छुपाकर बाँधे हुए थे। कालिख वगैरह की व्यवस्था सबने पहले से ही कर रखी थी।

सबने मिलकर आज मुझे बहुत अपमानित किय। ऐसा अपमान जीवन में मेरा कभी नहीं हुआ था। इसके पीछे साजिश रचने वालों का अरमान पूरा हो गया।'' घृतनाथ रोने लगे। थानाध्यक्ष उन्हें समझाने लगा, ''परेशान मत होइए सर! रात होते ही मैं आपको आपके घर पहुँचवा दूँगा। एकाध हफ्ते बाद विश्वविद्यालय के छात्रों की इस मामले में दिलचस्पी समाप्त हो जाएगी। मैं आपके विरुद्ध लिखवायी गयी एफ.आई.आर. में फाइनल रिर्पोट लगवाकर मामले को समाप्त कर दूँगा। हर विभाग में काम करने वालों के बीच आपसी खींचतान चलती रहती है। लड़के बन्दरों की तरह उत्पाती होते हैं। इस लोकतन्त्र में उनसे कोई नहीं जीत सकता। आप भी इस घटना को भूल जाइए। इसी में भलाई है।''

प्रातः काल साढ़े छः बजे के लगभग सावन नाश्ता कर रहे थे। अचानक वे जोर-जोर से ठहाका लगाकर हँसने लगे। यशोधरा दौड़कर उनके पास पहुँची, ''क्या हुआ जीजा जी?'' सावन खुशी से मस्त थे, ''जरा आज का अखबार देखो। इसमें घृतनाथ की कितनी सुन्दर फोटो छपी है! कितना शानदार कारनामा किया है उस साले ने! लो अखबार। तुम भी देखो उसकी कमीनगी।'' यशोधर अखबार लेकर देखने लगी। उसमें घृतनाथ की एक बड़ी सी फोटो छपी हुई थी।। फोटो में जाँघिया और बनियान पहने हुए वे एक गधे पर बैठे हुए थे। उनकी बनियान पर लिखा हुआ था—मैं चोर हूँ। पीछे अगल-बगल लड़कों का हुजूम था। यशोधरा अन्दर ही अन्दर चिहुँक पड़ी। उसे लगा जैसे उसके कलेजे में किसी ने बड़ी से कील ठोंक दी हो। घृतनाथ का ऐसा अपमान उसके लिए नाकाबिले बर्दाश्त था। परन्तु अपने जीजा जी के सामने उसे प्रदर्शित करने से बचना था—चोर नारि जिमि प्रगट न रोई। वह अखबार लेकर पूरा समाचार पढ़ने लगी। समाचार पढ़ लेने के बाद वह अपने जीजा जी की मन रखने के लिए बोली, ''यह तो महा गन्दा आदमी है। ऐसी हरकत करते हुए इसको शर्म नहीं आयी? पुस्तकालय जैसी खुली जगह में ऐसा काम करेगा तो पकड़ा जाएगा ही। पूरे शहर में आज थू-थू हो रही होगी। इतने जिम्मेदार पद पर रहकर ये लोग कैसे इस तरह का काम कर लेते हैं?'' सावन बोले, ''मास्टर चाहे प्राइमरी स्कूल का हो या विश्वविद्यालय का। बड़ा कमीना जीव होता है। प्राइमरी स्कूल का मास्टर बच्चों के लिए सरकार से मिलने वाला दलिया चुराता है और विश्वविद्यालय का मास्टर पुस्तकालय से किताब चुराता है। होते सब एक जैसे ही हैं। इसीलिए भगवान मास्टरों को दरिद्र बनाता है। मास्टर कितना भी चोरी कर ले, उसके परिवार का कभी दोनों वक्त पेट नहीं भर पाता।'' यशोधरा ने उनकी हाँ में हाँ मिलायी, ''कह तो आप सही रहें हैं जीजा जी।'' सावन फिर ठहाका लगाने लगे, ''देखो कितनी साफ फोटो आयी है साले की।

क्या शान से गधे पर बैठा हुआ है। लड़कों ने उसे खूब लतियाया। बहुत अच्छा किया। ऐसे लोगों के साथ यही व्यवहार होना चाहिए। पुलिस में इसके खिलाफ एफ.आई.आर. दर्ज करायी गयी है। देख लेना! इसको कम से कम तीन साल की सजा जरूर होगी। अदालत इसके ऊपर जुर्माना भी लगा सकती है।'' यशोधरा का कलेजा काँप गया। उसे भी पूरा विश्वास था कि घृतनाथ निर्दोष हैं। उन्हें किसी न किसी ने फँसाया है। अपने जीजा के सामने उनका समर्थन करना उसकी मज़बूरी थी, ''अगर ऐसा होगा तो बहुत अच्छा होगा। ऐसे लोगों को जरूर सजा मिलनी चाहिए। बनते हैं प्रोफेसर और करते हैं चोरी। ऐसे लोगों को तो नरक में भी स्थान नहीं मिलता। बनते हैं गुरु और शिक्षा देते हैं चोरी की।'' महिमा बगल के कमरे में बैठी हुई सब सुन रही थी। कमरे से बाहर निकलने की उसकी हिम्मत नहीं हो रही थी। वह समझ गयी कि कल जो कुछ अनर्थ हुआ था, वह सब अखबार में छप गया। छपा ही नहीं बल्कि ठीक से छपा है। वह जान गयी कि अगर वह सावन के सामने पड़ गयी तो वे अगल-बगल से निकलता हुआ कोई व्यंग्यबाण जरूर छोड़ेंगे। वह भगवान से प्रार्थना करने लगी कि सावन जल्दी से जल्दी ऑफिस चले जायँ। आज जैसे सावन को ऑफिस जाने की कोई जल्दी नहीं थी।

● घृतनाथ को लगा कि सारी समस्याओं से मुक्ति का एक ही उपाय है कि अब कमीनिस्ट बन जाऊँ। उन्हें पता था कि कमीनिस्ट बन जाने पर व्यक्ति एक बौद्धिक आभामंडल से युक्त हो जाता है। व्यक्ति का हर कुकर्म आभामय हो जाता है। समाज में सामान्य रूप में बहुत सारी महिलाओं के पीछे भागने वाले आदमी को बुरी नज़र से देखा जाता है। कमीनिस्ट समाज में ऐसे व्यक्ति को श्रद्धा की दृष्टि से देखा जाता है। क्योंकि ज्यादा से ज्यादा महिलाओं से सम्बन्ध होना पुरुष का और ज्यादा से ज्यादा पुरुषों से सम्बन्ध होना महिला का आभूषण माना जाता है। कैसा भी गदहा व्यक्ति हो, कमीनिस्ट बन जाने पर, उस पर बुद्धिजीवी होने का ठप्पा लग जाता है। कमीनिस्टों की बकवास को समाज बौद्धिक बहस के दृष्टिकोण से देखता है। पुस्तकालय में पाण्डुलिपि से पन्ने इत्यादि फाड़ने को कमीनिस्ट का लीला-विलास समझ लिया जाता है। जो कमीनिस्ट दारू नहीं पीता या कोई नशापत्ती नहीं करता, समाज उसे उच्च स्तर के कमीनिस्ट के रूप में स्वीकार नहीं करता। घृतनाथ दारू पीने के लिए अपने को मानसिक रूप से तैयार कर रहे थे। कमीनिस्ट बनने में सबसे अच्छी बात यह है कि उसे उत्कृष्ट कोटि का धर्मनिरपेक्ष माना जाता है। कमीनिस्ट चाहे हिन्दू की लड़की भगाये, चाहे मुसलमान की, उसे एक समान इज़्ज़त मिलती है और किसी प्रकार का धार्मिक वितण्डावाद नहीं खड़ा होता तथा कोई धार्मिक दंगा-फसाद नहीं होता। कमीनिस्टों का उठना, बैठना, हगना, मूतना सब उत्कृष्ट कोटि की धर्मनिरपेक्षता के

दायरे में आता है। कमीनिस्ट अगर लेखक है तो सोने पर सुहागा। बहुत सारे देशों में उसे ससम्मान एक लेखक के रूप में आमन्त्रित किया जाता है और उसे तमाम इनाम इकराम से नवाजा जाता है। यह सुविधा अलग से कि विदेश जाकर वह निष्काम भाव से चाहे जितना सुरा-सुन्दरी का उपभोग करे।

घृतनाथ ने ठान लिया कि वे अब कमीनिस्ट बनकर रहेंगे। पता चला कि कमीनिस्टों की एक संस्था 'जसले' का अगले महीने कलकत्ता में राष्ट्रीय अधिवेशन है। घृतनाथ व्यवस्था बनाने में जुट गये। इलाहाबाद में 'जसले' के जो भी कार्यकर्ता या पदाधिकारी थे, वे सबसे मिलने लगे। इलाहाबाद के बाहर के 'जसले' वालों से उन्होंने धुँआधार चिट्ठीपत्रीबाजी करनी शुरू कर दी। 'जसले' वालों में यह जानकर खुशी की लहर दौड़ गयी कि इलाहाबाद का एक बढ़ियावाला लेखक कमीनिस्ट बनना चाहता है। लेखकों की इलाहाबादी संस्था 'परिमल' से उसका मोहभंग हो गया है। 'परिमल' तब तक एक मृतप्राय संस्था हो चुकी थी। इलाहाबाद के 'जसले' वालों ने बाहर के पदाधिकारियों पर दबाव डाला कि कलकत्ता में होने वाले राष्ट्रीय सम्मेलन में घृतनाथ को सम्मानजनक तरीके से कमीनिस्ट बनाया जाय और उन्हें 'जसले' संस्था में शामिल किया जाय। बाहर के पदाधिकारी तैयार हो गये। कार्यक्रम यह बनाया गया कि अधिवेशन के पहने ही दिन उद्घाटन कार्यक्रम में ही, घृतनाथ को कमीनिस्ट बनाया जाएगा। घृतनाथ हिन्दू धर्म के प्रतीक के रूप में एक जनेऊ पहनकर मंच पर चढ़ेंगे। वहाँ वे अपना जनेऊ तोड़कर फेंक देंगे। फिर कार्यक्रम के मुख्य अतिथि उन्हें आधा गिलास दारू पीने के लिए देंगे। घृतनाथ दारू पीकर अपने को नास्तिक घोषित कर देंगे। तत्पश्चात मुख्य अतिथि उनके सिर पर एक लाल कपड़ा लपेटकर उन्हें कमीनिस्ट घोषित कर देंगे।

कलकत्ता अधिवेशन का समय आ गया। बड़े भव्य तरीके से एक बहुत बड़े सभागार में 'जसले' का उद्घाटन कार्यक्रम आयोजित किया गया। अधिवेशन सात दिनों का था। उद्घाटन सत्र में वह समय आ गया जब घृतनाथ का कमीनिस्टीकरण होना था। 'जसले' संस्था की एक विशेषता यह थी कि उसके हर सदस्य को विश्व का प्रख्यात लेखक माना जाता था। वह कुछ लिखता या नहीं, इससे संस्था को कोई मतलब नहीं रहता। घृतनाथ तो सचमुच के साहित्यकार थे। पर्याप्त नामी साहित्यकार। अब उन्हें प्रख्यात से ज्यादा बड़ा सम्बोधन देना था। तय हुआ कि उन्हें विश्व का सुविख्यात लेखक कहा जाएगा। घृतनाथ को एक जनेऊ पहनाकर मंच पर चढ़ाया गया। वैसा दृश्य उपस्थित हुआ जैसे सीता के स्वयंवर में जनक ने पृथ्वी को 'वीरविहीन' कह दिया था। लक्ष्मण तनतनाकर खड़े हो गये। सभागार सारे देश से आये हुए 'जसले' के सदस्यों-पदाधिकारियों से उसी तरह खचाखच

भरा हुआ था, जैसे जनक का दरबार 'देस देस के भूपति नाना' से भरा हुआ था। लक्ष्मण ने कहा—

तोरौं छत्रक दण्ड जिमि, तव प्रताप बल नाथ।
जौ न करौं प्रभु पद सपथ, कर न धरौं धनुभाथ।।

इसके बाद लक्ष्मण ने अपने हाथ में लिया हुआ धनुष सभा के बीच में फेंक दिया। दर्शक ताली बजाने लगे। घृतनाथ ने भी अपना जनेऊ पकड़ा। जनेऊ को पहले से ही तोड़कर हल्का सा चिपका दिया गया था। जैसे राम लीला में शिव-धनुष को पहले से ही तोड़कर उसे सरकण्डे से फँसा दिया जाता है, जिससे राम बना पात्र सचमुच में धनुष तोड़ ले। एकदम वही व्यवस्था! घृतनाथ ने बड़े ही रोष पूर्वक जनेऊ को तोड़ दिया और उसे श्रोताओं के बीच फेंक दिया। सभागार तालियों की गड़गड़ाहट से गूँज उठा। मुख्य अतिथि ने अत्यन्त विनम्रतापूर्वक घृतनाथ की ओर आधा गिलास दारू बढ़ाया। वीर रस की भंगिमा में ही घृतनाथ उसे गटागट पी गये। सभागार में एक बार फिर तालियों की गड़गड़ाहट हुई। विधि-विधान से उनका कमीनिस्टकरण किया गया। मुख्य अतिथि ने कहा, "साथियों, मैं चाहूँगा कि इस अवसर पर घृतनाथ जी आपके समक्ष अपनी बात कहें। वे बताएँ कि क्यों उनका मन कमीनिस्ट बनने का हुआ।" घृतनाथ ने आकर माइक सँभाली। सभागार में फिर तालियों की गड़गड़ाहट। घृतनाथ ने अपना भाषण शुरू किया, "सबसे पहले तो मैं आदरणीय मुख्य अतिथि जी को प्रणाम करता हूँ कि कृपापूर्वक उन्होंने मुझे कमीनिस्ट बनाया। फिर यहाँ पर उपस्थित समस्त साथियों को प्रणाम करता हूँ। आज मुझे जिस प्रसन्नता की अनुभूति हो रही है, उसे मैं शब्दों में नहीं बयान कर सकता। ऐसा लग रहा है कि जीवनभर भटकने के बाद अन्ततः अपने घर पहुँच गया हूँ। कमीनिस्ट समाज ईश्वर आत्मा इत्यादि को नहीं मानता। मैं ईश्वर को तो पहले भी नहीं मानता था परन्तु आज के पहले मेरे अन्दर एक आत्मा जैसी कोई चीज थी। उस चीज को आज मैंने निकालकर फेंक दिया। अब मैं अपने को बहुत हल्का महसूस कर रहा हूँ। मुझे हमेशा ऐसा महसूस होता था कि मैं पैदाइशी कमीनिस्ट हूँ, परन्तु अभी तक मैं तरह-तरह की कुसंगतियों में फँसा रहा। इलाहाबाद में कभी-कभी कमीनिस्ट दोस्तों की सत्संगति मिलती तो मेरे दिल में एक हूक सी उठती थी कि मैं कमीनिस्ट बन जाऊँ। आज जाकर मेरा वह सपना साकार हुआ। आपने मुझे जिस सहज भाव से अपना लिया, उसक लिए मैं आपका कृतज्ञ हूँ। आज मैं समस्त बन्धनों से आजाद हो गया, जिसे हमारे देश के पोंगापन्थी महान् भारतीय मूल्यों के रूप में व्याख्यायित करते रहे हैं। हर मूर्खतापूर्ण बात को मूल्य मानकर ढोते रहना कहाँ की समझदारी है? इस पाखण्डी देश में कभी मूल्य रहे हैं?

असली मूल्य तो कमीनिस्ट समाज के मूल्य हैं, जिस पर मुझे हमेशा से गर्व रहा है। मुझे इस बात का गर्व है कि मैं भी आज उस मूल्यवादी समाज का अंग हूँ।...''

रात में बहुत ही भव्य पार्टी हुई। तरह-तरह के व्यंजन। तरह-तरह के पकवान। देश-विदेश की उतनी ही शराबें। कमीनिस्ट देशों से 'जसले' का कार्यक्रम शानदार ढंग से सम्पन्न कराने के लिए ख़ूब पैसा आया था। कमीनिस्ट पूरी दुनिया में यह मानते थे कि वे ही गरीबों, शोषितों, पीड़ितों के सच्चे हमदर्द हैं और एकमात्र हमदर्द हैं। ऐसे ही दुःखी देशों की सरकारें कमीनिस्टों को भरपूर आर्थिक संसाधन उपलब्ध कराती थीं। उसी बल पर भारत के कमीनिस्ट अपने दुःखी, गरीब, शोषित, पीड़ित होने का भव्य प्रदर्शन करते थे और बौद्धिक ढंग से करते थे। 'जसले' संस्था के देश भर से आये हुए सदस्य (जिनमें अधिकांशतः युवक और युवतियाँ थे) पार्टी की शोभा बढ़ा रहे थे। सबके बीच में घृतनाथ आकर्षण का केन्द्र बने हुए थे। बहुत से युवक-युवतियाँ उन्हें घेरे हुए थे और उनके बारे में उनसे तरह-तरह के सवाल पूछ रहे थे और खूब गद्‌गद थे। अचानक उद्‌घाटन समारोह के मुख्य अतिथि उनके पास आये और उन्हें लिवाकर एक तरफ चल दिये। वे घृतनाथ को समझाने लगे, ''हमारे समाज की सबसे बड़ी विशेषता है, स्वच्छंदता। आपके मन में जो जी में आये वह शराब पीजिए और जितनी मात्रा में इच्छा हो, उतनी मात्रा में पीजिए। इसी तरह इस सम्मेलन में जितनी भी लड़कियाँ और औरते हैं, उनमें से जिनके साथ इच्छा हो, उसके साथ सोइए। हाँ, एक बात का जरूर ध्यान रखिएगा कि वह महिला भी आपके साथ रात बिताने की इच्छुक है या नहीं।'' ऐसे सुन्दर वचन सुनकर घृतनाथ की प्रसन्नता की कोई सीमा नहीं रही। उन्होंने सोचा कि अब महिमा यशोधरा जैसियों के पीछे घूमना व्यर्थ है। कमीनिस्ट समाज में तो वैसे ही हमेशा नयी-नयी लड़कियाँ मिलती रहेंगी। महिमा और यशोधरा दोनों से पीछा छुड़ा लेता हूँ।

घृतनाथ फिर से पार्टी का आनन्द लेने लगे। वे शराब बहुत ही सँभलकर पी रहे थे। उन्हें पता था कि मैंने अभी नया-नया पीना शुरू किया है। नशे में धुत होकर अगर लुढ़क गया तो सब बेमज़ा हो जाएगा। वे नये दोस्तों के साथ पूरी पार्टी में टहल-टहलकर अपने लिए लड़की छाँटने लगे। चारों तरफ एक से एक सुन्दर पुष्प दिख रहे थे। उनकी समझ में नहीं आ रहा था कि किसको तोड़ूँ किसको छोड़ूँ? अन्ततः उन्होंने पचीस बरस के आसपास की एक लड़की छाँट ही ली। वे उसे एक तरफ अकेले में ले गये। बोले, ''क्या आज रात में बिस्तर पर मेरी सहयोगी बनना पसंद करेंगी?'' लड़की खुश हो गयी, ''क्यों नहीं, क्यों नहीं? यह तो मेरा सौभाग्य होगा। आप इलाहाबाद के साहित्यकार हैं। मुझे इलाहाबाद बहुत पसंद है। वैसे तो मैं बंगाल की रहने वाली हूँ, लेकिन इलाहाबाद मैं चार-पाँच बार

जा चुकी हूँ। इलाहाबाद में मेरे कुछ रिश्तेदार रहते हैं। मैं पूरे दिल के साथ आपके साथ मस्ती करूँगी। आप भागेंगे तो नहीं?'' ''भला मैं क्यों भागूँगा? आप जैसी सुन्दरी का साथ मिलना तो मेरा परम सौभाग्य होगा।'' घृतनाथ हँसते हुए बोले। वह फिर मुस्करायी, ''आप मुझसे वादा करिए कि आप मुझसे भागेंगे नहीं। उसके बाद तो मैं खुद ही आपके साथ मस्ती कर लूँगी।'' घृतनाथ उसी तरह हँसते रहे, ''मैं वादा करता हूँ कि मैं आपसे भागूँगा नहीं। मैं खुद देखना चाहूँगा कि आप मुझसे किस तरह मस्ती करती हैं। वैसे आपका नाम क्या है?'' ''मेरा नाम मंजरी है। मैंने समाजशास्त्र विषय से एम.ए. कर रखा है।'' घृतनाथ बोले, ''मेरा नाम घृतनाथ है।'' लड़की हँसने लगी, ''आपको अपने बारे में कुछ बताने की क्या आवश्यकता है? आज के कार्यक्रम के हीरो तो आप ही थे। आपने बहुत ही प्रभावशाली भाषण दिया। आपकी बातों तो सीधे में दिल में उतर गयीं। मुझे आपसे बहुत कुछ सीखना है।'' ''तारीफ़ करने के लिए बहुत-बहुत शुक्रिया।'' घृतनाथ ने कहा।

पार्टी काफी रात तक चली। इस तरह उत्सवपूर्ण सामूहिकता का माहौल घृतनाथ को बहुत अच्छा लगा। घृतनाथ एक उत्सवधर्मी व्यक्ति थे और उन्हें यह सोचकर बड़ा अच्छा लगा कि अब इस तरह का माहौल उन्हें हमेशा मिलता रहेगा। अब एक भरी-पूरी मण्डली के बीच रहना होगा और मित्रों की खोज नहीं करनी पड़ेगी। भरपूर चेले-चापड़ हमेशा घेरे रहेंगे और हँसी-ठट्ठे होते रहेंगे। कमीनिस्ट बनकर मज़ा आ गया।

एक बड़ा सा होटल सारे प्रतिनिधियों के लिए बुक था। धीरे-धीरे लोग होटल की ओर प्रस्थान करने लगे। अधिकांश लोग अपने लिए विपरीत-लिंगी की खोज में परेशान थे। कुछ लोगों की इसमें रुचि नहीं थी। पुराने सदस्यों के बीच ऐसे लोग विख्यात थे और उनके साथ बाकी लोग अछूतों जैसा व्यवहार कर रहे थे। घृतनाथ मंजरी के साथ रवाना हो गये। शराब मिल चुकी थी। शबाब की जरूरत थी।

होटल में घृतनाथ पहले ही एक कमरा छाँट चुके थे। उनका सामान वगैरह उसी में रखा था। मंजरी अपने कमरे में न जाकर घृतनाथ के साथ सीधे उन्हीं के कमरे मे चली गयी। घृतनाथ ने कमरे का दरवाजा अन्दर से बन्द कर लिया। मंजरी के साथ सीधे वे बिस्तर पर लेट गये। उम्र बढ़ने के साथ घृतनाथ कामक्रीड़ा में धैर्य से काम लेने लगे थे। पर्याप्त देर तक चूमने-चाटने, सहलाने इत्यादि के बाद महिला का वस्त्र उतारते थे। मंजरी को अपनी बाँहों में भरकर वे उसके साथ प्रेम में निमग्न हो गये। मंजरी दुगुने जोश के साथ उन्हें प्रत्युत्तर दे रही थी। घृतनाथ को बहुत अच्छा लग रहा था। उन्होंने मंजरी से कहा, ''तुम बहुत हॉट हो। तुम्हारे गाल और होंठ कितने सुंदर हैं!'' ''धन्यवाद सर!'' मंजरी मुस्करायी, ''वैसे आप भी कम

हॉट नहीं हैं। आपके ऊपर उम्र का कोई असर नहीं है। आप नौजवानों को मात कर देने वाली सख्शियत हैं।'' दोनों इसी तरह एक दूसरे में खोये हुए थे। घृतनाथ ने मंजरी के ऊपरी वस्त्र उतार दिये। वे हौले-हौले उसकी पीठ सहलाने लगे। करीब पन्द्रह-बीस मिनट तक उसकी पीठ सहलाते रहे। मंजरी का जवान शरीर घृतनाथ को मजा दे रहा था। उन्होंने मंजरी का मुँह अपनी तरफ कर लिया। अब वे उसके स्तनों को सहलाने लगे। स्तनों को पर्याप्त देर तक मसल लेने के बाद उन्होंने मंजरी को नीचे का वस्त्र भी उतार देने को कहा। मंजरी ने पहले घृतनाथ को निर्वस्त्र कर दिया। उसके बाद उसने अपने भी नीचे के वस्त्र उतार दिये। घृतनाथ अचानक बिस्तर से कूद पड़े और उछलकर दूर खड़े हो गये। मंजरी की दोनों जाँघों पर छःछः इंच लम्बे और पर्याप्त चौड़े काले-काले निशान थे। उस पर पपड़ी जैसी जमी हुई थी और कहीं-कहीं हल्का मवाद भी था। घृतनाथ ने डरकर पूछा, ''ये तुमको क्या हो रखा है?'' ''कुछ नहीं!'' मंजरी बोली, ''गर्मी के कारण कुछ हो गया है। परेशान होने की जरूरत नहीं है। जल्दी ही ठीक हो जाएगा।'' उसके निशानों को देखकर घृतनाथ का रोयाँ-रोयाँ गनगना उठा। वे बोले, ''मैं तुम्हारे साथ सेक्स नहीं करूँगा। तुम्हें कोई भयंकर रोग है। मुझे भी हो जाएगा।'' मंजरी लगभग डाँटते हुए बोली, ''ज्यादा चिल्लाइए मत। कुछ नहीं हुआ है मुझे। आपने मुझसे वादा किया था कि आप मुझसे भागेंगे नहीं। चुपचाप आकर बिस्तर पर लेट जाइए।'' ''तुमने मुझे धोखा दिया।'' घृतनाथ बोले, ''मुझसे पहले क्यों नहीं बताया कि तुम्हें यह रोग हो रखा है? धोखा देकर वादा करवाने का कोई मतलब नहीं होता। मैं अपना वादा वापस लेता हूँ।'' ''एक बार वादा करने के बाद उसे वापस नहीं लिया जा सकता।'' मंजरी ने कहा और दौड़कर उनसे लिपट गयी। उसने घृतनाथ को ठेलकर बिस्तर पर गिरा दिया और उनके ऊपर लेटकर उन्हें कसकर पकड़ लिया। उसने एक हाथ से उनका लिंग पकड़ा। उसकी उत्तेजना समाप्त हो चुकी थी। वह उसे उत्तेजित करने का प्रयास करने लगी। उसने बहुत प्रयास किया लेकिर बेकार। घृतनाथ के शरीर की सारी उत्तेजना समाप्त हो गयी थी। घबराहट के मारे वे पसीने-पीसने हो रहे थे। मंजरी उनके लिंग को मुँह में डालकर चूँसने लगी।

अगले दिन घृतनाथ एक सामान्य कार्यकर्ता के रूप में आ गये। मंच पर जो सम्मान मिलना था वह एक दिन पहले मिल चुका था। कल का असर था कि आज भी लोग उनसे बड़ी गर्मजोशी से मिल रहे थे। घृतनाथ का मूड़ थोड़ा-थोड़ा खराब था। कल दिन में जितना सम्मान मिला था, मंजरी ने उस पर पानी फेर दिया था रात में। वे मंजरी से आज भागे-भागे फिर रहे थे। मंजरी भी समझ गयी अब घृतनाथ अपने ऊपर हाथ नहीं रखने देंगे। अन्ततः वह दूसरा मुर्गा खोजने लगी। घृतनाथ की जान

छूटी तो वे तमाम लड़कियों/महिलाओं को पैनी नज़र से परखने लगे। अपनी आज की रात वे नहीं खराब करना चाह रहे थे। मंच पर तमाम तरह के कार्यक्रम जारी थे। घनघोर भाषणबाजी जारी थी। देश से ज्यादा विदेशों से सम्बन्धित समस्याओं पर कार्यक्रम हो रहे थे। अपने देश में व्याप्त भ्रष्टाचार और बेरोज़गारी की समस्याएँ उनके लिए चिन्ता का विषय नहीं थे। फिलिस्तीन की समस्या, रूस की समस्या, चीन की समस्या जैसी वैश्विक समस्याओं से वे बहुत ज्यादा विचलित थे। यह सब इसलिए था कि वैश्विक समस्याओं पर बकबक करते हुए वे ज्यादा बौद्धिक लगते थे। लग रहा था कि संसार के अन्य देशों की समस्याओ को सुलझाने का ठेका किसी ने कमीनिस्टों को दे रखा है और मंच पर वे इस तरह गर्जन-तर्जन कर रहे थे, मानों इन समस्याओं का वे समाधान करके ही मानेंगे। मंच पर कमीनिस्टों का प्रिय वाद्य खँजड़ी रखा हुआ था। बीच-बीच में भाषणबाजी रोककर वे खँजड़ी बजाते हुए गाना गाने लगते। जैसे—हमन हैं इश्क मस्ताना हमन को होशियारी क्या...; हम होंगे कामयाब, हम होंगे कामयाब, हम होंगे कामयाब एक दिन...आदि-आदि। जोश चढ़ जाता तो अंग्रेजी में नारे लगाने लगते—क्विट आउट क्विट आउट क्विट आउट आर एस एस...'' इत्यादि। यद्यपि वहाँ आर.एस.एस. अर्थात् राष्ट्रीय स्वंय सेवक संघ का कोई नहीं था।

घृतनाथ को बड़ा मज़ा आने लगा। जब नारा लगता तो वे भी उछल-उछलकर नारे लगाने लगते। 'राष्ट्रीय स्वंयसेवक संघ' नामक संगठन उन सबका बड़ा शत्रु था। कमीनिस्टों के हाथ में एक काल्पनिक तलवार थी जिसे वे बीच-बीच में भाँजने लगते थे। वहाँ पर काल्पनिक रूप में उपस्थित 'राष्ट्रीय स्वंयसेवक संघ' के सदस्यों को वे रह-रहकर गाजर-मूली की तरह काट डाल रहे थे। इससे उन्हें विजेता होने का सुख मिल रहा था और अपने प्रति गर्व का भाव पैदा हो रहा था कि वे देश के दुश्मनों का सफाया कर रहे हैं।

'जसले' मूलतः साहित्यिक संस्था थी। कमीनिस्टों ने मूल संस्था से इतर और भी संस्थाएँ बना रखी थीं। विश्वविद्यालयों में छात्र-छात्राओं के बीच काम करने के लिए अलग संस्था, साहित्यकारों के बीच काम करनेवाले अलग संगठन, कर्मचारियों के बीच काम करने वाली अलग संस्था। इस तरह की कई संस्थाएँ थीं और उन सबका मूल लक्ष्य था, देश को कमीनिस्टमय बना देना। सारी संस्थाओं के बीच समन्वय और तालमेल बनाये रखने का काम राजनीतिक केन्द्रीय इकाई करती थी, जो देश में चुनाव लड़ने का काम भी देखती थी। यह केन्द्रीय इकाई सत्तारूढ़ पार्टियों से तालमेल बनाकर अपनी विभिन्न शाखाओं के सदस्यों के लिए मलाईदार पदों और अन्य सुख-सुविधाओं की व्यवस्था करती थी। इसलिए बहुत

सारे कमीनिस्ट विद्रोही तेवर बनाये और काल्पनिक तलवार भाँजते हुए मलाई काटने में व्यस्त रहते थे।

दोपहर में भोजनावकाश हुआ। दोपहर के भोजन में शराब की व्यवस्था नहीं थी। इस भय से कि कहीं कुछ सदस्य ज्यादा पी गये और टुन्न हो गये तो समस्या खड़ी हो जाएगी। घृतनाथ कई नये दोस्तों से घिरे हुए खाना खा रहे थे। सबके साथ खाना खाते हुए वे बातचीत में मशगूल थे और चारों तरह निगाहें भी दौड़ा रहे थे। उनकी आँखें किसी दमदार सुन्दरी को तलाश रही थीं। रात की व्यवस्था अभी हो जाय तो क्या बुराई? अचानक काफी दूर उन्हें एक लड़की दिखी। वे मन ही मन बुदबुदाये, 'बाप रे! बड़ी नमकीन चीज है!' साथियों से पानी पीने का बहाना करके वे वहाँ से खिसक लिये। उन्हें लगा कि इससे पहले कि उसे कोई और बुक कर ले, मैं उसकी पीठ पर ठप्पा ठोंक दूँ—'कब्जा घृतनाथ'। वे जाकर उस लड़की के पास खाना खाने लगे। लड़की पहले ही पाँच-छः लोगों से घिरी हुई थी। सबने घृतनाथ का अभिवादन किया। लड़की ने भी। वहाँ पर खड़े हुए सभी नयी उम्र के थे। बातचीत में पता चला कि सभी जवाहरलाल नेहरू विश्वविद्यालय, नयी दिल्ली में शोधछात्र हैं और सभी लेखन में भी हाथ आजमा रहे हैं। उन सबको एक दिन पहले ही घृतनाथ के बारे में पता चल चुका था कि वे इलाहाबाद के पूँछउखाड़ लेखक हैं। सब उनसे बड़े सम्मान के साथ बात कर रहे थे। अचानक सबके सामने घृतनाथ ने निःसंकोच उस लड़की से पूछ लिया, "क्या रात में खाली हैं?" लड़की घृतनाथ का इरादा नहीं भाँप पायी, "किस लिए?" घृतनाथ ने मुस्कराते हुए कहा, "रात में मेरे कमरे में सोइए। डर नहीं लगेगा आपको।" लड़की ने हँसते हुए साथ में खड़े एक लड़के की ओर इशारा किया, "माफ कीजिएगा! आपने प्रस्ताव रखने में देर कर दी। मैंने इनसे वादा कर लिया है...वैसे मैं आपको एक छूट दे सकती हूँ। अगर आप इन्हें समझाकर राजी कर लीजिए तो मुझे आपके साथ चलने में कोई आपत्ति नहीं होगी।" घृतनाथ मायूस हो गये। वे कुछ नहीं बोले। लड़की ने जिस लड़के की ओर इशारा किया था, वह बोला, "अरे सर परेशान मत होइए। मैं आपके सम्मान में मोना को मुक्त करता हूँ। आप शौक से रात में मोना को अपने साथ लिवा जाइए और मज़े कीजिए। मोना मेरा साथ कल देगी।" लड़की मुस्कराकर घृतनाथ से बोली, "लीजिए! आपका रास्ता साफ हो गया। अब मेरी आज की रात आपके नाम। आपके साथ रात बिताना मेरे लिए सम्मान की बात होगी।" घृतनाथ को चेहरा इस तरह खिल गया जैसे सवेरा होते ही कमल का फूल खिल जाता है, "मेरी तरफ से सबको धन्यवाद! मेरी मनोकामना पूर्ण करने के लिए सबने जो सहयोग दिया, उसके लिए सबको बहुत-बहुत धन्यवाद! रात से

नहीं बल्कि मैं अभी से मोना जी को साथ रखूँगा, जिससे वे कहीं खो न जायँ या कोई हड़प न ले जाय।'' सब हँसने लगे। सारी औपचारिकता छोड़कर सब इस तरह घृतनाथ से बात करने लगे जैसे वे भी सबके हमउम्र ही हों।

भोजनावकाश के बाद घृतनाथ मोना को अपने साथ सभागार में लेकर गये। उन्हें मन ही मन भय लग रहा था कि मोना कहीं इधर-उधर न निकल जाय। कल उनका जो नुकसान हो गया, उसकी आज वे ब्याज समेत वापसी चाह रहे थे। सभागार में घृतनाथ ने उसका हाथ पकड़कर अपने बगल में बैठाया। घृतनाथ का मोना को इतना महत्त्व देना मोना को अच्छा लग रहा था। वह सोच रही थी कि घृतनाथ के सम्मान में मैं इनको ठीक से काम सुख दूँगी।

रात में घृतनाथ बड़े प्यार से मोना को अपने कमरे में लिवाकर गये। उनके मन में एक घबराहट भी थी कि कल की तरह कहीं फिर कुछ गड़बड़ न हो जाय। ऐसा कुछ भी नहीं हुआ। मोना कामकला में बहुत निपुण थी। उसने घृतनाथ को इतना वैविध्यपूर्ण काम सुख दिया कि घृतनाथ को बड़ी तृप्ति मिली। उसकी काम कला की निपुणता देखकर घृतनाथ अपने को रोक नहीं पाये, ''तुम अद्‌भुत लड़की हो। तुम्हारा साथ पाकर मैं धन्य हो गया। क्या किसी दिन और मेरा साथ देने की कृपा करोगी?'' मोना मुस्करायी, ''क्यों नहीं सर? आपको मेरा साथ इतना पसंद आया, यह जानकर बहुत अच्छा लगा। कल मुझे अपने दोस्त के साथ रहना है। परसों रात मैं फिर आपके साथ रहूँगी और आपको आज से भी ज्यादा तृप्ति प्रदान करने की कोशिश करूँगी।''

● 'जसले' का एक सप्ताह का अधिवेशन सम्पन्न हो गया। घृतनाथ ने कामसुख का कुछ ज्यादा ही मज़ा उठा लिया था। उनकी तबीयत खराब हो गयी। उन्हें बहुत कमजोरी लग रही थी और थोड़ी-थोड़ी बेचैनी महसूस हो रही थी। वे इस स्थिति में नहीं थे कि कलकत्ता से इलाहाबाद ही यात्रा कर सकें। अधिवेशन के दौरान उनकी कुछ स्थानीय लोगों से भी मित्रता हो गयी थी। हिन्दी के एक प्राध्यापक थे डॉ. श्यामकान्त। इलाहाबाद विश्वविद्यालय से उन्होंने पढ़ाई की थी और इस समय कलकत्ता में नौकरी कर रहे थे। उन्होंने शादी नहीं की थी और अकेले रहते थे। वे घृतनाथ के जिगरी दोस्त बन गये थे। उन्होंने घृतनाथ को अपने घर पर रोक लिया और उनका इलाज कराने लगे। श्यामकान्त यारों के यार थे और अपने दोस्तों पर शाहखर्ची से पैसा उड़ाते थे। उनके अपनत्व भरे व्यवहार और इलाज से घृतनाथ जल्दी ही ठीक हो गये।

श्यामकान्त ने घृतनाथ को सुझाव दिया, ''आप छः महीने का अवकाश लेकर यहीं रुक जाइए। शान्तिपूर्वक एक उपन्यास लिखिए। साथ ही साथ कलकत्ता घूमने का भी मेरे साथ आनन्द लीजिए। मैं आपको सोनागाछी लिवाकर चलूँगा।

सोनागाछी लड़कियों का बहुत बड़ा बाजार है। आपको एक से एक उम्दा किस्म की लड़कियाँ वहाँ पर मिलेंगी। तबीयत खुश हो जाएगी। पैसा खर्च करने के लिए तो मैं हूँ ही। जीवन में एक बड़ा परिवर्तन महसूस होगा आपको।" घृतनाथ के मन में भी उपन्यास लिखने की इच्छा उमड़-घुमड़ रही थी। वे महिमा, सावन, यशोधरा इत्यादि की शुरू से लेकर अन्त तक की सारी कहानी एक उपन्यास के रूप में लिखना चाह रहे थे। वह भी काफी कुछ सही-सही और खूब खोलकर। उपन्यास की कथावस्तु के रूप में उनके पास भरपूर सामग्री थी। उन्हें लगा कि उनके खाते में एक अच्छा और बड़ा उपन्यास दर्ज हो जाएगा, महिमा से हमेशा के लिए पिण्ड भी छूट जाएगा। महिमा क्या उसके पूरे परिवार से। वह उपन्यास पढ़ने के बाद महिमा खुद ही सम्बन्ध तोड़ लेगी, ऐसा उन्हें पूरा विश्वास था। महिमा की उम्र काफी हो गयी थी और वे महिमा से उकता चुके थे। अब उन्हें एक से एक नयी लड़कियाँ मिल रही थीं। महिमा के परिवार को झेलना उन्हें बड़ा वाहियात काम लग रहा था। वे सोच रहे थे कि मुझे अपने मुँह से कुछ न कहना पड़े। वह परिवार स्वयं ही मेरा पिण्ड छोड़ दे। उन्हें श्यामकान्त का प्रस्ताव अच्छा लगा। सोनागाछी का वर्णन सुनकर उनके मुँह में पानी आ रहा था। उन्होंने बड़ी खुशी से श्यामकान्त का प्रस्ताव स्वीकार कर लिया।

घृतनाथ ने उपन्यास लिखना शुरू कर दिया। वे प्रातःकाल चार बजे से आठ बज तक लिखने का कार्य करते थे। इस मामले में घृतनाथ बड़े जुनूनी आदमी थे। परिस्थितियों से कोई समझौता नहीं, कोई आलस्य नहीं। एक बार ठान लिया तो ठान लिया। फिर पता नहीं क्यों, उनका मन महिमा और उसके परिवार की खटिया पलटने के लिए अकुला रहा था। एक चीज के प्रति वे सर्तक थे। कहीं यह उल्लेख नहीं करना है कि महिमा का एक बेटा मेरा बेटा है। अपने बेटे की सामाजिक प्रतिष्ठा, उसकी सुरक्षा, उसके उज्ज्वल भविष्य के प्रति वे बहुत चिन्तित और सतर्क थे। बाकी तो सबकी वे अपने उपन्यास में मिट्टी पलीद कर दे रहे थे।

उपन्यास लिखने के लिए निर्धारित समय के अलावा वे मौजमस्ती के लिए स्वतंत्र थे। फिर तो श्यामकान्त के साथ टहलना-घूमना, खाना-पीना और फक्कड़ी चलती रहती थी। एक दिन वे श्यामकान्त के साथ सोनागाछी भी गये। वहाँ की लड़कियों को देखकर वे ठगे के ठगे रह गये। वे मान गये कि बंगाली लड़कियों के सौन्दर्य में जादू होता है। तभी देश के बाकी हिस्से की औरतें उन्हें जादूगरनी समझती हैं और अपने पतियों को उनके जादू से बचाने की फिकर में लगी रहती हैं। उन्हें लगा कि औरतों का भ्रम अकारण नहीं है कि अपने पति को बंगाल नहीं जाने देना चाहिए, नहीं तो बंगाली औरतें उन्हें जादू से पालतू जानवर बनाकर अपने

घर में कैद कर लेती हैं। पालतू जानवर बनाने का मतलब है आदमी को अपने सौन्दर्य के बल पर एकदम अपने वश में कर लेना।

घृतनाथ सोनागाछी का आनन्द उठाने लगे। उन्हें लगा कि सोनागाछी ही स्वर्ग है, जहाँ बहुत सारी अप्सराएँ हमेशा देवताओं की सेवा में तत्पर रहती हैं। वे वहाँ प्रायःअर्धकामसुख का ही उपभोग कर रहे थे। लड़कियों को छूना, चूमना, सहलाना इत्यादि। वे इस बात के प्रति सतर्क थे कि अति न होने पाये, अन्यथा स्वास्थ्य खराब हो जाएगा। एक बार वे भोग चुके थे। वे नहीं चाहते थे कि उनके उपन्यास लेखन में कोई बाधा आने पाये। उन्होंने अपने अन्दर अर्धकामसुख में ही पूर्ण कामसुख महसूस कर लेने की क्षमता विकसित कर ली थी। इससे उन्हें यह फायदा हो गया था कि वे लड़कियों के साथ दो-दो, चार-चार घंटे पड़े रहते थे। उन्हें वहाँ पर एक अद्‌भुत लड़की मिल गयी थी। नाम था, अक्षरा। उम्र अठारह साल से ज्यादा नहीं थीं। अद्‌भुत लावण्य और सौन्दर्य युक्त। उतनी ही भावुक और संवेदनशील। हर पाँचवें-छठवें दिन वे अक्षरा के पास पहुँच जाते। मोलभाव करके उन्होंने उससे पैसा भी कम करवा लिया था। उसके पास वे चार-पाँच घण्टे गुजारते। वह भाँति-भाँति के तरीके से उन्हें कामसुख प्रदान करती थी। घृतनाथ की हर इच्छा को पूरा करती थी। एक दिन घृतनाथ ने उससे पूछा, "मुझसे दोस्ती करोगी?" उसने उत्तर दिया, "क्यों नहीं!" घृतनाथ ने फिर पूछा, "कभी इलाहाबाद गयी हो?" उसने उत्तर दिया, "कई बार। इलाहाबाद के कुछ दलाल साल में तीन-चार बार बुलाते हैं। वहाँ पन्द्रह-बीस दिन या महीने भर रुकना पड़ता है। दलाल लोग हम लोगों को सुरक्षित ठिकानों पर रखते हैं। हम लोगों के पास वे लोग वी.आई.पी. लोगों को लेकर आते हैं और खूब पैसा कमाते हैं। हम लोगों को हमारा हिस्सा मिल जाता है। एक बार इलाहाबाद जाने में अच्छी खासी कमाई हो जाती है। वहाँ के दलालों में मेरी विशेष माँग रहती है। उन लोगों का बस चले तो मुझे हमेशा वहीं रखें। कुछ दिनों बाद मुझे कलकत्ता की याद आने लगती है, इसलिए मैं वापस चली आती हूँ। यहाँ सारी लड़कियाँ और औरतें परिचित हैं। यहाँ हम लोग अपनी भाषा में बात करते हैं। मेरी हिन्दी कैसी है, यह तो आप देख ही रहे हैं। ग्राहकों की सोहबत में टूटी-फूटी हिन्दी सीख ली है। इलाहाबाद जाने पर अकेलापन महसूस होता है।" घृतनाथ ने उसका गाल चूमते हुए कहा, "अब तुम्हें इलाहाबाद में अकेलापन नहीं महसूस होगा। मैं तुम्हारा दोस्त बन गया हूँ और इलाहाबाद में ही रहता हूँ। अब जब भी तुम इलाहाबाद आना, मुझसे मिल लेना। मैं इलाहाबाद विश्वविद्यालय के हिन्दी विभाग में प्रोफेसर हूँ। किसी भी रिक्शेवाले से कह देना कि वह तुम्हें इलाहाबाद विश्वविद्यालय छोड़ दे। रिक्शेवाला तुम्हें छोड़ देगा। फिर लोगों से पूछते-पूछते

हिन्दी विभाग पहुँच जाना। हिन्दी विभाग में किसी से भी पूछ लेना कि घृतनाथ सर का कमरा कौन है? मेरा नाम घृतनाथ है। लोग तुम्हें मेरे कमरे तक पहुँचा देंगे। इलाहाबाद में मैं तुम्हारा पूरा ध्यान रखूँगा। तुम्हें किसी भी तरह की असुविधा नहीं होने पायेगी। मैंने धीरे-धीरे पर्याप्त मात्रा में बाँग्ला भाषा सीख ली है। कुछ दिनों में मैं बहुत अच्छी बाँग्ला बोलने लगूँगा। तुमसे बाँग्ला में बात करूँगा, तो तुम्हें ऐसा नहीं महसूस होगा कि तुम इलाहाबाद में अकेली हो। मैं और तुम मिलकर खूब मस्ती करेंगे। मैं तुम्हें खूब पैसे भी दूँगा।'' अक्षरा खुश हो गयी, ''आप कितने अच्छे हैं। अब मैं जब भी इलाहाबाद आया करूँगी तो आपसे जरूर मिला करूँगी। मुझे आपके ऊपर बहुत प्यार आ रहा है। आज मैं आपसे पैसा नहीं लूँगी और आपको खूब अच्छी तरीके से सन्तुष्ट करूँगी। आप चुपचाप लेटे रहिए। जो कुछ करना होगा, मैं करूँगी।''

घृतनाथ ने अक्षरा को अपने जाल में अच्छी तरह से फँसा लिया। अक्षरा बड़े भक्तिभाव से घृतनाथ की सेवा में तल्लीन थी। घृतनाथ चुपचाप आँखें बन्द किय हुए लेटे थे और मस्ती से सराबोर थे। उन्हें लग रहा था कि असली जिन्दगी यही है। बाकी संसार में कुछ नहीं रखा है।

कलकत्ता में रहते हुए छः महीने कैसे फुर्र हो गये, पता ही नहीं चला। घृतनाथ का उपन्यास भी पूरा हो गया और उन्होंने खूब मौजमस्ती भी की। श्यामकान्त ने उन्हें कलकत्ते के कोने-कोने से परिचित करा दिया। उनके लिए कलकत्ता अब अजनबी शहर नहीं रहा। घृतनाथ श्यामकान्त का लोहा मान गये। यारों का ऐसा यार उन्हें जीवन में पहली बार मिला था। इलाहाबाद में उनका इतना अच्छा मित्र कोई नहीं था। घृतनाथ सोच भी नहीं सकते थे कि किसी का दिल इतना बड़ा हो सकता है और कोई अपने मित्रों पर इतनी शाहखर्ची से पैसा लुटा सकता है। ऊपर से बेपनाह ज़िन्दादिली। मज़बूरी यह थी कि कलकत्ता में श्यामकान्त नौकरी कर रहे थे, अन्यथा घृतनाथ उन्हें इलाहाबाद लिवा ले जाते। घृतनाथ को अब इलाहाबाद जाना था, परन्तु उनका मन श्यामकान्त को छोड़कर जाने के लिए तैयार नहीं हो रहा था। यह सोचकर उनका मन कसैला हो जा रहा था कि इलाहाबाद जाने पर भृगुनाथ के नेतृत्व में हिन्दी विभाग का विरोधी गुट उन्हें परेशान करने के लिए तरह-तरह की तिकड़में बुन रहा होगा। यहाँ न कोई विरोधी गुट, न कोई दुश्मन। बस श्यामकान्त जैसा यार और मस्ती ही मस्ती। जीवन का यह कालखण्ड घृतनाथ के मानस पटल पर जीवन भर के लिए अंकित हो गया था। पूरे जीवन में समय इतने आनन्ददायक तरीके से कभी नहीं गुजरा था। न किसी तरह ही किचकिच, न किसी तरह की फजीहत। उन्हें महसूस हो रहा था कि मुझे बहुत पहले ही कमीनिस्ट बन जाना चाहिए था। कमीनिस्ट बनने पर जीवन कितना खुशनुमा हो गया।

घृतनाथ ने श्यामकान्त से वादा करवाया कि जब भी इलाहाबाद आना हो, मेरे ही घर पर रुकना। बल्कि कभी समय निकालकर फुरसत से आना इलाहाबाद। उन्होंने भी श्यामकान्त से वादा किया कि मैं अब जब भी कलकत्ता आऊँगा, तुम्हारे घर पर ही रुकूँगा। बड़े भावुक मन से दोनों मित्र अलग हुए। घृतनाथ इलाहाबाद वापस लौट आये।

● घृतनाथ जोर-शोर से अपने उपन्यास के लिए प्रकाशक ढूँढ़ने लगे। वे चाह रहे थे कि उपन्यास देश के किसी नामी प्रकाशन से छपे, जिससे उपन्यास की पूरे हिन्दी क्षेत्र में चर्चा हो। इलाहाबाद में राष्ट्रीय स्तर का एक हिन्दी प्रकाशन बचा था—लोकभारती। लोकभारती प्रकाशन के मालिक दिनेश ग्रोवर हिन्दी में इलाहाबाद का झण्डा अकेले उठाये खड़े थे। राष्ट्रीय स्तर पर हिन्दी का केन्द्र अब इलाहाबाद से दिल्ली की ओर खिसक रहा था। इलाहाबाद में रहने वाले सारे नामचीन साहित्यकार एक-एक कर दुनिया से विदा हो रहे थे। सूर्यकान्त त्रिपाठी 'निराला', सुमित्रानन्दन पन्त, महादेवी वर्मा, फिराक गोरखपुरी, उपेन्द्रनाथ अश्क, राम कुमार वर्मा आदि इस धरती को छोड़कर जा चुके थे। जो बचे थे वे भी जीवन की सान्ध्यवेला में थे। राष्ट्रीय स्तर के बड़े प्रकाशनों और साहित्यकारों का केन्द्र अब दिल्ली होता जा रहा था। राजधानी होने के कारण देश का सारा राष्ट्रीय मीडिया दिल्ली में स्थापित था। मीडिया के चलते दिल्ली के साहित्यकार बहुत जल्दी प्रसिद्ध हो जाते थे।

घृतनाथ ने अपने उपन्यास का नाम रखा—'कृष्णपक्ष'। उपन्यास में महिमा के पूरे परिवार की खूब छीछालेदर थी, परन्तु उसमें घृतनाथ की पत्नी साधना का जिक्र तक नहीं था। घृतनाथ की नौकरी कैसे लगी, साधना ने क्या-क्या गुल खिलाये, यह सब उपन्यास से एकदम गायब था। घृतनाथ और महिमा की दोस्ती कैसे हुई, दोनों ने साथ-साथ हिन्दी विभाग में क्या-क्या गुल खिलाये, घृतनाथ कैसे महिमा को अपनी स्कूटर पर बैठाकर चारों तरफ घूमते थे, सावन एक निहायत ही बकलोल आदमी था जिसकी नाक के नीचे उसकी पत्नी घृतनाथ के साथ गुलछर्रे उड़ा रही थी और उसे कुछ भी पता नहीं था, कैसे घृतनाथ ने महिमा की बहन यशोधरा को अपने जाल में फँसाया; इन सब का विशद वर्णन उपन्यास में था। अन्ततः घृतनाथ दिल्ली के एक बहुत बड़े राष्ट्रीय प्रकाशन से मोलभाव करने में सफल हो गये और उन्होंने उसी प्रकाशन को अपना उपन्यास छापने के लिए दे दिया।

उपन्यास 'कृष्णपक्ष' छपकर आ गया। घृतनाथ के सामने उपन्यास को चर्चित करने की समस्या थी। वे खुद लोगों के कान में खुसुर-फुसुर करने लगे। मेरा उपन्यास छपकर आया है। पढ़कर मस्त हो जाओगे। उसमें फलाँ-फलाँ चीजों का वर्णन है। उत्सुकताश कुछ लोगों ने उपन्यास खरीदकर पढ़ा। फिर क्या था! चर्चा

फैलने लगी। काफी कुछ विश्वविद्यालय के प्राध्यापकों और छात्रों के ज्ञात तथ्य थे। काफी कुछ नये खुलासे भी किये गये थे। जैसे यशोधरा के बारे में। अपनी पत्नी साधना को घृतनाथ बचा ले गये थे। उनका जिक्र तक नहीं था। बात दो से चार, चार से आठ, आठ से सोलह, सोलह से बत्तीस होने लगी। विश्वविद्यालय के छात्रावासों में उपन्यास का पेपरबैक संस्करण धड़ाधड़ पहुँचने लगा। छात्र और छात्राएँ रस ले-लेकर उपन्यास को पढ़ने लगे। शहर के साहित्यिक हलकों में भी उपन्यास बहुत चर्चित होने लगा। लीलाधर घृतनाथ ने अपनी लीलाओं का खुला वर्णन करके अपने कमीनिस्टत्व में चार चाँद लगा दिया था। देश भर के कमीनिस्ट हलकों में 'कृष्णपक्ष' उपन्यास को हाथों हाथ लिखा गया। उपन्यास का पेपर बैक संस्करण इलाहाबाद विश्वविद्यालय के प्राध्यापक भी खूब खरीद रहे थे।

एक दिन विश्वविद्यालय में महिमा की एक सहेली ने 'कृष्णपक्ष' उपन्यास की एक प्रति महिमा को दी। उसने महिमा को खुलकर बता दिया कि इस उपन्यास में घृतनाथ ने क्या लिखा है! उसने यह भी बताया कि पूरे शहर में, पूरे विश्वविद्यालय में इस समय इस उपन्यास की चर्चा है। चिराग तले अँधेरा वाली स्थिति थी। सारा शहर महिमा की चर्चा कर रहा था और महिमा को कुछ खबर ही नहीं थी। महिमा को काटो तो खून नहीं। उसे विश्वास नहीं हो रहा था कि घृतनाथ ने उसके साथ यह सब कर दिया है। वह घृतनाथ से अगाध प्रेम करती थी और अपने से ज्यादा घृतनाथ पर विश्वास करती थी।

वह उपन्यास लेकर घर चली आयी और सारा काम छोड़कर उपन्यास पढ़ने लग गयी। जैसे-जैसे उपन्यास आगे बढ़ रहा था, उसका खून और सूखता जा रहा था। जो बातें अभी तक उसके और घृतनाथ के बीच थीं, उपन्यास में सब कुछ खोलकर रख दिया गया था। उसके और घृतनाथ के बीच हुए तमाम गोपनीय वार्तालाप उपन्यास में दर्ज थे। उपन्यास में सावन का चित्रण एक निहायत ही घोंघाबसन्त आदमी के रूप में था।

महिमा ने पूरा उन्यास पढ़ लिया। वह अपने कमरे के बाहर निकल आयी। उसने जोर से आवाज़ लगायी, "यशोधरा!" यशोधरा बर्तन साफ कर रही थी। वह हाथ धोकर महिमा के पास आ गयी, "क्या है?" महिमा ने चप्पल उतारी और शुरू हो गयी, दे दनादन-दे दनादन। यशोधर चिल्लायी, "ये क्या कर रही हो? मार क्यों रही हो मुझे?" गनीमत थी, बच्चे घर में नहीं थे। महिमा भी उतनी ही जोर से चिल्लायी, "हरामजादी! तू घृतनाथ से इश्क लड़ा रही थी। सबसे छुप-छुपकर उसके साथ गुलछर्रे उड़ाने लगी? आये थे हरिभजन को, ओटन लगे कपास?" यशोधरा फिर चिल्लायी, "यह सब झूठ है। किसने तुमको मेरे विरुद्ध भड़का दिया। बताओ

मैं उसका मुँह नोच लूँगी।'' यशोधरा की कुटम्मस यथावत जारी थी, ''मुझे किसी ने भड़काया नहीं। देख...ये उपन्यास देख...इसे उसी कमीने घृतनाथ ने लिखा है। तेरी सारी करतूत खुलेआम लिख दी है।'' यशोधरा सकपका गयी, ''उन्होंने झूठ लिखा है। सब गलत है। महिमा ने उसे एक लात मारी, ''झूठ लिखा है? इसमें तेरे बारे में जो कुछ लिखा है, उसमें से आधा मुझे ही पता है कि सच है। अब तू कहीं मुँह दिखाने लायक नहीं बची। कोई नहीं करेगा तुझसे शादी। कमीने ने हमारे परिवार को सारे शहर में ही नहीं, देश में बदनाम कर दिया।'' महिमा वहीं बैठ गयी और फूट-फूटकर रोने लगी। उसने उपन्यास यशोधरा की आरे बढ़ा दिया। उपन्यास लेकर यशोधरा एक कमरे में चली गयी और एक तरफ से पढ़ने लगी।

एक दिन ऑफिस में साधना भी वह उपन्यास लेकर सावन के पास पहुँच गयी। साधना को वह उपन्यास एक दिन पहले ही मिला था। उसे पढ़कर उसकी खुशी को कोई ठिकाना नहीं था। उपन्यास में उसकी घोर शत्रु महिमा को घृतनाथ ने ढंग से ठिकाने लगा दिया था। अब उसे घृतनाथ से कोई शिकायत नहीं थी। वैसे भी अब उसकी उम्र ढल रही थी, जिसके कारण उसके कद्रदान बहुत ही कम हो गये थे। बुढ़ाई में पतिव्रता बनना मजबूरी हो जाती है। उपन्यास के द्वारा घृतनाथ ने अपनी तरफ से कदम बढ़ा दिया था। साधना भी अपनी तरफ से कदम बढ़ाने को तैयार हो गयी थी। अब वह घृतनाथ के साथ प्रेमपूर्वक मिल-जुलकर रहना चाहती थी। कमीनिस्ट बन जाने के बाद घृतनाथ की लीलाओं के प्रति साधना तटस्थ हो गयी थी। उसकी दुश्मनी केवल महिमा से थी। वह काँटा निकल गया।

साधना ने ऊपर से घृतनाथ को गाली देते हुए उपन्यास के कथ्य को सावन के सामने खोलकर रख दिया। सावन एकदम असहज हो गये। उन्होंने साधना को जाने के लिए कह दिया और तल्लीन होकर उपन्यास 'कृष्णपक्ष' को पढ़ने लगे।

सावन आज शाम को जल्दी घर आये। घर में घुसते ही वे जमीन पर बैठ गये और लगे फूट-फूटकर रोने। महिमा और यशोधरा दौड़कर कमरे से निकलीं। सावन के हाथ में 'कृष्णपक्ष' उपन्यास की प्रति देखकर महिमा सब कुछ समझ गयी। वह भी सावन के पास बैठकर रोने लगी। माजरा यशोधरा की समझ में भी आ गया। कुछ देर तक तो वह चुपचाप खड़ी रही। अन्ततः वह भी सावन और महिमा के पास बैठकर रोने लगी। दोनों बेटे भौंचक्के होकर सारा तमाशा देख रहे थे। उनकी कुछ समझ में नहीं आ रहा था। दोनों बीच-बीच में प्रश्नवाचक दृष्टि से एक दूसरे की ओर देख रहे थे।

● एक दिन दिल्ली से दामवर जी ने घोषणा कर दी कि घृतनाथ को प्रयागपीठाधीश्वर नियुक्त किया जा रहा है। इलाहाबाद में अमुक दिन पूरे विधि-विधान

से उनका पट्टाभिषेक किया जाएगा। पूर्व के प्रतिष्ठानपुर और अब की झूँसी में कमीनिस्टों के प्रयागपीठ का निर्माण किया जाएगा। टी.वी. के सारे समाचार चैनलों में प्रमुखता से यह खबर प्रसारित होने लगी।

घृतनाथ के पास बधाई देने वालों का ताँता लग गया। शहर के सारे कमीनिस्ट घृतनाथ के घर की तरफ भागे जा रहे थे। भविष्य में अब उन्हीं से लाभ मिलना था। बाहर से भी फोन पर फोन आ रहे थे। सब घृतनाथ को बधाई दे रहे थे। घृतनाथ एकदम गद्‌गद थे। आज साधना को भी घृतनाथ की पत्नी होने पर गर्व हो रहा था। रसोई में वह लगातार चाय बनाने में व्यस्त थी। बार-बार दर्जनों कप चाय लेकर वह ड्राइंगरूम में हाजिर हो रही थी। आज सारे लोग उसको भी भाभी जी-भाभी जी गेल्हर रहे थे। वह भी आज खूब भभियाई हुई थी। कमीनिस्ट मोक्ष इत्यादि को तो मानते नहीं। उनका जो भी परमपद होता है, आज उसी को प्राप्त कर लेने का एहसास घृतनाथ को हो रहा था। वे नकली विनम्रता दिखाते हुए हाथ जोड़कर सबके सामने दाँत निपोर रहे थे।

थोड़ी देर बाद भी मीडियावाले भी घृतनाथ के घर पहुँचने लगे। समाचार चैनलों के पत्रकार घृतनाथ के मुँह में माइक घुसेड़े हुए थे। कमीनिस्ट भारत का प्रख्यात पंथ। मीडिया के लोग भी केवल कमीनिस्टों को ही बुद्धिजीवी मानते थे और अपने चैनलों तथा अखबारों में देश की किसी भी समस्या पर उनकी राय अन्तिम मानते थे। चैनल वाले घृतनाथ के मुँह में इतनी बुरी तरह माइक घुसेड़े हुए थे कि अखबार वाले मन मसोसकर रह जा रहे थे। घृतनाथ का मुँह बात करने के लिए खाली हो, तब तो वे कुछ पूछें। उनके फोटोग्राफर अलबत्ता जगह-जगह कूद-कूद कर अपने कैमरे का फ्लैश चमका रहे थे। साधना की भी चाँदी थी। किसी भी पुरुष के महान् बनने के पीछे किसी न किसी महिला का हाथ होता है। अब घृतनाथ के महान् बनने के पीछे साधना के अलावा और किसका हाथ हो सकता था? साधना के मुँह में भी माइक घुसेड़ -घुसेड़कर पत्रकार तरह-तरह के सवाल पूछ रहे थे। मुख्य सवाल यही पूछा जा रहा था कि आपने घृतनाथ को कैसे इतना महान् बनाया? साधना भी रहस्यपूर्ण ढंग से मुस्करा-मुस्कराकर जवाब दे रही थी। किसी पुरुष को कैसे महान् बनाय जाय, इसके सारे टिप्स मुझे पता हैं। उन्हीं का उपयोग कर-करके मैंने घृतनाथ को महान् बनाया। साधना अपने एक-एक नुस्खे का पूरे विस्तार से वर्णन कर रही थी। आज साधना की वही स्थिति थी कि घूरे घारे रहिन, समधिन बनि गइन (घूरे पर पड़ी हुई थी, समधिन बन गयी)। घृतनाथ की वही हैसियत हो गयी, जो हिन्दू धर्म में शंकराचार्य की होती है। बल्कि उससे भी बड़ी। शंकराचार्यों को तो मीडिया गम्भीरता से नहीं लेता, क्योंकि वे पोंगापंथी टाइप होते हैं। कमीनिस्ट तो देश के

सबसे बड़का वाला बुद्धिजीवी होते हैं। उनमें भी घृतनाथ-जासु चरित लखि काहु न पावा। कमीनिस्ट देश में एक नयी परम्परा शुरु करने जा रहे थे। बौद्धिक हलकों में तहलका मचा हुआ था। सब यह देखने के लिए उत्सुकत थे कि आगे-आगे होता है क्या! विभिन्न समाचार चैनलों पर तमाम बुद्धिजीवी, जो जाहिर है कमीनिस्ट थे, लगातार अपने भाषण पेले हुए थे। वे बता रहे थे कि आज भारत के इतिहास ने एक नयी करवट ली है। अब संसार में कमीनिज्म चाहे कहीं बचे या न बचे, वह भारत में चिरस्थायी हो गया और कभी नहीं समाप्त होगा।

घृतनाथ के तमाम शिष्य, जो काफी दिनों से हिन्दी का प्रख्यात साहित्यकार घोषित किये जाने के लिए घृतनाथ के पीछे-पीछे टहल रहे थे, उम्मीद से भर उठे थे। वे सोचने लगे कि जब घृतनाथ प्रयागपीठाधीश्वर की गद्दी सँभालेंगे, उनके आसपास चँवर डुलानेवाले और अन्य तरह का काम करने वाले शिष्यों की भी आवश्यकता पड़ेगी। कोई न कोई जगह पकड़ ली जाएगी। हमेशा घृतनाथ के आसपास रहने से सारा कमीनिस्ट जगत हमें पूछेगा। मीडियावालों को भी घृतनाथ के बारे में विश्वस्त सूत्रों से ज्ञात होने वाली जानकारियाँ भी हमीं लोग लीक करेंगे। घृतनाथ इधर अपने शिष्यों से बहुत सतर्क रहने लगे थे। पिछले दस वर्षों में उन्होंने लगभग एक दर्जन शिष्यों को देश का प्रख्यात साहित्यकार घोषित करवा दिया था। बड़े साहित्यकारों का राष्ट्रीय स्तर पर उनका एक काफी बड़ा गैंग था। उनमें से अधिकांश दिल्ली में रहते थे, जहाँ देश का सारा राष्ट्रीय मीडिया उपस्थित था। दिल्ली वाले साहित्यकारों की मीडिया पर अच्छी पकड़ थी। घृतनाथ अपने सम्पर्कों के बल पर अपने किसी चेले को कोई बड़ा पुरस्कार दिलवा देते। फिर तो अखाडियों और मीडिया के सहयोग से घृतनाथ के चेले की चारों तरफ दुन्दुभी बजने लगती। वह प्रसिद्ध राष्ट्रीय साहित्यकार बन जाता। घृतनाथ को उम्मीद रहती थी कि बड़ा साहित्यकार घोषित हो जाने के बाद उनका शिष्य चारों तरफ उनका गुणगान करते घूमेगा। परन्तु उल्टा हो जा रहा था। प्रसिद्ध हो जाने के बाद घृतनाथ का चेला उनसे कतराने लगता। सबसे पहले तो वह इलाहाबाद छोड़कर भाग जाता। दिल्ली या मुम्बई में वह किसी नौकरी का जुगाड़ करने लगता। नौकरी मिल जाती तो वह किसी बहुत बड़े अखाड़िये का चेला बन जाता। किसी की दिलचस्पी इसमें नहीं रहती थी कि मरने के बाद साहित्य में उसे निराला, पंत या प्रसाद की तरह याद किया जाय। भले जीते जी एड़ियाँ रगड़नी पड़ें। सबका विश्वास जीते समय अमर रहने में था। मरने के बाद किसने देखा है? सबकी यही ख्वाहिश थी कि जीते जी साहित्य में हनक और दबदबा बना रहे। फिर तो सबको घृतनाथ का नाम लेने में शर्म आने लगती थी। अपने निर्माण में उनका योगदान स्वीकार करना तो बहुत दूर

की बात हो जाती थी। साक्षात्कार वगैरह में वे बड़े संकोच के साथ केवल इतना स्वीकार करते थे कि जब वे इलाहाबाद में रहते थे तो उनकी घृतनाथ से प्रायः मुलकात हो जाया करती थी।

अपने शिष्यों की इन करतूतों से घृतनाथ बहुत क्षुब्ध थे। उनको बनाने और आगे बढ़ाने के लिए वे क्या-क्या नहीं करते थे। एड़ी-चोटी का जोर लगा डालते थे। कुछ बन जाने के बाद ऐसी एहसान फरामोशी? उन्होंने तय कर लिया कि आठ-दस साल घिसवा लेवे के बाद ही अब वे किसी को आगे बढ़ायेंगे। सावधानी से किसी को आगे बढ़ायेंगे। किसी को इतना नहीं बढ़ायेंगे कि वह सिर पर चढ़कर भरतनाट्य नृत्य करने लगे। न मरे न मोटा हो, बस इतना ही। उन्होंने तय कर लिया कि गद्दारी करके भागे हुए शिष्यों को वे प्रयागपीठ में घुसने नहीं देंगे। किसी सार्वजनिक समारोह में, कुम्भ मेले इत्यादि में किसी को भी मंच नहीं प्रदान करेंगे। जो भी आये, श्रोताओं के बीच में बैठे। किसी को किसी भी विषय पर बोलने नहीं मिलेगा। बोलेंगे केवल वरिष्ठ मित्र लोग ही। अथवा विदेश से आनेवाला कोई कमीनिस्ट। अब सबको मेरा महत्त्व फिर से पता चलेगा। किसी को दुबारा धोखा देने का मौका नहीं दूँगा। लात मारकर भागा दूँगा सालों को।

तय हुआ कि किसी रविवार को इलाहाबाद विश्वविद्यालय के छात्रसंघ भवन के सभागार में घृतनाथ का पट्टाभिषेक होगा। रविवार को इसलिए कि उस दिन विश्वविद्यालय में छुट्टी रहती थी। छात्र कार्यक्रम में भगदड़ न मचायें और कार्यक्रम गरिमापूर्ण ढंग से सम्पन्न हो, इसलिए छुट्टी का दिन चुना गया। यह भी तय किया गया कि कार्यक्रम के समय विश्वविद्यालय के सभी कमीनिस्ट छात्रसंगठन सभागार के बाहर तैनात रहेंगे। वे खँजड़ी बजाते हुए गाना भी गाते रहेंगे और कार्यक्रम की सुरक्षा का दायित्व सँभालेंगे।

वह शुभ दिन आ पहुँचा। छात्रसंघ भवन का सभागार खचाखच भरा हुआ था। देश भर से, खासकर हिन्दीभाषी प्रदेशों से, एक से एक धुरधंर कमीनिस्ट पधारे हुए थे। मंच पर सिर्फ पाँच कुर्सियाँ रखी हुई थीं, जिनमें एक कुर्सी काफी बड़ी और सिंहासननुमा थी। उसी पर घृतनाथ को बैठाकर उनका पट्टाभिषेक होना था। एक कुर्सी पर दामवर जी को बैठना था। तीन अन्य कुर्सियों पर महान् और धुरधंर कमीनिस्टों को बैठना था। एक तो हिमालय पार के दूसरे देश से आये कमीनिस्ट थे। उन्हें वहाँ की सरकार ने भेजा था। धन की सारी व्यवस्था उसी देश से हो रही थी, अतः समूचे कार्यक्रम को अपने नियंत्रण में रखने के लिए वहाँ की सरकार ने अपने एक आदमी को भेजा था। एक कुर्सी पर उन्हें विराजमान होना था। बाकी दो कुर्सियों पर किसे बैठना है, स्पष्ट नहीं था। उनका नाम सिर्फ दामवर जी ही जानते थे। सभागार को

स्थानीय कमीनिस्टों ने अत्यन्त भव्य और आकर्षक ढंग से सजाने में कोई कोर-कसर नहीं छोड़ी थी। सभागार अपनी भव्यता के कारण दमदमा भी रहा था, गमगमा भी रहा था और चमचमा भी रहा था। सभी कमीनिस्ट एक दूसरे का अभिवादन करने में व्यस्त थे। वातावरण में चारों तरफ लाल प्रणाम-लाल प्रणाम ही गूँज रहा था। कार्यक्रम में बहुत सारी महिलाएँ और बालाएँ भी उपस्थित थीं। वे जिधर बैठी थीं, उधर ज्यादा लपका-लपकी हो रही थी। सभागार के बारह छात्र पंक्तिबद्ध होकर खड़े हुए थे। उन्होंने सभागार को चारों तरफ से घेर रखा था। सभी छात्रों के सिर पर लाल पगड़ियाँ सुशोभित हो रही थीं। खँजड़ी बजाते हुए लगातार कुछ न कुछ गा रहे थे वे। कभी-होंगे कामयाब, होंगे कामयाब, हम होंगे कामयाब एक दिन..., तो कभी-हमन हैं इश्क मस्ताना, हमन को होशियारी क्या...इत्यादि-इत्यादि।

जिन देशों में कमीनिस्ट शासन बचा हुआ था, उन सभी देशों की मिट्टी मँगायी गयी थी। समारोह के लिए। सभी देशों की मिट्टी से घृतनाथ को तिकल लगाया जाना था। उन सभी देशों की सरकारों से माँग कर लाल रंग का एक-एक उत्तरीय मँगाया गया था। सभी सरकारों ने बढ़िया किस्म के कपड़ों का उत्तरीय भेजा था। सभी देशों से चार-चार मालाएँ भी आयी थीं। हालांकि मालाएँ सूख गयी थीं, लेकिन प्रतीक के रूप में तो उनका महत्त्व था ही। सभी देशों से जल भी लाया गया था। छात्रसंघ के बगल एक कमरे में घृतनाथ को इस समय उसी जल से दामवर जी के दिशा-निर्देशन में नहलाया जा रहा था। इस अवसर पर पहनने के लिए हिमालय पार के देश से लाल रंग का विशेष कुर्ता पायजामा भेजा गया था। वह कुर्ता पायजामा इस समय दामवर जी के हाथ में सुशोभित हो रहा था। विभिन्न देशों के जल से स्नान कर लेने के बाद दामवर जी ने वह कुर्ता-पायजामा घृतनाथ को पहनने के लिए दे दिया।

घृतनाथ ने स्नान कर लिया। लाल रंग के तौलिये से उनका शरीर पोंछा गया। दामवर जी ने लाल रंग का कुर्ता और पायजामा उनकी आरे बढ़ा दिया, पहनने के लिए। घृतनाथ सिंहासन पर बैठने के लिए जल्दी में थे। वे पायजामा पहनने लगे। दामवर जी भड़क गये, "कमीनिस्टाचार्य बन तो गये, लेकिन रह गये बकलोल के बकलोल ही। इस तरह अभिषेक-वस्त्र पहनोगे? पहले मेरे बायें ओर खड़े हो जाओ, तब पहनो। कब सीखोगे संस्कार? पहले वाली हुल्लड़बाजी छोड़ दो। अब कमीनिस्टाचार्य बन गये हो। कमीनिस्टाचार्य की गरिमा में रहना सीखो।" घृतनाथ सकपका गये। वे दामवर जी के बायें खड़े हो गये। उन्होंने डरते-डरते दामवर जी से पूछा, "अब पहनूँ?" दामवर जी अपने प्रभुत्व के प्रति आश्वस्त होते हुए बोले, "हाँ!" घृतनाथ धीरे-धीरे कपड़ा पहनने लगे। वे जल्दीबाजी दिखाने से बचने लगे। वे डर गये कि ऐन वक्त पर दामवर जी कोई विघ्न न खड़ा कर दें।

दामवर जी के आदेश पर लाल कुर्ते-पायजामे में सुशोभित घृतनाथ जी छात्रसंघ भवन की ओर चल दिये। पीछे-पीछे दामवर जी थे। दामवर जी ने पाँच अनुचरों की भी व्यवस्था कर रखी थी। पाँचों अनुचर दामवर जी के पीछे-पीछे चल रहे थे—"लाल प्रणाम अमर रहे" "लाल प्रणाम अमर रहे" "लाल प्रणाम अमर रहे" "लाल प्रणाम अमर रहे"...। 'लाल प्रणाम अमर रहे', इस मंत्र का आविष्कार दामवर जी ने कमीनिज्म के लिए कुछ ही दिनों पहले किया था।

घृतनाथ जैसे ही छात्रसंघ भवन के अन्दर पहुँचे, सारे लोग उठकर खड़े हो गये। छात्रसंघ भवन का सभागार गगनभेदी तालियों की गड़गड़ाहट से गूँज उठा। घृतनाथ और दामवर जी प्रसन्नता से हाथ हिला-हिलाकर अभिवादन करने लगे। तालियों की गड़गड़ाहट थमने का नाम नहीं ले रही थी। अचानक घृतनाथ की निगाह आगे वाली पंक्ति पर गयी। उनके द्वारा प्रख्यात बनाये गये उनके तीन भूतपूर्व चमचे एक साथ थे और जोर-जोर से तालियाँ ठोंक रहे थे। घृतनाथ ने मन ही मन गरियाया, 'अच्छा सरऊ लोग, तुम सब भी पधारे हो?' हिमालय पार के देश से आये कमीनिस्ट महोदय साधिकार, बिना किसी से पूछे, खुद मंच पर चढ़ गये। उन्होंने सिंहासन की आरे इशारा करते हुए घृतनाथ से उस पर बैठने का आग्रह किया। उनका अंदाज आग्रह करने वाला कम, आदेश देने वाला ज्यादा लग रहा था। घृतनाथ ने दामवर जी की ओर देखा। उन्हें तो दोनों को खुश रखना था। दामवर जी ने भी उनसे सिंहासन पर बैठ जाने को कहा। घृतनाथ खुशी-खुशी सिंहासन पर बैठ गये। घृतनाथ के बायीं तरफ विदेशी कमीनिस्ट महोदय स्वतः बैठ गये। दामवर जी कसमसाकर रह गये। घृतनाथ के बांयीं तरफ वे खुद बैठना चाह रहे थे। मजबूरन उन्हें घृतनाथ के दायीं आरे बैठना पड़ा। अचानक उनका ध्यान गया कि घृतनाथ तो खुद उनकी बायीं ओर हैं। वे मन्द-मन्द मुस्करा दिये। उन्हें लगा कि असली भाग्य विधाता तो मैं ही हूँ, ये विदेशी साला अपने को तुर्रम खाँ समझता रहे। मंच के दोनों ओर एक-एक बिगुलवादक खड़े हुए थे। उन्होंने थोड़ी देर तक जोर-जोर से बिगुल बजाया। दर्शकों में बैठी साधना के पाँव आज जमीन पर नहीं पड़ रहे थे।

दो अति-धाकड़ कमीनिस्ट दर्शकों के बीच में बैठे हुए थे। दोनों दामवर जी के कट्टर समर्थक थे, जिसके कारण दोनों दामवर जी को अपनी धोती के पुच्छे जितने प्रिय थे। दामवर जी उठकर खड़े हुए। उन्होंने माइक से दोनों अति-धाकड़ कमीनिस्टों का नाम पुकारा और उनसे आग्रह किया कि वे मंच पर आकर खाली पड़ी दोनों कुर्सियों को सुशोभित करें। दोनों मंच पर आकर बैठ गये और विजयी मुद्रा में दर्शकों पर दृष्टिपात करने लगे कि देखा, हम कोई ऐसे-वैसे नहीं हैं।

दामवर जी ने घृतनाथ के पट्टाभिषेक की कार्यवाही शुरू की। सर्वप्रथम उन्होंने सभी कमीनिस्ट देशों से लायी गयी मिट्टी मँगवायी। एक-एक थाल में सजाकर एक-एक देश की मिट्टी लायी जाने लगी। सर्वप्रथम हिमालय उस पार के देश की मिट्टी प्रस्तुत की गयी। दामवर जी ने थाल से थोड़ी सी मिट्टी ली और उसे घृतनाथ के माथे पर तिलक की तरह लगा दिया। घृतनाथ ने सिंहासन पर बैठे-बैठे ही परम प्रसन्नता व्यक्त की और दोनों हाथ जोड़ दिये। पूरा सभागार फिर तालियों की गड़गड़ाहट से गूँज उठा। इसके बाद दामवर जी ने विदेशी अतिथि से आग्रह किया कि वे भी अपने देश की मिट्टी से घृतनाथ के मस्तक पर तिलक लगायें। विदेशी अतिथि ने उठकर खुशी-खुशी अपने देश की मिट्टी से घृतनाथ के मस्तक पर तिलक लगाया। एक-एक कर बारी-बारी से हर कमीनिस्ट देश की मिट्टी पेश की जाने लगी। हर थाल से दामवर जी एक चुटकी मिट्टी उठाते और उससे घृतनाथ के माथे पर तिलक करते। उसके बाद यही काम विदेश से आये अतिथि महोदय करते। हर देश की मिट्टी से तिलक होने पर ताली बज रही थी। साधना मन मसोसकर रह जा रही थी। वह सोच रही थी कि घृतनाथ की पत्नी होने के कारण कायदे से मुझे भी मंच पर बैठाया जाना चाहिए था। आखिर आगे चलकर शिष्यों की गुरु-माँ मुझे ही बनना है। दामवर जी के आगे वे लाचार थीं। दामवर जी के सामने कोई कुछ नहीं बोल सकता था। वे हाईकमान थे।

सभी कमीनिस्ट देशों की मिट्टी से तिलक लग जाने के बाद सभी देशों से आयी मालाएँ पहनायी जाने लगीं। हर देश से चार-चार माला आयी थी। दामवर जी ने कहा मंच पर स्थित चारों अतिथि एक-एक माला पहनायेंगे। अब थालों में सजकर एक-एक देश की मालाएँ आने लगीं। मंच पर स्थित चारों अतिथि एक-एक माला उठा ले रहे थे और बारी-बारी से चारों लोग उसे घृतनाथ के गले में डाल रहे थे। तालियों की गड़गड़ाहट रुकने का नाम नहीं ले रही थी। लग रहा था, ये गननभेदी तालियाँ आज छात्रसंघ भवन के सभागार की छत को ध्वस्त करके ही मानेंगी। हर देश की मालाएँ अलग-अलग पुष्पों की थीं। हर देश ने अपने देश के विशेष फूल की मालाएँ भिजवायी थीं। मालाएँ भले की सूख गयी थीं, लेकिन घृतनाथ को ऐसा महसूस हो रहा था जैसे उन्हें पारिजात पुष्प की मालाएँ पहनायी जा रही हैं। मालाओं को निहार-निहार वे गद्‌गद हो रहे थे। एक-एक कर सारे देश की मालाएँ उन्हें पहना दी गयीं। दामवर जी ने घोषित किया कि अब हर देश से आये लाल रंग के उत्तरीय कमीनिस्टाचार्य को भेंट किये जाएँगें। थालों में सज-सजकर अब हर देश का उत्तरीय आने लगा। एक उत्तरीय दामवर जी तो एक उत्तरीय विदेशी अतिथि महोदय भेंट कर रहे थे। घृतनाथ हर उत्तरीय को हाथ में लेते, फिर उसे

सामने सजी हुई मेज पर रख देते। घृतनाथ आनन्दित और प्रभुदित भाव से सिंहासन पर बैठे थे। जब से वे बैठे थे, एक बार भी खड़े नहीं हुए। दामवर जी का सख्त आदेश था कि आपको सिंहासन से उठना नहीं है। तभी उठिएगा, जब मैं कहूँगा।

दामवर जी ने माइक सँभाला, "इसके साथ ही मैं घृतनाथ जी को 'श्री श्री 1008 जगद्गुरु कमीनिस्टाचार्य' घोषित करता हूँ...।" तालियों की गड़गड़ाहट गूँज उठी। दामवर जी को रुक जाना पड़ा। तालियों की गड़गड़ाहट शान्त हुई तो वे आगे बोले, "देश में कुल चार पीठ स्थापित किये जाने हैं, जिनमें से एक पीठ की स्थापना आज हो गयी। शेष तीन पीठों की स्थापना कहाँ होगी, इसका निर्णय बाद में किया जाएगा। चूँकि यह प्रयागपीठ है, अतः घृतनाथ जी को आज से 'प्रयागपीठाधीश्वर' काह जाएगा।" फिर तालियों की गड़गड़ाहट।

साधना अपनी जगह पर बैठी कसमसा रही थी। उसे कोई महत्त्व नहीं मिल रहा था। इसके लिए उसने पहले से ही आपातकालीन व्यवस्था बना रखी थी। वह अपनी जगह से उठी और सबको ठेलते-ठालते मंच की ओर बढ़ चली। साधना को मंच की ओर बढ़ता देखकर दामवर जी की भृकुटियाँ तन गयीं। साधना ने कोई परवाह नहीं की। वह मंच पर चढ़ गयी और उसने घृतनाथ को चाँदी की एक कलम भेंट की। कलम भेंट करने के साथ ही उसने घृतनाथ को दोनों हाथ जोड़कर प्रणाम किया। इसके बाद पलटकर उसने अपना चेहरा श्रोताओं की तरफ किया। उसने श्रोताओं-दर्शकों को भी दोनों हाथ जोड़कर प्रणाम किया। अधिकांश लोग साधना को नहीं पहचान रहे थे। वे प्रश्नवाचक निगाहों से साधना की ओर देखने लगे। दामवर जी ने साधना की मनोव्यथा को भाँप लिया। माइक पर तो वे थे ही। उन्होंने श्रोताओं को फिर से सम्बोधित करना शुरू किया, "मित्रों, आप इन्हें नहीं पहचान रहे होंगे। कुछ लोग पहचान भी रहे होंगे। आप 'प्रयागपीठाधीश्वर' की पत्नी श्रीमती साधना जी हैं। आज से ये 'गुरुमाता' कहलाएँगी। आप लोग जोरदार तालियाँ बजाकर इनका स्वागत करें।" जोरदार तालियाँ बजने लगीं। कई युवा किस्म के कमीनिस्ट नारा भी लगाने लगे—"गुरुमाता की जय", "गुरुमाता की जय", "गुरुमाता की जय", "गुरुमाता की जय", "...की ज्जै", "...की ज्जै"....। साधना के कलेजे को ठंडक मिली। अब जाकर उसको अपना अधिकार मिला। वह श्रोताओं/दर्शकों की ओर मुसकराते हुए हाथ जोड़कर खड़ी थी। जैसे उनका अभिवादन कर रही हो। वह मंच से उतर ही नहीं रही थी। दामवर जी ने मन ही मन दाँत पीसा, 'यह ससुरी मानेगी नहीं। मंच पर इसको बैठाने की व्यवस्था करनी ही पड़ेगी।' वे माइक पर फिर से बोलने लगे, "मंच की व्यवस्था देख रहे लोगों से अनुरोध है कि वे मंच पर एक और कुर्सी की व्यवस्था करने का कष्ट करें। उस कुर्सी पर 'गुरुमाता' विराजमान होंगी।...

दरअसल चूक मुझसे ही हो गयी। मुझे पहले ही मंच पर एक कुर्सी की और व्यवस्था कर लेनी चाहिए थी। मेरा 'गुरुमाता' की तरफ ध्यान नहीं गया, इसके लिए मैं 'गुरुमाता' से क्षमाप्रार्थी हूँ।'' एक अतिरिक्त कुर्सी के लिए दौड़भाग होने लगी। दामवर जी ने फिर मन ही मन दाँत पीसा, 'अरे साली कुतिया 'गुरुमाता'। अब इसको 'गुरुमाता' कहना पड़ेगा मुझे।' कुर्सी की व्यवस्था हो गयी। बीच में घृतनाथ का सिंहासन रखा था। उसके बायें तरफ दो कुर्सियाँ पहले से थीं, जिस पर दो लोग पहने से विराजमान थे। उसके बगल में खाली कुर्सी रख दी गयी। बिना किसी से कुछ पूछे साधना जल्दी-जल्दी उस पर जाकर बैठ गयी।

दामवर जी ने फिर माइक सँभाला, ''अब चार छात्राएँ आयेंगी और 'प्रयागपीठाधीश्वर' के सम्मान में एक गीत प्रस्तुत करेंगी। मैं चारों छात्राओं को मंच पर आमंत्रित करता हूँ। वे आयें और 'प्रयागपीठाधीश्वर' के सम्मान में अपना गीत प्रस्तुत करें।'' लाल साड़ी और लाल ब्लाउज पहने सजी-धजी चार छात्राएँ मंच पर आकर खड़ी हो गयीं। छात्राओं ने आते ही अपना गीत शुरू कर दिया—

प्रयागपीठाधीश्वर के श्रीचरणों में
भारत देश नमन करता है, भारत देश नमन करता है

अपने गीत से छात्राओं ने समाँ बाँध दिया। मंच के नीचे से हारमोनियम और तबला भी बज रहा था। खँजड़ी कहाँ साथ देने से चूकने वाली थी। एक नहीं चार-चार खँजड़ियाँ बज रही थीं। सारे श्रोता मंत्रमुग्ध होकर छात्राओं का गीत सुन रहे थे। मंच पर से ही दामवर जी ने श्रोताओं की तरफ इशारा किया कि वे हाथ जोड़ लें। सारे श्रोताओं ने तुरंत आज्ञा का पालन किया। सब श्रद्धापूर्वक हाथ जोड़कर बैठ गये। छात्राओं का गीत पूरा स्तुति-गीत था, जो प्रयागपीठाधीश्वर के सम्मान में गाया जा रहा था। गीत पूरा होते ही सारे श्रोता अपनी-अपनी जगहों पर खड़े होकर ताली बजाने लगे। दामवर जी ने फिर माइक सँभाल लिया, ''उपस्थित महानुभवों अब 'श्री श्री 1008 जगद्गुरु कमीनिस्टाचार्य प्रयागपीठाधीश्वर' की आरती होगी। हिन्दुओं की तरह यह आरती कपूर जलाकर या घी की बत्ती जलाकर नहीं होगी। यह आरती मोमबत्ती से होगी। बड़ी थाली में जलती हुई मोमबत्ती रखकर मैं आरती करूँगा। ये छात्राएँ गायेंगी। आरती सम्पन्न हो जाने के बाद आरती की थाली आप लोगों की तरफ जाएगी। आप लोग जलती हुई मोमबत्ती को हाथ हिलायेंगे और आप जितना अधिकतम पैसा थाली में डाल सकें, उतना पैसा डालेंगे। आप द्वारा दिया गया यह पैसा हमारे मठ का सम्बल बनेगा। अब 'प्रयागपीठाधीश्वर' की आरती अक्सर हुआ करेगी। आपका यह नैतिक दायित्व होगा कि इस आरती में अधिक से अधिक पैसा डालें। आप अच्छी तरह जानते हैं कि बिना पैसे के कोई भी संस्था

सुचारु रूप से नहीं चल सकती। आपके आर्थिक सहयोग से ही यह मठ उन्नति कर सकेगा। आप देश के अन्य मठों को देखिए। सब आर्थिक रूप से कितने सम्पन्न हैं। उन मठों से मुकाबला करने के लिए या कहिए कि उनसे भी आगे निकलने के लिए यह अति आवश्यक है कि हमारा मठ आर्थिक रूप से अत्यन्त सम्पन्न बने। यह सम्पन्नता कैसे आयेगी? यह सम्पन्नता आयेगी आपके पैसों से। आप देश के अन्य मठों को देखिए। क्या उन मठों को बड़े-बड़े उद्योगपति पैसा दे रहे हैं? क्या उनके यहाँ आसमान से पैसा बरस रहा है? नहीं। उन मठों को पैसा दे रहे हैं, उन मठों में आस्था रखने वाले लोग। झूँसी में प्रयागपीठ का अस्थायी निर्माण किया जा चुका है। उसी जमीन पर भव्य प्रयागपीठ बनेगा। अब 'प्रयागपीठाधीश्वर' 'गुरुमाता' के साथ वहीं निवास करेंगे। उनकी सेवा में बहुत सारे शिष्य भी रहा करेंगे। वहाँ पर हर विभाग की व्यवस्थित रूप से स्थापना की जाएगी। आप लोग वहाँ अधिक से अधिक संख्या में पहुँचकर दान दें। खुद भी जाएँ और अपने मित्रों को भी लिवा जाएँ। देश भर से कमीनिस्ट वहाँ पहुँचें। 'प्रयागपीठाधीश्वर' का दर्शन करके उनका आशीर्वाद भी लें और पीठ को अधिक से अधिक दान दें। आप लोग चाहे नौकरी करते हों या अन्य काम करते हों। आपको चाहिए कि आप महीने भर में जितना कमाते हैं, उसमें से अपने लिए सिर्फ उतना रखें, जितने में खींचतान कर आपका खर्च चल जाय। बाकी सारा पैसा आप मठ को दे दें। ध्यान रखें, लोगों के बलिदान से ही कोई संस्था पुष्पित और पल्लवित होती है। प्रयागपीठ की स्थापना के लिए और उसकी उन्नति के लिए हमें और आपको, सबको बलिदान देना पड़ेगा। आप कम से कम में अपना गुजर-बसर करिए और ज्यादा से ज्यादा पीठ को दान दीजिए। 'प्रयागपीठाधीश्वर' के आशीर्वाद से आपको कभी किसी चीज की कमी नहीं होगी। आपका परिवार धन-धान्य से परिपूर्ण रहेगा। आपके घर में जल्दी कोई बीमार नहीं होगा।...अब मैं छात्राओं से आग्रह करता हूँ कि वे माइक पर आयें और आरती गायें। शिष्यों से अनुरोध है कि वे आरती की थाली तुरंत मेरे पास लेकर आयें।'' शिष्य आरती की थाल लेकर तुरंत मंच के पास आ गये। शिष्यों को पहले से पता था कि कब क्या होना है और उसके लिए किस तरह तैयार रहना है! आरती के लिए थाली नहीं बल्कि एक थाल को सजाया गया था। प्रयागपीठाधीश्वर की आरती के बाद सबको उसमें पैसे डालने थे। थाल ऐसा था, जिसमें ज्यादा से ज्यादा पैसा समा सके। थाल के बीचोंबीच एक बड़ी और मोटी सी मोमबत्ती चिपकायी हुई थी। मोमबत्ती को जला दिया गया। दामवर जी थाल को दोनों हाथों से पकड़कर प्रयागपीठाधीश्वर की आरती करने लगे। छात्राएँ फिर से माइक पर आ गयीं और आरती गाने लगी—

प्रयागपीठाधीश्वर की आरती करो
उनके चरणकमल पर अपना शीश धरो

मंच के नीचे से फिर हारमोनियम, तबला और खँजड़ी बजने लगे। सभी श्रोता/दर्शक अपने-अपने स्थान पर खड़े हो गये और अपनी तालियों से आरती की धुन के साथ संगत करने लगे। छात्राएँ बड़ी श्रद्धा से, बड़ी सुरीली आवाज में आरती गा रही थीं। श्रोता भी बड़ी श्रद्धा से ताली बजा रहे थे। मंच पर बैठे तीनों भारतीय अतिथि भी खड़े हो गये थे और ताली बजा रहे थे। मंच पर बैठा विदेशी मेहमान शान से बैठा हुआ था और सारा तमाशा देख रहा था। घृतनाथ को उसका बैठा रहना अच्छा नहीं लग रहा था। उसका बैठा रहना उन्हें अपनी शान में गुस्ताखी लग रहा था। वे बार-बार कसमसाकर उसकी ओर देख रहे थे, लेकिन उस पर कोई असर नहीं पड़ रहा था। वह इस घमंड में अकड़कर बैठा हुआ था कि यह सारा नाटक मेरे देश की सरकार द्वारा दिये गये पैसे के बल पर हो रहा है। थाल पकड़कर हाथ हिलाते-हिलाते दामवर जी का हाथ दुःखने लगा था। वे मन ही मन झल्ला रहे थे, 'पता नहीं किसने छात्राओं को यह आरती तैयार करायी है? खत्म होने का नाम ही नहीं ले रही है। यह दिन भी देखना था। मुझे घृतनाथ जैसे अपने चमचे की आरती करनी पड़ रही है।

आरती सम्पन्न हो गयी। दामवर जी ने आरती की थाल जल्दी से शिष्यों को पकड़ा दी। उनकी जान में जान आयी। उन्होंने जेब से दस हजार रुपये निकाले और मोमबत्ती की ओर बाय-बाय वाले अन्दाज में हाथ हिलाया। उन्होंने रुपये थाल में डाल दिये। मंच पर उपस्थित चारों अन्य अतिथियों ने भी मज़बूरी में वही किया। सबने मोमबत्ती को हाथ हिलाया और अपने-अपने पास से दस-दस हजार रुपये निकालकर थाल में डाला। घृतनाथ मन ही मन मस्त हो रहे थे और अपनी पीठ ठोंक रहे थे, 'वाह मैं वाह! कभी सपने में भी नहीं सोचा था कि जीवन में ऐसी खुशी का दिन आयेगा।' आरती की थाल मंच के पास पैसे बटोरते हुए श्रोताओं की तरफ बढ़ चली। दामवर जी थाल पर पैनी निगाह गड़ाये हुए थे। वे देख रहे थे कि थाल में कौन कितना पैसा डाल रहा है। हर पैसा डालने वाला देख रहा था कि दामवर जी देख रहे हैं। मजबूरन जिसकी जेब में जितना पैसा था, उसमें से काम भर को बचाकर, सब थाल में डाल दे रहा था। थाल आगे की ओर अच्छी कमाई कर रही थी। दामवर जी मन ही मन प्रसन्न हो रहे थे। उन्हें पीठ के लिए ज्यादा से ज्यादा पैसों की जरूरत थी। वैसे तो वे आश्वस्त थे कि हिमालय पार का देश उन्हें पैसे की कभी कमी नहीं होने देगा। बशर्ते पीठ उस देश द्वारा निर्धारित एजेण्डे पर चलता रहे। लेकिन उन्हें एक भय सता रहा था। खुदा न खास्ता उस देश की जनता ने भी कमीनिज्म की चूलें हिला दीं और उस देश में भी कमीनिज्म ध्वस्त हो

गया, तब क्या होगा? बाकी कोई इतना बड़ा और सम्पन्न कमीनिस्ट देश दुनिया में नहीं बचा है जो इतनी बड़ी जिम्मेदारी सम्हाले। देश के अन्य मठों की तरह हमें भी आन्तरिक आर्थिक स्रोत खोजने पड़ेंगे, जिससे भारत की कमीनिस्ट परम्परा नष्ट न होने पाये। भारत के कमीनिज्म मठों में कमीनिज्ट परम्परा बची रहेगी तो धरती से कमीनिज्म कभी समाप्त नहीं होगा।

घृतनाथ ने धीरे से पीछे से दामवर जी की धोती खींची। दामवर जी ने पलटकर पीछे देखा। वे घृतनाथ के एकदम करीब खड़े हो गये, "क्या है?" घृतनाथ ने उन्हें अपना कान मुँह के पास लाने का इशारा किया। दामवर जी ने अपना कान घृतनाथ के मुँह के पास कर दिया। घृतनाथ ने कहा, "प्यास लगी है। पानी मिल जाएगा?" दामवर जी ने अपना मुँह उनके कान के पास ले जाकर कहा, "आप अपनी बकलोईई से बाज नहीं आयेंगे। आप इस समय 'जगद्गुरु कमीनिस्टाचार्य' हैं। आपको धीरे, गम्भीर, दृढ़निश्चयी बनकर बैठे रहना है। प्यास को रोके रहिए वर्ना देखने वालों पर खराब प्रभाव पड़ेगा। बनने चले हैं जगद्गुरु और थोड़ी देर प्यास नहीं रोक पा रहे हैं?" घृतनाथ धीरे से बोले, "एक गिलास पानी पिलवा दीजिए नहीं तो चक्कर आ जाएगा।" दामवर जी खिसिया गये। वे अपना मुँह घृतनाथ के कान के पास ले आये और खिसिया कर बोले, "लौंडिया का मूत पिओगे?" व्यवस्था करूँ? आपकी हमेशा से वही पीने की आदत रही है। आदमी की आदत तो कभी सुधरती नहीं।...रुको अच्छा पानी की व्यवस्था करता हूँ नहीं तो आप नाक कटवा देंगे।" दामवर जी माइक पर आ गये, "आप लोग इसी तरह आरती लेते रहिए। मुझे यह देखकर बहुत प्रसन्नता हो रही है कि कमीनिज्म की प्रयागपीठ को लेकर आप इतने उत्साहित हैं और साथ ही कमीनिज्म के प्रति आप में कितनी श्रद्धा है। अभी एक कर्मकाण्ड बचा हुआ है, तब तक मैं उसे पूरा करवा लेता हूँ। 'प्रयागपीठाधीश्वर' अभी आचमन करेंगे। यह अन्तिम रस्म है। बिना इस रस्म के पूरा हुए, 'प्रयापीठाधीश्वर' अपने सिंहासन से उठ नहीं सकते। आचमन कर लेने बाद वे सिंहासन पर से उठ सकते हैं। वैसे अभी तुरन्त उठना आवश्यक नहीं है। 'प्रयापीठाधीश्वर' अपनी इच्छानुसार उठेंगे।" दामवर जी का यह भय व्याप्त हो गया कि पानी पी लेने के बाद घृतनाथ कहीं यह न कहने लगे कि मुझे पेशाब करने जाना है। इसलिए उन्होंने घृतनाथ के उठने की व्यवस्था बना दी। उन्होंने शिष्यों से एक गिलास पानी लाने के लिए कहा। शिष्यों ने जल्दी से एक गिलास पानी की व्यवस्था की। दामवर जी वह पानी विदेशी अतिथि को दिया और उनसे अनुरोध किया कि यह पानी आप 'प्रयापीठाधीश्वर' को दे दीजिए। विदेशी अतिथि हिन्दी नहीं जानता था, लेकिन अंग्रेजी जानता था। उससे सारा संवाद अंग्रेजी में ही हो

रहा था। उसने पानी का गिलास घृतनाथ की ओर बढ़ा दिया। घृतनाथ गटागट सारा पानी पी गये। इसके साथ ही आचमन की रस्म पूरी हो गयी।

दामवर जी ने फिर माइक सँभाला, " कार्यक्रम की अन्तिम कड़ी में मैं 'श्री श्री 1008 जगद्गुरु कमीनिस्टाचार्य प्रयागपीठाधीश्वर' से अनुरोध करूँगा कि वे यहाँ उपस्थित जनसमूह को आशीर्वाद देते हुए दो शब्द कहें।" घृतनाथ सिंहासन से उठकर खड़े हो गये और जाकर माइक सँभाला। सभागार एक बार फिर करतल ध्वनि से गूँज उठा। घृतनाथ ने बोलना शुरू किया, "सर्वप्रथम तो मैं यहाँ उपस्थित समस्त लोगों को शुभ आशीर्वाद देता हूँ। वे हमेशा प्रसन्न रहें और उनका परिवार खूब फले-फूले। आज से मुझे देश की अथवा कह लीजिए विश्व की एक बहुत बड़ी जिम्मदारी दी गयी है। कमीनिज्म रूपी वृक्ष की जड़ें मुझे इतनी गहराई तक गाड़नी हैं कि वृक्ष कभी मुरझाने न पाये और हमेशा खूब फलता-फूलता रहे। जिन लोगों ने मेरे ऊपर इतना बड़ा विश्वास व्यक्त किया, उनका मैं आभारी हूँ। मैं दामवर जी का विशेष आभारी हूँ क्योंकि उन्हें इस बात का पूरा विश्वास है कि प्रयागपीठ मेरे नेतृत्व में बहुत उन्नति करेगा। मैं विदेश से आये अतिथि महोदय का भी बहुत आभारी हूँ क्योंकि उनके देश को पूरा विश्वास है कि भारत के बुद्धिजीवियों के नेतृत्व में कमीनिज्म बौद्धिक रूप से हमेशा के लिए सुरक्षित रहेगा। अगले वर्ष प्रयाग में कुम्भ मेला लगने वाला है। मैं पूरा प्रयास करूँगा कि उसके पूर्व एक कमीनिस्ट आखड़े का भी निर्माण हो जाय। हमारा यह अखाड़ा भी देश के अन्य अखाड़ों की तरह कुम्भ में शाही स्नान करेगा और हमारा प्रयास होगा कि शाही स्नान के लिए निकलने वाले जुलूस में हमारे अखाड़े का जुलूस सबसे आकर्षक और भव्य हो...।" सभागार में जोरदार तालियाँ बजने लगीं। घृतनाथ को अपना भाषण थोड़ी देर के लिए रोकना पड़ा। तालियों की आवाज़ थमते ही वे फिर शुरू हो गये, "कुम्भ मेले में प्रयागपीठ का शिविर भी लगेगा। हम प्रशासन से ज्यादा बड़ी जमीन की माँग करेंगे। हमारा शिविर इतना बड़ा होना चाहिए कि उसमें देश भर से आये कमीनिस्ट श्रद्धालु आराम से रुक सकें और उसमें शाम को विभिन्न कमीनिस्ट विद्वानों का प्रवचन भी हो सके। हमारे विद्वानों के प्रवचन इतने उच्चकोटि के होंगे कि कुम्भ मेले में आये तमाम श्रद्धालुओं की भीड़ प्रवचन सुनने के लिए हमारे पंडाल में टूट पड़ेगी। बाकी सारे शिविरों की चमक हम फीकी कर देंगे...।" फिर तालियाँ। फिर घृतनाथ के भाषण में व्यवधान। यह व्यवधान घृतनाथ को प्रमुदित कर दे रहा था। वे 'वाह मैं वाह' वाले अंदाज़ में आ जाते थे। व्यवधान दूर होते ही वे फिर शुरू हुए, "हमारे जितने कमीनिस्ट भाई-बंधु हैं, वे आज के समय में एक समस्या से बहुत चिन्तित हैं। वह समस्या यह है कि धीरे-धीरे देश में धार्मिक असहिष्णुत बढ़ रही है। देश

की धर्मनिरेपक्षता के समक्ष हिन्दू साम्प्रदायिक ताकतें खतरा बन रही हैं। देश की एक राजनीतिक पार्टी और उसका सहयोगी संगठन देश के धर्मनिपेक्ष ताने-बाने को छिन्न-भिन्न करने के लिए आमादा है। दोनों मिलकर हिन्दुओं को साम्प्रदायिक बनने के लिए उकसा रहे हैं। वैसे तो हिन्दू धर्म इतनी जातियों और उपजातियों में बँटा हुआ है कि वह अपने जातीय वैमनस्य और संघर्ष से ही पार नहीं पा सकता, फिर भी बुद्धिजीवियों की चिन्ता जायज है। देश में बढ़ रही हिन्दू साम्प्रदायिकता से हमें सतर्क रहना होगा। गाँधी जी की हत्या में शामिल ये साम्प्रदायिक ताकतें धीरे-धीरे देश में जड़ तो जमा ही रही हैं, इसके साथ ही देश में एक समस्या और सर उठा रही है। वह है भगवा आतंकवाद की समस्या। देश के हमारे बुद्धिजीवी इस भगवा आतंकवाद से भी चिन्तित हैं। जहाँ तक मेरा अपना मानना है, हमें भगवा आतंकवाद से डरने की बहुत जरूरत नहीं है। हिन्दू धर्म के लोगों को हम अगर हिन्दू जाति कहें तो हमें यह मानना पड़ेगा कि हिन्दू जाति एक बहुत ही डरपोक जाति है। भगवा आतंकवाद तभी तक सर उठायेगा, जब तक उसे सत्ता का संरक्षण प्राप्त रहेगा। इतिहास गवाह है कि भारत पर जब-जब जाँबाज धर्मनिरपेक्ष ताकतों ने हमला किया, हिन्दू जाति उससे मुकाबला करने की हिम्मत नहीं जुटा पायी। जब-जब भारत पर हमला हुआ, हिन्दुओं ने मुकाबला करने के बजाय, अपनी गठरी समेटकर भागने को प्राथमिकता दी। हिन्दुओं को जब भी पता चलता था कि देश पर हमला हुआ है, वे अपने सारे जरूरी सामान पोटली में भरने लगते थे। उसके बाद वे अंदाजा लगाते थे कि हमलावर ज्यादा से ज्यादा कहाँ तक जा सकता है? वे अपनी पोटली समेटकर परिवार सहित उससे भी दूर भाग जाय करते थे, जिससे उनकी जान बच जाय। इतिहास गवाह है कि इस देश को अनेक बार धर्मनिरपेक्ष ताकतों ने लूटा है और हिन्दू हमेशा अपनी जान बचाकर भागते रहे। ऐसी डरपोक जाति क्या खाकर आतंकवादी बनेगी? इसलिए हमें भगवा आतंकवाद से डरने की बहुत जरूरत नहीं है। इस समय भी देश में हिन्दू जाति की रक्षा का काम सेना और अर्ध-सैनिक बलों के लोग ही कर रहे हैं। देश में धर्मनिरपेक्ष अल्पसंख्यक शक्तियों की संख्या पर्याप्त मात्रा में बढ़ चुकी है। अगर सेना और अर्ध-सैनिक बलों को हटा लिया जाय तो ये धर्मनिरपेक्ष अल्पसंख्यक लोग साम्प्रदायिक हिन्दुओं को पीट-पीटकर धर्मनिरपेक्ष अल्पसंख्यकों में समाहित कर लें। सेना और अर्धसैनिक बल भी भविष्य में कुछ नहीं कर पायेंगे। धर्मनिरपेक्ष अल्पसंख्यकों की जनसंख्या इसी तरह बढ़ती रही तो भविष्य में धर्मनिरपेक्ष अल्पसंख्यकों और साम्प्रदायिक हिन्दुओं में गृहयुद्ध अवश्यम्भावी है। फिर आप देखियेगा। धर्मनिरपेक्ष अल्पसंख्यक जाँबाज हैं। वे साम्प्रदायिक हिन्दुओं को पीट-पीटकर धर्मनिरपेक्ष बना देंगे। फिर साम्प्रदायिक भारत

देश धर्मनिरपेक्ष पाकिस्तान जैसा हो जाएगा...।'' अचानक दामवर जी अपने स्थान से उठे और आकर घृतनाथ के कान मे फुसफुसाने लगे, ''आपकी लंठई जाएगी नहीं। आप जो बक रहे हैं, वह सब सार्वजनिक रूप से कहने की चीजें हैं? अपने भाषण की दिशा बदलिए और जल्दी भाषण समाप्त करिए।''

घृतनाथ हड़बड़ा गये। उन्होंने अपने भाषण की दिशा बदल दी, ''प्रयाग में अगले साल संगम के तट पर जो कुंभ मेला लगने जा रहा है, उसमें हमें अपनी जोरदार उपस्थिति दर्ज करानी है। पूरी दुनिया से कई करोड़ लोग कुंभ में आयेंगे। सबको पता चल जाना चाहिए कि कमीनिज्म का मठ बन चुका है और उसके जगद्‌गुरु भी स्थापित हो चुके हैं। उसका अपना आखाड़ा भी बन चुका है। आप देखिएगा। सारे शंकराचार्यों को पछाड़ते हुए मैं कमीनिज्म की ध्वजा सबसे ऊपर फहरा दूँगा। हम खुली घोषणा कर देंगे कि जिसे भी कमीनिज्म की महानता में शंका हो, वह आकर हमसे शास्त्रार्थ करे। हम सबको मटियामेट कर देंगे। हमारे अखाड़े के साधु अन्य सारे अखाड़ों की संयुक्त शक्ति पर भारी पड़ेंगे। अन्त में एक शेर से मैं अपनी बात समाप्त करता हूँ—

वक्त आने पर दिखा देंगे ऐ तुझको आसमाँ,
हम अभी से क्या बताएँ क्या हमारे दिल में है।

सारा सभागार तालियों की गड़गड़ाहट से गूँज उठा। काफी देर तक तालियाँ बजती रहीं। घृतनाथ आकर सिंहासन पर बैठ गये। दामवर जी ने फिर माइक सँभाल लिया, ''इसके साथ सभागार का कार्यक्रम सम्पन्न होता है। झूँसी में कमीनिज्म की अस्थायी प्रयागपीठ बन चुकी है। अब यहाँ से प्रयागपीठ, झूँसी तक एक शोभायात्रा निकलेगी। विश्वविद्यालय के गेट के बाहर सात हाथी खड़े हैं। एक हाथी को विशेष रूप से सजाया गया है। उस पर 'श्री श्री 1008 जगद्‌गुरु कमीनिस्टाचार्य प्रयागपीठाधीश्वर' बैठेंगे। सबसे आगे के हाथी पर एक कमीनिस्ट कार्यकर्ता प्रयागपीठ का बड़ा सा ध्वज लेकर बैठेगा। उसके बाद वाले हाथी पर प्रयागपीठाधीश्वर विराजमान होंगे। प्रयागपीठाधीश्वर के पीछे विदेशी अतिथि महोदय रहेंगे। उसके बाद के हाथी पर मैं रहूँगा। मेरे पीछे गुरुमाता का हाथी रहेगा। उसके पीछे दो हाथी और रहेंगे। उन दोनों हाथियों पर मंच पर उपस्थित दोनों अतिथि रहेंगे। इस शोभायात्रा में जो लोग शामिल होना चाहें, वे सातों हाथियों के पीछे-पीछे चलें। चाहे पैदल, चाहे अपने वाहन से। जो न चल सके, उनके साथ कोई जबर्दस्ती नहीं है।''

सब लोग उठ-उठकर गेट के बारह आने लगे। गेट के बाहर एक के पीछे एक सात हाथी खड़े थे। हर हाथी पर एक-एक महावत था। दूसरे हाथी की पीठ पर सिंहासननुमा एक आसन बना हुआ था। उसे रंगबिरंगे फूलों और लाल वस्त्रों

से खूब सजाया गया था। साधना जाकर दामवर जी के कान में फुसफुसायी, "सर, कायदे से तो प्रयागपीठाधीश्वर के पीछे वाले हाथी पर गुरुमाता को बैठना चाहिए।" दामवर जी झल्लाकर बोले, "और जो देश हमारे ऊपर अकूत सम्पत्ति खर्च कर रहा है, उसके आदमी को कहाँ पर बैठायें? कितने पैसे खर्च करोगी प्रयागपीठ बनने और उसे चलाने में? मैं देख रहा था ध्यान से। आरती में दस हजार रुपये डालते समय नानी मरी जा रही थी। जहाँ कह दिया है, वहाँ बैठ जाओ चुपचाप। मेरा एहसान मानो कि मैं तुम्हें हाथी पर बैठने दे रहा हूँ। न बैठने देता तो क्या कर लेती?" साधना का मुँह उतर गया। अचानक युवक जोर-जोर से नारे लगाने लगे, "लाल प्रणाम अमरे रहे" अमर रहे अमर रहे" "लाल प्रणाम अमर रहे" "अमर रहे अमर रहे" "लाल प्रणाम अमर रहे" "अमर रहे अमर रहे" "लाल प्रणाम अमर रहे" "अमर रहे अमर रहे"...

सभी लोग अपने-अपने हाथियों पर बैठ गये। दामवर जी के आदेश पर सभी महावतों ने अपने-अपने हाथियों को चलने का निर्देश दे दिया। सातों हाथी चल दिये। दामवर जी ने महावतों को पहले से ही समझा दिया था कि किन-किन रास्तों से होते हुए शोभायात्रा गुजरेगी। हाथियों के पीछे सैकड़ों मोटरसाइकिलें थीं। मोटरसाइकिल के पीछे कारें थी। बड़ा लम्बा काफिला बन गया। शोभायात्रा में शामिल लोग जोर-जोर से जयकारे लगा रहे थे—"प्रयागपीठाधीश्वर जी की" "ज्जै" "प्रयागपीठाधीश्वर जी की" "ज्जै" "कमीनिस्टाचार्य जी की" "ज्जै" "कमीनिस्टाचार्य जी की" "ज्जै" "दामवर जी की" "ज्जै" "दामवर जी की" "ज्जै"...

सड़क के दोनों ओर शोभायात्रा देखने के लिए भारी भीड़ जुट गयी थी। अधिकांश पुरुष और महिलाएँ प्रयागपीठाधीश्वर को देखकर हाथ जोड़ ले रहे थे। प्रयागपीठाधीश्वर भी लोगों को देखकर आशीर्वाद की मुद्रा में दाहिना हाथ उठा दे रहे थे। शोभायात्रा जिधर से गुजर रही थी, उधर भीड़ लग जा रही थी। महिलाएँ अपने-अपने छतों से पुष्पवर्षा कर रही थीं। जिसका फूल प्रयागपीठाधीश्वर के हाथी पर गिर जा रहा था, वह अपने का धन्य समझ रही थी। दामवर जी को लगा कि एक चूक हो गयी। शोभायात्रा के आगे-आगे बाजा बजाने के लिए किसी बैण्ड पार्टी की भी व्यवस्था कर लेनी चाहिए थी।

● कुंभ मेले में सिर्फ दो महीने बचे थे। शासन-प्रशासन मेले की तैयारी में युद्धस्तर पर जुटा हुआ था। सारे इलाहाबाद शहर को चमकाया जा रहा था। विशेषकर सड़कों का नवीनीकरण जोर-शोर से हो रहा था। देश-दुनिया से करोड़ो तीर्थयात्री और पर्यटक आने वाले थे। सरकार को अपनी छवि चमकानी थी। प्रयागपीठ में कमीनिस्ट अखाड़े का निर्माण हो चुका था और उसे पूरी तरह से व्यवस्थित रूप

दिया जा चुका था। प्रयाग में कमीनिज्म पीठ का निर्माण पूरी दुनिया की मीडिया में छाया हुआ था। देश भर में भारतीय मीडिया के लोग तो रोज ही प्रयागपीठ का चक्कर लगाते रहते थे कि शायद कोई नयी-ताजी रोमांचक खबर मिल जाय। पूरी दुनिया के लोग जान चुके थे कि कमीनिस्टों ने भारत में एक धार्मिक पीठ का निर्माण कर लिया है। हिमालय पार के देश से पीठ में खूब पैसा आ रहा था। भारत के कमीनिस्ट भी भारी संख्या में प्रयागपीठाधीश्वर के दर्शन करने आ रहे थे और खूब चढ़ावा चढ़ा रहे थे। कमीनिज्म की प्रयागपीठ आर्थिक रूप से बहुत सम्पन्न पीठ बन चुकी थी और उसे पैसे की अब कोई कमी नहीं थी। भव्य और स्थायी प्रयागपीठ का निर्माण अभी नहीं हो पाया था। उसका नक्शा बन चुका था और वह नक्शा प्रशासन ने पास भी कर दिया था। इस समय सबसे अच्छी बात यह थी कि केन्द्र में और प्रदेश में, दोनों जगह, धर्मनिरपेक्ष पार्टियों की सरकारें थीं, अतः कमीनिस्टों के किसी भी काम में किसी भी प्रकार का कोई अड़ंगा नहीं लग रहा था। सरकार के स्तर से उनके सारे काम धड़ाधड़ हो रहे थे। कमीनिस्ट एक कारण से राजनीतिक रूप से बहुत फायदे में रहते थे। उनके पास बुद्धिजीवियों की पूरी फौज थी। भारत की सारी धर्मनिरपेक्ष पार्टियाँ बुद्धिजीवियों की दृष्टि से कंगाल थीं। किसी राजनीतिक पार्टी के पास अपने बुद्धिजीवी ही नहीं थे। सबके पास सिर्फ नेता थे। मजबूरी में सारी धर्मनिरपेक्ष राजनीतिक पार्टियाँ कमीनिस्ट बुद्धिजीवियों को अपनी पार्टी का बुद्धिजीवी मानती थीं। इसीलिए सत्ता में धर्मनिरपेक्ष पार्टियों के रहने पर कमीनिस्ट बुद्धिजीवियों की पाँचों अँगुलियाँ घी में रहती थीं।

एक दिन प्रेस क्लब में प्रयागपीठाधीश्वर ने एक संवाददाता-सम्मेलन आयोजित किया। उसमें उन्होंने घोषणा की कि इस कुम्भ मेले में कमीनिज्म की प्रयागपीठ का भी शिविर लगेगा, जिसमें 'श्री श्री 1008 जगद्गुरु कमीनिस्टाचार्य प्रयागपीठाधीश्वर' विराजमान रहेंगे। शिविर के साथ कमीनिस्ट अखाड़ा भी इस मेले मे भाग लेगा और अन्य अखाड़ों के साथ वह भी शाही स्नान करेगा। अगले दिन उनके इस बयान की हिन्दू साधु-सन्तों में भयंकर प्रतिक्रिया हुई। अखिल भारतीय अखाड़ा परिषद् के अध्यक्ष ने जवाबी संवाददाता-सम्मेलन आयोजित किया। उन्होंने कहा कि समस्त अखाड़ों की स्थापना आदि शंकराचार्य ने की है। आदि शंकराचार्य ने दस अखाड़ों की स्थापना की है, जिसे दसनामी अखाड़ा कहा जाता है। बाद में शास्त्रसम्मत तीन और अखाड़ों की स्थापना हुई। ये अखाड़े हिन्दू धर्म की सेना हैं। आदि शंकराचार्य ने निर्देशित किया है कि जब-जब हिन्दू धर्म पर संकट खड़ा हो, इन अखाड़ों के साधु अस्त्र-शस्त्र ग्रहण करके हिन्दू धर्म की रक्षा करें। हम शंकराचार्य के आदेशों का पालन करने के लिए तत्पर रहते हैं। जगद्गुरु शंकराचार्य ने भारत में सिर्फ

चार पीठों की स्थापना की थी, जिसमें से प्रयाग में कोई पीठ नहीं स्थापित हुई थी। चूँकि ये अपने को 'जगद्गुरु शंकराचार्य' न कहकर 'जगद्गुरु कमीनिस्टाचार्य' कह रहे हैं, अतः कुंभ मेले में यदि इनकी पीठ का शिविर लगता है तो हम विरोध नहीं करेंगे। परन्तु मेले में हम किसी नये अखाड़े को कदापि नहीं घुसने देंगे। हम खून की नदियाँ बहा देंगे, चारों तरफ लाशें बिछा देंगे, अपनी जान दे देंगे लेकिन मेले में कोई नया अखाड़ा नहीं बनने देंगे। दरअसल कमीनिस्ट अखाड़े की स्थापना ही हिन्दू धर्म में फूट डालने के लिए की गयी है। कमीनिस्ट नास्तिक होते हैं। वे ईश्वर, आत्मा आदि में नहीं विश्वास करते। कुंभ मेला हिन्दू धर्म, अध्यात्म और आस्था का मेला है। यहाँ कमीनिस्टों का क्या काम? हम यही बहुत बड़ा एहसान कर रहे हैं कि कुंभ मेले में कमीनिस्टों का मठ स्थापित होने दे रहे हैं। इसका हम नहीं विरोध कर रहे हैं। परन्तु अखाड़ा लगाये जाने पर रणभेरी बजेगी। भयानक संग्राम होगा। हम खून की नदियाँ बहा देंगे।

कुंभ मेले पर राज्य सरकार और केन्द्र सरकार सीधे नज़र रखे हुए थे। कुंभ मेले का सफल अयोजन सरकार की इज़्ज़त का सवाल था। शासन-प्रशासन में हड़कम्प मच गया। कुम्भ मेले की सफलता पर सन्देह के बादल छाने लगे। अखिल भारतीय अखाड़ा परिषद् के अध्यक्ष को मुख्यमंत्री ने ससम्मान लखनऊ आमंत्रित किया। दोनों में लम्बी मंत्रणा हुई। अन्त में मुख्यमंत्री ने अखिल भारतीय अखाड़ा परिषद् के अध्यक्ष को यह आश्वासन दिया कि मेले में कमीनिस्टों के अखाड़े को नहीं बसाया जाएगा। दरसअसल इस से कम किसी भी बात पर अखाड़ा परिषद् के अध्यक्ष तैयार ही नहीं हो रहे थे। इलाहाबाद लौटकर अखिल भारतीय अखाड़ा परिषद् के अध्यक्ष ने मीडिया के समक्ष विजय का शंखनाद कर दिया और बताया कि मुख्यमंत्री ने कहा है कि मेले में कमीनिस्ट अखाड़े को नहीं बसने दिया जाएगा। दरअसल मुख्यमंत्री सोच रहे थे कि कमीनिस्ट तो अपने ही लोग हैं। उन्हें मैं समझा-बुझाकर राजी कर लूँगा। उन्हें विश्वास था कि वे कमीनिज्म के बड़े लोगों पर दबाव डालकर छोटों को वश मे कर लेंगे। लेकिन उल्टा हो गया। कमीनिज्म के बड़े लोग उन पर दबाव बनाने लगे कि कुंभ मेले में कमीनिस्ट अखाड़े को भी बसाया जाय। यह कमीनिस्टों की इज़्ज़त का सवाल है। प्रयागपीठाधीश्वर ने भी संवाददाता-सम्मेलन करके रणभेरी बजा दी। उन्होंने कहा कि कमीनिस्ट अखाड़ा भी कुंभ मेले में खून की नदियाँ बहाने को तैयार है। हम किसी से डरते नहीं। तेरहों अखाड़े से हम अकेले की मुकाबला करेंगे। दस अखाड़ों को चारों शंकराचार्य की सेना के तौर पर मान्यता प्राप्त है। कमीनिस्ट अखाड़ा भी कमीनिस्टाचार्य की सेना है। हम भी मर-कट जाएँगे, परन्तु पीछे नहीं हटेंगे।

राज्य सरकार और केन्द्र सरकार, दोनों दुविधा में पड़ गये। दोनों सरकारों पर कमीनिस्टों का बहुत ज्यादा दबाव था। अन्ततः मुख्यमंत्री ने एक रणनीति बनायी। उन्होंने खुफिया विभाग को आदेश दिया कि अखिल भारतीय अखाड़ा परिषद् के अध्यक्ष का सारा कच्चा चिट्ठा एकत्र करो। यह ऐसे नहीं मानेगा। खुफिया विभाग मुस्तैदी से अपने काम में जुट गया।

मुख्यमंत्री ने अखिल भारतीय अखाड़ा परिषद् के अध्यक्ष को फिर मिलने के लिए बुलवाया। वे उनके सामने एक-एक कागज प्रस्तुत करने लगे, "संत जी वैसे तो आप सन्यासी और ब्रह्मचारी हैं लेकिन ये सारी लिस्ट देखिए। ये देखिए आपकी रखैलों की लिस्ट। आपकी कौन रखैल कहाँ रहती है, इसमे यह भी दर्ज है। अब देखिए दूसरी लिस्ट। यह आपकी अवैध सन्तानों की लिस्ट है। कौन इस समय क्या कर रहा है, यह भी इसमें दर्ज है। यह रही तीसरी लिस्ट। इसमें आपकी सारी बेनामी सम्पत्तियों का रिकार्ड है। इस प्रकारण में आपको सीधे जेल भेजा जा सकता है, जिसमें आपको सजा हो सकती है। अब बताइए, कुंभ मेले में कमीनिस्टों का अखाड़ा लगने देंगे या नहीं?" अखाड़ा परिषद् के अध्यक्ष को काटो तो खून नहीं। वे एकदम चुप हो गये। मुख्यमंत्री उन्हें देखकर मन्द-मन्द मुस्करा रहे थे। कुछ देर बाद अध्यक्ष बोले, "मैं किसी तरह सभी अखाड़ों को इस बात के लिए मना लूँगा कि कमीनिस्ट अखाड़े को भी कुंभ मेले में स्थापित होने दिया जाय; लेकिन आपको भी एक मदद करनी पड़ेगी, अन्यथा कोई अखाड़ा मानने को तैयार नहीं होगा।" मुख्यमंत्री मुस्कराये, "मेरे लायक जो भी सेवा होगी, मैं जरूर करूँगा। आप आदेश करिए।" अध्यक्ष ने कहा, "आप कमीनिस्टों को इस बात के लिए मनाइए कि वे सभी सनातनी अखाड़ों के बाद शाहीस्नान करें। उनकी शोभायात्रा सबसे अन्त में निकले शाहीस्नान के लिए। कोई भी सनातनी अखाड़ा इस बात के लिए तैयार नहीं होगा कि कमीनिस्ट अखाड़ा उससे पहले शाही स्नान करे। निश्चित रूप से मार-काट हो जाएगी। आप किसी तरीके से कमीनिस्टों को समझा लीजिए तो बाकी काम मैं कर लूँगा।" मुख्यमंत्री बोले, "आप निश्चिन्त हो जाइए इसके लिए। इतना काम तो मैं कर लूँगा। कमीनिस्टों को सबसे अन्त में शाही स्नान करने के लिए मैं मना लूँगा।"

अखाड़ा परिषद् के अध्यक्ष इलाहाबाद लौटे। वे बहुत भयभीत और घबराये हुए थे। मुख्यमंत्री ने उनकी ऐसी नस दबा दी थी कि वे एकदम से सहम गये थे। उन्होंने सारे अखाड़ों के पदाधिकारियों की एक सभा बुलायी। सभा में उन्होंने अपनी बात रखी, "संतों, मुख्यमंत्री ने मुझे फिर वार्ता करने के लिए बुलाया था। उन्होंने मुझे धमकी दी है। उन्होंने कहा कि अगर कुंभ मेले में कमीनिस्टों को अपना अखाड़ा नहीं लगाने मिला तो सभी अखाड़ों को दुष्परिणाम भोगना पड़ेगा। सभी अखाड़ों के

पदाधिकारियों को किसी न किसी मामले में फँसाकर जेल भेज दिया जाएगा। यह सभा इसीलिए बुलायी गयी है। आप लोग बताइए कि क्या किया जाय?'' एक संत भड़क गये, ''मुख्यमंत्री की ऐसी की तैसी। मुख्यमंत्री कौन होते हैं धार्मिक मामलों में हस्तक्षेप करने वाले? हम खुशी से जेल चले जाएँगे, लेकिन मेले में कमीनिस्टों का अखाड़ा नहीं स्थापित होने देंगे।'' अध्यक्ष बोले, ''आप लोग बात को गम्भीरता से समझने की कोशिश करिए। हम सभी लोग सहर्ष जेल जाने के लिए तैयार हैं। परन्तु मुख्यमंत्री के इशारे पर एक महिला आपके ऊपर बलात्कार का आरोप लगाये और आपको बलात्कार के आरोप में जेल जाना पड़े तो आपकी क्या इज़्ज़त रह जाएगी? आप लाख सफाई देंगे कि आरोप गलत है, लेकिन मीडिया वाले तो बात का बतंगड़ बना ही डालेंगे। आप तो देख ही रहे हैं कि मीडिया के लोग कितने जोर-शोर से कमीनिस्ट अखाड़े को समर्थन दे रहे हैं। देश ही नहीं दुनिया भर में उनकी कितनी सकारात्मक छवि बनायी जा रही है कि कमीनिस्ट अखाड़े के साधु बहुत विद्वान और बुद्धिजीवी हैं। वे हम लोगों की तरह पोंगापंथी नहीं है और बहुत तर्कसंगत ढंग से अपनी बात कहते हैं। दरअसल मीडिया में भी कमीनिस्टों की ही भरमार है। उन लोगों को हमारे खिलाफ़ कोई मसाला चाहिए। छोटी सी बात को भी वे राई से पहाड़ बना देंगे।'' सारे संत चुप हो गये। चुप क्या हुए, एक ढंग से सबकी बोलती बंद हो गयी। इज़्ज़त के साथ जेल जाने में किसी को आपत्ति नहीं थी, लेकिन बलात्कार या इस तरह के अन्य किसी घिनौने आरोप में जेल जाना? किसी की हिम्मत नहीं पड़ रही थी। काफी देर तक कोई कुछ नहीं बोला। अध्यक्ष फिर बोलने लगे, ''संतों, मुझे एक उपाय सूझ रहा है। हम मुख्यमंत्री की इस बात को मान लेते हैं कि कुंभ मेले में कमीनिस्टों के अखाड़े को भी स्थापित होने दिया जाय। लेकिन इसके साथ हम मुख्यमंत्री के सामने एक शर्त रख देते हैं। कमीनिस्ट अखाड़ा हम लोगों के सभी अखाड़ो के बाद शाही स्नान करेगा। अगर उन्होंने हमारे किसी भी अखाड़े के पहले शाही स्नान करने का प्रयास किया तो इस मेले में ही हम उन्हें गाजर-मूली की भाँति काट डालेंगे।'' सारे साधु-संत एक स्वर में इस बात पर मुहर लगाने लगे। तय हुआ कि अध्यक्ष जी ही सारे अखाड़ें की शर्त मुख्यमंत्री तक पहुँचायेंगे। अध्यक्ष इस बात के लिए खुशी-खुशी तैयार हो गये। इस शर्त को मुख्यमंत्री को बताने की जरूरत ही क्या थी? इस पर तो उनकी मुख्यमंत्री से पहले ही बात हो चुकी थी।

अध्यक्ष ने मुख्यमंत्री को फोन करके सारी बात बता दी। मुख्यमंत्री ने सहयोग करने के लिए उन्हें धन्यवाद दिया। अब मुख्यमंत्री कमीनिस्टों के आकाओं को समझाने बुझाने में लग गये। वे उसमें अपनी खूब बहादुरी झोंक रहे थे। वे उन्हें

समझा रहे थे कि सनातनी अखाड़े एकदम तैयार नहीं थे। कई चक्र की वार्ता के बाद मैंने उन्हें बहुत मुश्किल से मनाया। परन्तु उन्होंने भी एक शर्त रख दी है कि कमीनिस्ट अखाड़ा सारे सनातनी अखाड़ों के बाद शाहीस्नान करेगा। अब थोड़ा सा तो आप लोगों को भी झुकना पड़ेगा। आप लोगों को उनकी यह शर्त माननी पड़ेगी। थोड़ी सी ना-नुकुर के बाद कमीनिस्ट मान गये। मुख्य रूप से वे आधिकारिक ढंग से कुंभ मेले में प्रवेश चाहते थे और वह भी सभी हिन्दू धर्म गुरुओं की सहमति से। उनकी यह इच्छा पूरी हो गयी। अब कुंभ मेलों और अन्य बड़े धार्मिक आयोजनों में उनकी उपस्थिति हमेशा के लिए स्वीकृत और वैध हो गयी। अब वे हमेशा-हमेशा के लिए धार्मिक आयोजनों के अंग हो गये। भारतीय परम्परा में हमेशा के लिए उनकी उपस्थिति मान्य हो गयी। यह उनके लिए बहुत बड़ी ऐतिहासिक उपलब्धि थी, जिसके लिए वे प्रयासरत थे। धर्मनिरपेक्ष सरकार के रहते यह मुकाम उन्हें काफी आसानी से हासिल हो गया। इस साल कुंभ मेले में कमीनिस्ट मठ की शानदार उपस्थिति रहेगी और इस तरह से रहेगी, यह अगले कई दिनों तक मीडिया की प्रमुख खबर बनी रही। मीडिया की इन खबरों के बीच अचानक कमीनिस्टों के लिए सोने में सुहागा हो गया। हिमालय पार के देश से एक आधिकारिक घोषण कर दी गयी कि कुंभ मेले के प्रथम शाही स्नान में कमीनिस्ट अखाड़े के साथ वहाँ के विदेश मंत्री भी शाही स्नान करेंगे। कमीनिस्टों का जोश उफान मारने लगा। भारत के चारों शंकराचार्य कमीनिस्टों के मठ को अपने प्रतिद्वन्द्वी के रूप में देख रहे थे। इस घोषणा से वे बुझ जैसे गये। 'जैसे दिवस दीप छवि छूटे', अर्थात् जैसे सवेरा हो जाने पर दीपक की रोशनी श्रीहीन हो जाती है, वही स्थिति चारों शंकराचार्यों की हो गयी। उन्हें महसूस होने लगा कि कमीनिस्टों का मठ इस बार मेला लूट ले जाएगा। सारी दुनिया की मीडिया का ध्यान उन्हीं की ओर केन्द्रित रहेगा और हर तरफ वे ही चर्चा में रहेंगे। मीडिया वाले अभी से उनकी इतनी चर्चा कर हरे हैं कि आने वाले श्रद्धालु और पर्यटक उधर ही खिंचे चले जाएँगे। सरकार भी उन्हीं के साथ है। अपना महत्त्व बनाये रखने के लिए कुछ विशेष करना पड़ेगा, अन्यथा इस बार के मेले में हम लोग अप्रासंगिक हो जाएँगे।

● कुंभ मेला नजदीक आ गया। मकर संक्रान्ति अर्थात् चौदह जनवरी को पहला शाही स्नान था। मेले में ज्यादातर शिविर आबाद होने लगे। मकर संक्रान्ति के पूर्व बारी-बारी से एक-एक दिन एक-एक अखाड़े की मेले में पेशवाई होने लगी। पेशवाई में हर निर्धारित अखाड़ा बाजे-गाजे के साथ मेले में प्रवेश करता। उस अखाड़े के युवा साधु अस्त्र-शस्त्र भाँजते, अस्त्र-शस्त्रों से तरह-तरह के करतब दिखाते शोभायात्रा के पीछे-पीछे चलते रहते। अन्त में मेले में उस स्थान पर पहुँचते

जहाँ पर उन्हें जमीन आबंटित रहती। वहाँ पर सर्वप्रथम वे अपना ध्वज गाड़ते। ध्वज के बगल कुछ शस्त्र भी गाड़ देते। ध्वज की विधिपूर्वक पूजा होती। उसके बाद अखाड़ा अपने लिए आबंटित जगह में छोटा सा नगर बसाता। एक-एक कर सारे अखाड़ों की पेशवाई हो गयी। बचा सिर्फ कमीनिस्ट अखाड़ा। कमीनिस्ट अखाड़े की पेशवाई में आगे-आगे रथ पर खुद प्रयागपीठाधीश्वर जाना चाहते थे। जानकारों ने इसके लिए उन्हें सख्ती से मना किया। उन्हें बताया गया कि तीर्थों के राजा प्रयाग के समक्ष अखाड़ों की सेना एक-एककर पेश होती है। इसी को पेशवाई कहते हैं। एक ढंग से यह तीर्थराज को विभिन्न धार्मिक सेनाओं की सलामी है। इसमें शंकराचार्य भाग नहीं लेते, अतः कमीनिस्टाचार्य को भी भाग नहीं लेना चाहिए। यह अवश्य किया जा सकता है कि कमीनिस्ट अखाड़े की पेशवाई सबसे भव्य रहे। यही किया गया। कमीनिस्ट अखाड़े की पेशवाई में कई प्रदेशों के एक से एक ख्यातिलब्ध बैण्ड बुलाये गये। वे सभी शोभायात्रा के आगे-आगे बैण्ड बजाते चल रहे थे। बैण्ड के पीछे एक भव्य और सुसज्जित रथ चल रहा था। रथ को चार सफेद घोड़े खींच रहे थे। रथ पर अखाड़े के चार साधु अखाड़े का ध्वज लेकर बैठे थे। अयाताकार लाल रंग का बहुत बड़ा ध्वज था। रथ पर बैठे, पैदल चल रहे सभी साधु नाचते, गाते और उछलते हुए चल रहे थे। उनके उत्साह की लहर हिलोरें मार रही थी। सब से पीछे शास्त्रधारी साधु थे। उनके हाथों में विचित्र-विचित्र नामवाले हथियार थे। हथियारों के नाम थे जसले, प्रसले, जमस, चमस आदि। वे हथियार देखने में भी उतने ही विचित्र प्रकार के थे, जितने उनके नाम विचित्र थे। लोगों ने इन हथियारों को आज के पहले नहीं देखा था। साधु उन हथियारों से विचित्र-विचित्र करतब दिखा रहे थे। सब कुछ बड़ा कौतुकपूर्ण था। एक तरफ सब कुछ कवर करनके लिए मीडियावाले मारामारी कर रहे थे तो दूसरी तरफ सब कुछ देखने के लिए जनता मारामारी कर रही थी। टी.वी. के कई समाचार चैनलों पर कमीनिस्ट अखाड़े की पेशवाई का सीधा प्रसारण हो रहा था। अचानक एक साधु ने प्रसले हथियार से एक कैमरे पर जबर्दस्त प्रहार किया। उत्साह की तरंग में वह ऐसा कर गया। कैमरा क्षतिग्रस्त हो गया। उसके चैनल का प्रसारण बाधित हो गया। उस चैनल के लोग प्रसारण कक्ष में बैठे-बैठे अपने दर्शकों को बताने लगे कि यह सब किसी प्रतिद्वन्द्वी चैनल की करतूत है। वे हमसे बढ़त लेने के लिए हमारे प्रसारण में विघ्न पैदा करने का प्रयास कर रहे हैं। परन्तु हम हार नहीं मानेंगे और मेले में तुरन्त नये कैमरे की व्यवस्था करते हैं। देश के अधिकांश कमीनिस्ट इस समय अपने घरों में टी.वी. के सामने डटे हुए थे। मठाधीश कमीनिस्ट तो पल-पल की गतिविधि पर बारीकी से नज़र रखे हुए थे। मेले में अपने अखाड़े की पेशवाई

के प्रति लोगों का इतना उत्साह देखकर सब अभिभूत थे। कम से कम अपने पहले प्रर्दशन पर तो कमीनिस्ट अखाड़ा सारे अखाड़ों पर भारी पड़ ही गया।

हर मेले में विभिन्न पीठों के शंकराचार्य काफी देर में आते थे। मेला आठ-दस दिन बीत जाता तब। मेला समाप्त होने से काफी पहले वे चले भी जाते थे। इस बार ऐसा नहीं हुआ। चारों पीठों के शंकराचार्य नयी बनी पीठ के कमीनिस्टाचार्य को लेकर काफी चिन्तित थे। वह चारों तरफ बहुत चर्चा में थे। इसीलिए चारों पीठों के शंकराचार्य मकर संक्रान्ति के एक दिन पहले ही आकर कुंभ मेले में डट गये। प्रयागपीठाधीश्वर भी उसी दिन मेले में विराजमान हो गये। हिमालय पार के देश के विदेश मंत्री भी इलाहाबाद के सर्किट हाउस में आकर टिक गये। मकर संक्रान्ति के शाही स्नान में उनको भी भाग लेना था।

मकर संक्रान्ति अर्थात् चौदह जनवरी को कुम्भ मेले का पहला प्रमुख स्नान पर्व था। देश-विदेश के हिन्दू श्रद्धालु त्रिवेणी संगम में स्नान करने के लिए पधारे थे। कुम्भ मेला क्षेत्र में जिधर भी निगाह जाती, भीड़ का रेला ही दिख रहा था। चारों तरफ अथाह भीड़। भोर से ही लोग संगम में स्नान कर रहे थे और घूम-घूमकर यथाशक्ति दान दे रहे थे। प्रयाग में स्नान के साथ-साथ दान का भी विशेष महत्त्व होता है। कहा जाता है कि प्रयाग क्षेत्र में किया गया दान कई गुणा पुण्यफल के साथ व्यक्ति को वापस मिलता है। गँवई भीड़ ज्यादा थी। मकर संक्रान्ति के दिन काला तिल और काले तिल का गुड़ का लड्डू विशेष रूप से दान दिया जाता है। चारों तरफ दान-पुण्य हो रहा था। मेले में चारों तरफ लगे लाउडस्पीकरों से भजन प्रसारित हो रहा था। बीच-बीच में भजन रुक जाते और घोषणा होने लगती, "रज्जू की माँ चन्द्रावती मेले में कहीं खो गयी हैं। चन्द्रावती से अनुरोध है कि वे तुरन्त भूले-भटके शिविर में पहुँचने का कष्ट करें। रज्जू यहाँ पर आपका इंतज़ार कर रहे हैं। मेले में सक्रिय स्वंयसेवकों से अनुरोध है कि यदि किसी को चन्द्रावती मिलें तो उन्हें भूले-भटके शिविर में पहुँचाने का कष्ट करें।" फिर लाउडस्पीकरों पर भजन चालू हो जाता। भजन चार लाइन भी पूरा नहीं होता कि फिर आवाज गूँजने लगती, "जबलपुर के रहने वाले जगदीश प्रसाद के चाचा सरजू प्रसाद को लोग भूल-भटके शिविर में पहुँचा गये हैं। जबलपुर, मध्य प्रदेश के रहने वाले जगदीश प्रसाद जहाँ भी हों आकर अपने चाचा सरजू प्रसाद को भूले-भटके शिविर से ले जायँ।"

दिन निकल आया था। अखाड़े अपने-अपने शिविर से गाजे-बाजे के साथ शाही स्नान के लिए निकलने शुरू हो गये। पहला अखाड़ा शाही स्नान के लिए निकला। शिविर से लेकर संगम तक रास्ते के दोनों तरफ पुलिस और पी.ए.सी. के जवान मुस्तैद हो गये। उनके हाथ में डण्डे और रायफलें थीं। आगे-आगे तीन

हाथियों पर अखाड़े के प्रमुख सन्त बैठे हुए थे। सबसे आगे के हाथी पर सोने का छोटा सा सिंहासन रखा हुआ था। उस पर अखाड़े के न जाने कौन से संत राजा की भाँति शान से बैठे हुए थे। आगे बैण्ड बजता हुआ चल रहा था। तीनों हाथियों के पीछे संत चल रहे थे। उनके पीछे युवा साधु भाले, ढाल-तलवार आदि लेकर चल रहे थे। अपने हथियारों से वे तरह-तरह के करतब दिखाते चल रहे थे, जिससे शोभायात्रा एक जगह ही रुक जा रही थी। शाही स्नान के लिए अखाड़ा इंच-इंच खिसक रहा था। इसी दिन रास्ते में करतब दिखाने के लिए अखाड़े के साधु अपने हथियार से सालों अभ्यास करते थे। वे अपनी सारी कला प्रदर्शित करके रख दे रहे थे। रास्ते के दोनों तरफ मेले में आये श्रद्धालु श्रद्धाभाव से साधुओं के करतब देख रहे थे। मान्यता है कि कुंभ मेले में शाही स्नान के लिए जाते हुए साधुओं का दर्शन बड़े सौभाग्य से मिलता है। इसी कारण रास्ते के दोनों तरफ श्रद्धालु उमड़े पड़े थे और आपस में धक्कामुक्की कर रहे थे। सुरक्षा बलों को लोगों को पीछे धकेलने के लिए बड़ी मशक्कत करनी पड़ रही थी। अखाड़ा जरा सा आगे बढ़ जाता तो ग्रामीण औरतें रास्ते पर दौड़ पड़तीं। वे रास्ते पर से थोड़ी सी साधुओं के चरणों की धूल उठा लेतीं और उसे या तो किसी कागज की पुड़िया में सँभालकर रख लेंती या साड़ी के कोने में बाँध लेतीं।

एक अखाड़े के शाही स्नान करने में पर्याप्त समय लगा। उसके बाद दूसरा अखाड़ा शाही स्नान के लिए निकला। लगभग सबकी शोभायात्रा एक जैसी ही थी। हाँ, सबकी सजावट में थोड़ा सा यह प्रयास रहता था कि वे औरों से अगल दिखें। अखाड़ों की शोभायात्राा देखने की उत्सुकता लोगों में बराबर बनी हुई थी। देखने वाले कुछ लोग हटते तो उनकी जगह नये देखने वाले आकर खड़े हो जाते। कुछ देखने वाले जा रहे थे, कुछ देखने वाले आ रहे थे, जिसके कारण रास्ते के दोनों ओर भीड़ यथावत बनी हुई थी। मुसीबत सुरक्षा बलों की थी। वे लोगों को ठेलकर दूर कर रहे थे और श्रद्धालु धक्कामुक्की करके अन्दर घुसने की कोशिश कर रहे थे।

सबसे अन्त में कमीनिस्ट अखाड़ा शाही स्नान के लिए निकला। कमीनिस्ट अखाड़े की शोभायात्रा की छटा सबसे अलग थी। आगे-आगे तरह-तरह के वाद्य यन्त्र बज रहे थे। उसके पीछे शानदार सजा हुआ रथ था, जिसे चार घोड़े खींच रहे थे। रथ पर रत्नजटित एक सोने का भव्य सिंहासन रखा हुआ था। रथ पर मात्र एक लाल लँगोट पहने हिमालय पार देश की विदेशमंत्री बैठे हुए थे। उनके दायें-बायें एक-एक साधु खड़े थे जो उन्हें चँवर डुला रहे थे। दोनों साधु भी मात्र एक-एक लाल लँगोट पहने हुए थे। पूरी शोभायात्रा में एक भी साधु ऐसा नहीं था, जिसने लाल लँगोट के अलावा और कोई वस्त्र धारण कर रखा हो। लग रहा था विदेश

मंत्री को अच्छी तरह से ट्रेनिंग दी गयी थी। वे अपना एक हाथ लगातार आशीर्वाद की मुद्रा उठाये हुए थे। गाँवों के कम पढ़े-लिखे लोग, चाहे वे स्त्री हों या पुरुष, उन्हें दोनों हाथ जोड़कर बड़े श्रद्धाभाव से प्रणाम कर रहे थे। पढ़े-लिखे शहरी लोगों की प्रतिक्रिया भिन्न-भिन्न थी। जिनकी कमीनिज्म में आस्था थी वे दोनों हाथ जोड़कर प्रणाम कर रहे थे। संघी चिन्तित थे कि ये ससुरे यहाँ भी घुस गये, अब हम कहाँ जाएँगे? कुछ लोग मज़ा ले रहे थे और आपस में बात कर रहे थे, "इन सालों का नाटक देखो। पहले के लोगों ने सपने में भी कल्पना नहीं की होगी कि कमीनिस्ट यह सब भी करेंगे। कुछ लोग सब कुछ तटस्थ भाव से देख रहे थे। रथ के ठीक पीछे साधुओं की एक बड़ी टोली नाचते-गाते, नारा लगाते हुए चल रही थी। कभी वे नारा लगाते—"लाल प्रणाम अमर रहे" "अमर रहे अमर रहे", "लाल प्रणाम अमर रहे" "अमर रहे अमर रहे", "लाल प्रणाम अमर रहे" "अमर रहे अमर रहे"...कभी वे नारा लगाने लगते—कमीनिज्म जिन्दाबाद" "जिन्दाबाद-जिन्दाबाद", "कमीनिज्म जिन्दाबाद" जिन्दाबाद-जिन्दाबाद", "कमीनिज्म जिन्दाबाद" जिन्दाबाद-जिन्दाबाद"...फिर उनका नारा बदल जाता—"क्विट आउट क्विट आउट क्विट आउट आर.एस.एस." "क्विट आउट क्विट आउट क्विट आउट आर.एस.एस.", "क्विट आउट क्विट आउट क्विट आउट आर.एस.एस.", "क्विट आउट क्विट आउट क्विट आउट आर.एस.एस.", "क्विट आउट क्विट आउट क्विट आउट आर.एस.एस.", "क्विट आउट क्विट आउट क्विट आउट आर.एस.एस."...। गाँव की एक औरत दूसरी औरत से बोली, "ए बहिनी, ई सब क्या कह रहे हैं?" दूसरी औरत थोड़ा गढ़ी-लिखी थी। वह बताने लगी, "बहिनी, ई सब अँगरेज़ी में भजन कर रहे है। ई सब बड़े पढ़े-लिखे साधू हैं। इनको ऐसा-वैसा मत समझो।" पहली फिर बोली, "तब तो इन सबों की पैर की धूल लेना बहुत जरूरी है।" दूसरी ने कहा, "हाँ बहिनी! जुलुसवा थोड़ा आगे बढ़ जाय तो चलकर ले लेते हैं। तुम आगे ध्यान से नहीं देखी? ऊ जो सिंहासन पर बइठा है ऊ बिदेस से आवा बहुत बड़ा साधू है। ऊ बहुत बिद्दमान साधू है।"

भजन करते और नारा लगाते जो साधुओं की टोली थी, उसके पीछे युवा साधुओं की टोली थी। उन सभी के हाथों में हथियार थे। वही जसले, प्रसले, जमस, चमस आदि विचित्र-विचित्र हथियार। सारे साधु जोर-जोर से गर्जन-तर्जन करते हुए आपस में हथियार लड़ा रहे थे। मुँह से इतनी भयानक-भयानक आवाजें निकाल रहे थे कि बच्चे डर जा रहे थे। देखने वालों की अपार भीड़ थी। उसे नियंत्रित करने में सुरक्षा बलों को जाड़े में भी पसीना आ रहा था। शोभायात्रा के आगे निकलने पर साधुओं की चरण धूल लेने के लिए ग्रामीणों में भयंकर होड़ मच रही थी। उन्हें भी नियंत्रित

करने में सुरक्षाबलों को नाकों चने चबाने पड़ रहे थे। अपने सम्मान में उमड़ी इतनी भीड़ को देखकर लँगोटधारी विदेशमंत्री भी गद्गद थे और अखाड़े के साधु भी। यद्यपि विभिन्न समाचार चैनल और देशी-विदेशी मीडिया के लोग हर अखाड़े के शाही स्नान को कवर कर रहे थे, परन्तु कमीनिस्ट अखाड़ा जिस तरह बहुत दिनों से चर्चा में बना हुआ था, उसके चलते मीडियावाले भी टूट पड़े थे। पुलिसवालों को सरकार की तरफ से सख्त निर्देश था कि मीडिया के लोगों से बहुत अच्छी तरह पेश आना है, जिससे पूरी दुनिया में कुम्भ की बहुत अच्छी छवि प्रस्तुत हो। शासन-प्रशासन की कहीं थू-थू न होने पाये। जिससे इतनी बड़ी भीड़ को नियंत्रित करने और कुशल प्रबन्धन के लिए हर तरफ सरकार की वाहवाही हो। मजबूरन मीडियावालों की धक्कामुक्की और बदतमीजी पुलिसवाले झेल रहे थे। दुनिया के कई चैनल अखाड़ों की शाही स्नान का सीधा प्रसारण कर रहे थे। दुनिया के लिए कौतूहल होने के कारण कमीनिस्ट अखाड़े के कवरेज पर सर्वाधिक जोर था।

साधुओं के ज्यादातर शिविरों में प्रवचन चल रहा था। कुछ शिविरों में रामलीला हो रही थी, कुछ शिविरों में रासलीला हो रही थी। इलाहाबाद शहर से अलग भक्ति के बसाये गये कुम्भ नगर में चारों तरफ माहौल आध्यात्मिक और भक्तिमय था। कमीनिस्टाचार्य के शिविर में सुबह से ही घोषणा की जा रही थी कि शिविर में 'श्री श्री 1008 जगद्गुरु कमीनिस्टाचार्य प्रयागपीठाधीश्वर' स्वयं प्रवचन देंगे। यद्यपि शिविर में सुबह से ही प्रवचन चल रहा था। छुटभैये कमीनिस्ट साधु अपना गला भाँजते हुए अपनी भाषणकला को माँज रहे थे। दूर-दराज से आये हुए कमीनिस्ट श्रद्धालु अपनी गठरी-मोटरी लिये हुए शिविर में पड़े थे। सरकार पर अपने प्रभाव का इस्तेमाल करते हुए कमीनिस्टों ने मेले में काफी बड़ी जमीन हथिया ली थी। उसमें प्रवचन कहने और सुनने के लिए एक बहुत बड़ा सभागारनुमा पंडाल बना हुआ था, जो दो तरफ सड़क की ओर खुला हुआ था। कोने की जमीन मिली थी, जिसके दो तरफ सड़क थी। सड़क के दोनों तरफ प्रवचन-स्थल खुला हुआ था, जिसके सड़क पर आने-जाने वाले श्रद्धालुओं को शिविर की हर गतिविधि दिखती रहे और वे शिविर में आने के लिए आकर्षित हों। बाकी दो तरफ टेण्ट के कई सारे कमरे बने हुए थे। एक बड़े कमरे में प्रयागपीठाधीश्वर विराजमान थे, जहाँ कई शिष्य उनकी सेवा में लगे हुए थे। एक कमरे मे गुरुमाता विराजमान थीं। उनके कमरे में सेवा के लिए कुछ शिष्याएँ नियुक्त थीं। एक-दो कमरों में विभिन्न जरूरी समान रखे हुए थे। बाकी कमरे प्रभावशाली कमीनिस्ट अतिथियों के लिए खाली रखे गये थे। रसोई खुले आसमान के नीचे बनायी गयी थी, जिससे आग लगने की झंझट न खड़ी हो। सारे शिविरों की तरह कमीनिस्टों के भी पूरे शिविर

में नीचे जमीन पर पुआल बिछा हुआ था। पुआल के ऊपर चादरें बिछी हुई थीं, जिससे पुआल ढक गये थे।

शाम को पाँच के लगभग 'श्री श्री 1008 जगद्‌गुरु कमीनिस्टाचार्य प्रयागपीठाधीश्वर' मंच पर पधारे। उनके मंच पर पधारते ही सर्वप्रथम आधा दर्जन शिष्याएँ मंच के नीचे रखे माइक पर खड़ी हो गयीं और प्रयागपीठाधीश्वर की वंदना गाने लगीं। वंदना शुरू होते ही प्रवचन स्थल भरने लगा। गाजे बाजे के साथ वंदना गायी जा रही थी—

प्रयागपीठाधीश्वर के श्रीचरणों में
भारत देश नमन करता है, भारत देश नमन करता है।

पंडाल में बैठे सभी लोग दोनों हाथ जोड़कर श्रद्धापूर्वक झूम रहे थे। गाने वाली शिष्याएँ भी दोनों हाथ जोड़कर वंदना गा रही थीं। वन्दना की आवाज़ गुरुमाता के कानों में पड़ी। वे अपने टेन्ट में बैठी हुई थीं। अरे मुझे तो किसी ने बुलाया ही नहीं। कायदे से तो इस समय मुझे भी मंच पर होना चाहिए। वे गुस्से में भुनभुनाते हुए जल्दी-जल्दी तैयार होने लगीं। इतनी भीड़ है। देश भर से लोग आये हैं। लोग यह भी तो देखें कि गुरुमाता कौन हैं? उन्हें प्रयागपीठाधीश्वर पर गुस्सा आ रही थी। वे गुरुमाता को उनका समुचित अधिकार दिलाने के लिए प्रति सचेष्ट नहीं थे। लपर-लपर करके खुद ही सारा सम्मान ले ले रहे थे। वे भी आकर जल्दी-जल्दी मंच पर बैठ गयीं और दोनों हाथ जोड़कर सबको प्रणाम किया। वन्दना समाप्त हो गयी। मंच के नीचे से माइक से घोषणा हुई, "हमारे सौभाग्य से हमारे बीच मंच पर गुरुमाता भी आकर विराजमान हो गयी हैं। आप सभी लोग दोनों हाथ जोड़कर श्रद्धा से उन्हें प्रणाम करिए।" सारे लोगों ने हाथ जोड़कर गुरुमाता को प्रणाम किया। अब जाकर गुरुमाता के कलेजे को ठंडक पहुँची। एक बड़े से थाल में एक बड़ी सी मोमबत्ती रखकर कुछ शिष्य मंच पर पहुँच गये। अब श्री श्री 1008 जगद्‌गुरु कमीनिस्टाचार्य प्रयागपीठाधीश्वर की आरती होनी थी।

मंच के नीचे लगे हुए माइक के पास वन्दना गाने वाली शिष्याएँ पहले से तैयार खड़ी थीं। उनके पास नीचे हारमोनियम, तबला, खँजड़ी वाले भी बैठे हुए थे। आरती का थाल इतना बड़ा था कि उसे तीन शिष्यों ने पकड़ रखा था। मोमबत्ती जला दी गयी। शिष्य प्रयागपीठाधीश्वर की आरती करने लगे। गाने वाली शिष्याएँ शुरू हो गयीं—

प्रयागपीठाधीश्वर की आरती करो
उनके चरणकमल पर अपना शीश धरो

पण्डाल में बैठे हुए सारे लोग खड़े हो गये क्योंकि खड़े होकर आरती की

जाती है। बहुत सारे लोग ताली बजाते हुए आरती की धुन में धुन मिला रहे थे। आरती सम्पन्न हो गयी तो आरती करने वाले तीनों शिष्य थाल पकड़कर नीचे आ गये और सबको आरती दिखाने लगे। लोग आरती लेकर श्रद्धानुसार थाल में कुछ न कुछ पैसा डाल रहे थे। जो कमीनिस्ट थे, उन्हें पता था कि आरती कैसे लेनी हैं वे मोमबत्ती की ओर देखकर मोमबत्ती को हाथ हिला दे रहे थे। गैर-कमीनिस्ट उस तरह आरती ले रहे थे, जैसे आरती ली जाती है। अधिकांश गँवई लोग केवल आरती ले रहे थे। थाल में पैसा नहीं डाल रहे थे। आरती दिखाने वाले शिष्य ऐसे लोगों को गुस्से से घूरकर देख रहे थे। ऐसे लोगों को वे मन ही मन गाली भी दे दे रहे थे।

इधर आरती दिखायी जा रही थी। नीचे के माइक से उधर घोषणा हो गयी, "अब परम आदरणीय, परम श्रद्धेय, प्रातः स्मरणीय, पूज्यपाद, विद्वद्वरेण्य श्री श्री 1008 जगद्गुरु कमीनिस्टाचार्य प्रयागपीठाधीश्वर यहाँ पर उपस्थित समस्त जनों को अपनी पवित्रवाणी से कृतार्थ करेंगे।" ऊपर जहाँ प्रयागपीठाधीश्वर बैठे थे, वहाँ पर पहले से ही माइक रखा हुआ था। माइक को चालू कर दिया गया। प्रयागपीठाधीश्वर के श्रीमुख से शब्द पुष्प झरने लगे, "सर्वप्रथम मैं इस विश्व के समस्त चर और अचर को आशीर्वाद देता हूँ। कुम्भ मेले में किसी भी कमीनिस्टाचार्य का प्रथम सम्बोधन है। मैं आप सबके मंगल की कामना करता हूँ। आप लोग मेरी बातों को ध्यान से सुनिए और उस पर मनन करिए। सबसे पहले मैं आपको मूल बात बता दूँ। इस सम्पूर्ण सृष्टि में ईश्वर नाम की कोई चीज नहीं है। आपने कल्पना कर रखी है कि ईश्वर नाम की एक सर्वशक्तिमान सत्ता है जो सारी विपत्तियों से हमारी रक्षा कर सकती है। आप लोग मुझे बताइए। जब आपके ऊपर कोई विपत्ति पड़ती है तो आप ईश्वर से मदद माँगते हैं। आज तक कभी ईश्वर आपकी मदद करने के लिए आया? उसने आपकी विपत्ति दूर कर दी? आज तक कभी किसी के बुलाने पर ईश्वर नहीं आया। अगर ईश्वर किसी के पास आया हो तो वह हाथ उठाकर मुझे बताये। ईश्वर न तो कभी किसी से मिलने आया और न ही वह कभी किसी से मिलने आएगा। इसका कारण यह है कि ईश्वर है ही नहीं। कमजोर लोग बात-बात में भगवान-भगवान चिल्लाते हैं। जब भी आपके सामने कोई समस्या आये, आप खुद उस समस्या से लड़िए और उससे पार पाने का प्रयास कीजिए। आप अपने परिजनों से, मनुष्यों से सहायता माँगिए, भगवान से नहीं। भगवान कभी आपके काम नहीं आयेगा। अगर आप मनुष्यों से, अपने पड़ोसियों से, अपने रिश्तेदारों से अच्छा सम्बन्ध बनाकर रखेंगे तो वे मुसीबत के समय आपके काम आयेंगे। किसी मन्दिर में जाने की जरूरत नहीं है। कोई भी धार्मिक कर्मकाण्ड करने की जरूरत नहीं है। जितना समय आप पूजा-पाठ में व्यर्थ करते हैं, उतना समय जरूरत मन्द

लोगों की मदद में लगाइए। दूसरे के बुरे वक्त में आप काम आयेंगे, तभी दूसरा आपके बुरे वक्त में काम आयेगा। भगवान कभी बुरे वक्त में आपकी मदद करने नहीं आयेगा। बड़े आश्चर्य की बात यह है कि आज तक किसी ने भगवान को देखा नहीं है। इसके बावजूद सब भगवान के पीछे ही भागते रहते हैं। पूरे संसार में भगवान के पीछे इतना समय नष्ट किया जाता है कि पूछिए मत। उतना समय अगर लोगों की मदद करने में लगाया जाय तो पूरे विश्व का कल्याण हो। आप भी आज से प्रण लीजिए कि आप जितना समय भगवान के पीछे नष्ट करते हैं, उतना समय लोगों की मदद करने में लगायेंगे। ईश्वर को आपने कभी नहीं देखा, लेकिन आप मुझे देख रहे हैं। लोगों की मदद करते हुए आप मुझे श्रद्धा से याद करते करते रहिए। ईश्वर के बजाय अप मुझमें आस्था रखिए। मैं आप लोगों का कल्याण करूँगा। मैं यह नहीं कहता कि आप अपने घर में मेरी मूर्ति रख लीजिए और उसकी पूजा करिए। आप मन ही मन मुझे श्रद्धा से याद करते रहिए। कोई भी काम करने चलिए तो मन ही मन मुझे याद कर लीजिए। आपका मन प्रफुल्लित रहेगा और आपका कल्याण होगा। आप लोग कमीनिस्ट बनिए। कमीनिस्ट बनने में ही भलाई है। कमीनिस्ट बनिए और मुझ पर श्रद्धा रखिए। किसी ईश्वर की शरण में जाने की जरूरत नहीं है। आप मेरी शरण में आइए। लोग कहते हैं कि गीता में कृष्ण ने कहा है—

सर्वधर्मान् परित्यज्य मामेकं शरणं व्रज।
अहं त्वाम् सर्वपायेपेभ्यो मोक्षयिष्यामि मा शुच।।

अर्शात् सभी धर्मो को छोड़कर मेरी शरण में आ जाओ। मैं तुम्हें सभी पापों से मुक्तवर दूँगा। समझ लीजिए कि यह बात कृष्ण ने नहीं कही थी, बल्कि मैं कह रहा हूँ। सब धर्मों से अपनी आस्था त्याग कर, मेरी शरण में आओ। मैं तुम्हें सभी पापों से मुक्त करूँगा। आपने कृष्ण को नहीं देखा न। मुझे अपने सामने साक्षात् देख रहे हैं। अतः किसी कृष्ण की शरण में जाने के बजाय आप मेरी शरण में आइए। आपका हिन्दू धर्म आपकी आधी से ज्यादा समस्याओं का कारण है। उसने आपको जाति-पाँति, छुआछूत, ऊँच-नीच, आपसी वैमनस्य के अलावा दिया क्या है? आप हिन्दू धर्म त्याग कर कमीनिस्ट बन जाइए। यह मानकर चलिए कि आपका सर्वस्व मैं हूँ। मुझे आप ईश्वर मत मानिए। मुझे अपना गुरु समझिए। कबीर ने कहा है—

गुरु गोविन्द दोऊ खड़े, काके लागूँ पाँय।
बलिहारी गुरु आपकी जिन गोविन्द दियो बताय।।

कबीर सच्चे ज्ञानी थे। इस दोहे को पढ़कर आपको लग सकता है कि कबीर ईश्वर को मानते थे। कबीर ईश्वर को एकदम नहीं मानते थे। उन्होंने ईश्वर शब्द

के माध्यम से लोगों को अपनी बात समझानी चाही है। वे बार-बार ईश्वर, भगवान आदि का नाम सिर्फ इसलिए लेते हैं जिससे लोगों को वे अपनी बात समझा सकें। उन्हें पता था कि लोगों के दिमाग में भगवान इनता ज्यादा घुसा हुआ है कि बिना भगवान का नाम लिये वे लोगों को अपनी बात समझा ही नहीं सकते। इसीलिए वे बार-बार समझाने का प्रयास करते हैं कि भगवान नहीं बल्कि गुरु सर्वश्रेष्ठ है और लोगों को गुरु की आराधना करनी चाहिए। बिना गुरु के ज्ञान नहीं प्राप्त हो सकता। बिना ज्ञान के मनुष्य पशु के बराबर होता है, अर्थात इस पृथ्वी पर उसका जीना, न जीना एक समान होता है। इसीलिए...।'' अचानक रंग में भंग हो गया। एक युवक जो काफी आगे बैठा था, उठकर खड़ा हो गया। वह जोर-जोर से बोलने लगा, ''सत्तर चूहे खाकर बिल्ली चली हज करने। अरे घृतनाथ, इसके पहले यहीं विश्वविद्यालय में महिमा को पीछे बैठाकर उनके साथ घूमते थे। उनके साथ खूब अय्याशी करते थे। पता नहीं अपनी कितनी छात्राओं को गर्भवती किया। तुम्हारे पाप से पूरा इलाहाबाद बजबजा रहा था। आज चले हो धर्मात्मा बनने। लोगों को सिखा रहे हो कि भगवान को छोड़कर मेरी पूजा करो? अरे, मरोगे तो रौरव नकर में जाओगे। मरते समय तुम्हारे शरीर में कीड़े पड़ जाएँगे। कुछ तो अपने पुराने कर्मों को याद करो...।'' कमीनिस्ट शिष्य चिल्लाने लगे, ''पकड़ो-पकड़ो, मारो-मारो। कोई संघी घुस आया है हमारे पण्डाल में।'' शिष्य उसको पकड़ने के लिए दौड़े। वह वहाँ से सड़क की ओर भागा। आगे-आगे वह लड़का भाग रहा था। पीछे-पीछे उसको कमीनिस्ट शिष्य दौड़ाये हुए थे। मीडिया के कैमरे जो इसके पहले प्रयागपीठाधीश्वर का प्रवचन कवर कर रहे थे, इस पूरी घटना को कवर करने में लग गये। यह समाचार ज्यादा मसालेदार और चटपटा था। प्रयागपीठ के आसपास कई पुलिसवाले भी थे। कमीनिस्ट शिष्यों के साथ वे पुलिसवाले भी उस लड़के को दौड़ने लगे। वह लड़का पकड़ में आ गया। पुलिसवाले डंडे से उसकी धुनाई करने लगे। पुलिसवालों को पता था कि इस मठ पर सरकार की विशेष कृपा है, अतः इस मठ के साथ रहना है। अति-उत्साह में पुलिसवालों ने लड़के को ज्यादा ही धुन दिया। मीडिया के कैमरे लगातार सब कुछ कवर कर रहे थे। पुलिसवाले उस लड़के को लेकर कुम्भ मेले के थाने में चल दिये।

सबेरे से ही विभिन्न समाचार चैनलों पर कमीनिस्टों का गुणगान चल रहा था और उनकी बहुत सारी चीजें सीधे दिखायी जा रही थीं। स्थिति उलट गयी। अब हर चैनल पर बार-बार उस लड़के द्वारा पण्डाल में की गयी बकवास दिखायी जाने लगी। पुलिस द्वारा बेदर्दी से उसकी की गयी पिटाई भी दिखायी जाने लगी। मीडिया का रुख कमीनिस्ट मठ के प्रति नकारात्मक हो गया। समाचार प्रस्तुत करने

वाले और समाचार देखने वाले, सवेरे से ही बड़ाई कहते-सुनते बोर होने लगे थे। अचानक से चैनलों का समाचार फिर से मसालेदार और चटपटा हो गया।

अगले दिन सुबह अखबारों में यह समाचार प्रमुखता से छपा। इलाहाबाद के स्थानीय समाचार-पत्रों में उस लड़के का फोटो सहित परिचय भी छाप दिया गया। उस लड़के का नाम अखिलेश था और वह इलाहाबाद विश्वविद्यालय के प्राचीन इतिहास विभाग का शोधछात्र था। लड़का अखिल भारतीय विद्यार्थी परिषद् का सदस्य भी था। अब क्या था! मामले ने राजनीतिक मोड़ ले लिया। इलाहाबाद विश्वविद्यालय के छात्रसंघ भवन पर भारतीय जनता पार्टी के नेता और अखिल भारतीय विद्यार्थी परिषद् के छात्र जुटने लगे। राष्ट्रीय स्वयंसेवक संघ से जुड़े विश्वविद्यालय के अध्यापक भी जुटने लगे। सेवानिवृत्त अध्यापक आगे थे, कार्यरत अध्यापक राजनीतिक बचाव के लिए उनके पीछे थे। विश्वविद्यालय में राष्ट्रीय स्वयंसेवक से जुड़े प्राध्यापकों की संख्या बहुत ज्यादा थी। राष्ट्रीय स्वयंसेवक संघ के पूर्व सरसंघचालक प्रो. राजेन्द्र सिंह उर्फ रज्जू भइया ने अपने समय से ही इलाहाबाद विश्वविद्यालय के अध्यापकों में राष्ट्रीय स्वयंसेवक संघ की नींव बहुत पुख्ता कर दी थी। अध्यापकों के चलते विश्वविद्यालय के छात्र भी धीरे-धीरे जत्थे में वहाँ पहुँचने लगे। बहुत भीड़ इकट्ठा हो गयी। जल्दी ही माइक और लाउडस्पीकर की भी व्यवस्था हो गयी। नेताओं का भाषण चालू हो गया। सब शासन और प्रशासन के प्रति आक्रोश व्यक्त कर रहे थे और पुलिस की बर्बर कार्रवाई की निन्दा कर रहे थे। नेता लोगों को बता रहे थे कि कमीनिस्टों ने हमेशा गुण्डागर्दी की है और पूरे देश में वे आतंकवादी और हिंसक कार्रवाइयों में लिप्त हैं। आज भी उनके कई संगठन देश के विभिन्न भागों में हिंसा में लिप्त हैं। अब वे कुम्भ मेले में यही सब करने पहुँच गये। उनके शिविर को तत्काल मेले से हटाया जाय। राज्य और केन्द्र सरकार की शह के कारण वे मेले में अराजकता मचा रहे हैं और किसी को कुछ नहीं समझ रहे हैं।

कमीनिस्ट मठ के बहाने प्रदेश और केन्द्र सरकारें निशाने पर आ गयीं। धुँआधार सरकार विरोधी नारे लगने लगे। मीडिया का जो जमावड़ा कल तक कमीनिस्ट अखाड़े में था, वह यहाँ हो गया। मीडियावालों के कैमरे देखकर नेताओं में जोश आ गया। तय हुआ कि यहाँ से एक पैदल मार्च निकाला जाय जो कुम्भ मेले में कमीनिस्ट मठ तक चले। वहाँ पहुँचकर कमीनिस्ट मठ के सामने धरना-प्रर्दशन किया जाय। सब इस बात पर सहमत हो गये। बिना देरी किये नेता लोग आगे-आगे चल दिये। जोर-जोर से नारे लग रहे थे—"केन्द्र सरकार मुर्दाबाद" "मुर्दाबाद मुर्दाबाद", "केन्द्र सरकार मुर्दाबाद" "मुर्दाबाद मुर्दाबाद", "प्रदेश सरकार मुर्दाबाद" "मुर्दाबाद मुर्दाबाद", "प्रदेश सरकार मुर्दाबाद" "मुर्दाबाद मुर्दाबाद", "शह देना बन्द करो" "बन्द करो

बन्दे करो'', ''शह देना बन्द करो'' ''बन्द करो बन्दे करो'', ''गुण्डागर्दी नहीं चलेगी'' ''नहीं चलेगी नहीं चलेगी'', ''गुण्डागर्दी नहीं चलेगी'' ''नहीं चलेगी नहीं चलेगी''...।

गुप्तचर विभाग ने तुरन्त जिलाधिकारी और नगर आयुक्त को सतर्क कर दिया। जिलाधिकारी ने तुरन्त जिले के सभी अधिकारियों की मीटिंग बुला ली। जिलाधिकारी ने फोन पर मुख्यमंत्री को सारी स्थिति की जानकारी दी। मुख्यमंत्री ने जिलाधिकारी से ही पलटकर पूछ लिया कि ऐसी स्थिति में क्या करना उचित होगा? जिलाधिकारी समझाने लगे, ''सर, अगर यह भीड़ या भीड़ का कुछ भी हिस्सा मेले में पहुँच गया तो मीडिया के माध्यम से यह बात पूरी दुनिया में फैल जाएगी। पूरी दुनिया में हमने कुम्भ के पक्ष में जो प्रचार किया है, वह सब मिट्टी में मिल जाएगा। ऐसा करते हैं कि कुम्भ मेले से काफी पहले, जब यह भीड़ अल्लापुर मुहल्ले में घुसने को हो, हम भीड़ पर आँसू गैस के गोले फेंक कर उस पर हल्का लाठी चार्ज करवा देते हैं। सारी भीड़ को तितर-बितर कर देते हैं और लोगों को वहीं से भगा देते हैं। जो लोग अड़े रहेंगे उन्हें गिरफ्तार करके बसों में भरवा देंगे और बसों को शाम तक शहर के बाहर घुमाते रहेंगे। रात में गिरफ्तार लोगों को शहर में लाकर छोड़ दिया जाएगा। सब दिनभर के भूखे-प्यासे रहेंगे, अपने-अपने घरों को भागेंगे। अल्लापुर मुहल्ले में घुसने के लिए जो डॉट का पुल है, वहीं फोर्स लगवा देता हूँ। उधर मेले में कमीनिस्ट मठ की सुरक्षा कड़ी करवा देता हूँ।'' मुख्यमंत्री जिलाधिकारी की योजना से सहमत हो गये। साथ ही उन्होंने सलाह दी कि लाठी चार्ज में सवाधानी बरतिएगा। किसी को बहुत गम्भीर चोट न लगे अन्यथा बात का बतंगड़ हो जाएगा।

जिलाधिकारी ने पड़िला स्थित सी.आर.पी.एफ. मुख्यालय को फोन करके वहाँ से फोर्स मँगायी। फिर फाफामऊ स्थित त्वरित कार्यबल के मुख्यालय में फोन किया। वहाँ से भी उन्होंने फोर्स बुला ली। धूमनगंज से पी.ए.सी. बुलायी गयी। सारे अधिकारी तुरन्त मीटिंग के लिए पहुँच गये। उन्होंने सबको सारी स्थिति की जानकारी देते हुए यह बताया कि उनकी मुख्यमंत्री से बात हुई है और मुख्यमंत्री से फलाँ-फलाँ दिशानिर्देश प्राप्त हुए हैं। तय हुआ कि फोर्स के साथ जिलाधिकारी और वरिष्ठ पुलिस अधीक्षक खुद तैनात रहेंगे। जिलाधिकारी और वरिष्ठ पुलिस अधीक्षक तुरन्त वहाँ से मौके पर भागे। जल्दी ही फोर्स भी पहुँच गयी। फोर्स बहुत बड़ी मात्रा में थी। देखकर जिलाधिकारी को संतोष हुआ। उन्होंने और वरिष्ठ पुलिस अधीक्षक ने तय किया कि पहले वरिष्ठ नेताओं को गिरफ्तार कर लिया जाएगा। आँसू गैस के गोले उसके बाद छोड़े जाएँगे। काफी मात्रा में फोर्स को डॉट पुल के पहले तैनात कर दिया गया। बाकी फोर्स को रेलवे के बने बाँध पर चढ़ जाने को कहा गया। लड़के दौड़ते हुए बाँध पर चढ़कर उस पार उतर सकते थे। बाँध

पर रेलवे लाइन के किनारे-किनारे काफी दूर तक फोर्स फैल गयी। सब जुलूस के आने का इंतज़ार करने लगे।

उधर जुलूस के साथ चल रहे नेताओं को पता चल गया कि अल्लापुर डॉट पुल के पास जुलूस को रोकने के लिए फोर्स तैनात हो चुकी है। वे आपस में विचार-विमर्श करने लगे। जुलूस बालसन चौराहे के पास पहुँच चुका था। वहाँ से अल्लापुर की तरफ मुड़ने के बजाय आगे चल रहे नेता जुलूस को सीधे लेकर चल दिय अलोपीबाग की तरफ। सूचना जिलाधिकारी और वरिष्ठ पुलिस अधीक्षक तक पहुँची। दोनों अधिकारी नेताओं की इस रणनीति से पसीने-पसीने हो गये। दोनों ने तुरन्त आपस में विचार विगर्श किया और वहाँ से आधी फोर्स लेकर अल्लापुर की तरफ से अलोपीबाग की तरफ भागे।

अलोपीबाग के पास, किला रोड चौराहे पर, जिलाधिकारी और वरिष्ठ पुलिस अधीक्षक के नेतृत्व में फोर्स ने जुलूस को रोक लिया। फुर्ती दिखाते हुए योजनानुसार सबसे पहले पुलिस ने बड़े नेताओं को गिरफ्तार कर लिया। जुलूस के आगे-आगे नेता लोग ही थे, अतः पुलिस को उन्हें गिरफ्तार करने में आसानी हुई। सबको लेकर बसों में ठूँस दिया गया। फोर्स के लोग भीड़ पर आँसू गैस के गोले फेंकने लगे। भीड़ बहुत ज्यादा थी। सब चारों तरफ फैल गये और पीछे कुछ दूर भाग गये। उसके बाद शुरू हो गया गुरिल्ला युद्ध। लड़के फोर्स के ऊपर पत्थर फेंकने लगे। फोर्स वाले सबको दौड़ा-दौड़ाकर लठियाने लगे। इलाहाबाद विश्वविद्यालय के छात्र अक्सर पुलिस से गुरिल्ला युद्ध करते रहते हैं, अतः पुलिस के साथ गुरिल्ला युद्ध में वे माहिर हो जाते हैं। पुलिस से गुरिल्ला युद्ध कर-करके ही वे आई.पी.एस. और पी.पी.एस. बनते हैं। लड़के पूरी दक्षता से पुलिस के साथ गुरिल्ला युद्ध कर रहे थे। पुलिस और पी.ए.सी. वाले जब खदेड़ते तो वे भागते। पुलिस वाले जब थककर वापस हाने लगते तो लड़के पथराव करने लगते। फोर्स वाले पत्थर झेलने वाला पैड पहने हुए थे, अन्यथा लड़के उन्हें धराशायी कर देते। लड़के पुलिस की लाठियाँ भी खा रहे थे, लेकिन उनके युद्ध करने के उत्साह में कोई कमी नहीं आ रही थी। इलाहाबाद विश्वविद्यालय के छात्रावासों में रहने वाले छात्र सरकार विरोधी मानसिकता के होते हैं। सरकार चाहे जिसकी हो। अतः सरकार विरोधी प्रदर्शनों और लड़ाइयों में वे बढ़-चढ़कर भाग लेते हैं। छात्रों की न तो भारतीय जनता पार्टी से मतलब था और न ही अन्य किसी पार्टी से। उन्हें पुलिस से मोर्चा लेना था, अतः वे निष्कामभाव से पुलिस से मोर्चा ले रहे थे। गुरिल्ला युद्ध जारी था। लड़के दो घंटे से पुलिसवालों, पी.ए.सी. वालों और त्वरित कार्य बलवालों को दौड़ा-दौड़ाकर पस्त किये हुए थे। फोर्सवालों से पर्याप्त दूरी बना लेने पर वे फोर्सवालों को ललकार भी रहे थे।

इधर गुरिल्ला युद्ध जारी था, उधर लगभग डेढ़ सौ छात्रों ने गुरिल्ला युद्ध की एक नयी रणनीति तैयार की। वे अल्लापुर और अलोपीबाग के बीच की बस्तियों से होते हुए रेलवे के बाँध को पार करके मेले की ओर चुपचाप चल दिये। किसी को भनक तक नहीं लगी। सब एक साथ तेज कदमों से चले जा रहे थे। एक लड़का बोला, "कल वहाँ घृतनाथवा साला कह रहा था कि तुम मेरी शरण में आओ, मैं तुम्हें सभी पापों से मुक्त कर दूँगा। चलो आज उसकी शरण में चलते हैं।" कुछ देर में सारे लड़के कमीनिस्टों के शिविर के पास पहुँच गये और जोर-जोर से नारा लगाने लगे—"कमीनिज्म मुर्दाबाद" "मुर्दाबाद मुर्दाबाद", "कमीनिज्म मुर्दाबाद" "मुर्दाबाद मुर्दाबाद", "घृतनाथ मुर्दाबाद" "मुर्दाबाद मुर्दाबाद", "घृतनाथ मुर्दाबाद" "मुर्दाबाद मुर्दाबाद", "घृतनाथ चोर है" "चोर है चोर है", "घृतनाथ चोर है" "चोर है चोर है", "घृतनाथ मेहरा है" "मेहरा है मेहरा है", "घृतनाथ मेहरा है" "मेहरा है मेहरा है"...

कमीनिज्म मठ के सुरक्षा में भरपूर फोर्स थी। फोर्सवाले डंडा तानकर आगे बढ़ने लगे। लड़के भागने के बजाय अपने स्थान पर डटे हुए थे। पुलिस से भिड़ते-भिड़ते पुलिस की रणनीति भाँपने में लड़के माहिर हो चुके थे। उन्हें पता था कि जिस कुम्भ मेले का सरकार पूरे विश्व में प्रचार कर रही है, वहाँ पर लाठीचार्ज कभी नहीं होगा। कुंभ की दुनिया में छवि खराब होगी। काफी मीडियावाले जुट गये। वे लगे लड़कों के बवाल को कवर करने। यहाँ से एक पुलिस अधिकारी ने जिलाधिकारी को फोन किया और उन्हें पूरी स्थिति से अवगत कराया। जिलाधिकारी के हाथ-पाँव फूल गये। अब मुख्यमंत्री को मैं क्या जवाब दूँगा? सारी व्यवस्था के बावजूद लड़के मेले में कैसे पहुँच गये। जिलाधिकारी ने फोन पर ही आदेश दिया, "लड़कों से किसी प्रकार की सख्ती न की जाय। पूरा प्रयास करके सारे लड़को को गिरफ्तार कर लो। मैं दो बसें वहाँ लेकर आ रहा हूँ। जल्दी से जल्दी उन्हें मेले से बाहर करना है।" उस पुलिस अधिकारी ने जवानों से सभी लड़कों को गिरफ्तार कर लेने को कहा। पर्याप्त फोर्स थी। सारे लड़कों को गिरफ्तार कर लिया गया। गिरफ्तार हो जाने के बाद भी सारे लड़के चिल्लाते हुए नारा लगा रहे थे— "घृतनाथ मुर्दाबाद" "मुर्दाबाद मुर्दाबाद", "घृतनाथ मुर्दाबाद" "मुर्दाबाद मुर्दाबाद", "केन्द्र सरकार मुर्दाबाद" "मुर्दाबाद मुर्दाबाद", "केन्द्र सरकार मुर्दाबाद" "मुर्दाबाद मुर्दाबाद", "राज्य सरकार मुर्दाबाद" "मुर्दाबाद मुर्दाबाद", "राज्य सरकार मुर्दाबाद" "मुर्दाबाद मुर्दाबाद"...।

कुछ देर में जिलाधिकारी खुद दो बड़ी बसें लेकर मेले में पहुँच गये। लड़कों को बसों में ठूँसा जाने लगा। उधर अलोपीबाग में फोर्स के साथ वरिष्ठ पुलिस अधीक्षक मोर्चा सँभाले हुए थे। बसों में कुछ छोटे पुलिस अधिकारी भी थे। जिलाधिकारी ने उन्हें निर्देश दिया कि बसों को नैनी की तरफ से मिर्जापुर रोड पर ले जाइए और

रात दस बजे तब बसों को उधर ही घुमाते रहिए। बसों में फोर्स के कुछ लोगों को भी चढ़ा लीजिए। अगर कोई लड़का उपद्रव करने की कोशिश करे तो उसे ठीक से कूँट दीजिए। जिले के बाहर निकल जाने पर इनके साथ कोई नरमी नहीं। ये हरामी के पिल्ले बिना लात खाये नहीं सुधरेंगे।

अभी तक टी.वी. के समाचार चैनलों पर अलोपीबाग युद्ध दिखाया जा रहा था। अब मेला क्षेत्र में हुई घटना दिखायी जाने लगी। टी.वी. वाले सरकार को कोस रहे थे और बता रहे थे कि कुम्भ मेले के इतने लम्बे इतिहास में यह पहली बार हुआ कि मेले मे इतनी देर तक प्रर्दशन, धरना, जिन्दाबाद-मुर्दाबाद होता रहा। सरकार आन्दोलनकारी छात्रों को मेले के अन्दर घुसने से रोकने में असफल रही। सरकार की खुफिया एजेन्सियाँ कान में तेल डालकर सो रही हैं। सरकार ने कुम्भ की मर्यादा को कलंकित कर दिया और उसकी गरिमा को तार-तार कर दिया। प्रदेश सरकार के नाकारापन का इससे बड़ा उदाहरण कुछ नहीं हो सकता। प्रदेश के मुख्यमंत्री भी कुम्भ में हो रही घटनाओं को जानने के लिए टी.वी. पर नज़र गड़ाये बैठे हुए थे। यह प्रसारण देखकर उनका गुस्से से खूल खौल उठा। उन्होंने अपने सचिव को तुरन्त एक आपात् संवाददाता सम्मेलन बुलाने का निर्देश दिया। पत्रकार जुट गये। मुख्यमंत्री भी पहुँच गये। वे बहुत तैश में थे। रोषपूर्वक बोलने लगे, "इस कुम्भ मेले की बहुत शानदार तैयारियाँ की गयीं। पूरी दुनिया में हमारी तैयारियों की सराहना हो रही थी। कुम्भ मेले में आने के लिए भारी संख्या में विदेशी पर्यटकों ने बुकिंग करा रखी है। कुम्भ मेले के आज तक के इतिहास में यह पहली बार हुआ कि एक बहुत बड़े देश के विदेशमंत्री कुम्भ के शाही स्नान में शरीक हुए और पूरी परम्परा के अनुसार उन्होंने शाही स्नान किया। देश की साम्प्रदायिक ताकतों से यह सब सहन नहीं हुआ। सरकार की सफलता उनके दिल में काँटा बनकर चुभने लगी। कुम्भ के इतिहास में यह भी पहली बार हो रहा है कि विश्व में स्वीकार्य कमीनिस्ट मठ और कमीनिस्ट अखाड़ा मेले में भाग ले रहा है और बहुत शानदार ढंग से अपनी उपस्थिति दर्ज करा रहा है। साम्प्रदायिक शक्तियों ने पहले, योजना के तहत, कमीनिस्ट मठ में उत्पात मचवाया फिर पूरे इलाहाबाद शहर को अशान्त कर दिया। इन बेशर्म साम्प्रदायिक ताकतों को कुम्भ की गरिमा की जरा भी परवाह नहीं है। वे यह भी नहीं देख रहे हैं कि इससे विदेशों में हमारे देश की छवि खराब होगी। ये ताकतें देश-विरोधी कार्य में लिप्त हैं। अभी तक कुम्भ मेले की गरिमा को देखते हुए हम इन्हें सहन कर रहे थे, लेकिन अब बहुत हो चुका। पानी सिर से ऊपर गुजर गया। इन साम्प्रदायिक ताकतों की दुष्टता अब हम सहन नहीं करेंगे। मैं सरकार की तरफ से उन्हें चेतावनी देता हूँ कि वे सुधर जायँ, अन्यथा उनके विरुद्ध

कड़ी से कड़ी कार्रवाई करने से भी हम हिचकेंगे नहीं। अगर आवश्यकता पड़ी तो हम गोली भी चलवा सकते हैं...''

अगले दिन सवेरे ही टी.वी. चैनलों से पता चला कि पहले दिन जिस छात्र पर मेले में लाठीचार्ज हुआ था, उसकी तबीयत बिगड़ गयी है और उसे जेल से लाकर मेडिकल कॉलेज के स्वरूपरानी अस्पताल में भर्ती कराया गया है। समाचार से पूरे शहर में सनसनी फैल गयी। मुख्यमंत्री के भी हाथ-पाँव फूल गये। उन्होंने इलाहाबाद के जिलाधिकारी से कहा कि उसके इलाज की अच्छी से अच्छी व्यवस्था करवाइए। उसे कुछ होने न पाये, अन्यथा शासन की बड़ी बदनामी होगी। जिलाधिकारी, वरिष्ठ पुलिस अधीक्षक , मंडलायुक्त, आई.जी., डी.आई.जी. सबके चेहरे पर हवाइयाँ उड़ने लगीं। अगर लड़के को कुछ हो गया तो जिले की कानून-व्यवस्था की स्थिति को सँभालना मुश्किल हो जाएगा। जिलाधिकारी ने मुख्यमंत्री से पर्याप्त फोर्स इलाहाबाद भेजने की माँग की। मुख्यमंत्री तत्काल इसकी व्यवस्था में लग गये। एक दिन पहले संवाददाता सम्मेलन में मुख्यमंत्री द्वारा दी गयी धमकी का भारतीय जनता पार्टी, राष्ट्रीय स्वयंसेवक संघ और अखिल भारतीय विद्यार्थी परिषद् पर कोई असर नहीं हुआ। लोग स्वरूपरानी की ओर चल दिये। स्वरूपरानी अस्पताल के चप्पे-चप्पे पर फोर्स तैनात थी। हर तरफ भारी संख्या में फोर्स ने स्वरूपरानी अस्पताल को घेर रखा था। सारे नेता और छात्र अस्पताल के बाहर ही रोक दिये जा रहे थे। अस्पताल के बाहर भारी भीड़ जमा होने लगी। मीडियावाले भी वहीं मँडरा रहे थे। मीडिया के लोगों को भी अन्दर जाने की इजाजत नहीं थी।

भारतीय जनता पार्टी के केन्द्रीय नेताओं ने देखा कि इलाहाबाद के स्थानीय नेता खूब सुर्खियाँ बटोर रहे हैं। उनसे रहा नहीं गया। बहुत सारे नेताओं ने मीडिया को बता दिया कि वे भी इलाहाबाद जा रहे हैं। सब इलाहाबाद जाने का प्रबन्ध करने में जुट गये। कुछ हवाई जहाज से आ रहे थे, कुछ हेलीकॉप्टर से आ रहे थे। यह खबर जैसे ही जिला प्रशासन को मिली, हड़कम्प मच गया। जिलाधिकारी ने मुख्यमंत्री को फोन करके इस सम्बन्ध में दिशा निर्देश माँगा। मुख्यमंत्री ने उनसे कहा कि ये नेता जैसे ही इलाहाबाद में उतरें, उन्हें तुरन्त गिरफ्तार कर लिया जाय और उन्हें कार से लखनऊ भेज दिया जाय। मुख्यमंत्री अच्छी तरह समझ रहे थे कि केन्द्रीय नेता कोई समस्या नहीं खड़ी करेंगे। वे सिर्फ प्रचार के भूखे हैं और इतने से उनकी प्रचार की भूख शान्त हो जाएगी। कोई पुलिस से मोर्चा लेने के लिए इलाहाबाद में नहीं रुकना चाहेगा। जिलाधिकारी उसकी भी व्यवस्था में लग गये कि किस नेता को कहाँ और कैसे गिरफ्तार करना है। उन्होंने वरिष्ठ पुलिस अधीक्षक के कहा कि शहर की कानून-व्यवस्था आप देखिए। मेले में कमीनिस्ट मठ की सुरक्षा व्यवस्था

तगड़ी रखिए क्योंकि लड़के आज भी वहाँ जाकर उत्पात कर सकते हैं। आज खुफिया विभाग वाले काफी मुस्तैद थे। उन्होंने छात्रों के वेश में कई गुप्तचरों को छात्रों के बीच में घुसा रखा था, जिससे छात्रों की योजनाओं की भनक मिलती रहे।

मीडिया वाले अस्पताल के अन्दर नहीं घुस पा रहे थे। वे बाहर खड़े नेताओं से ही तमाम तरह के सवाल-जवाब करने लगे। टी.वी. में मुँह दिखाने के लिए नेता आपस में ठेला-ठाली करने लगे। कुछ मीडियावालों ने पता किया कि कौन केन्द्रीय नेता यहाँ उतर रहा है। वे अपना कैमरा लेकर केन्द्रीय नेता को कवर करने लिए वहाँ से भागने लगे। छात्रों ने देखा कि फोर्स के लोग कई जगह व्यस्त हैं। वे शहर के विभिन्न प्रमुख मार्गों पर पहुँचे और जगह-जगह सड़क पर जाम लगा दिया। वरिष्ठ पुलिस अधीक्षक को सूचना मिल गयी कि शहर में कई प्रमुख सड़कों पर चक्काजाम कर दिया गया है। वे कहाँ-कहाँ फोर्स भेजें। उनके पास इतनी फोर्स नहीं थीं। वे स्वरूपरानी अस्पताल के अन्दर थे। अस्पताल के बाहर निकलकर उन्होंने स्थानीय बड़े नेताओं से बता की। उन्होंने गिड़गिड़ाकर बड़े नेताओं से मदद माँगी। वरिष्ठ पुलिस अधीक्षक से नेताओं का काम पड़ता ही रहता था। उन्होंने मदद का आश्वासन दिया। बड़े नेता अपने परिचित छात्र नेताओं को फोन करके समझाने लगे कि तुरन्त हर जगह से तुम लोग चक्काजाम वापस लो। ऐसा कोई काम मत करो जिससे लोगों को परेशानी हो। अगर स्थानीय जनता परेशान होगी तो वह हमारे खिलाफ़ हो जायेगी। जनता अगर खिलाफ़ हो गयी तो सारा आन्दोलन टाँय-टाँय फिस्स हो जाएगा। धीरे-धीरे हर जगह से चक्काजाम समाप्त हो गया और छात्र ही यातायात व्यवस्था को दुरूस्त करने में लग गये। वरिष्ठ पुलिस अधीक्षक को हर जगह से यह सूचना मिली तो उनकी जान में जान आयी। उन्होंने जाकर वरिष्ठ नेताओं को धन्यवाद दिया। उन्हें भय व्याप्त हो गया था कि मैं कहीं निलम्बित न कर दिया जाऊँ।

जिलाधिकारी सम्मान सहित एक-एक केन्द्रीय नेता को गिरफ्तार कर रहे थे। गिरफ्तार कर लेने के बाद वे हर नेता को मीडिया से बात करने का पूरा मौका दे रहे थे। हर नेता केन्द्र सरकार और राज्य सरकार की खूब लानत-मलानत कर रहा था। मीडिया से बात कर लेने के बाद वे थोड़ा सा पानी वगैरह पीते थे। फिर जिलाधिकारी उनका पैर छूकर सम्मान सहित कार से लखनऊ भेज दे रहे थे। उनका हेलीकॉप्टर यहाँ से खाली उड़ जा रहा था लखनऊ के लिए।

मेले में दो शंकराचार्यों ने संवाददाता सम्मेलन बुला लिया। संवाददाता सम्मेलन में कुछ अन्य प्रमुख मठों के भी सन्त महात्मा आ गये। पुरी के शंकराचार्य और बदरिकाश्रम के शंकराचार्य संवाददाताओं से बात करने लगे। बदरिकाश्रम के शंकराचार्य संवाददाता से बोले, "इस बार के कुम्भ मेले में तरह-तरह की समस्याएँ खड़ी हो रही

हैं। इसका कारण यह है कि मेले का राजनीतिकरण कर दिया गया है। मेले में कुछ मठों को सरकारी प्रश्रय मिल रहा है। बाकी सभी धार्मिक संस्थाओं से सौतेला व्यवहार किया जा रहा है। सारी समस्या की जड़ है कमीनिस्ट मठ। आखिर कमीनिस्टों की कौन सी महानता देखकर उन्हें इस कुम्भ मेले में भाग लेने की इजाजत दी गयी? कमीनिस्ट परम्परा का भारतीय संस्कृति से कुछ लेना-देना नहीं है। यह मूलतः विदेशी परम्परा है। सनानत धर्म, बौद्ध धर्म, जैन धर्म और सिख धर्म की तरह इसकी जड़ें भारतीय संस्कृति में नहीं निहित हैं। यह एक आयातित विचारधारा है। जिस विचारधारा की जड़ें भारतीय संस्कृति में नहीं निहित हैं, उस विचारधारा के मठ को भारतीय संस्कृति के अभिन्न अंग, कुम्भ मेले में क्यों स्थापित होने दिया गया? यह पूरी तरह शास्त्र विरोधी कृत्य है। कमीनिस्ट मठ को तत्काल मेले के बाहर किया जाय अन्यथा मेले में एक न एक अराजकता उत्पन्न होती रहेगी। हम चारों शंकराचार्य और अन्य हिन्दू संगठनों के संत-महात्मा सरकार को चेतावनी देते हैं कि एक सप्ताह के अन्दर कमीनिस्ट मठ और अखाड़े को कुम्भ मेले से बाहर किया जाय। यदि एक सप्ताह के अन्दर इन्हें मेले से बाहर नहीं किया गया तो हम लोग कुम्भ मेले का बहिष्कार कर देंगे और सभी साधु-महात्मा मेले से अपना-अपना शिविर उठा लेंगे और वापस चले जाएँगे। सारे अखाड़े भी यहाँ से चले जाएँगे और वे किसी भी पर्व के शाही स्नान में भाग नहीं लेंगे। कमीनिस्ट मठ ही इस मेले में रहे...''

शंकराचार्यों की धमकी टी.वी. चैनलों पर गूँजने लगी। मुखमंत्री ने जब यह सुना तो वे पसीने-पसीने हो गये। दो साल से कुम्भ मेले का दुनिया भर में सरकार प्रचार करवा रही थी। शानदार ढंग से कुम्भ मेला सम्पन्न करवाकर सरकार अपने मुकुट में एक और कँलगी खोंसना चाह रही थी। यहाँ उल्टा होने की नौबत आ गयी। मेले से सारे साधु-सन्त वापस चले जाएँगे तो मेला वीरान हो जाएगा। फिर वहाँ बचेगा क्या? फिर किस चीज का ढोल पीटा जायेगा। कमीनिस्ट मठ से कुछ नहीं कहा जा सकता। देश में कमीनिस्ट बुद्धिजीवियों की संख्या बहुत ज्यादा थी। उन्हें किसी कीमत पर नाराज़ नहीं किया जा सकता। मुख्यमंत्री ने अपने विश्वस्त सलाहकारों की एक बैठक बुलायी। यह तय करने के लिए कि ऐसी कठिन स्थिति में क्या करना उचित रहेगा। बैठक में तरह-तरह के विचार आये। अन्त में यह तय किया गया कि अगले दिन मुख्यमंत्री खुद कुम्भ मेले में जायँ और सारे साधु-सन्तों से व्यक्तिगत रूप से मिलें। सबको समझायें और सबके अहं को तुष्ट करें। शाम, दाम, दण्ड भेद जिस भी उपाय से जो माने, उसे उस उपाय से मनाया जाय।

शाम होते-होते दो अन्य शंकराचार्यों ने एक अलग संवाददाता सम्मेलन बुला लिया। वे दोनों शंकराचार्य दरअसल कांग्रेस पार्टी के समर्थक थे और उनकी कांग्रेस

पार्टी के बड़े केन्द्रीय नेताओं से अच्छी रप्त-जप्त थी। उन्होंने पत्रकार सम्मेलन में कुम्भ मेले के बहिष्कार का विरोध किया। उन्होंने आरोप लगाया कि बाकी शंकराचार्य और मेले के साधु सन्त भारतीय जनता पार्टी और राष्ट्रीय स्वयंसेवक संघ के इशारे पर नाच रहे हैं। कुम्भ मेला भारतीय सनातन संस्कृति का प्रतीक है और राजनीतिक पार्टियों को मेले से कोई मतलब नहीं होना चाहिए। मेला जब अच्छे ढंग से चल रहा था तो राष्ट्रीय स्वयंसेवक संघ ने कमीनिस्ट मठ में क्यों उत्पात मचवाया? मेले में हर मठ के धर्म के सम्बन्ध में अलग-अलग मत हैं। कमीनिस्ट मठ का भी धर्म के सम्बन्ध में अपना अगल मत है। जब अन्य किसी मठ के विचारों के प्रति विद्वेष की भावना नहीं है तो कमीनिस्ट मठ के मत के सम्बन्ध गें क्यों असहिष्णुता बरती जा रही है? हमारे यहाँ मत भिन्नता कोई नयी बात नहीं है। कहा भी गया है कि 'मुण्डे मुण्डे मतिर्भिन्ना'। हमारे यहाँ सब के विचारों का सम्मान करने की परम्परा रही है। कमीनिस्टों के विचारों का भी सम्मान किया जाना चाहिए। हिन्दू धर्म में सबको धर्म के सम्बन्ध में अपने निजी विचार रखने की आजादी है। वेदों को छोड़कर किसी की भी किताब में लिखी कोई भी बात अन्तिम नहीं मानी जा सकती। मेले में बौद्धों का मठ भी विद्यमान है। वे तो वेदों पर भी विश्वास नहीं करते। उनका तो कोई विरोध नहीं कर रहा है? फिर कमीनिस्टों के प्रति ही असहिष्णुता क्यों...

टी.वी. पर यह पत्रकार सम्मेलन देखकर मुख्यमंत्री ने कुछ राहत की साँस ली। चलो साधुओं में आपसी झगड़ा कराये जाने की सम्भावना मौजूद है। इस पत्रकार सम्मेलन से बाकी सन्तों का मनोबल भी कुछ टूटेगा और उन्हें मनाने में आसानी होगी। रात होते-होते मुख्यमंत्री को एक और अच्छा सगाचार मिला। स्वरूपरानी अस्पताल में भर्ती छात्र की हालत अब खतरे से एकदम बाहर थी और इक्का-दुक्का नेता उससे जाकर मिल भी रहे थे। छात्र के सम्बन्ध गें अफवाहों का बाजार शान्त हो गया। छात्रों का आक्रोश बहुत कम हो गया। मुख्यमंत्री के कुम्भ मेले में जाने के लिए माहौल एकदम अनुकूल हो गया।

अगले दिन मुख्यमंत्री हेलीकॉप्टर से अचानक इलाहाबाद पहुँच गये। जिला प्रशासन को सब कुछ पहले से पता था। कुम्भ मेले में सुरक्षा की व्यवस्था चाक चौबन्द थी। मुख्यमंत्री सबसे पहले बदरिकाश्रम के शंकराचार्य के शिविर में गये। उन्होंने दोनों हाथों से शंकराचार्य के पैर पकड़ लिये। शंकराचार्य गद्गद हो गये। उन्होंने मुख्यमंत्री को उठाकर गले से लगा लिया। मुख्यमंत्री ने पूछा, "महाराज, मुझसे क्या अपराध हो गया?" शंकराचार्य प्रसन्न होकर बोले, "आप जैसे विनम्र और शालीन मुख्यमंत्री से कोई अपराध हो ही नहीं सकता। आप तो राजनीति में राजर्षि हैं। राजनीति में आप जैसे नेताओं की ही आवश्यकता है।"

"फिर आप लोग कुम्भ मेले का बहिष्कार क्यों कर रहे हैं? सरकार की नाक कट जाएगी। हम कहीं मुँह दिखाने लायक नहीं रहेंगे। कुम्भ मेले में मैं आप लोगों से यही विनती करने आया हूँ। हमारे ऊपर अपनी कृपा बनाये रखें और कुम्भ मेले का बहिष्कार न करें। आपसे से ही इस कुम्भ मेले का अस्तित्व है। आप और कुम्भ मेले एक दूसरे के पर्यायवाची हैं। आप चले जाएँगे तो मेला समय के पहले ही समाप्त हो जाएगा। यह दुनिया का सबसे बड़ा आयोजन है। इतने बड़े आयोजन में छोटी-मोटी समस्याएँ तो आती ही रहेंगी। आप तो धर्म के मर्मज्ञ हैं। अगर मैं आपको कुछ समझाऊँ तो यह छोटे मुँह बड़ी बात हो जाएगी। आप धर्म के गजराज हैं। कमीनिस्ट धर्म के कुत्ते हैं। जब गजराज गाँव में प्रवेश करता है तो कुत्ते भौंकने लगते हैं। कुत्तों के भौंकने से गजराज नाराज़ होकर गाँव से वापस नहीं लौट जाता। पहाड़ पर पत्थर फेंकने से पहाड़ को चोट नहीं लगती, उल्टे फेंका गया पत्थर खुद पहाड़ में विलीन हो जाता है। आप सबको समझाइए कि कोई भी सन्त मेले का बहिष्कार न करे। आपके समझाने से सब मान जाएँगे। सन्तों की नाराज़गी जिस भी तरीके से दूर हो, मैं वह सब करूँगा। मेले में सारे सन्त-शिरोमणि विद्यमान हैं। आप लोगों का आदेश होगा तो मैं अपना शीश काटकर आप लोगों के चरणों में रख दूँगा।"

"इतना अधीर होने की आवश्यकता नहीं है। अब आप आ गये हैं तो सब कुछ ठीक हो जाएगा। हम धर्म की ध्वजा झुकने नहीं देंगे। आप तो बहुत ही ज्ञानवान हैं। आपकी बातें सुनकर मेरे हृदय को बहुत शीतलता मिली। आप उतने ही विनम्र भी हैं। सत्ता पाकर नेता सत्ता के मद में किसी को कुछ नहीं समझते। धन्य है आपका निरहंकार व्यक्तित्व। आपकी बात सत्य है। अगर हमने मेले का बहिष्कार कर दिया तो विश्व में देश की की नाक कट जाएगी। हम देश के सम्मान पर आँच नहीं आने देंगे। सनातन धर्म और देश के सम्मान की रक्षा करने के लिए ही आदि शंकराचार्य ने देश में चार पीठों की स्थापना की थी। यहाँ पर आप सही हैं। गलत हम लोग हैं। हम देश के सम्मान को क्षति पहुँचाने जा रहे थे। आपके आने से एक बड़ा अनर्थ होने से बच गया। अगर हम मेले का बहिष्कार करेंगे तो सनातन धर्म के सम्मान पर भी आँच आयेगी। कुम्भ मेला सनातन धर्म का ही आयोजन है। यह कोई राजनीतिक या सरकारी आयोजन नहीं है। जब सरकारें नहीं होती थीं, तब भी कुम्भ मेला आयोजित होता था। सन्त स्वयं सारी व्यवस्था करते थे। मुख्यमंत्री जी आप निश्चिन्त रहें। हम कोई अनर्थ नहीं होने देंगे। मैं अभी अपने शिविर में सारे साधु-सन्तों की सभा बुलवाता हूँ।"

"आप सभा बुलवाइए। आप सारे साधु-सन्तों को अपने शिविर में रात के भोजन पर आमंत्रित करिए। मैं भी आप सब लोगों के साथ भोजन करूँगा। आप

मेरे ऊपर इतनी कृपा कर दीजिए कि अपने एक शिष्य को मेरे साथ कर दीजिए। ऐसे व्यक्ति को जो सारे साधु-सन्तों के शिविर को जानता हो। मैं व्यक्तिगत रूप से सारे साधु-सन्तों से उनके शिविर में जाकर मिलूँगा। मैं सबको बताऊँगा कि मैं आप लोगों का ही अभिन्न अंग हूँ। आप लोगों से अलग नहीं हूँ।''

''साधु-साधु! बहुत ही उत्तम विचार! इतनी विनम्रता आज की राजनीति में दुर्लभ है। आप सचमुच महान् राजनेता हैं...। किंशुकाचार्य जरा इधर आइए। आप मुख्यमंत्री के साथ चले जाइए। सबसे पहले इन्हें पुरी के शंकराचार्य के शिविर में ले जाइए। उसके बाद जो-जो साधु-संत बहिष्कार के लिए कह रहे हैं, सबके शिविर मे लिवा जाइएगा। किसी भी संत का शिविर छूटने न पाये, अन्यथा बहुत वह बुरा मान सकता है।''

किंशुकाचार्य मुख्यमंत्री को लिवाकर चले गये। मुख्यमंत्री से इतना सम्मान पाकर शंकराचार्य गद्‌गद थे। इन मुख्यमंत्री महोदय से आज तक नहीं मिले थे। वे मन ही मन इस बात पर खुश हो रहे थे कि अच्छा हुआ जो हम लोगों ने बहिष्कार की घोषणा कर दी। अगर हम लोगों ने बहिष्कार की घोषणा न की होती तो यह मुख्यमंत्री हम लोगों को क्यों मनाने आता? शंकराचार्य ने कुछ शिष्यों को बुलाया और उनसे कहा बहिष्कार की सभा में जो-जो संत उपस्थित थे, उन सबको रात्रि में भोजन का निमंत्रण दे आओ। सबको बता देना कि दावत में मुख्यमंत्री भी उपस्थित होंगे। उसके बाद उन्होंने कुछ शिष्यों को और बुलाया। उन्हें रात के भोजन की व्यवस्था में जुट जाने का आदेश दिया। जिन दो शंकराचार्यों ने संवाददाता-सम्मेलन बुलाकर यह घोषणा की थी कि कुम्भ मेले का बहिष्कार करना गलत है और हम कुम्भ मेले का बहिष्कार नहीं करेंगे, उनसे बदरिकाश्रम के शंकराचार्य खुन्नस खाये हुए थे। अपने विरोध को उन्होंने अपने अपमान के रूप में लिया था। उन्होंने दोनों शंकराचार्यों को सबक सिखाने का निर्णय लिया। उन्होंने अपने शिष्यों को सहेज दिया कि उन दोनों शंकराचार्यों को दावत का निमंत्रण मत देना। उन्हें पूरा विश्वास था कि किंशुकाचार्य मुख्यमंत्री को लिवाकर उन दोनों शंकराचार्यों के शिविर में नहीं जाएँगे। किंशुकाचार्य उनके सबसे करीबी शिष्यों में थे और उनकी भाव-भांगिमा को अच्छी तरह समझते थे। उन्हें शंकराचार्य ने इशारे-इशारे में बता दिया था कि मुख्यमंत्री को उन संतों के शिविर में लेकर जाओ, जो बहिष्कार की बात कर रहे हैं। अर्थात् दोनों विरोधी शंकराचार्यों के शिविर में नहीं लिवाकर जाना है।

मुख्यमंत्री किंशुकाचार्य के साथ इस शिविर से उस शिविर घूम रहे थे। पुरी के शंकराचार्य के पास वे आधे घंटे बैठे। पुरी के शंकराचार्य भी मुख्यमंत्री को अपने शिविर में पाकर गद्‌गद हो उठे। उन्होंने मुख्यमंत्री को आशीर्वादों से लाद दिया। अभी तक सत्ता कमीनिस्टों को छोड़कर किसी को भाव ही नहीं दे रही थी।

इस बात को लेकर अन्य सन्तों की तरह पुरी के शंकराचार्य भी खिन्न थे। सत्ता चरणों में आकर गिर पड़ी तो मन का सारा मैल धुल गया। मुख्यमंत्री ने उन्हें रात में होने वाली दावत के बारे में भी बता दिया। शंकराचार्य और प्रमुदित हो गये। उसके बाद मुख्यमंत्री हर संत के पास, संत की हैसियत के हिसाब से, पाँच मिनट से पन्द्रह मिनट तक रुक रहे थे। कहीं-कहीं वे जल्दी-जल्दी जलपान भी ग्रहण कर ले रहे थे। मुख्यमंत्री एक काम अवश्य कर रहे थे। दोनों हाथों से हर संत का पैर छूकर वे आशीर्वाद माँग रहे थे। सारे सन्त-महात्माओं का मन खिल जा रहा था। मुख्यमंत्री हमेशा चापलूसों से घिरे रहते थे। वे चापलूस भाँति-भाँति के तरीके से तेल लगाते रहते थे। मुख्यमंत्री तेल लगाने की हर विधि और हर कला को जान चुके थे और इसके मर्मज्ञ हो गये थे। हर सन्त के ऊपर वे ऐसा तेल का घड़ा उलट दे रहे थे कि सन्त तेल में छपकोरी खेलने लगता। छोटे बच्चों की तरह बड़े-बड़े धर्मध्वजी तेल में कूद-कूदकर उसमें दोनों हाथ चला रहे थे। मुख्यमंत्री मन ही मन सारा तमाशा देखते हुए मुसकरा रहे थे। उन्हें उम्मीद नहीं थी कि साधु-सन्त इतनी आसानी से मान जाएँगे। लखनऊ से वे मानकर चले थे कि सब बड़ा अदरौना करवाएँगे और मानसिक रूप से वे इसके लिए पूरी तरह तैयार होकर आये थे। सन्तों के इतनी आसानी से मान जाने के कारण वे मन ही मन चैन की साँस ले रहे थे। कुछ संत ऐसे भी मिल जा रहे थे जो अपने किसी खास चेले के ट्रांसफर या पोस्टिंग की सिफारिश भी कर दे रहे थे। मुख्यमंत्री जेब में एक छोटी सी डायरी लिए हुए थे। वे जेब से डायरी निकालकर उस सन्त का काम नोट कर ले रहे थे और उसे पूरा आश्वासन दे रहे थे कि आपका काम हो जाएगा। बाबा जी मुख्यमंत्री के इतना महत्त्व देने से खुश हो जा रहे थे। कुछ बाबा तो मुख्यमंत्री के साथ मोबाइल से अपनी फोटो खिंचवा ले रहे थे, ताकि सनद रहे और वक्त पर काम आये। कुछ ऐसे बड़े नामवाले संत थे, जिनके साथ मुख्यमंत्री अपनी मोबाइल से खुद फोटों खिंचवा रहे थे। मुख्यमंत्री के साथ उनकी सुरक्षा में तैनात कमांडो भी चल रहे थे। उनको मुख्यमंत्री शिविर के बाहर ही रोक देते।

किंशुकाचार्य ने मुख्यमंत्री को सारे सन्तों से मिला दिया। अच्छी तरह याद करके उन्होंने अपने हिसाब से सारे सन्तों के दरबार में मुख्यमंत्री की हाजिरी लगवा दी थी। दो लोगों को उन्होंने जानबूझकर छोड़ दिया। अपने गुरु का इशारा वे समझ गये थे। दोनों विरोधी शंकराचार्यों के शिविर में वे मुख्यमंत्री को नहीं लिवाकर गये। दोनों शंकराचार्यों को मेले में मुख्यमंत्री के भ्रमण की सूचना मिल चुकी थी और वे अपने शिविर में मुख्यमंत्री के स्वागत की तैयारी करके प्रतीक्षा में बैठे हुए थे। जब उनको पता चला कि मुख्यमंत्री सबसे मिल चुके तो वे तिलमिलाकर रह गये।

वे समझ गये कि सब बदरिकाश्रम के शंकराचार्य की बदमाशी है। वे मुख्यमंत्री को भी कोस रहे थे कि महामूर्ख मुख्यमंत्री है। उसको पूछ करके खुद हमारे शिविर में आना चाहिए था और हमारी चरणरज लेनी थी।

मुख्यमंत्री किंशुकाचार्य के साथ बदरिकाश्रम के शंकराचार्य के पास वापस लौट आये। शंकराचार्य ने इतनी देर में नाश्ते-पानी की व्यवस्था कर ली थी। उन्होंने मुख्यमंत्री को नाश्ते के लिए आमंत्रित किया और उन्हें लिवाकर अन्दर एकान्त में चले गये। यद्यपि मुख्यमंत्री ने कुछ जगह नाश्ता कर लिया था, परन्तु अब उन्हें दोपहर के भोजन की दरकार थी। वे अपने मुँह से कैसे कहते कि मुझे दोपहर का भोजन कराइए। उन्होंने तय किया कि नाश्ता इतना चाँपकर कर लूँगा कि उसी में दोपहर का भोजन समायोजित हो जाएगा। अन्दर ले जाकर शंकराचार्य ने उन्हें बड़े आदर के साथ बैठाया। वहाँ शंकराचार्य और मुख्यमंत्री के अलावा और कोई नहीं था। नाश्ते में इतनी चीजें सजी हुई थीं कि मुख्यमंत्री आश्वस्त हो गये। इतने में पेट पूजा बड़े आराम से हो जाएगी।

मुख्यमंत्री ने शंकराचार्य से कुछ ग्रहण करने को कहा। शंकराचार्य बोले, "हम लोगों के नाश्ते और भोजन की व्यवस्था शास्त्रानुकूल होती है। इसे सिर्फ आप ग्रहण करिए। आप हमारे अतिथि हैं।" मुख्यमंत्री ने छपाक से उनके ऊपर मक्खन फेंका, "अतिथि कहकर मुझे शर्मिन्दा न करिए। मैं तो आपके चरणों का एक तुच्छ सेवक हूँ। आप धर्मसम्राट हैं। हिन्दू धर्म के ध्वजवाहक हैं। आपके मार्गदर्शन में ही हिन्दू धर्म गति करता है और साँस लेता है। हम जैसे सभी हिन्दू आपके अनुचर हैं और आपकी ही छत्रछाया में सुरक्षित हैं। हम धर्म का मर्म क्या जानें? आप धर्म के मर्मज्ञ मनीषी हैं और हम लोगों का कर्त्तव्य है आपके आदेशों का पालन करना। हम जैसे तुच्छ सेवकों को अतिथि कहना आपके बड़प्पन का प्रतीक है। आप हमें सम्मान देकर हमारा मन रख रहे हैं। आज आप के चरणों में बैठकर मैं अपने को कितना गौरवान्वित महसूस कर रहा हूँ, यह मैं ही जानता हूँ।" शंकराचार्य का सीना गर्व से चौड़ा हो गया। शंकराचार्य ने चारों तरफ देखा। अफसोस! मुख्यमंत्री की इन सब बातों को किसी और ने नहीं सुना। दोनों बैठ गये। शंकराचार्य के अनुरोध पर मुख्यमंत्री नाश्ता करने में जुट गये। कुछ देर में शंकराचार्य ने अपने मन की व्यथा व्यक्त की, "आप लोग मुस्लिम धमाचार्यों को बहुत महत्त्व देते हैं। उन्हें प्रायः सार्वजनिक रूप से आप लोग सम्मानित करते हैं।" मुख्यमंत्री नाश्ता करते हुए थोड़ा गम्भीर हो गये, "ऐसा है गुरुदेव, यह आपका भ्रम है। मैंने यहाँ आकर हर संत को सम्मानित नहीं किया? मैंने सबके शिविर में जाकर सबके चरण छुए और सबसे आशीर्वाद माँगा। लखनऊ में भी अगर कोई संत मुझसे मिलने

आता है तो मैं उसे पूरा सम्मान देता हूँ और अपने पूरे सामर्थ्य भर उसके आदेश का पालन करने का प्रयास करता हूँ। लखनऊ में आकर कोई हिन्दू धर्माचार्य मुझसे मिलता है तो मीडिया में इस सम्बन्ध में कोई खबर नहीं आती। इससे आपको ऐसा लगता है कि हम लोग हिन्दू धर्माचार्यों की उपेक्षा करते हैं, जबकि ऐसा कुछ नहीं है। दरअसल हमारा देश एक धर्मनिरपेक्ष देश है, इसलिए मुख्यमंत्री के रूप में मुझे सभी धर्मों को सम्मान देना पड़ता है। प्रदेश के मुख्यमंत्री के रूप में मैं केवल हिन्दुओं या केवल मुसलमानों का मुख्यमंत्री नहीं हूँ। मैं प्रदेश के हर व्यक्ति का सेवक हूँ। हमारा कर्त्तव्य है पूरे प्रदेश की सेवा करना। हमें हिन्दू, मुस्लिम, सिख, ईसाई सारे धर्म के लोगों ने वोट दिया है। इसलिए हम किसी के प्रति भेदभाव नहीं कर सकते। मुस्लिम धर्माचार्यों में एक अच्छी बात है। अपनी समस्याओं के सन्दर्भ में प्रायः हमसे मिलते रहते हैं। इससे हमेशा उनसे सम्पर्क बना रहता है। वे अपने कार्यक्रमों में हमेशा हमें आमंत्रित करते रहते हैं। अपने कार्यक्रमों में हमें सम्मान देते रहते हैं। हिन्दू सन्त हिन्दुओं की समस्याओं को लेकर कभी हमसे नहीं मिलते। वे हमसे मिलने भी आते हैं तो किसी व्यक्ति का व्यक्तिगत काम लेकर। आप अन्यथा मत लीजिए। आपने ही कभी मुझसे हिन्दुओं की कोई समस्या दूर करने का आज तक आदेश दिया? आप मेरे पास खुद मत आइए। अपने किसी शिष्य को भेज दीजिए। समाज में बदलाव के लिए, समाज की उन्नति के लिए, हमें कोई सार्थक निर्देश दीजिए। अगर मेरे लिए सम्भव होगा तो मैं अवश्य उसका पालन करूँगा। ताली दोनों हाथ से बजती है। हमें पूरे प्रदेश का काम देखना पड़ता है। अत्यन्त व्यस्तता रहती है। हम लोगों को ठीक से सोने को नहीं मिलता। हम खुद घूम-घूमकर कहाँ तक साधु-सन्तों से मिलते फिरेंगे?''

शंकराचार्य संतुष्ट हो गये। मुख्यमंत्री जिस ढंग से नाश्ता कर रहे थे, शंकराचार्य समझ गये कि मुख्यमंत्री भूखे हैं। उन्होंने सोचा कि मुख्यमंत्री को ठीक से पेट भर लेने दूँ। बीच में टोकाटाकी करना ठीक नहीं है। मुख्यमंत्री भी जल्दी-जल्दी नाश्ता कर रहे थे। वे डर रहे थे कि शंकराचार्य फिर न कुछ पूछ लें। लगातार बोलने से पेट पूजा में विघ्न पैदा हो जा रहा था। मुख्यमंत्री ने अन्ततः भरपेट नाश्ता कर लिया। उनका दोपहर का भोजन उसी में समायोजित हो गया। शंकराचार्य ने शिष्यों को बुलाकर आदेश दिया कि सब कुछ उठा ले जाओ।

रात के भोजन की व्यवस्था शुरू हो गयी। मुख्यमंत्री निश्चिन्त होकर अन्दर शंकराचार्य के पास बैठे थे और अपनी धर्म सम्बन्धी जिज्ञासाएँ शान्त कर रहे थे। अचानक शंकराचार्य ने फिर धर्मसंकट में डालने वाली बात पूछ ली, ''एक बात मेरी समझ में नहीं आ रही है। आप लोगों ने कमीनिस्टों को इस मेले में शिविर

लगाने की अनुमति कैसे दे दी? कुम्भ मेला सनातन धर्म का आयोजन है। अधिक से अधिक इसमें भारतीय संस्कृति में प्रस्फुटित और पुष्पित पल्लवित धर्म भाग ले सकते हैं, जैसे—सिख धर्म, बौद्ध धर्म, जैन धर्म आदि। यह कमीनिज्म तो आयातित विचारधारा है। भारतीय संस्कृति से इसका कोई लेना-देना नहीं है। यह विदेश में पैदा हुआ और वहीं से सब जगह फैला। यह भारतीय संस्कृति और भारतीय धर्म में कैसे घुसपैठ करने की कोशिश कर रहा है? इसे सत्ता का इतना संरक्षण क्यों प्राप्त है? भारतीय धर्मों में घुसने से रोकने के बजाय आप लोग क्यों इसे प्रोत्साहन दे रहे हैं?'' मुख्यमंत्री एक मिनट के लिए तो अचकचाये, लेकिन वे राजनीति के मँजे हुए खिलाड़ी थे, ''मैं बड़ी विनम्रता से आप से कहना चाहूँगा कि कमीनिस्टों को कुम्भ मेले में भाग लेने की अनुमति आप लोगों ने ही दी। अखाड़े आपके ही अधीन हैं। आप अखिल भारतीय अखाड़ा परिषद् के अध्यक्ष को बुलाकर पूछिए। कमीनिस्ट अखाड़े को कुम्भ मेले में भाग लेने की अनुमति उन्होंने ही दी। अगर कमीनिस्ट अखाड़े को कुम्भ मेले में भाग लेने की अनुमति मिल गयी तो अखाड़े को नियंत्रित करने वाली संस्था कमीनिस्ट मठ को कुम्भ मेले में भाग लेने की अनुमति स्वतः मिल गयी। जैसे दसनामी अखाड़ा शंकराचार्यों के नियंत्रण में हैं। अगर दसों अखाड़े कुम्भ मेले में भाग ले रहे हैं तो यह बात स्वतः सिद्ध है कि आप लोग भी कुम्भ मेले में भाग लेंगे।...फिर यह लोकतंत्र है। राजे-राजवाड़ों का जमाना समाप्त हो गया। सबको संस्था बनाने का और उसे चलाने का अधिकार प्राप्त है, बशर्ते संस्था देश के हितों के विरुद्ध कोई काम न करे। लोकतंत्र में हर व्यक्ति को अपनी कहने की, अपना विचार रखने की स्वतंत्रता है। कमीनिस्टों को भी अपनी संस्था बनाने और अपने विचार रखने की आजादी है। अगर उनके विचार आपसे नहीं मिलते तो लोकतंत्र में आप उनका कुछ नहीं बिगाड़ सकते। रही भारतीयता की बात तो कमीनिज्म ने भारत में ही धार्मिक स्वरूप ग्रहण किया और उसके मठ, अखाड़े इत्यादि बन रहे हैं। धर्म के रूप में कमीनिज्म भारत में ही पैदा हुआ अतः इसे भारतीय संस्कृति का ही अंग माना जाएगा। आप ही बताइए, पूरे संसार में भारत के अलावा और कहीं कमीनिस्ट धर्म है और उसके पीठाधीश्वर की पूजा की जाती है? विदेशों में कमीनिज्म एक राजनैतिक विचारधारा है, धर्म नहीं। अब जब यह आपके शरीर का एक अंग बन चुका है, आप इसे काटकर फेंक नहीं सकते। अपनी भारतीय संस्कृति में इसे भी स्थान देना पड़ेगा।...रही इसकी तरफदारी की बात, तो यह आप लोगों का भ्रम है। आप देश के किसी भी विश्वविद्यालय में जाइए, विद्वानों की किसी भी सभा में जाइए, ऐसे किसी भी स्थान पर जाइए जहाँ विद्वान लोग इकट्ठा हों, हर जगह आपको कमीनिस्ट लोग ही भाषण देते हुए दिखायी देंगे। हर जगह कमीनिस्ट विद्वान ही भरे

हुए हैं। वाद-विवाद में कमीनिस्ट विद्वानों के सामने गैर-कमीनिस्ट विद्वान एक मिनट नहीं टिक पाते। सारे राजनीतिज्ञ कमीनिस्टों की विद्वत्ता का लोहा मानते हैं। आप भी अपना पूर्वाग्रह छोड़कर कभी कमीनिस्ट विद्वानों को अपने पास बुलावाइए और उनसे दुनिया के विभिनन मुद्दों पर बहस कीजिए। तब आपको पता चलेगा कि वे कितने विद्वान होते हैं। हम लोग विभिन्न समस्याओं पर उनसे सलाह लेते हैं। हमें उनकी जरूरत है, उन्हें हमारी नहीं।'' मुख्यमंत्री की बात सुनकर शंकराचार्य का चेहरा उतर गया। कमीनिस्टों की इतनी तारीफ़ उन्हें अच्छी नहीं लगी। मुख्यमंत्री ने इस बात का भाँप लिया। वे सफाई देने लगे, ''वे लोग भले ही कुछ भी हों, लेकिन आप जितने पूज्य नहीं हो सकते। आप हिन्दू धर्म के सर्वोपरि पद पर आसीन हैं। हम आपके चरणों मे अपना मस्तक नवाते हैं, कमीनिस्टाचार्य के चरणों में मस्तक थोड़े न नवायेंगे। हम आपके चरणों की धूल सर-माथे लगाते हैं, उनकी चरणरज थोड़ी न लेंगे। आप धर्मसम्राट थे, हैं और रहेंगे।'' मुख्यमंत्री की बात ने घाव पर मरहम लगाने का काम किया। शंकराचार्य का चेहरा खिल उठा।

रात में भोजन के लिए संत जुटन लगे। छोटे-मोटे संत-महात्मा थोड़ा पहले ही आ जा रहे थे। वे मुख्यमंत्री से सम्बन्ध बनाने के लिए परेशान थे। वे कुछ ज्यादा ही मुख्यमंत्री से सट रहे थे और उन्हें धर्म सम्बन्धी कुछ न कुछ बात बता रहे थे। मुख्यमंत्री जिसकी बात पर जरा सा मुस्करा देते या जिसकी बात तल्लीनता से सुनने लगते, वह धन्य हो जाता था। धीरे-धीरे बड़े महात्मा लोग भी जुटने लगे। पुरी के शंकराचार्य को आदर सहित बुला लाने के लिए शंकराचार्य ने किंशुकाचार्य को भेजा। उधर विरोधी गुट के दोनों शंकराचार्यों को भी दावत की खबर लग चुकी थी। वे मुख्यमंत्री पर कुपित थे। मुख्यमंत्री ने अभी तक उनकी कोई खोज खबर नहीं ली थी। गनीमत यही थी कि भगवान ने नये युग के साधु-सन्तों के श्राप का नोटिस लेना छोड़ दिया था। किसी भी साधु-सन्त के श्राप का कोई असर नहीं पड़ता था, अन्यथा अब तक दोनों शंकराचार्यों ने अपने श्राप से मुख्यमंत्री को भस्म कर दिया होता। मुख्यमंत्री को पता होना चाहिए कि हिन्दू धर्म में चार शंकराचार्य होते हैं। दो शंकराचार्यों को इतना मान-सम्मान दे रहे हैं और दो शंकराचार्यों की खबर तक नहीं ले रहे हैं? सारे सन्त महात्मा भोजन के लिए बैठने लगे। मुख्यमंत्री भी उन्हीं लोगों के साथ भोजन करने के लिए बैठ गये। दोनों शंकराचार्यों की देखरेख में सब लोग भोजन करने लगे। शिष्यगण भोजन परोसने में जुट गये। अपने-अपने शास्त्र के हिसाब से पूजा-पाठ करके तब सन्तों ने भोजन शुरू किया।

सब भोजन कर चुके। अपने-अपने शिविर में जाने के बजाय सभी सन्त वहीं डटे थे। सब मुख्यमंत्री के साथ ज्यादा से ज्यादा समय गुजारना चाह रहे थे। जितना

ज्यादा सम्बन्ध बन जाय, उतना ही ज्याद अच्छा रहेगा। कुछ देर में मुख्यमंत्री ने दोनों शंकराचार्यों से चलने की अनुमति माँगी। मुख्यमंत्री बाकायदा बैठ गये और बारी-बारी से उन्होंने दोनों शंकराचार्यों के चरणों में अपना सिर रख दिया। दोनों शंकराचार्य एकदम से गद्गद हो गये। उसके बाद वे उठकर खड़े हो गये और एक-एक सन्त से मिलकर नमस्कार करने लगे। सब से नमस्कार-प्रणाम हो गया तो एक छोटे से सन्त आकर मुख्यमंत्री के पास खड़े हो गये, "जाने से पहले मेरा आशीर्वाद तो लेते जाइए—

स्वस्ति नो इन्द्रो वृधश्रवाः स्वस्ति नो पूषा विश्ववेदाः।
स्वस्ति नस्ताद्दूर्यो अरिष्टनेमिः स्वस्ति नो वृहस्पतिर्दधातु।।
ब्रहमामुरारी त्रिपुरान्तकारी भानुः शशी भूमिसुतोबुधश्च।
गुरुश्च शुक्रः शनिराहुकेतवः सर्वेग्रहाः शान्तिकराः भवन्तु।।
तदेव लग्नं सुदिनं तदेव ताराबलं चन्द्रबलं तदेव।
विद्यावलं दैवबलं दतेव लक्ष्मीपतिं ते घ्रं युगस्मरामि।।
लाभस्तेषां जयस्तेषां कुतस्तेषां पराजयः।
येषामिन्दीवरश्यामो हृदयस्थो जनादर्नः।।

उसके बाद वे सन्त महोदय सबकी ओर गर्व भरी नज़रों से देखने लगे कि देखा, मैंने सबसे अलग काम कर दिया। उनका मन रखने के लिए मुख्यमंत्री ने उनकी ओर हाथ जोड़कर कहा, "आपने मुझे यह आशीर्वाद सब सन्तों की तरफ से दिया है। उम्मीद है, अब यह कुम्भ मेला सकुशल सम्पन्न होगा और उसमें किसी तरह की विघ्न-बाधा नहीं आयेगी। मैंने सन्तशिरोमणि शंकराचार्य जी को अपना मोबाइल नम्बर दे दिया है। सबसे पहले मैं दोनों शंकराचार्यों से यही अनुरोध करूँगा कि यदि कोई समस्या आये तो अपने स्तर से सुलझा लें। आप दोनों हिन्दू धर्म के सबसे बड़े धर्माचार्य हैं आपका आदेश मानने से कोई सन्त इनकार नहीं करेगा। परन्तु फिर भी कोई ऐसी बड़ी समस्या आ जाय जो न सुलझ पा रही हो तो मुझे निःसंकोच फोन कर दीजिएगा। केन्द्र सरकार या राज्य सरकार, किसी के भी स्तर की समस्या हो, मैं सुलझा दूँगा। आप लोग मुझ पर भरोसा रखिए और यह मानकर चलिए कि मैं आप लोगों का सेवक हूँ। आप लोगों के सम्मान पर मैं किसी तरह की आँच नहीं आने दूँगा। आप लोग देश के गौरव और हिन्दू धर्म के रक्षक हैं। आपसे ही हमारा आस्तित्व है। सत्ता तभी तक सही ढंग से संचालित होती है, जब तक वह साधु-सन्तों के मार्ग निर्देशन में काम करती है। जब राजनीतिज्ञों में यह घमंड पैदा हो जाता है कि वे साधु-संतों से ऊपर हैं और वे साधु-संतों का तिरस्कार करने लगते हैं, तब उनका पतन हो जाता है और वे नष्ट हो जाते हैं। इतिहास

गवाह है कि जब-जब धर्म की ध्वजा ऊँची रही, देश ने उन्नति की। मैं चाहता हूँ कि आप लोग मुझे कुम्भ मेले की तरफ से निश्चिन्त कर दें, जिससे मैं अन्य दूसरे काम देख सकूँ।'' बदरिकाश्रम के शंकराचार्य बोले, ''मैं सारे सन्त समाज की तरफ से आपको आश्वस्त करता हूँ कि कुम्भ मेले के सफल आयोज़न में अब कोई समस्या नहीं खड़ी होगी। हम लोग सारी छोटी-बड़ी समस्या को स्थानीय स्तर पर सुलझा लेंगे। अब आपको लखनऊ से भागकर प्रयाग क्षेत्र में नहीं आना पड़ेगा। हमारे महत्त्व के साथ-साथ आपने हमे अपने कर्त्तव्यों का भी ज्ञान करा दिया है। आप निश्चिन्त होकर जाइए। मेले में अब कोई धार्मिक समस्या आयी तो आप मुझे दोषी ठहराइएगा।'' मुख्यमंत्री ने फिर सबसे विनम्रता पूर्वक हाथ जोड़ा और वहाँ से रवाना हो गये। एक-एक कर सारे साधु-सन्त भी शंकराचार्य से आज्ञा माँगकर वहाँ से विदा होने लगे। मुख्यमंत्री निश्चिन्त हो गये। वे समझ गये कि मैंने सन्तों पर इतना तेल उड़ेल दिया कि अब वे उसी में कुम्भ मेले तक डूबते-उतराते रहेंगे।

कमीनिस्ट मठ के पीछे जो इतना बवाल था, जिसके चलते वह लगातार मीडिया में छाया रहा, उससे उसके पौ बारह हो गये। देश भर में लोग कुम्भ मेले में कमीनिस्ट मठ की उपस्थिति देखने के लिए उतावले हो गये। मेले में कमीनिस्ट मठ के चलते पर्यटकों और श्रद्धालुओं की संख्या बढ़ गयी। लोग उत्सुकता से कमीनिस्ट मठ को देखने और उसके कार्यक्रमों में भाग लेने आने लगे। परिणाम यह हुआ कि कमीनिस्ट मठ के चढ़ावे में कई गुना वृद्धि हो गयी। सुबह से काफी रात तक कमीनिस्टों के शिविर में प्रवचन चलता रहता। दिन भर छुटभैये सन्त प्रवचन करते और शाम चार बजे से रात दस बजे तक धुरन्धर सन्तों के प्रवचन होते। गैर-सन्त कमीनिस्ट भी आकर प्रवचन करते रहते। प्रयागपीठाधीश्वर रोज प्रवचन नहीं देते थे। जिस दिन उनका मन हो जाता था या जिस दिन भीड़ बहुत ज्यादा हो जाती, वे सिर्फ उसी दिन प्रवचन करते थे। कमीनिस्टाचार्य प्रयागपीठाधीश्वर मंच पर उपस्थित हों या अनुपस्थित हों, हर दो-दो घंटे पर उनकी आरती गायी जाती थी और शिष्य आरती का थाल लेकर श्रोताओं के बीच में टहलते रहते थे। श्रोता श्रद्धानुसार आरती लेकर थाल में पैसा डालते रहते थे। बाहर से आये श्रोता भरपूर पैसा डाल रहे थे। इतने सारे विवादों के चलते लोगों के दिमाग में यह धारणा बन गयी कि कमीनिस्ट सम्प्रदाय कोई अति विशिष्ट सम्प्रदाय है। वहाँ दान देकर और वहाँ से आशीर्वाद पाकर लोग धन्य हो उठते थे। तमाम लड़कियाँ और महिलाएँ भी सत्संगति में भाग लेने आती थीं। महिलाओं में स्थानीय महिलाओं की संख्या ज्यादा थी। कमीनिस्ट मठ कुम्भ मेले में फैशनेबल और आधुनिकतापसंद युवक-युवतियों का पसंदीदा स्थल था। इसके शिविर में कामशास्त्र के विशेषज्ञ फ्री-सेक्स पर भी

प्रवचन देते थे। शंकराचार्य मुख्यमंत्री को वचन दे चुके थे, अतः वहाँ होने वाले प्रवचनों पर अन्य शिविरों के साधु-महात्मा कोई विवाद नहीं खड़ा कर रहे थे। जिन युवतियों के साथ घृतनाथ भूतकाल में हमबिस्तर हो चुके थे, वे घृतनाथ का प्रवचन सुनने जरूर आ रही थीं। प्रवचन के दौरान वे अपनी अंतरंग सहेली के कान में गर्व से फुसफुसातीं, "मैं प्रयागपीठाधीश्वर के साथ चार बार कामसुख प्राप्त कर चुकी हूँ।" प्रयागपीठाधीश्वर ने सड़क के किनारे अपने शिविर से लगे हुए कई दानपात्र भी टँगवा दिये थे। हर दानपात्र के पास सुरक्षा के लिए एक-एक शिष्य तैनात रहते थे।

एक दिन अपने प्रवचन के समय प्रयागपीठाधीश्वर ने घोषणा कर दी कि दो दिन बाद शिविर में नव-कमीनिस्टों के बीच एक प्रतियोगिता होगी। सबको आधे घंटे तक धर्मनिरपेक्षता पर प्रवचन देना होगा। पाँच सर्वश्रेष्ठ प्रवचनकर्ताओं को एक-एक लाख रुपये पुरस्कार दिया जाएगा। प्रतियोगिता में भाग लेने के इच्छुक कमीनिस्ट अपना नाम मंच के नीचे उद्घोषणा करने वाले शिष्य के पास लिखा दें।

कुल दर्जन भर नव-कमीनिस्टों ने अपने नाम लिखाये। प्रतियोगिता का दिन आ पहुँचा। प्रतियोगिता की सारी तैयारियाँ पूरी हो गयीं। निर्णायक के रूप में मंच पर दो विभूतियाँ मौजूद थीं, नाम था—महमूद बेग और सलामत अली। एक समय दोनों खूँखार आतंकवादी हुआ करते थे। आतंकवादी गतिविधियों में संलिप्तता के चलते दोनों को सजा हुई थी। दस-दस साल की सजा काटकर दोनों कुछ ही दिनों पहले जेल से रिहा हुए थे। दोनों निर्णायकों को माला पहनाकर सम्मान के साथ मंच पर बैठाया गया था। एक नव-कमीनिस्ट बहुत अच्छा वक्ता था, परन्तु उसने नाम नहीं दिया था। उसने अपने एक मित्र से कहा, "यार मुझे पहले से विषय नहीं पता था, अन्यथा मैं भी तैयारी करके आता और यहाँ बोलता।" उसका मित्र बोला, "इसमें तैयारी करने की क्या बात है? धर्म निरपेक्षता पर बोलना है। धर्मनिरपेक्षता का मतलब होता है हिन्दू धर्म को गाली दो और इस्लाम धर्म की बड़ाई करो। इस पर तो बिना तैयारी के बोला जा सकता है। मैं जाकर तुम्हारा नाम लिखवा देता हूँ।" वह उठा और लिस्ट में एक और नाम डलवा आया—दिव्यप्रकाश।

प्रतियोगिता शुरू हो गयी। सारे प्रतियोगी कमीनिस्ट परम्परा के अनुसार हिन्दू धर्म की ऐसी-तैसी करते हुए इस्लाम धर्म की बड़ाई कर रहे थे। उनकी बातें सुनकर-सुनकर दोनों निर्णायकों को बहुत सन्तोष मिल रहा था। उन्हें महसूस हो रहा था कि देश में ऐसे धर्मनिरपेक्ष लोगों के रहते, इस्लाम धर्म हमेशा सुरक्षित रहेगा और उसका बाल भी बाँका नहीं होगा। उनकी समझ में नहीं आ रहा था कि वे किसके भाषण को अच्छा कहें और किसके भाषण को खराब! प्रतियोगी हिन्दू धर्म पर बस इतना ही रहम कर रहे थे कि वे उसे माँ-बहन की गाली नहीं दे रहे थे।

सबसे अन्त में दिव्यप्रकाश की बारी आयी। दिव्य प्रकाश ने अपने भाषण की शुरुआत प्रयागपीठाधीश्वर का अभिवादन करने के बजाय निर्णायकों का अभिवादन करते हुए की, "सर्वप्रथम मैं मंच पर उपस्थित दोनों निर्णयाकों को प्रणाम करता हूँ, क्योंकि वे देश में सदियों से शोषित, पीड़ित और कुचले गये मुलसमानों का प्रतिनिधित्व कर रहे हैं। उनका हृदय निश्चय ही बड़ा विशाल है जो उन्होंने नीच और पतित हिन्दुओं के मेले में आना स्वीकार किया। वे मेले में आये ही नहीं, बल्कि उन्होंने मंच पर भी बैठना स्वीकार किया। निश्चय ही उनमें यह संस्कार महान् और उदार इस्लाम धर्म का अनुयायी होने के कारण पैदा हुआ है। भूतकाल में उन्होंने मुसलमानों पर अत्याचार को देखकर हिन्दुओं के विरुद्ध बन्दूकें भी उठायी हैं, इसलिए वे और भी नमन करने योग्य हैं। गाँधी जी ने कहा था कि अत्याचार करने वाले से ज्यादा दोषी अत्याचार सहने वाला होता है। गाँधी जी के इन वचनों का पालन करने के कारण ये दोनों आदरणीय सत्य और अहिंसा के पुजारी हैं। मुसलमानों पर होने वाले अत्याचार के विरोध में आज भी बहुत सारे मुस्लिम युवक हथियार उठाये हुए हैं। मैं उन सबको भी प्रणाम कर रहा हूँ, क्योंकि वे सभी गाँधी जी के वचनों पर चल रहे हैं। मैं कमीनिस्टाचार्य प्रयागपीठाधीश्वर को भी प्रणाम करता हूँ। इसलिए नहीं कि वे कमीनिस्टों के सबसे बड़े आचार्य हैं, बल्कि इसलिए कि उन्होंने इन दोनों महान् विभूतियों को मेले में बुलाया और उन्हें सम्मानपूर्वक निर्णायक के रूप में मंच पर आसन दिया। ऐसे साम्प्रदायिक सौहार्द का परिचय सिर्फ कमीनिस्ट ही दे सकते हैं। यह संकीर्ण हिन्दू सम्प्रदायों के वश की बात नहीं है। कमीनिस्टों ने हमेशा मुसलमानों के विरुद्ध होने वाले अत्याचार के खिलाफ़ मुसलमानों के साथ कन्धे से कन्धा मिलाकर लड़ाई लड़ी है और भविष्य में भी लड़ते रहेंगे। मैं यहाँ पर उपस्थित सभी श्रोताओं और साथ-साथ कमीनिस्ट सन्तों को भी प्रणाम करता हूँ और विश्वास करता हूँ कि वे साम्प्रदायिक हिन्दुओं के विरुद्ध शुरू किये गये हमारे संघर्ष में हमेशा हमारा साथ देंगे। हिन्दू धर्म यद्यपि विभिन्न सम्प्रदायों और जातियों में बँटा हुआ है और वे सब आपस में ही लड़ते-मरते रहते हैं तथा एक दूसरे से घृणा करते हैं, परन्तु जब मुसलमानों पर अत्याचार करने की बात आती है तो सब एक हो जाते हैं। हिन्दुओं में ऊँच-नीच की भावना बहुत प्रबल है और आपस में वे कुछ लोगों के अछूत समझते हैं। अछूतों द्वारा छू लिये जाने पर वे अपवित्र हो जाते हैं। उनके हाथ का छुआ पानी वे नहीं पीते, उन्हें चारपाई पर नहीं बैठने देते। इस्लाम धर्म में ऐसी कोई बुराई नहीं है। हिन्दू इस्लाम धर्म की इन सब अच्छाइयों को ग्रहण करने के बजाय, उससे कुछ सीखने के बजाय; इस्लाम धर्म से चिढ़ते हैं और उससे द्वेष रखते हैं। देश जब आजाद हुआ तो देश का बँटवारा हो गया।

एक तरफ पकिस्तान बना और दूसरी तरफ भारत। भारत में आये दिन साम्प्रदायिक दंगों की खबरें आती रहती हैं, जिसके कारण पूरी दुनिया में देश की बदनापी होती है। प्रायः हिन्दू मुसलमानों पर हमला कर देते हैं और उन्हें जान-माल की क्षति पहुँचाते हैं। साम्प्रदायिक दंगे करने के लिए हिन्दुओं ने बाकायदा एक संगठन ही बना रखा है। उस संगठन का नाम है, राष्ट्रीय स्वयंसेवक संघ। यह एक तरह का हिन्दुओं का आतंकवादी संगठन है। संघ हमेशा मुसलमानों पर हमला करने के लिए मौके तलाशता रहता है। भारत में कुछ धर्मनिरपेक्ष सरकारों ने संघ पर प्रतिबन्ध लगाने की कोशिश की, परन्तु वे सफल नहीं हो पायीं। इस देश में हिन्दुओं का बहुमत है और जब भी कोई सरकार संघ पर प्रतिबन्ध लगाने की कोशिश करती है, अधिकांश हिन्दू संघ के पक्ष में खड़े हो जाते है और चुनाव में संघ पर प्रतिबन्ध लगाने वाली सरकार को हराकर सत्ता से बेदखल कर देते हैं। इन्हीं प्रतिक्रियावादी हिन्दू तत्वों के चलते कोई भी सरकार संघ पर प्रतिबन्ध लगाने से डरती है। भारत के हिन्दुओं को धर्मनिरपेक्षता की सीख पकिस्तान से लेनी चाहिए। यह कभी नहीं सुनायी देता कि पाकिस्तान में दंगा हो गया। साम्प्रदायिक दंगों की खबरें हमें कभी पाकिस्तान से नहीं मिलतीं। इसका कारण यह है कि पाकिस्तान एक इस्लामी राष्ट्र है। इस्लाम धर्म दूसरे धर्म के लोगों के उत्पीड़न की कतई इजाजत नहीं देता। अगर पाकिस्तान एक अलग देश न बना होता तो वहाँ के लोग आज भी हिन्दुओं द्वारा अत्याचार और उत्पीड़न झेल रहे होते। कम से कम धर्मनिरपेक्षता के मामले में पाकिस्तान का रिकार्ड साफ-सुथरा है। नाम के लिए पाकिस्तान एक धार्मिक देश है लेकिन वहाँ की हवा में, वहाँ के धूल में धर्मनिरपेक्षता पसरी हुई है। इसके विपरीत हमारा भारत देश है जो कहने के लिए तो एक धर्मनिरपेक्ष देश है, लेकिन यहाँ के कण-कण में साम्प्रदायिकता का वास है। हिन्दू धर्म एक कट्टर साम्प्रदायिक धर्म है। हिन्दुओं की बहुलता वाले इस देश में मुसलमान किस तरह घुट-घुट कर जी रहे हैं, इसके बारे में मैं जब सोचता हूँ तो मेरे रोंगटे खड़े हो जाते हैं...।'' अचानक आगे बैठा एक व्यक्ति खड़ा हो गया, ''आपके प्रवचन के बीच में बोलने के लिए मैं माफी चाहता हूँ। आपसे कुछ हद तक सहमत होते हुए मैं इस बात से सहमति नहीं रखता कि धर्मनिरपेक्षता की सीख हमें पाकिस्तान से लेनी पड़ेगी। जब भारत स्वतंत्र हुआ था तो पाकिस्तान में दो करोड़ हिन्दू थे और भारत में दो करोड़ मुसलमान। भारत में मुसलमानों की जनसंख्या दो करोड़ से बढ़कर बीस करोड़ से ज्यादा हो चुकी है जबकि पाकिस्तान में इस समय सिर्फ कुछ लाख हिन्दू बचे हैं। अधिकांश हिन्दुओं को मारपीटकर या बलपूर्वक मुसलमान बना दिया गया। पाकिस्तान में अल्पसंख्यकों की कितनी दुर्दशा है, यह विभिन्न समाचार चैनलों में नहीं देखते क्या? या तो आप

पाकिस्तान के बारे में कुछ जानते नहीं या सब कुछ जानते हुए भी न जानने का नाटक कर रहे हैं...।'' कमीनिस्टाचार्य प्रयागपीठाधीश्वर मंच पर से ही चिल्लाये, ''पकड़ो-पकड़ो इसको। भागने न पाये। यह कोई संघी है और हमारे कार्यक्रम में विघ्न डालने के लिए आया है। इसको जमकर पीटो।'' शिष्य लोग उसकी ओर दौड़े। बोलने वाला युवक बहुत फुर्तीला था। सड़क की तरफ भागने के बजाय वह कमीनिस्ट मठ के टेण्टों की तरफ भागा। टेण्टों के बीच की जगह से कूदता-फाँदता वह भाग निकला। शिष्य लोग उसके पीछे दौड़ते ही रह गये। एक आश्रम के टेण्ट से दूसरे आश्रम के टेण्ट, दूसरे आश्रम के टेण्ट से तीसरे आश्रम के टेण्ट में कूदता हुआ वह न जाने कहाँ गायब हो गया। सारे शिष्य मिलकर भी उसे नहीं खोज पाये और हताश होकर लौट आये।

प्रवचन दे रहा दिव्य प्रकाश उत्तेजित हो गया, ''मित्रों मैं अपनी बात को आगे बढ़ाता हूँ। समाज में हिन्दुओं द्वारा मुसलमानों पर जो अत्याचार हो रहा है, वह तो हो रहा है; हिन्दुओं की सेना कश्मीर में मुसलमानों पर कितना अत्याचार कर रही है, यह आपको पता है? वहाँ पर हिन्दू सैनिक द्वारा मानवाधिकारों का जो घोर उल्लंघन हो रहा है, उस पर सारी दुनिया के देश चिन्ता व्यक्त कर रहे हैं। हिन्दू सैनिक किसी भी मुसलमान को आतंकवादी कहकर मार डालते हैं। आतंकवादी के नाम पर कोई पकड़ा जाता है तो सैनिक उस पर बर्बरतापूर्वक अत्याचार करते हैं और उसे यातना देते हैं। मान लीजिए कि वह आतंकवादी ही है। क्या उसका कोई मानवाधिकार नहीं है। किस कानून के तहत आतंकवादियों के मानवाधिकार के हनन की इजाजत मिल जाती है? क्या वे मनुष्य नहीं हैं जो आप उनके साथ जानवरों जैसा व्यवहार करते हैं? जब प्रतिशोध में वे सेना के जवानों को मारते हैं, तब क्यों आप चिल्लाते हैं? क्या आप की सेना के जवान ही मनुष्य हैं? जब सेना का कोई जवान मारा जाय तो उसके शव को तिरंगे में लपेटकर आप उसे गार्ड ऑफ आनर दें और जिन्हें आप आतंकवादी कहते हैं, वह मारा जाय तो आप उसके शव को गटर में फेंक दें? पूरे विश्व में मानवाधिकारों का जितना घोर उल्लंघन कश्मीर में हो रहा है, उतना कहीं नहीं हो रहा है। सारी दुनिया धिक्कर रही है, सब थू-थू कर रहे हैं, लेकिन साम्प्रदायकि दुर्भावना के चलते हिन्दू सैनिक किसी की परवाह नहीं कर रहे हैं। दरअसल धर्मनिरपक्षता कभी हिन्दुओं के खून में रही ही नहीं है। उनके धार्मिक ग्रन्थ धार्मिक असहिष्णुता की शिक्षा देते हैं। इसलिए जब-जब विदेशी धर्मनिरपेक्ष ताकतों ने भारत पर आक्रमण किया तो उन्होंने हिन्दुओं का भयंकर नरसंहार किया। उन्हें पता था कि जब तक हिन्दू धर्म धरती से समाप्त नहीं हो जाएगा, तक तब इस धरती पर धर्मनिरपेक्षता सम्भव नहीं है। उन्होंने मार

काट कर और बलपूर्वक हिन्दुओं को मुसलमान बनाया। उसका सुपरिणाम हमें आज दिखायी दे रहा है। जो हिन्दू मुसलमान बनाये जा चुके हैं, वे अत्यन्त धर्मनिरपेक्ष हो गये हैं। जब देश आजाद होने लगा तो मुहम्मद अली जिन्ना ने भाँप लिया कि अगर हिन्दू और मुसलमान साथ रहे तो साम्प्रदायिक हिन्दू मुसलमानों को चैन से जीने नहीं देंगे। इसीलिए उन्होंने मुसलमानों के लिए एक अलग धर्मनिरपेक्ष देश की माँग की। भारत के तत्कालीन हिन्दू नेताओं ने उन्हें बहुत फुसलाने की कोशिश की, परन्तु वे किसी के झाँसे में नहीं आये। आज जो भारत के बगल पाकिस्तान जैसा धर्मनिरपेक्षता का नायाब नमूना खड़ा हुआ है, वह जिन्ना की बुद्धिमानी की देन है। भले ही पाकिस्तान एक इस्लामी राष्ट्र है, लेकिन यह धर्मनिरेपक्षता की मजबूत नींव पर खड़ा हुआ है और उसकी धर्मनिरपेक्षता दुनिया के लिए एक मिसाल है। पाकिस्तान अपने अगल-बगल के देशों को बलपूर्वक धर्मनिरपेक्ष बनाने के लिए सतत प्रयत्नशील है। धर्मनिरपेक्षता के प्रति उसकी यह प्रतिबद्धता सराहनीय है। भारत में मुसलमानों की जनसंख्या बढ़ रही है। मुस्लिम दुनिया की सबसे बहादुर कौम के लोग हैं। भारत में जिस दिन मुसलमानों की जनसंख्या तीस प्रतिशत हो गयी, उस दिन मुसलमानों और हिन्दुओं में भयंकर गृहयुद्ध होगा। बहादुर मुसलमान हिन्दुओं को जीत लेंगे और वे बलपूर्वक सभी हिन्दुओं को मुसलमान बना डालेंगे। तब भारत भी एक धर्मनिरपेक्ष देश बन जाएगा। आज की तरह छद्म धर्मनिरपेक्ष नहीं, बल्कि वास्तविक रूप में धर्मनिरपेक्ष। हम कमीनिस्ट भी भारत को वास्तविक धर्मनिरपेक्ष देश बनाने के लिए अपने जान की बाजी लगा देंगे। हम दिखा देंगे कि धर्मनिरपेक्षता क्या होती है और उसके वास्तविक आदर्श क्या होते हैं! तब सारी दुनिया भारत से धर्मनिरपेक्षता का पाठ सीखेगी। वास्तव में देखा जाए तो भारत के स्वतंत्र होने के बाद से ही कमीनिस्ट भारत को एक वास्तविक धर्मनरिपेक्ष देश बनाने के लिए लड़ रहे हैं और कमीनिस्टों का बलिदान व्यर्थ नहीं जाएगा...''

प्रतियोगिता समाप्त हो गयी। निर्णायकों ने पाँच श्रेष्ठ प्रवचन कर्त्ताओं को एक-एक लाख रुपये के पुरस्कार के लिए चुना। उन पाँच विजताओं में दिव्य प्रकाश का नाम नहीं था। उसे अलग से अत्यन्त उत्कृष्ट प्रवचनकर्त्ता चुना गया और घोषित किया गया कि उसे पाँच लाख रुपये का पुरस्कार मिलेगा। निर्णायकों के ऊपर ही पुरस्कार वितरण की जिम्मेदारी डाली गयी। सब पुरस्कृत हुए। कमीनिस्टाचार्य प्रयागपीठाधीश्वर ने दिव्य प्रकाश के ऊपर प्रसन्न होकर उसे 'कमीनिस्ट संत' की मानद उपाधि प्रदान की और उससे अनुरोध किया कि जब भी कमीनिस्ट संतों को कोई विशेष कार्यक्रम हो, तुम भाषण देने अवश्य आया करो।

इधर कुछ दिनों से घृतनाथ के दिमाग में एक विचित्र कीड़ा रेंग रहा था। वे सोच रहे थे कि मैं इतना बड़ा सन्त-महात्मा हो गया हूँ कि देश तो देश, दुनिया के लोग मुझे जानने लगे हैं। असली महात्मा वही है, जिसके साथ कुछ चमत्कार जुड़े हों, समाज में जिसके बारे में तरह-तरह की किंवदन्तियाँ प्रचलित हों। मुझे भी कुछ चमत्कार दिखाना चाहिए, जिससे मेरी संतई की पताका और ऊँचाई पर फहराने लगे। उन्हें अपने एक परिचित के बारे में मालूम था, जो चालीस साल के हो गये थे और जिनकी इसी साल शादी हुई थी। वे कभी-कभी शिविर में आते थे। घृतनाथ ने एक दिन उन्हें एकान्त में बुलाया और उनसे उनकी पत्नी का हाल-चाल पूछने लगे। उन्होंने शरमाते हुए बताया कि पन्द्रह बीस दिन पहले पत्नी गर्भवती हो चुकी है। घृतनाथ ने उनसे कहा, "तुम्हें तुम्हारी पत्नी की सौगन्ध है जो हम दोनों के बीच की बात तुमने कहीं लीक की तो। मैं कल जब मंच पर बैठा रहूँगा तो तुम खड़े हो जाना। आगे ही बैठना जिससे मुझे तुम्हारी बात सुनने में दिक्कत न हो। तुम इस तरह प्रदर्शित करना, जैसे मैं तुम्हें जानता नहीं। तुम हाथ जोड़कर मुझसे कहना कि महाराज मेरी शादी हो गयी है। अभी तक मेरी पत्नी के कोई बच्चा नहीं हुआ। महाराज आप मुझे आशीर्वाद दे दीजिए कि मेरे घर में एक बच्चा पैदा हो जाय। मैं तुम्हें अपने पास बुलाकर तुम्हें एक फूल दूँगा और कहूँगा कि वत्स मुझे तुम्हारे ऊपर दया आ गयी है। मैं तुम्हें यह फूल दे रहा हूँ। इसे ले जाकर अपनी पत्नी को दे देना। तुम्हारी पत्नी यह फूल सँभालकर रखेगी। साल भर के अन्दर तुम्हारे घर में किलकारी गूँजेगी। तुम श्रद्धापूर्वक वह फूल मुझसे ले लेना। सालभर में तुम्हारे घर में एक सन्तान पैदा हो जाएगी तो मेरे चमत्कार की धाक जम जाएगी।" वह व्यक्ति तैयार हो गया।

अगले दिन घृतनाथ जैसे ही मंच पर आकर बैठे, वह व्यक्ति खड़ा होकर चिल्लाने लगा। निर्धारित नाटक खेला गया। प्रयागपीठाधीश्वर ने जैसे ही उस व्यक्ति के हाथ में फूल दिया, शिविर में बैठे सारे श्रद्धालु चमत्कृत हो उठे। फिर क्या था एक न एक आदमी कमीनिस्टाचार्य को अपना करुणकथा सुनाने लगा। वे हर व्यक्ति को कुछ न कुछ उपाय बताने लगे या आश्वासन देने लगे। प्रयागपीठाधीश्वर समझ रहे थे। निशाने पर लग गया तो तीर वर्ना तुक्का तो है ही। यही होता रहा। लोग अपनी समस्याएँ बताते रहे और प्रयागपीठाधीश्वर समाधान की युक्ति बताते रहे।

शहर में एक प्रसिद्ध हृदय रोग विशेषज्ञ थे। डॉ. श्वेताश्वर। वे घृतनाथ के बड़े घनिष्ठ मित्र थे। घृतनाथ ने उनको चुपके से अपने पास बुलवाया। एकान्त में वे डॉ. श्वेताश्वर को समझाने लगे, "यार, मुझे आपकी मदद की सख्त जरूरत है। आप मेरी थोड़ी सी मदद कर दीजिए तो मरी धाक जम जाए।" डॉक्टर ने कहा,

"आदेश दीजिए। मेरे लायक मदद होगी तो जरूर करूँगा।" घृतनाथ बोले, "तुम्हारे पास कोई दिल का मरीज आये तो उसे चार-पाँच घण्टे बेहोश होने का इंजेक्शन लगा देना। फिर उसके घर वालों से कहना कि इनके बचने की अब कोई उम्मीद नहीं है। बस एक ही रास्ता है। इन्हें कुम्भ मेले में कमीनिस्टाचार्य प्रयागपीठाधीश्वर के पास ले जाओ। उन्हीं के आशीर्वाद से ये बच सकते हैं।" डॉक्टर श्वेताश्वर ने कहा, "आप बिलकुल चिन्ता न करिए। यह शुभ कार्य मैं कल ही कर दूँगा।"

अगले दिन डॉक्टर श्वेताश्वर ने एक मरीज को बेहोशी का इंजेक्शन चेंप दिया। उसके बाद लगे घबराहट का नाटक करने। उन्होंने मरीज के परिवारवालों को बुलाया, "देखिए, इनको दिल का भयंकर दौरा पड़ा था। मैंने बचाने की पूरी कोशिश की लेकिन सफल नहीं हो सका। अब एक ही उपाय मेरी समझ में आ रहा है। आप लोग इन्हें कुम्भ मेले में जगद्गुरु कमीनिस्टाचार्य के शिविर में ले जाइए। वे बहुत चमत्कारी संत हैं। उनकी कृपा से आपका मरीज ठीक हो सकता है।" मरता क्या न करता? परिवार के लोग अपने मरीज को लेकर कुम्भ मेले की ओर भागे। कमीनिस्टाचार्य के आश्रम में पहुँचकर सब उनके पैरों से लिपट गये और लगे दहाड़ मार-मारकर रोने। डॉक्टर श्वेताश्वर ने पहले ही कमीनिस्टाचार्य को फोन करके सब कुछ समझा दिया था। इतने सारे लोगों की चीख-पुकार सुनकर भीड़ इकट्ठा हो गयी। मरीज का भाई बोला, "महाराज मेरे भाई की जान बचा लीजिए। इसको दिल का दौरा पड़ा और अस्पताल में मृत्यु हो गयी। अब आप ही इसे जिला सकते हैं।" कमीनिस्टाचार्य बोले, "मुझसे आप लोगों का दुःख देखा नहीं जा रहा है। ठीक है! मैं अपनी शक्ति से इनको जिन्दा कर दे रहा हूँ। आप सभी लोग मेरी कुटिया के बाहर चले जाइए। जब मैं इस व्यक्ति को जिन्दा कर लूँगा तो सब को बुला लूँगा।" सारे लोग उनकी कुटिया के बाहर निकल गये। उन्होंने दरवाजा अन्दर से बन्द कर लिया। घर के लोग रो-पीट रहे थे। धीरे-धीरे पूरे मेले में खबर फैल गयी कि कमीनिस्टाचार्य एक मरे हुए आदमी को जिन्दा कर रहे हैं। झुण्ड के झुण्ड लोग कमीनिस्टाचार्य के शिविर की ओर चल दिये। मीडियावाले भी पहुँच गये। कुछ मीडिया चैनल इस घटना का सीधा प्रसारण करने लगे। चैनलों पर घरवालों का रोना-पीटना और अपार जनसमूह दिखाया जा रहा था। कमीनिस्टाचार्य की बन्द कुटिया भी दिखायी जा रही थी।

अन्दर जब मरीज पर बेहोशी की दवा का असर समाप्त हो गया तो उसने आँखें खोल दीं। कमीनिस्टाचार्य ने कुछ देर तक उससे बात की, फिर उसे लेकर अपनी कुटिया से बाहर आ गये। लोगों को अपनी आँखों पर विश्वास नहीं हुआ। घर के लोग रोते हुए फिर कमीनिस्टाचार्य के चरणों को पकड़कर लोट गये। वहाँ जुटी भीड़,

"कमीनिस्टाचार्य की जय", "प्रयागपीठाधीश्वर की जय", "कमीनिस्टाचार्य की जय", "प्रयागपीठाधीश्वर की जय" के नारे लगाने लगी। भीड़ को नियंत्रित करने के लिए अच्छी खासी पुलिस डट गयी। मीडियावाले अलग घुसे जा रहे थे। प्रयागपीठाधीश्वर के आदेश का पालन करते हुए पुलिसवाले मीडियावालों को प्रयागपीठाधीश्वर से बात नहीं करने दे रहे थे। पुलिसवाले भी श्रद्धाभाव से भर चुके थे। वे भी लपक-लपककर प्रयागपीठाधीश्वर से बात नहीं करने दे रहे थे। पुलिस के बड़े अधिकारी इनमें सबसे आगे थे। उन्होंने उनके चारों तरफ घेरा बना लिया था। भीड़ भी प्रयागपीठाधीश्वर के चरण छूने के लिए टूटी पड़ रही थी। पुलिसवाले उन्हें लाइन लगवाकर एक तरफ से आने दे रहे थे और दूसरी तरफ से निकाल रहे थे। कुम्भ मेले में आये हुए सभी श्रद्धालु एक बार कमीनिस्टाचार्य के चरण छूकर अपना जीवन धन्य कर लेना चाह रहे थे। चारों तरफ भीड़ ही भीड़। अथाह जनसमुद्र।

दामवर जी दिल्ली में बैठे टी.वी. पर सारा नजारा देख रहे थे। वे समझ गये कि घृतनाथ कर गये कोई बड़ी कलाकारी। वे कमीनिज्म में चमत्कार-अन्धविश्वास आदि घुसाने के सख्त खिलाफ़ थे। अगले दिन उन्होंने घृतनाथ को फोन किया, "घृतनाथ कैसा नाटक फैलाये हुए हो? यह सब क्या हो रहा है?" घृतनाथ ने कहा, "इसमें नाटक क्या है?" दामवर जी बोले, "मैं तुम्हारी सारी बदमाशी समझ रहा हूँ। बन्द करो यह सब।" घृतनाथ ने कहा, "आप अपने काम से काम रखिए और मुझे उपदेश देने की कोशिश मत करिए। भविष्य में बिना मतलब फोन न किया करिए।" घृतनाथ ने फोन काट दिया। दामवर जी समझ गये। ये साला घृतनाथ का बच्चा निकल गया हाथ से।

❑❑